# 中国城镇化的速度与质量

王　凯　陈　明　等著

中国建筑工业出版社

**图书在版编目(CIP)数据**

中国城镇化的速度与质量／王凯，陈明等著. —北京：中国建筑工业出版社，2013.4

ISBN 978-7-112-15461-6

Ⅰ.①中… Ⅱ.①王…②陈… Ⅲ.①城市化—研究报告—中国Ⅳ.①F299.21

中国版本图书馆CIP数据核字（2013）第108177号

责任编辑：石枫华 兰丽婷
责任设计：董建平
责任校对：张 颖 刘 钰

**中国城镇化的速度与质量**
王 凯 陈 明 等著
*
中国建筑工业出版社出版、发行（北京西郊百万庄）
各地新华书店、建筑书店经销
北京永铮有限责任公司制版
北京君升印刷有限公司印刷
*
开本：850×1168毫米 1/16 印张：19½ 字数：550千字
2013年9月第一版 2013年9月第一次印刷
定价：**66.00**元

ISBN 978-7-112-15461-6
（24030）

# 《中国城镇化的速度与质量》编写组

**负责人：**

王　凯　中国城市规划设计研究院副院长，教授级高级城市规划师，博士

**执行负责人：**

陈　明　中国城市规划设计研究院高级规划师，博士

**综合研究报告**

陈　明　中国城市规划设计研究院高级规划师，博士

**专题报告：人居环境指标体系研究**

张云峰　中国城市规划设计研究院高级规划师

谢鹏飞　中国城市科学研究会助理研究员，博士

**专题报告：城市主要基础设施完备性评价研究**

张晓军　住房城乡建设部城乡规划管理中心副处长，高级规划师，博士

**专题报告：城市土地利用变化监测与分析研究**

杨建宇　中国农业大学副教授，博士

姜　栋　中国土地勘测规划院地籍所所长，研究员

周兰芳　中国土地勘测规划院研究员

张　超　中国农业大学教授，博士

**专题报告：城市空间演化分析及情景模拟研究**

黄金川　中国科学院地理科学与资源研究所副研究员，博士

肖　磊　中国科学院地理科学与资源研究所，硕士

张　煜　中国科学院地理科学与资源研究所，助理研究员

黄武强　中国科学院地理科学与资源研究所，硕士

闫　梅　中国科学院地理科学与能源研究所，博士

**专题报告：基于遥感的城乡建设用地和重大设施要素识别技术研究**

徐　泽　中国城市规划设计研究院旅游所副所长，高级规划师

李新阳　中国城市规划设计研究院规划师

肖莹光　中国城市规划设计研究院规划师

**专题报告：中国城镇化研究数据库系统开发研究**

黄金川　中国科学院地理科学与资源研究所副研究员，博士

张　煜　中国科学院地理科学与资源研究所，助理研究员

黄武强　中国科学院地理科学与资源研究所，硕士

# 序

城镇化是工业革命以来，人类社会发展的必然过程与趋势。近30年来，伴随我国改革开放政策的实施，城镇化有了长足的发展。城镇化率从1978年的不到18%发展到2012年的52.6%，成为世界上城镇化规模最大、速度最快的国家与地区。但是按照世界城镇化发展的一般规律，中国的城镇化还在发展之中，未来二三十年仍将有将近3亿农民要进入城市。因此，中国城镇化已然成为推动中国社会经济发展和转型的重大事件，它的健康与否直接影响国家发展的长久稳定与繁荣，也对世界的和平发展产生重要的影响。

住房和城乡建设部多年来高度重视城镇化的政策制定和科学研究，在国家"十五"、"十一五"期间组织了大量的相关研究。特别在"十一五"期间按照《国家中长期科技发展规划纲要（2006~2020）》的要求，牵头组织了"城镇区域规划与动态监测"这一优先主题。由中国城市规划设计研究院牵头实施的"中国城镇化发展速度与质量的评价和预测研究"是其中的重点课题。该课题集合中科院地理所、中国土地勘测规划院、城乡建设部规划管理中心和中国农业大学等单位专家，发挥城乡规划、经济地理、遥感监测、经济管理、信息技术、GIS等多学科的集成优势，对城镇化速度与质量问题进行了较为系统的研究。特别对2020年、2030年全国城镇化速度、趋势的预测，对我国城镇化质量的分析，城市空间的动态模拟以及城市边界快速提取的技术标准和流程研究，为国家"十二五"规划的制定和行业管理发挥了重要作用，为中国工程院、交通部等国家重大咨询项目发挥了重要的参考作用，也为一些省市的城镇化发展战略提供了技术支撑。

总之，国家城镇化的健康发展既需要一些以人为本的明晰的政策设计，也需要面向未来的有力的科技支撑。特别是在科学技术日新月异发展的今天，更要从绿色、低碳的角度加强研究，使我们的城镇化从工业文明的传统路径走向生态文明的新路上。城镇化的研究来日方长，"中国城镇化发展速度与质量的评价和预测研究"开了个好头，希望他们继续努力。

是为序。

仇保兴

住房和城乡建设部副部长

经济学博士/工学博士

2013年6月5日

# 前　言

城镇化作为影响我国中长期发展的重大战略性问题，在“十一五”期间首次被纳入国家科技支撑研究计划的支持领域，是我国科技发展进程中具有影响力的重大事件之一。本书是在国家“十一五”科技支撑重点课题“中国城镇化发展速度与质量的评价和预测研究（2006BAJ14B01）”结题成果的基础上，经过修改、完善后正式结集出版的。课题由中国城市规划设计研究院副院长、教授级高级城市规划师王凯担任负责人，中国城市规划设计研究院高级规划师陈明担任执行负责人，中国城市规划设计研究院、中国科学院地理科学与资源研究所、中国土地勘测规划院、住房和城乡建设部城乡规划管理中心、中国农业大学等单位的40多位专家学者参与了课题研究工作。

全书分为综合报告和专题报告两部分内容，综合报告对我国城镇化未来发展的速度和趋势进行了预测，对我国城镇化的质量进行了比较系统的梳理，对研究涉及的主要技术支撑体系进行了阐述，是我国城镇化研究从科学角度第一次比较系统的论述。专题报告则针对课题涉及的重点和难点，进行相对系统的研究。此次经整理出版的专题报告有6个，分别是：人居环境指标体系研究，城市主要基础设施完备性评价研究，城市土地利用变化监测与分析研究，城市空间演化分析及情景模拟研究，基于遥感的城乡建设用地和重大设施要素识别技术研究，以及中国城镇化研究数据库系统开发研究。其中，人居环境指标体系研究、城市主要基础设施完备性评价研究还分别得到了住房和城乡建设部软课题“中国人居环境评价指标体系研究”、“城市可持续发展能力与城市能源及其他基础设施完备性评价”的资助和支持。

课题在研究过程中，得到了住房和城乡建设部建筑节能与科技司陈宜明司长、韩爱兴副司长、陈新处长、姚秋实和张忠伦，城乡规划司张勤副司长、冯忠华副司长、李枫处长和陈景进副处长，城建司赵丽莉，国家发改委地区司彭实铖同志等的大力支持和帮助，在此表示衷心的感谢。中国人民大学经济学院冯俊新副教授，西北政法学院经济系徐梅副教授，中国城市规划设计研究院科技处的何冠杰，城乡规划研究室的李浩博士、李新阳、徐辉、赵秋红、周雨杭，水系统规划研究所的王晓燕，住房所的焦怡雪博士，信息中心的石亚男博士，在中国城市规划设计研究院实习的南京大学硕士戴翔和北京师范大学本科生童星亮等许多同志，或为课题的顺利完成贡献了辛勤的劳动，或为课题研究提供了宝贵的资料，在此表示感谢。

此外，住房和城乡建设部原总规划师陈为邦教授、住房和城乡建设部科技委员会程振华教授、中国城市规划学会副理事长兼秘书长石楠教授、住房和城乡建设部建筑节能与科技司郭理桥副司长、中国城市科学研究会顾文选研究员、中国城市规划设计研究院李迅副院长、国土资源部咨询研究中心贾中骥研究员、国务院发展研究中心刘云中研究员、中国科学院地理所方创琳研究员、中国人民大学孙久文教授、中国土地勘测规划院邹晓云研究员、清华大学建筑学院副院长毛其智教授、清华大学吴唯佳教授、中国建筑科学研究院李云贵研究员等在研究过程提出了宝贵意见，在此一并表示感谢。

全书由王凯负责完成最后的审定工作。由于结集和出版较为仓促，书中定存在不足和错误之处，还请广大的同行和读者批评、指正。

“中国城镇化发展速度与质量的评价和预测研究”课题组

2013 年 1 月

# 目　录

## 上篇　综合报告



## 下篇　专题报告

# 上篇　综合报告

# 引　言

城镇化是伴随工业化进程的人类社会发展过程和趋势。积极稳妥地推进我国的城镇化，是调整和优化经济结构、转变经济增长方式和解决“三农”问题，实现“小康”目标的必然结果和重要途径。然而，中国在推进城镇化的同时必须面对实现经济增长、社会发展和解决人口众多、资源紧缺、环境脆弱、地区差异大等许多问题和矛盾，呈现出人类社会前所未有的复杂和困难局面，这就决定了中国的城镇化道路必然是独具特色而又是艰苦曲折的。

城镇化的速度和质量问题，是中国特色城镇化道路的重要体现。受长期计划经济和城乡二元分割体制的影响，我国的城镇化长期滞后于工业化的发展，直至改革开放前夕的1978年，我国的城镇化水平也只有17.9%，远低于经济发展水平相似国家的平均水平。改革开放以来，随着农村联产承包责任制广泛推行和城市经济体制的相继改革，我国开始步入了城镇化与工业化协调发展的新时期，至1992年，我国的城镇化水平达到27.5%，城乡经济初步实现协调发展，城乡劳动力对立分割的坚冰逐步消融是这一时期城镇化的典型特点。

自1992年起，随着市场经济体制改革的确立、财政分权体制改革的进一步实施、土地市场的全面建立和中国完成WTO入世谈判，市场化、分权化和全球化以空前的力量席卷了中国大地，即使遭遇类似1997年亚洲金融危机和2008年世界金融危机的严重冲击，中国依旧保持了城镇化的快速推进。截止至2011年年底，我国城镇人口达到6.91亿人，城镇化水平达到51.3%，城镇人口总数比农村人口多3423万人，在城镇化历程中首次超过农村人口，标志着我国正式进入城市型社会，人们的生活方式和经济社会结构已经发生一系列深刻变化。

城镇化质量问题的提出，是典型中国式发展道路及语境下的产物。纵观国际社会发展进程中，既无政府主导作用突出的城镇化战略，也无城镇化质量的评价体系。在城乡要素流通没有阻滞的情况下，城镇化进程只是经济、社会发展带来的人口从乡村到城市的自然的迁移过程，没有特别突出的比较意义。一般而言，一个国家或地区的城镇化水平，与经济、社会、人居环境、人文发展等指标具有较强的相关性，而这些指标所蕴含的福利状况、物质空间建设、城乡关系处理、弱势群体保护等水平，与我们通常语境下的城镇化质量密切相关。由于城镇化是人口由农村向城镇集聚、就业由农业领域向非农领域转移、城市建设用逐步扩张的历史变迁过程，必然会对城乡关系、空间格局、资源环境、传统文化、阶层利益、社会管理以及体制机制带来巨大的冲击。对中国这样一个城镇化、工业化、全球化、市场化等同步展开，历史进程大大压缩的农民大国而言，城镇化引发的矛盾和问题尤其突出。因此，加强对城镇化质量内涵的研究，强化对城镇化质量的引导和调控，完善城镇化推进的体制机制，成为近些年来政府和学术界关注的焦点。

因此，国家在“十一五”科技支撑计划中，设立“中国城镇化发展速度与质量的评价和预测研究”重点课题，希望对城镇化速度与质量问题进行系统性研究。课题由中国城市规划设计研究院牵头，集合中科院地理所、中国土地勘测规划院、城乡建设部规划管理中心和中国农业大学等单位、专家，发挥城乡规划、经济地理、遥感监测、经济管理、信息技术、GIS 等多学科的集成优势，以期通过跨部门、多学科的联合研发和技术示范，为国家城镇化的健康发展提供科学支撑和决策服务。

# 1　课题研究的背景和任务

## 1.1　“十一五”以来我国城镇化的新背景

### 1.1.1　中央高度关注城镇化问题

“十一五”以来，中央对城镇化问题持续高度关注，如在国家“十一五”规划（2006～2010）纲要中，专辟“促进城镇化健康发展”一章，提出要“坚持大中小城市和小城镇协调发展，提高城镇综合承载能力……积极稳妥推进城镇化，逐步改变城乡二元结构”。在2006年《中共中央关于构建社会主义和谐社会若干重大问题的决定》中指出，中央提出要“坚持工业反哺农业、城市支持农村，扎实推进社会主义新农村建设，促进城乡协调发展，调整优化农村经济结构，积极稳妥地推进城镇化，发展壮大县域经济”等。在2007年党的“十七大”报告中，指出“推动区域协调发展，优化国土开发格局。继续实施区域发展总体战略，推进西部大开发，振兴东北地区等老工业基地，促进中部地区崛起，支持东部地区率先发展……走中国特色城镇化道路，促进大中小城市和小城镇协调发展”。

2008年年底爆发国际金融危机以来，中央对城镇化的战略认识达到了新的高度，特别是把“积极稳妥推进城镇化，提升城镇发展质量和水平”看作是“加大经济结构调整力度，提高经济发展质量和效益”的重要举措。同时，迅速出台江苏沿海、辽宁沿海、海峡西岸、关中-天水等一批区域规划和政策性文件，希望通过城镇化的快速发展推动国家内需的增长。

在国家“十二五”规划纲要中，提出要“积极稳妥推进城镇化，优化城市化布局和形态，加强城镇化管理，不断提升城镇化的质量和水平。要稳步推进农业转移人口转为城镇居民，把符合落户条件的农业转移人口逐步转为城镇居民作为推进城镇化的重要任务。……要坚持因地制宜、分步推进，把有稳定劳动关系并在城镇居住一定年限的农民工及其家属逐步转为城镇居民。特大城市要合理控制人口规模，大中城市要加强和改进人口管理，继续发挥吸纳外来人口的重要作用，中小城市和小城镇要根据实际放宽落户条件。鼓励各地探索相关政策和办法，合理确定农业转移人口转为城镇居民的规模。要坚持以人为本、节地节能、生态环保、安全实用、突出特色、保护文化和自然遗产的原则，科学编制城市规划，健全城镇建设标准，强化规划约束力。合理确定城市开发边界，规范新城新区建设，提高建成区人口密度，调整优化建设用地结构，防止特大城市面积过度扩张。预防和治理‘城市病’”。

此外，“十二五”规划还提出要提高城镇综合承载能力，统筹地上地下市政公用设施建设，全面提升交通、通信、供电、供热、供气、供水排水、污水垃圾处理等基础设施水平，增强消防等防灾能力。要扩大城市绿化面积和公共活动空间，加快面向大众的城镇公共文化、体育设施建设。要推进“城中村”和城乡结合部改造，加强城市综合管理，推动数字城市建设，提高信息化和精细化管理服务水平。要注重文化传承与保护，改善城市人文环境，等等。

可见，城镇化战略是中央近年来持续关注的焦点问题，充分体现了其在国家进入历史发展新阶段后的战略性地位。

### 1.1.2　城镇化进程高速持续推进

自2005年我国城镇化率达到43%以来，近几年城镇化进程依然持续高速增长。2006年我国城镇化率达到43.9%，2007年达到44.9%，2008年达到45.7%，2009年达到46.6%。根据第六次人口普查的最新数据，2010年我国城镇化水平达到了49.7%，2011年达到51.3%，6年间城镇化水平提高了8.3个百分点。截至2010年年底，我国农民工总规模达到2.42亿人，每年平均有超过1000万人的农民进入城市工作和生活，中国城镇化的规模在人类发展史上前所未有。

### 1.1.3　城镇化发展中各类冲突加剧

1. 在快速的城镇化进程中，始终伴随着高强度的工业化进程

2008年，我国在全球一次性能源消费市场中所占比重达到17.7%，仅次于美国。中国以占全球钢材消费量的46.4%、水泥消费量的54.1%，只创造出全球GDP的7.23%。与发达国家相比，我国单位GDP的废水排放量要高出4倍，单位工业产值的固体废弃物要高出10倍以上，给原本就很脆弱的生态环境带来很大压力。2010年，我国二氧化碳排放量高达68亿吨（潘家华等，2011），高居世界第一。在全球气候问题日益政治化的背景下，我国未来发展面临着越来越大的国际压力。尤其需要高度关注的是，我国45种主要矿产资源只有11种能依靠国内保障供应；到2020年，这一数字将减少到9种；到2030年，将只有2~3种。特别是石油、铁、锰、铅、钾盐等大宗矿产，后备储量已严重不足，无法满足经济社会发展需要，供需缺口将持续加大（李善同等，2011），严重影响国家的经济战略安全。

2. 在快速的城镇化进程中，“城市病”不断加剧

人口向大城市及其连绵区集聚的态势愈益显著。2010年，六大城市连绵区人口总量达到3.2亿人，占全国总人口的比重达到23.9%，比2006年提高了2.7个百分点（图1-1）。与2006年相比，2010年珠三角、京津唐和长三角三大城市连绵区的人口在4年间分别增长了20.9%、14.7%和12.8%，辽中南、海峡西岸和山东半岛三大城市连绵区的人口在4年间也分别增长了7.7%、6.9%和3.1%。特别是连绵区内的核心城市，人口规模的增长更是惊人。从2006年到2010年，北京人口由1581万人增长到1961万人，天津由1075万人增长到1294万人，4年分别增长了24%和20.4%，远超京津唐的平均增长水平。广州由975万人增长到1270万人，增长了30%，深圳由847万人增长到1036万人，增长了22.3%，远超珠三角的平均增幅。苏州由810万人增长到1047万人，增长了29.3%，上海人口由1815万增长到2302万人，增长了26.8%，远超长三角平均增幅。杭州由773万人增长到870万人，4年增长了12.5%，宁波由671.6万人增长到760.6万人，4年增长了13.3%，南京也由719万人增加到801万人，增长了11.4%，也基本达到了长三角的平均增幅。

基础设施和公共服务压力凸显。大城市人口规模的持续增长，给地方政府的基础设施、交通、医疗、教育等公共服务带来很大压力，交通拥堵、保障性住房短缺、贫富差距显著加剧、环境质量下降。北京2010年北京机动车已经突破500万辆，上班出行平均时间近一

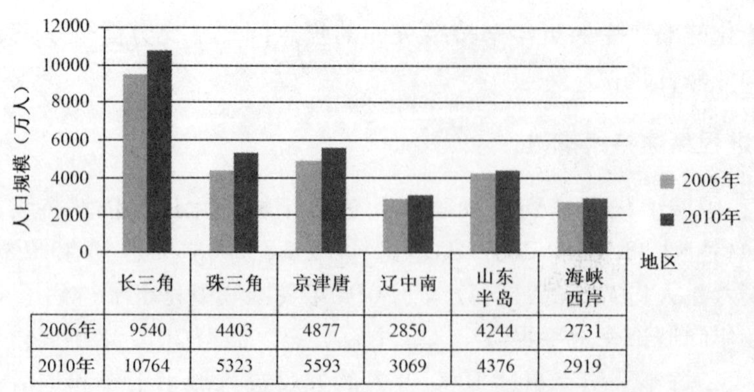


| | 长三角 | 珠三角 | 京津唐 | 辽中南 | 山东半岛 | 海峡西岸 |
|---|---|---|---|---|---|---|
| 2006年 | 9540 | 4403 | 4877 | 2850 | 4244 | 2731 |
| 2010年 | 10764 | 5323 | 5593 | 3069 | 4376 | 2919 |

图 1-1　2006 年和 2010 年我国大城市连绵区的人口规模

数据来源：2006 年数据，来自相关省市的统计年鉴。2010 年数据，根据相关省市 2011 年统计公报和“第六次人口普查”数据计算。

小时，交通拥堵日趋严重，不得不实行家庭汽车摇号限购政策。上海高峰时段中心区路段拥堵比例占 55%，交叉口拥堵比例占 60%，浦西中心城区地面道路车速小于 15km/h，“三纵三横”主干道车速小于 20km/h。

资源和环境问题日益尖锐。北京市年均可利用水资源仅为 26 亿 $m^3$，实际年均用水约 36 亿 $m^3$，超出部分靠消耗水库库容、超采地下水以及应急水源常态化维持，北京的供水安全已受到严重威胁。2009 年，北京日产垃圾 1.83 万 t，但垃圾处理能力仅 1.27 万 t/d。按照现在垃圾产生量和填埋速度，北京已深陷“垃圾围城”的窘境，全市大部分垃圾填埋场将在4～5 年内填满封场。仅解决 2011 年～2020 年的垃圾填埋问题，北京将需要 3200 亩土地。

住房问题不断恶化。目前，大城市普遍房价高企，保障性住房严重不足，本地户籍的住房困难群体只有约 30% 纳入到保障性住房体系，因此大部分城市的经济适用房、廉租房等公共住房不对农民工开放，农民工住房仍游离于城镇住房保障体系之外。由于经济收入低下，农民工只能租住城市中条件最差、租金最低的房屋。住房和城乡建设部 2009 年的调研显示，广东省广州、东莞和深圳 3 个外来人员集中的城市，69% 的外来务工人员居住在“城中村”，广州超过 1/4 的外来人口人均居住面积在 5$m^2$ 以下。北京有 59.9% 的进城务工人员居住在简陋的平房中。虽有 26.7% 居住在楼房中，但绝大多数属于“城中村”中农民自行建设的多层劣质小楼。还有 8.8% 居住在地下室（卫欣，2008）。

3. *在快速的城镇化进程中，社会矛盾不断加剧*

我国城镇化进程中，也始终伴随着愈益突出的社会矛盾。进城务工人员在社会保障、医疗服务、子女教育等领域，还难以享受到与当地居民同等的待遇。

农民工子女教育还无法平等地享受到市民待遇。义务教育阶段，能够在公办学校就读的农民工子女只占 30% 左右，绝大多数仍就读于教学条件和质量不高的农民工子弟学校（国家统计局，2008 年）；非义务教育阶段，还无法享受到优质的高中阶段教育，无法与当地城市居民的子女一样在当地参加高考。

流动人口用工不规范，劳动强度大。近 3 成流动人口未与用工单位签订劳动合同，流动人口集中的建筑业、批发零售业、社会服务业和制造业，没有签订劳动合同的比例分别高达 69.3%、44.1%、38.3% 和 18.9%；流动人口平均每周工作 56.2h，而城镇职工的周平均工作时间为47.4h,农民工每周平均劳动时间高出城镇职工近9h(李培林等,2010)。

农民工参加各类保险的比例仍然偏低（表1-1）。只有9%的农民工参加了养老保险，而城镇职工参保率为59.9%；农民工享有职工医疗保险或居民医疗保险的比例为17.4%，而城镇职工的享有率为71.3%；农民工失业保险的覆盖率为8%，城镇职工达到38.7%；工伤保险方面农民工和城镇职工相比差距小一些，覆盖率分别为23.1%和33.5%（李培林等，2010）。

**各城市流动人口参加各类社会保险比例（%）** **表1-1**

| 城　市 | 工伤保险 | 医疗保险 | 养老保险 | 失业保险 | 生育保险 | 住房公积金 |
| --- | --- | --- | --- | --- | --- | --- |
| 北京 | 23.7 | 57.3 | 14.0 | 10.2 | 2.3 | 4.9 |
| 上海 | 27.8 | 49.3 | 18.1 | 2.7 | 1.1 | 1.7 |
| 深圳 | 36.6 | 41.1 | 31.7 | 7.0 | 4.8 | 2.1 |
| 太原 | 5.1 | 52.7 | 7.3 | 3.2 | 1.3 | 1.9 |
| 成都 | 17.8 | 83.7 | 16.8 | 11.0 | 11.8 | 1.3 |
| 合计 | 30.0 | 48.7 | 22.7 | 6.5 | 3.2 | 2.6 |

资料来源：国家计生委流动人口服务管理司．中国流动人口生存发展状况报告——基于重点地区流动人口监测试点调查．人口研究，2010，1。

新生代农民工融入城市和追求平等的愿望更加强烈，如果其正当诉求长期得不到满足，将引发更多的社会矛盾和冲突。截止到2009年，新生代农民工已占全部外出农民工总数的58.4%，成为外出农民工的主体。与上一代农民工相比，新生代农民工文化素质整体较高，大多数人不再“亦工亦农”，而是纯粹从事二、三产业。新生代农民工在融入城市的过程中，在“市民”和“农民”的身份认同中处于尴尬境地。近一半的新生代农民工有在城市定居的打算，但是收入太低和住房问题成为制约新生代农民工在城市定居最主要的困难和障碍（国家统计局，2010）。

随着城市人口来源的多元化，城市社会阶层不断分化，越来越多的政府难以适应城镇化新形势下的管理需要。城镇化进程导致的农村精英大量流失，使农村人口呈现老龄化、低龄化和素质下降的趋势，城乡统筹发展的难度不断加剧。

### 1.1.4 城镇化的速度、规模、质量引起社会各界广泛关注

城镇化的速度、规模和质量是政府宏观决策的重要依据，因此始终是社会各界广泛关注的焦点。虽然关于中国城镇化道路的“规模之争”已不再引人瞩目，但中国城镇化的速度到底是适中还是过快的，城镇化与工业化的关系是超前的还是滞后的，城镇化过程中是否存在着“土地城镇化”快于“人口城镇化”的现象，城镇化与经济结构转型和扩大内需之间存在何种逻辑关联，政府、学术界和社会各阶层存在着截然不同的认识。如何看待城镇化进程中的城乡关系演变、区域关系变迁、社会阶层分化、物质空间变化等，无论是在学术界，还是在政府决策部门，也还没有形成共识。虽然城镇化质量已经取代城镇化速度，成为中央和地方各级政府转变经济发展模式、推动和谐社会构建的主要着力点，但如何系统评价城镇化质量、如何推动城镇化质量的提高、如何认识现阶段制约城镇化质量的主要矛盾，社会各界始终存在着争议。

## 1.2 课题的主要研究任务

课题以我国城镇化面临的紧迫问题为出发点，以城镇化的速度与质量的评价和预测为重点，从城镇化发展评价与预测、城镇土地利用监测、城市多源数据库系统集成等角度进行研究。通过本课题的研究，希望总结和把握世界城镇化和城市发展的一般规律，对比研究中国城镇化和城市发展的差异和特色，提出适合中国国情的城镇化发展多因素影响分析技术。同时，希望能够利用中高分辨率的遥感影像数据，对城市土地利用进行动态监测，规范相关工作的内容、技术路线、技术方法、技术要求和成果质量控制，提高城市用地的监测效率和质量，为科学准确地执法和用地评估奠定基础。

课题还希望突出技术的集成创新。突破对城镇化的研究长期停留在社会科学、政策咨询等领域的研究范畴，将经济管理、GIS、遥感、经济地理、空间规划和土地管理等学科最新的研究成果和方法与城镇化的研究有机整合，使城镇化的速度、趋势、质量、人口布局、空间扩张、动态监测和边界识别等核心问题能有更加综合和全面的研究方法。

## 1.3 课题的技术路线

课题以城镇化速度和质量的评价和预测为重点，从世界主要人口大国城镇化发展的一般规律出发，系统研究了我国快速城镇化进程中的人口布局、基础设施和公共服务配置、用地扩张、城乡边界动态演变、用地变化遥感监测等事关城镇化发展质量的核心技术问题，为国家提高城镇化质量、完善城镇化推进机制、优化城镇空间布局、提高决策的科学性提供了重要的技术支撑。

如图1-2所示，课题按照系统化思维，从需求分析→实地调研→数据获取→信息分析→数据库设计→数据库应用设计→数据库集成→中国城镇化专题研究→研究总报告等各个环节有序推进研究工作，促成各种科研力量的有效整合。从逻辑结构上，分为总结研究、评价预测和技术规范等三个部分；从内容体系上，包括世界城镇化进程与规律总结、中国城镇化分析、城市发展速度预测与质量评价、城市土地利用监测以及社会经济与基础地理信息数据集成等五个部分；从方法技术上，尽可能集成典型案例分析、时空比照分析、GIS空间分析、遥感解译技术、模型开发技术等，形成面向城镇化研究的综合方法体系；从成果目标上，集中瞄准中国城市化速度预测与质量评价、城市土地利用监测技术标准、城镇化研究的数据库系统和提高本领域科研水平建议的四个核心目标，以中国城镇化研究的数据库系统构建为基础，实现城市社会经济信息的空间表达以及与基础地理信息的无缝融合，形成多目标研究支撑平台。

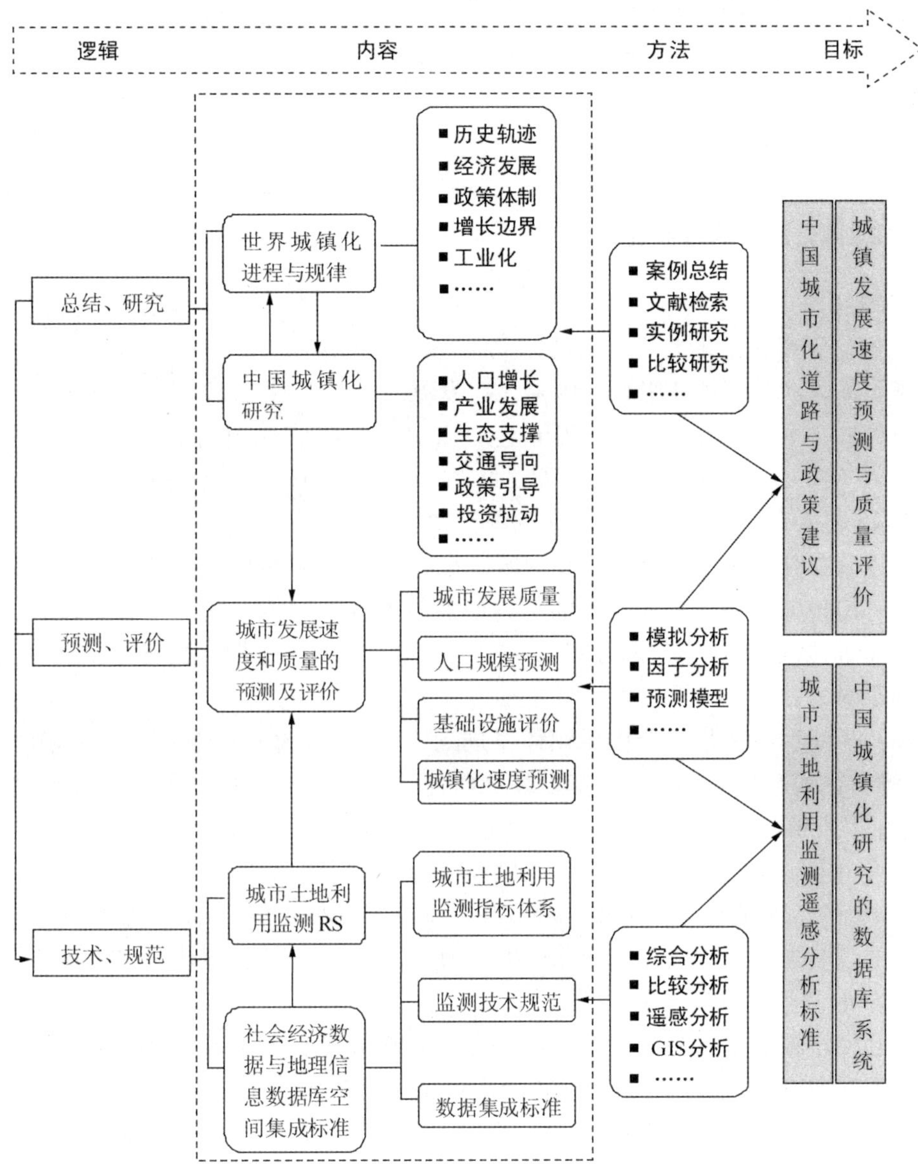


图1-2 中国城镇化发展速度与质量的评价和预测研究的技术路线

# 2 我国城镇化和城市人口的增速及趋势研究

## 2.1 我国城镇化速度预测研究

### 2.1.1 我国城镇化趋势的研究现状

1. 主要研究结论

（1）政府研究机构的主要研究结论

蒋正华、徐匡迪和宋健任组长的国家人口发展战略研究课题组（2006 年）《国家人口发展战略研究报告》认为，中国到 2010 年，人口总量将在 13.6 亿人，城镇化率提高到 47%；到 2020 年，人口总量将在 14.5 亿人，城镇化率达 53% 以上；到本世纪中叶，人口峰值控制在 15 亿人左右，城镇化水平达到中等发达国家水平。

中国工程院在其重大咨询课题“我国城市化进程中的可持续发展战略研究”（2005 年）认为，2005 ~ 2020 年，我国城镇化率的年均增加值大致可保持在 1 个百分点左右，城镇人口增长 3.26 亿，城镇化水平将达到 55% ~ 60% 之间。本世纪中期，当我国建成为中等发达的现代化国家时，城镇化率可达到 70% 左右。

住房和城乡建设部在其《全国城镇体系规划（2006 ~ 2020 年）》认为，中国城镇化率在 2020 年将会达到 56% ~ 58%。国务院发展研究中心在其《中国城镇化——前景战略与政策（2010）》报告中认为，中国城镇化的峰值估计在 80% 左右，2015 年城镇化率将在 52% 左右，2020 年预期将达到 56%。在其较早期“十五”研究课题（2000 年）中，认为中国城镇化率 2010 年将达到 45%，2030 ~ 2040 年可能达到 70% 左右。而中国社科院在其 2011 年年底发布的《社会蓝皮书（2012 年）》中认为，中国 2020 年城镇化率将会超过 55%。

（2）主要的学术性研究成果

国家社会科学基金重点课题《有中国特色的城镇化道路研究》（2007 年）研究认为，中国城镇化率在 2010 年达到 50%，2020 年达到 60%，2050 年将达到 75%；周一星（2005 年）预计 2020 年的城镇人口比重为 57% 左右，2023 年可能超过 60%；胡鞍钢（2003 年）认为中国城镇化率 2010 年为 45% ~ 47%，2020 年为 53% ~ 57%，2030 年为 60% ~ 65%；刘勇（2004 年）认为 2020 年城镇化率将达到 58% ~ 62% 左右；李善同（2001 年）提出，未来 20 年城镇化水平将提高到 60% ~ 67%；王大用（2005 年）依据乐观预期，2020 年我国城镇化水平可以达到 67% 或更高；麦肯锡在其《迎接中国 10 亿城市劳动大军》（2008 年）报告中预测，2025 年，中国的城镇人口达到 9.26 亿，城镇化率超过 64%；陈彦光、罗静等（2006 年）推算出 2050 年中国城镇化增速达到峰值，2050 年前后城镇化水平饱和值为 80% 左右；简新华、黄锟（2010 年）预测中国 2020 年城镇化率将达到 59.17%，城镇化任务基本完成，此后将进入缓慢发展阶段；孔凡文、许世卫（2006 年）预测 2020 年我国城镇化率达到 60%，2040 年将达到 68%，2050 年将达到 70%；韩本毅研究表明，中国的城镇化约在2014年左右进入拐点，中国城镇化的高速增长期将在2014年结束，而此时中国的城镇化率约为50.3%，2020年将为56.4%，2030年将为66.2%，饱和值将在85%左右；张妍、黄志龙（2010年）提出，2020年我国城镇化水平将在54.6%～56.2%之间，2030年将在61.3%～63.6%之间，而2050年将在69.5%～73.0%之间。

由上述研究成果可见，各研究机构和学者对未来我国城镇化水平的估计值，差异还是比较明显的，而且一些成果成文较早，其预测值已经与实际值有较大出入。总体来看，比较乐观的预期普遍认为，我国2020年城镇化率将会达到60%左右甚至更高，2030年将会达到70%左右，城镇化的饱和值甚至会达到85%；比较中性的预期的也认为，我国城镇化率在2020年也将在55%以上，2030年将会达到65%左右，未来城镇化的饱和值将在70%左右。

*2. 主要研究方法*

对我国城镇化进程的探讨，自20世纪80年代起就成为学术界研究的热点。在此后的近30年间，由于我国城镇化速度不断加快，引起的关注和争议越来越多，学术界对这一问题的研究日趋深入，并形成了许多分析方法和模型。总体可分为以下几类：

（1）经验判断法

参考其他发达国家的城镇化过程，例如从经济发展水平、国土和人口等多方面进行比较，以期获得未来可能达到的一个较为稳定的城镇化水平。因为多数发达国家的城镇化率在75%～85%之间，因此，这一区间也可能是中国未来较为稳定的城镇化水平。

（2）逻辑斯特（Logistic）曲线估算法

直接估算Logistic曲线的饱和值参数。目前已有的研究，由于估算使用的数据和方法上的差异，关于中国城镇化水平未来的饱和值在65%～75%之间 。如饶会林使用时空跨度1800～2025年的长时期、大样本数据，采用双S形曲线改进了标准S形曲线，对世界各国的城镇化差距进行了分析；周立彩、陈鸿宇（2001年）、屈晓杰、王理平（2005年）对“标准S曲线”引入一个随着时间变化的函数 ，使标准S形曲线修正为“一般S形曲线”，使城乡人口增长率的差距围绕某一基数变动并带有一定周期性，期望使标准S形曲线有更强的预测能力。陈彦光、周一星（2005年）借助Logistic模型的理论分析和城市系统指数模型的特征尺度修正和完善了诺瑟姆曲线。其中，对Logistic曲线的加速、减速分界点由数据模型微分变换获得。

（3）城镇化与经济发展相关关系模型

该领域研究，国内引用的最多的是钱纳里和赛尔昆（1975年）的研究成果。他们通过对101个国家1950～1970年期间5个年份的数据进行截面回归后，得到了一个国家经济发展水平和城镇化之间的关系，这个研究成果也成为我国学者判断中国城镇化水平是否滞后于工业化的最主要的评价标准。之后，Moomaw和Shatter（1996年）则在引入更多的国家特征变量的基础上完成了相关研究。在国内学者中，周一星（1997年）和张颖、赵民（2003年）分别使用1977年和1999年世界157个国家的截面数据，建立了城镇化和经济发展水平的对数关系。冯俊新（2006年）以41个大国1960年～1999年的数据为基础，建立了跨国面版数据的非线型模型，研究了我国城镇化的趋势和拐点特征。此外，李迅、李文溥、陈永杰、许学强、王金营、李林杰、金剑、王德、张洪林等学者均有该领域的研究成果。

（4）其他方法

李林杰、金剑等用时间序列分析法（ARMA），陈彦光、刘继生等使用 Beckmann 模型，丁刚等（2008 年）使用神经网络模型，丁刚、赵萍萍等（2005 年）使用 PDL（多项式分布滞后）模型等对全国和有关区域的城镇化水平进行了预测研究。此外，联合国法、趋势外推法、灰色模型预测法、结构转移预测法、马尔可夫链预测法等，都是该领域中使用比较普遍的预测方法。

*3. 研究中存在的主要问题*

上述各研究方法，应该是各有所长。经验判断法简便易行，但因缺乏严密的数理逻辑分析，难以作为规范的学术研究。Logistic 曲线及相关研究，比较适合长周期（150～200 年）的模型分析和预测，对中国这样自 1949 年以来才有较为规范的城镇化数据的国家而言，适应性稍差。另外，Logistic 曲线对城镇化进程缺乏理论解决，缺乏对各阶段临界指标的严密分析（30% 和 70% 的判断值，更多的是基于经验的假设判断），往往在使用中造成误解。陈彦光、周一星（2005 年）的研究，在某种程度上克服了上述缺陷，但宏观分界点结果的缺点在于数据资料较早（1977 年），未必能够反映世界城镇化的近期特征。在城镇化与经济发展关系模型研究中，单国模型存在的主要问题是往往只考虑单一经济因素与城镇化发展的相关性，政策等其他影响城镇化发展的因素就不会包括在内；如果是对跨国截面数据进行回归，则存在着不同国家之间的差异难以通过少数控制变量完全反映等缺陷，得出的城镇化标准模式并不见得适用于所有国家。时间序列分析法更适合短期预测（10 年以内）并且不适用于解释。其他的方法，因为研究成果和影响力还较小，其适用性还有待后续成果的验证。

### 2.1.2　我国城镇化与经济发展关系的最新研究

课题依据对世界 41 个主要国家（含中国）2007 年的截面数据分析，认为城镇化率与人均 GDP 的对数具有比较强的线性相关关系，说明经济发展水平是决定城镇化率的主导因素，这也与先前众多学者研究的结论普遍一致，但研究结论中的拟合优度 $R^2=0.67$ 略显偏低。也就是说，人均 GDP 这个衡量经济发展程度的变量，对城镇化率具有 67% 的解释力，经济发展水平仍是推动城镇化水平提高的最主要因素（图 2-1）。

人文社会发展指数是衡量一国经济社会健康发展的国际通用指标。由于发达国家在医疗、教育、卫生、文化和社会福利等领域的发展水平普遍高于发展中国家，而发达国家城镇化率普遍较高，因此城镇化率与人文社会发展指数也体现了较强的正相关性。但是，这种相关关系更多地体现为间接性和非唯一性，是一种虚假相关关系（城镇化率与人文社会发展指数的拟合研究无法通过显著性检验）（图 2-2）。

城镇化率与非农产业（第二产业和第三产业增加值占 GDP 的比重）也具有较为典型的正相关关系，但依据规范的计量研究，它们之间没有统计学意义上线性关系（图 2-3）。一国的城镇化水平和该国的进出口规模、该国人均耕地面积、人口密度没有显著的相关性。在城镇化进程中，我国通过对外开放和融入全球自由贸易体系实现了外贸规模的剧增，外贸成为推动我国城镇化水平提高的重要外因，但从国际普遍规律来看，一国对外贸易占该国 GDP 的比重，与经济发达程度没有显著的相关性，与城镇化水平也没有显著的相关性（图 2-4）。

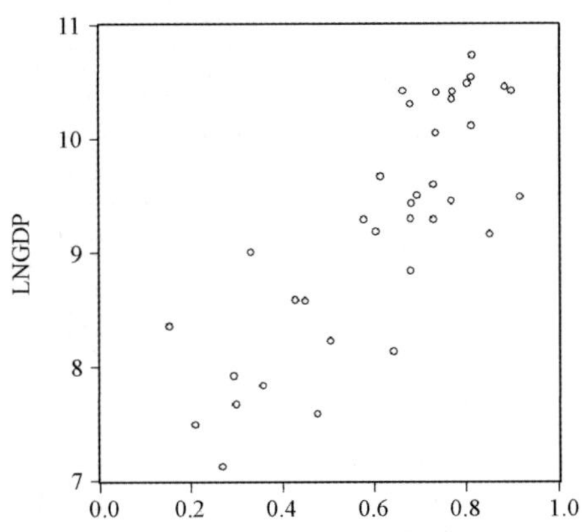


图 2-1 城镇化与人均 GDP 的对数关系

注：LNGDP——人均 GDP 对数值。

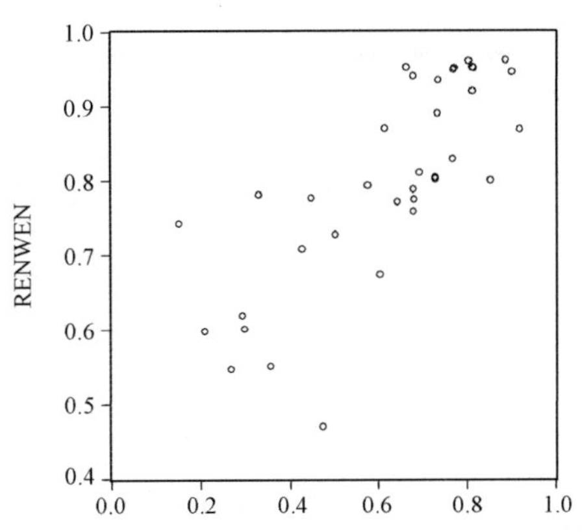


图 2-2 城镇化与人文社会发展指数的关系

注：RENWEN——各国人文社会发展指数。

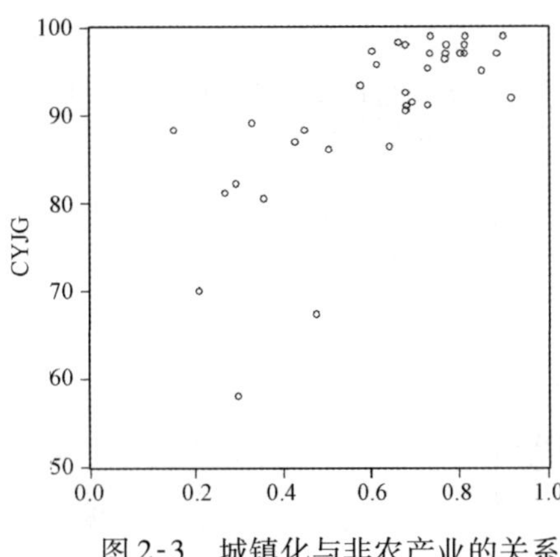


图 2-3 城镇化与非农产业的关系

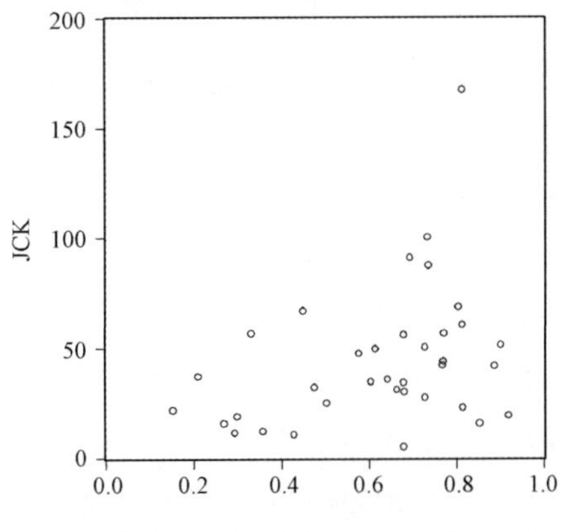


图 2-4 城镇化与进出口的关系

依据上述的城镇化水平模型，在国家计划生育政策不做大的调整背景下，在 2008 ~ 2020 年，在经济高速增长（年均 8%）、经济中速增长（年均 6%）和经济中低速增长（年均 4%）三个不同预景下，2020 年我国的城镇化水平将可能分别达到 58.6%、55.2% 和 51.7%（表 2-1）：

**我国城镇化水平的预测** **表 2-1**

| 年　份 | 城镇化率（高） | 城镇化率（中） | 城镇化率（低） |
|---|---|---|---|
| 2008 | 0.457 | 0.457 | 0.457 |
| 2009 | 0.469 | 0.466 | 0.463 |
| 2010 | 0.481 | 0.475 | 0.469 |
| 2011 | 0.493 | 0.483 | 0.474 |
| 2012 | 0.505 | 0.492 | 0.479 |
| 2013 | 0.516 | 0.501 | 0.485 |
| 2014 | 0.528 | 0.509 | 0.490 |

续表

| 年　份 | 城镇化率（高） | 城镇化率（中） | 城镇化率（低） |
|---|---|---|---|
| 2015 | 0.540 | 0.518 | 0.495 |
| 2016 | 0.551 | 0.526 | 0.501 |
| 2017 | 0.563 | 0.535 | 0.506 |
| 2018 | 0.575 | 0.543 | 0.512 |
| 2019 | 0.586 | 0.552 | 0.517 |
| 2020 | 0.598 | 0.561 | 0.522 |

注：人口假设年均增长0.7%。城镇化率（高）、城镇化率（中）和城镇化率（低）三栏分别对应着GDP经济增长率为8%、6%和4%时的城镇化水平。

### 2.1.3　我国分省域的城镇化速度研究

我国是一个东、中、西部经济、社会发展和自然条件差距很大的国家，城镇化的推进，绝不会是各地齐头并进，而是呈现出很大的差异性。因此，需要基于各省的不同特点，对各省未来的城镇化水平进行预测研究。利用Eviews软件，针对分省的城镇化面版数据（1978年~2008年）进行计量处理，采用回归系数不同的面版数据模型（表2-2），得到以下的联立方程组，见式（2-1）~式（2-26）：

$$URAH = -30.91093809 + 6.986644183 \times LPGDPAH \quad (2\text{-}1)$$

$$URFJ = -18.52744123 + 6.527311254 \times LPGDPFJ \quad (2\text{-}2)$$

$$URGS = -9.20534495 + 4.222896511 \times LPGDPGS \quad (2\text{-}3)$$

$$URGD = -44.96913874 + 10.57737969 \times LPGDPGD \quad (2\text{-}4)$$

$$URGX = -25.72241902 + 6.417914556 \times LPGDPGX \quad (2\text{-}5)$$

$$URGZ = 6.369499841 + 2.34044375 \times LPGDPGZ \quad (2\text{-}6)$$

$$URHAN = -19.60288095 + 5.521745889 \times LPGDPHAN \quad (2\text{-}7)$$

$$URHEB = -27.26984199 + 6.432131457 \times LPGDPHEB \quad (2\text{-}8)$$

$$URHEN = -16.2216867 + 4.88606048 \times LPGDPHEN \quad (2\text{-}9)$$

$$URHLJ = 21.46229321 + 3.375999582 \times LPGDPHLJ \quad (2\text{-}10)$$

$$URHUB = -25.38383216 + 7.442599217 \times LPGDPHUB \quad (2\text{-}11)$$

$$URHUN = -27.66337467 + 6.842278711 \times LPGDPHUN \quad (2\text{-}12)$$

$$URJL = 22.43080354 + 3.169426862 \times LPGDPJL \quad (2\text{-}13)$$

$$URJS = -45.80405953 + 9.216656846 \times LPGDPJS \quad (2\text{-}14)$$

$$URJX = -13.76300186 + 5.309382872 \times LPGDPJX \quad (2\text{-}15)$$

$$URLN = 15.83964413 + 4.226638526 \times LPGDPLN \quad (2\text{-}16)$$

$$URNMG = -21.75610511 + 7.121787456 \times LPGDPNMG \quad (2\text{-}17)$$

$$URNX = -10.10019134 + 5.353721065 \times LPGDPNX \quad (2\text{-}18)$$

$$URQH = -2.494796676 + 4.513318959 \times LPGDPQH \quad (2\text{-}19)$$

$$URSC = -16.77529194 + 6.202568069 \times LPGDPSC \quad (2\text{-}20)$$

$$URSD = -10.59438623 + 5.447978177 \times LPGDPSD \quad (2\text{-}21)$$

$$URSX = -11.12392091 + 5.197872584 \times LPGDPSX \quad (2\text{-}22)$$

$$URSXI = -19.2935402 + 5.620361708 \times LPGDPSXI \quad (2\text{-}23)$$

$$URXJ = 19.39707525 + 1.776816009 \times LPGDPXJ \quad (2\text{-}24)$$

$$URYN = -14.62935579 + 4.678205256 \times LPGDPYN \quad (2\text{-}25)$$

$$URZJ = -18.04234233 + 7.029234287 \times LPGDPZJ \quad (2\text{-}26)$$

$R^2 = 0.9757$, $SSE_R = 1.855$, $DW = 0.268$

**面版数据模型系数表** **表 2-2**

| 变　量 | 变量定义 | 常数项 | 系数 $T$ 值 | 标准差 |
|---|---|---|---|---|
| URAH - LPGDPAH | 安徽城镇化率 - 安徽人均 GDP 对数 | -30.91094 | 20.80168 | 0.335869 |
| URFJ - LPGDPFJ | 福建城镇化率 - 福建人均 GDP 对数 | -18.52744 | 23.95995 | 0.272426 |
| URGS - LPGDPGS | 甘肃城镇化率 - 甘肃人均 GDP 对数 | -9.205345 | 11.86612 | 0.355879 |
| URGD - LPGDPGD | 广东城镇化率 - 广东人均 GDP 对数 | -44.96914 | 37.58175 | 0.281450 |
| URPGX - LPGDPGX | 广西城镇化率 - 广西人均 GDP 对数 | -25.72242 | 20.72770 | 0.309630 |
| URGZ - LPGDPGZ | 贵州城镇化率 - 贵州人均 GDP 对数 | 6.369500 | 6.460482 | 0.362271 |
| URHAN - LPGDPHAN | 海南城镇化率 - 海南人均 GDP 对数 | -19.60288 | 16.80690 | 0.328540 |
| URHEB - LPGDPHEB | 河北城镇化率 - 河北人均 GDP 对数 | -27.26984 | 21.44306 | 0.299963 |
| URHEN - LPGDPHEN | 河南城镇化率 - 河南人均 GDP 对数 | -16.22169 | 16.19165 | 0.301764 |
| URHLJ - LPGDPHLJ | 黑龙江城镇化率 - 黑龙江人均 GDP 对数 | 21.46229 | 9.708056 | 0.347752 |
| URHUB - LPGDPHUB | 湖北城镇化率 - 湖北人均 GDP 对数 | -25.38383 | 22.41379 | 0.332055 |
| URHUN - LPGDPHUN | 湖南城镇化率 - 湖南人均 GDP 对数 | -27.66337 | 21.46027 | 0.318835 |
| URJL - LPGDPJL | 吉林城镇化率 - 吉林人均 GDP 对数 | 22.43080 | 9.629730 | 0.329129 |
| URJS - LPGDPJS | 江苏城镇化率 - 江苏人均 GDP 对数 | -45.80406 | 32.18590 | 0.286357 |
| URJX - LPGDPJX | 江西城镇化率 - 江西人均 GDP 对数 | -13.76300 | 16.28791 | 0.325971 |
| URLN - LPGDPLN | 辽宁城镇化率 - 辽宁人均 GDP 对数 | 15.83964 | 12.28899 | 0.343937 |
| URNMG - LPGDPNMG | 内蒙古城镇化率 - 内蒙古人均 GDP 对数 | -21.75611 | 23.96354 | 0.297193 |
| URNX - LPGDPNX | 宁夏城镇化率 - 宁夏人均 GDP 对数 | -10.10019 | 15.91565 | 0.336381 |
| URQH - LPGDPQH | 青海城镇化率 - 青海人均 GDP 对数 | -2.494797 | 12.75719 | 0.353786 |
| URSC - LPGDPSC | 四川城镇化率 - 四川人均 GDP 对数 | -16.77529 | 21.48633 | 0.288675 |
| URSD - LPGDPSD | 山东城镇化率 - 山东人均 GDP 对数 | -10.59439 | 16.31299 | 0.333966 |
| URSX - LPGDPSX | 山西城镇化率 - 山西人均 GDP 对数 | -11.12392 | 16.27003 | 0.319475 |
| URSX1 - LPGDPSX1 | 陕西城镇化率 - 陕西人均 GDP 对数 | -19.29354 | 17.51809 | 0.320832 |
| URXJ - LPGDPXJ | 新疆城镇化率 - 新疆人均 GDP 对数 | 19.39708 | 5.484058 | 0.323997 |
| URYN - LPGDPYN | 云南城镇化率 - 云南人均 GDP 对数 | -14.62936 | 14.37128 | 0.325525 |
| URZJ - LPGDPZJ | 浙江城镇化率 - 浙江人均 GDP 对数 | -18.04234 | 25.79228 | 0.272532 |

**分省的城镇化水平预测**　　**表 2-3**

| 省份 | 2008 年城镇化率（%） | 2008 年人均 GDP（元） | 预期人均 GDP 增长率（%） | 预期 2020 年实际人均 GDP（元） | 预期 2020 年名义人均 GDP（元） | 预期 2020 年城镇化率（%） |
|---|---|---|---|---|---|---|
| 安　徽 | 40.5 | 14485 | 10 | 45460 | 72783 | 47.3 |
| 福　建 | 49.9 | 30123 | 8 | 75855 | 121446 | 57.9 |
| 甘　肃 | 32.2 | 12110 | 7 | 27274 | 43667 | 35.9 |
| 广　东 | 63.4 | 37402 | 8 | 94185 | 150793 | 81.2 |
| 广　西 | 38.2 | 14966 | 8 | 37687 | 60338 | 44.9 |
| 贵　州 | 29.1 | 8824 | 7 | 19873 | 31818 | 30.6 |
| 海　南 | 48.6 | 16884 | 8 | 42517 | 68071 | 81.1 |
| 河　北 | 41.9 | 23239 | 10 | 72934 | 116770 | 47.8 |
| 河　南 | 36 | 19593 | 10 | 61491 | 98449 | 40.0 |
| 黑龙江 | 55.4 | 21727 | 8 | 54712 | 87596 | 59.9 |
| 湖　北 | 45.2 | 19860 | 10 | 62329 | 99791 | 60.3 |
| 湖　南 | 42.1 | 17521 | 10 | 54988 | 88038 | 50.2 |
| 吉　林 | 53.2 | 23514 | 7 | 52958 | 84788 | 58.4 |
| 江　苏 | 54.3 | 39622 | 8 | 99775 | 159743 | 64.6 |
| 江　西 | 41.4 | 14781 | 10 | 46389 | 74270 | 45.8 |
| 辽　宁 | 60.1 | 31258 | 10 | 98101 | 157063 | 66.4 |
| 内蒙古 | 51.7 | 32214 | 8 | 81120 | 129876 | 62.1 |
| 宁　夏 | 45.5 | 17892 | 6 | 36002 | 57641 | 48.6 |
| 青　海 | 40.9 | 17389 | 5 | 31228 | 49997 | 46.3 |
| 四　川 | 37.4 | 15378 | 8 | 38724 | 61999 | 42.7 |
| 山　东 | 47.6 | 33083 | 9 | 93051 | 148978 | 57.1 |
| 山　西 | 45.11 | 20398 | 8 | 51366 | 82238 | 51.1 |
| 陕　西 | 42.1 | 18246 | 8 | 45947 | 73562 | 47.1 |
| 新　疆 | 39.6 | 19893 | 7 | 44803 | 71731 | 39.3 |
| 云　南 | 33 | 12587 | 7 | 28348 | 45387 | 35.5 |
| 浙　江 | 57.6 | 42214 | 9 | 118734 | 190097 | 67.4 |

注：年预期通胀率预设为 4%。

研究认为，2020 年我国城镇化水平最高的三个省份可能是广东、海南和浙江，届时城镇化水平将有可能分别达到 81.2%、81.1% 和 67.4%；城镇化水平最低的三个省分别为贵州、云南和甘肃，城镇化水平可能只有 30.6%、35.5% 和 35.9%❶。

## 2.2 我国城镇化的趋势和拐点研究

### 2.2.1 分析框架与模型构建

研究以现有城镇化与经济发展相关模型为基础，建立跨国面版数据的非线性模型，结合世界各国城镇化发展的规律特征，对我国城镇化所处阶段和趋势进行综合判断和分析。模型构建主要受冯俊新（2006 年）研究成果的启发，以 41 个人口在 1000 万以上的大国城镇化与经济发展水平的相关关系研究为重点，并在以下方面实现了研究扩展：

（1）时间序列由原 1960～1999 年扩展至 1960～2007 年。通过增加 328 个样本数据，以便更好地揭示近年来城镇化的规律和特性。

（2）利用最新统计资料，将中国数据更新至 2011 年，以期更好地揭示中国与世界城镇化规律的耦合关系。

（3）补充刚果、苏丹和阿富汗数据，提高模型对发展中国家的解释能力。

（4）依据模型，预测中国城镇化趋势和拐点发生的大致时间，以利与既有的经验判断法、Logistic 曲线法和时间序列等方法的研究结果进行补充和验证。回归模型见式（2-27）：

$$U_{it} = \alpha_i + f(\mathrm{GDP}_{it},\ \mathrm{GDP}_{it}^2,\ \cdots) + \varepsilon_{it} \tag{2-27}$$

式（2-27）中，$U_{it}$指 $i$ 国在 $t$ 时间的城镇化水平；$\alpha_i$ 指影响 $i$ 国城镇化水平的个体特征，如不同的资源禀赋、历史传统、社会文化等；$\mathrm{GDP}_{it}$指该国在 $t$ 时间的经济发展水平；$\varepsilon_{it}$指残差项。

在实际回归中，以人均 GDP 的对数值 ln（$\mathrm{GDP}_{it}$）代表各国经济发展水平，使用三次函数模型来反映城镇化水平与经济发展水平间的非线性关系，使用回归方程如下：

$$U_{it} = \alpha_i + \sum_{K=1}^{3} \beta_K [\ln(\mathrm{GDP}_{it})]^K \tag{2-28}$$

以式（2-28）为基础，建立 $i$ 国城镇化速度与经济增速间的关系，如式（2-29）所示：

$$\frac{\Delta U_i}{\Delta \ln(\mathrm{GDP})_i} = \beta_1 + 2\beta_2 \cdot \ln(\mathrm{GDP}_i) + 3\beta_3 \cdot [\ln(\mathrm{GDP}_i)]^2 \tag{2-29}$$

模型式（2-29）假设相同经济发展水平下，各国城镇化水平可以不同，但速度是相同的。因此可以利用假设对城镇化的阶段进行一般性的划分。为检验中国是否符合这一经验模型，建立如下的模型估计：

$$U_{it} = \alpha_i + \sum_{K=1}^{3} \beta_K \cdot [\ln(\mathrm{GDP}_{it})]^K + \sum_{K=1}^{3} \gamma_K \cdot [\ln(\mathrm{GDP}_{it})]^K \cdot D_C \tag{2-30}$$

其中，$D_C$ 为中国哑变量。若参数 $\gamma_1$、$\gamma_2$、$\gamma_3$ 的联合检验值显著不等于 0，则说明中国的经验数据与一般模型之间存在显著差别。

❶ 由于 2011 年公布的“六普”数据对各省的城镇化水平作了比较大的修正，而本研究成果完成于“六普”数据公布之前，因此研究结论与实际情况已有较大出入，仅供读者分析和参考。

通过单位根检验，模型中 $U_{it}$ 和 ln（$GDP_{it}$）是零阶单整的，即 $I$（0）；ln（$GDP_{it}$）$^2$ 和 ln（$GDP_{it}$）$^3$ 是一阶单整的，即 $I$（1）。通过协整检验，变量之间存在着长期稳定的均衡关系，其方程回归残差是平稳的。因此可以在此基础上直接对原方程进行回归。通过 Hausman 检验比较固定效应模型和随机效应模型。出于稳健性考虑，我们选择用固定效应来进行估计，即并不排除个体特征项 $\alpha_i$ 与其他变量之间线性相关。

### 2.2.2　回归结果与初步讨论

1. 回归结果

我们分别使用模型式（2-28）和模型式（2-30）进行回归，回归结果如表 2-4 所示：

固定效应模型回归结果　　表 2-4

| | $U_{it}$ | | | $U_{it}$ | |
|---|---|---|---|---|---|
| | (2) | (4) | | (2) | (4) |
| ln（$GDP_{it}$） | -431.78***<br>(20.92) | -448.31***<br>(21.825) | *Adj. R-square* | 0.9534 | 0.9538 |
| ln（$GDP_{it}$）$^2$ | 53.50***<br>(2.5421) | 55.546***<br>(2.6363) | *Prob > F* | 0.0000 | 0.0000 |
| ln（$GDP_{it}$）$^3$ | -2.1097***<br>(0.1016) | -2.1914***<br>(0.1049) | 样本量（组数） | 1668（36） | 1668（36） |
| ln（$GDP_{it}$）·$D_C$ | | 286.29<br>(229.30) | $F$ 值（$\gamma_1=0$，$\gamma_2=0$，$\gamma_3=0$） | | 4.646*** |
| ln（$GDP_{it}$）$^2$·$D_C$ | | -35.056<br>(30.887) | *Prob > F* | | 0.0031 |
| ln（$GDP_{it}$）$^3$·$D_C$ | | 1.3950<br>(1.3768) | $\alpha_{i\_}$ 中国 | -9.0521 | |

注：*表示在 10% 显著性水平下显著，**表示在 5% 显著性水平下显著，***表示在 1% 显著性水平下显著。回归结果中均已把常数项略去。

回归结果中，最关注的三个参数均非常显著。对于模型（式 2-28）的估计发现，中国城镇化水平比世界各国的平均水平低 9.052%。加入中国哑变量后的模型（式 2-30）进行回归时，三个反映中国特征的参数估计值各自的影响虽然不显著，但 $\gamma_1$、$\gamma_2$、$\gamma_3$ 的联合 $F$ 检验值为 4.646，是显著的，说明中国的城镇化发展过程与世界各国的城镇化进程还是有一定差异的。更确切地说，随着人均 GDP 提高，中国的城镇化速度与世界各国相比时有所差异。

2. 世界城镇化平均水平的估算结果

从图 2-5 我们可以发现，不同国家的城镇化发展水平基本上符合诺瑟姆 S 形曲线，这与众多学者理论推断和实证研究的结论基本一致。由于各国显著的个体差异导致 S 曲线的起点不同，并且各国处于经济发展的不同阶段，所以整体的样本分布点呈现出一个近似线性的分布。中国的城镇化进程与经济发展水平之间的关系也呈现 S 形的曲线变化。但与样本中大多数处于同等经济发展水平的国家相比较，我国在相同发展阶段时，城镇化的绝对水平相对较低。当然，随着近几年我国城镇化水平以年均 1 个百分点的速度快速提高，这种相对差距已经得到一定程度的减小。

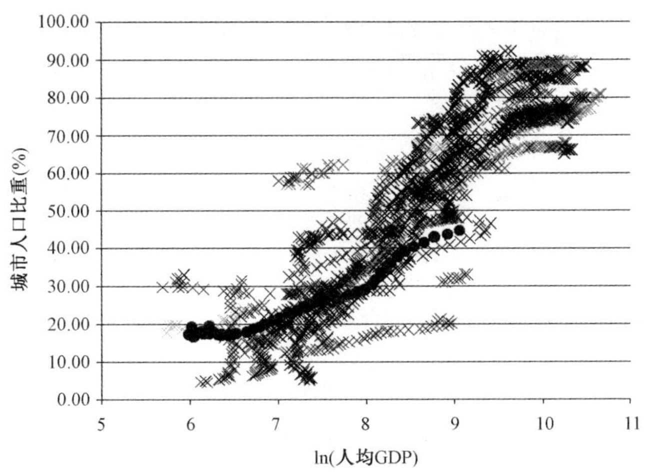


图 2-5　中国及其他世界各国样本分布点

注：图中“●”表示中国，“×”表示其他国家。

3. 中国城镇化水平的估计结果

单独对中国 1960～2011 年的数据用回归方程式（2-28）进行回归分析。通过单位根检验发现，中国的城镇化水平、ln（GDP）、ln（GDP）$^2$ 和 ln（GDP）$^3$ 均为零阶单整的，即 $I$（0）。协整检验也证明这些变量之间存在长期稳定的均衡关系。模型在回归时发现是 2 阶序列相关的，消除序列相关得到估计结果如表 2-5 所示，ln（GDP）和 ln（GDP）$^2$ 系数的 $t$ 统计量在 10% 的水平下显著，ln（GDP）$^3$ 系数的 $t$ 统计量不显著。

**中国数据回归结果**　　　　**表 2-5**

| | 城镇人口比重 | |
|---|---|---|
| | 系　数 | 标准误 |
| ln（GDP） | -112.00* | 61.362 |
| ln（GDP）$^2$ | 14.028* | 7.9812 |
| ln（GDP）$^3$ | -0.5207 | 0.3429 |
| *AR*（1） | 1.1281*** | 0.1362 |
| *AR*（2） | -0.4212*** | 0.1326 |
| *Adj. R-square* | 0.9975 | |
| *Prob* > *F* | 0.0000 | |
| *DW* | 1.9049 | |
| 样本量 | 52 | |

注：*表示在 10% 显著性水平下显著，**表示在 5% 显著性水平下显著，***表示在 1% 显著性水平下显著。回归结果中均已把常数项略去。

4. 城镇化阶段初步划分

我们分别把世界和中国数据的回归结果中的参数估计值代入式（2-29），即得到不同收入水平时的城镇化速度与经济发展速度之间的关系，如表 2-6 所示。

城镇化发展速度与经济发展速度之间的关系　　表 2-6

| 人均 GDP（美元） | 750 | 1500 | 3000 | 6000 | 12000 | 24000 |
|---|---|---|---|---|---|---|
| ln（GDP） | 6.62 | 7.31 | 8.01 | 8.70 | 9.39 | 10.09 |
| 人均 GDP 增长 1% 带来的城镇人口比重增加（%）（世界） | -0.008 | 0.122 | 0.191 | 0.200 | 0.148 | 0.035 |
| 人均 GDP 增长 1% 带来的城镇人口比重增加（%）（中国） | 0.053 | 0.096 | 0.125 | 0.139 | 0.137 | 0.121 |

注：人均 GDP 单位为 2009 年 PPP 美元。

从表 2-6 可以发现，无论对世界还是对中国而言，城镇化速度与经济发展水平之间存在着典型的加速、减速和成熟阶段。在人均 GDP 为 750 美元时（2009 年 PPP 美元，下同），世界各国人均 GDP 的增长，几乎没有带来城镇化水平的提高。中国在该发展水平，人均 GDP 增长 10%，城镇化率也只提高 0.53 个百分点。

当人均 GDP 达到 1500 美元时，城镇化快速起步。如世界各国人均 GDP 增长 10 个百分点，城镇化水平提高 1.22 个百分点。中国人均 GDP 增长 10%，城镇化水平则会提高 0.96 个百分点。

在人均 GDP 达到 3000 美元时，城镇化速度进一步加快。如世界各国人均 GDP 增长 10%，城镇化水平提高 1.91 个百分点。中国人均 GDP 增长 10% 时，城镇化水平提高 1.25 个百分点。

在人均 GDP 达到 6000 美元时，城镇化速度仍有所提高。如世界各国人均 GDP 增长 10%，城镇化水平提高 2 个百分点。中国人均 GDP 提高 10%，城镇化水平提高 1.39 个百分点。

在人均 GDP 达到 12000 美元时，城镇化速度开始趋缓。如世界人均 GDP 增长 10%，城镇化水平提高 1.48 个百分点。中国人均 GDP 增长 10%，城镇化水平提高 1.37 个百分点。

当人均 GDP 达到 24000 美元时，城镇化速度进一步趋缓。如世界人均 GDP 增长 10%，城镇化水平仅提高 0.35 个百分点。中国人均 GDP 增长 10%，城镇化水平提高 1.21 个百分点。

显然，跨国数据回归结果支持了城镇化进程具有起步、加速和趋缓的典型阶段特征。而且，模型也支持了人均收入处于中等发达水平时，城镇化速度最快的理论推导。需要引起关注的是，通过中国和世界城镇化速度的比较发现，虽然中国城镇化发展阶段和世界是一致的，但是，中国城镇化速度更加平稳和均衡。如中国人均 GDP 在 6000 ~ 12000 美元之间，城镇化速度变化并不显著，而且，当人均 GDP 高于 24000 美元时，中国的城镇化速度反而远远高于世界平均水平。中国城镇化这些独特现象和特征，也从侧面验证了中国哑变量对城镇化进程的影响。

我们根据图 2-6 中 S 形曲线大致描绘出两个拐点，第一个拐点大致在 ln（GDP） =7.2 的位置，第二个拐点大致在 ln（GDP） =9.4 的位置。我们定义模型中预测城镇化发展速度为 0 的两个点为城镇化的起点和终点，从起点到第一个拐点之间是城镇化的初始阶段；两个拐点之间是城镇化的加速阶段；第二拐点到终点之间是城镇化的饱和阶段（见表 2-7）。

从世界各国平均值来看，快速城镇化的起点为人均 GDP1339 美元，城镇化水平为 28.08%；从人均 GDP1339 美元直到 12088 美元，都是城镇化的快速推进阶段，该阶段将一直持续到城镇化水平达到 67.01%；到人均 GDP 达到 28306 美元时，城镇化水平达到 73.87% 时，世界各国平均的城镇化进程基本结束。

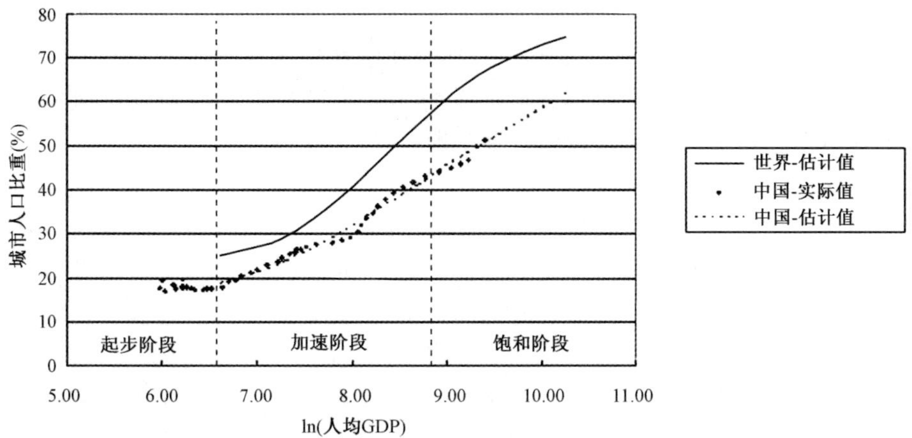


图 2-6 中国城镇化实际进程与拟合曲线对比图

城镇化发展速度与经济发展水平之间的关系 表 2-7

| | 城镇化起点 | | 城镇化终点 | | 一、二阶段临界点 | | 二、三阶段临界点 | |
|---|---|---|---|---|---|---|---|---|
| | 人均 GDP | 城镇化水平（%） | 人均 GDP | 城镇化水平（%） | 人均 GDP | 城镇化水平（%） | 人均 GDP | 城镇化水平（%） |
| 世界平均值 | 777 | 25.07 | 28306 | 73.87 | 1339 | 28.08 | 12088 | 67.01 |
| 中国 | 777 | 18.91 | 28306 | 61.55 | 1339 | 22.92 | 12088 | 50.69 |

中国的城镇化进程变动在图 2-6 中的拐点并不明显，但我们仍然可以结合表 2-6 的分析，认为中国的城镇化变化阶段和世界是一致的，不过由于在不同发展阶段城镇化速度变化小，使得整个城镇化的进程更近似于线性特征。如果认可中国的城镇化进程符合大国城镇化的普遍规律，则中国城镇化的起点值为 18.91%，低于世界平均水平 6.16 个百分点；中国快速城镇化的起点值为 22.92%，低于世界平均水平 5.16 个百分点；中国快速城镇化的结束值为 50.69%，低于世界平均水平 16.32 个百分点；中国基本完成城镇化进程时，城镇化水平将只有 61.55%，低于世界平均水平 12.32 个百分点。依据该结论，我国在 2010 年已经结束了快速城镇化进程，进入了城镇化缓慢推进阶段。显然，这违背我们的常识判断，也与国家城镇化进程正在加速进行的现实有很大出入，需要对该初步结论作进一步的分析和讨论。

### 2.2.3 延伸分析及结论

1. 中国城镇化进程的独特性

中国城镇化进程的独特性，使中国城镇化呈现出迥异于大国一般性的规律。进一步解读这些个性特点，可有效避免对实证模型的片面理解和使用。上述实证模型中的中国城镇化趋势和拐点"偏差"可能是由以下因素引起的：

（1）计划经济时期对城镇化进程的人为抑制。1960 年～1978 年，中国的人均 GDP 由 505 美元增长到 768 美元，但城镇化水平却不升反降，由 19.75% 下降到 17.92%，违背了城镇化伴随经济发展水平提高的一般性规律。

（2）在改革开放初期乡镇企业、轻纺工业的补偿性快速发展阶段，虽然带动了大规模的非农就业，城镇化水平也有所提高，但由于受当时户籍制度以及对农民进城的排斥，城镇化提高的速度低于世界人口大国在该发展阶段的提高程度。

（3）特殊的土地制度安排。农村土地承包制度，发挥了特殊的“社会稳定器”功能，虽然避免了世界大国普遍存在的失地农民大量涌入城市的不利局面，但也使得城镇化水平的提高低于世界大国在同等发展阶段时的平均水平；地方政府垄断城镇建设一级市场的制度安排，抬高了城镇化的门槛，提高了外来人口在城镇工作和生活的成本，对以家庭为单位的农村人口迁移形成排斥，对城镇化水平的进一步提高形成抑制。

（4）中国特殊的威权政府体制。中央及地方政府对人口增长、流动、空间布局可以施加很大的影响，对经济发展有很大的调控能力，这在一定程度上保证了改革开放后的城镇化平稳增长，使得城镇化增速呈现出类线性特征，但也抑制了城镇化水平更高速度的增长。

2. 未来中国城镇化的速度和趋势判断

考虑中国城镇化进程和政府作用的特殊性，结合跨国面版数据的非线性模型结论，对未来中国城镇化的走势做出初步判断：

（1）中国城镇化趋势呈现出近似线性的 S 形曲线。依据表 2-6 中的人均 GDP12000 美元和 24000 美元时的城镇化增速计算，未来中国人均 GDP 每提高 1 个百分点，城镇化水平可以提高 0.121～0.137 个百分点。

（2）中国城镇化的拐点在 2010 年时已经来临，这意味着未来的城镇化速度很难再维持改革开放前 30 年的年均 1 个百分点以上的增速。但由于中国城镇化进程的特殊性，进入拐点后的城镇化速度依然较快，城镇化并没有完成从快速增长到滞涨的质变，该拐点还不能作为国家宏观政策制定的转折点。

（3）重启改革进程，依然可以保证中国较快的经济增长和城镇化速度。如果中国较快的经济增长速度能够维持 20 年左右时间（我们假设该增长速度为人均 GDP 年均增长 7%），则未来城镇化水平依然以 0.85～0.96 个百分点的速度递增。以 2011 年中国人均 GDP 为 12270 美元计算，2020 年时，我国人均 GDP 将达到 22558 美元，城镇化水平可以达到59%～60%；到 2030 年时，我国人均 GDP 将达到 44375 美元，城镇化水平则可以达到 68%～70% 左右。

3. 结论

中国城镇化进程的特殊性和独特的制度安排，使得中国城镇化既具有世界人口大国城镇化进程的一些特点，又具有自身极富特色的进程和趋势，因此，研究中国的城镇化问题，既要着眼世界普遍规律，更要立足中国特色。对中国城镇化速度和趋势的研究，要结合经济发展、社会变化、宏观政策和既往经验，对多种研究方法进行综合性的分析和比较，并对既往的研究成果不断进行验证校核，才能获得满意结论；改革开放以来，政府发挥了巨大的调控作用，烫平了城镇化进程中的周期和波动，因此我们也有理由相信，政府宏观的调控，依然会在未来的城镇化进程中发挥巨大作用，这也可能就是“中国未来最大的内需在城镇化，最大的潜力也在城镇化”的理论逻辑。

表 2-8 为样本国家分别在 1960 年和 2007 年时的城镇化和经济发展水平，表 2-9 是中国 1960 年～2011 年历年的城镇化水平和经济发展水平数据，供感兴趣的读者参考。

样本国家1960年和2007年的城镇化水平和经济发展水平　　表2-8

| 国家名称 | 1960年城镇化水平（%） | 1960年人均GDP（美元） | 2007年城镇化水平（%） | 2007年人均GDP（美元） |
|---|---|---|---|---|
| 阿根廷 | 73.6 | 8824 | 92 | 15323 |
| 澳大利亚 | 80.6 | 12167 | 89 | 36013 |
| 孟加拉国 | 5.1 | 1567 | 27 | 2348 |
| 巴西 | 44.9 | 3138 | 85 | 9683 |
| 加拿大 | 68.9 | 12441 | 80 | 36020 |
| 中国 | 19.8 | 505 | 44.9 | 8554 |
| 哥伦比亚 | 48.2 | 3189 | 74 | 7926 |
| 德国 | 76.1 | 15055* | 87 | 31159 |
| 阿尔及利亚 | 30.4 | 4342 | 74 | 6407 |
| 埃及 | 37.9 | 1351 | 65 | 5779 |
| 西班牙 | 56.6 | 6027 | 77 | 31348 |
| 埃塞俄比亚 | 6.4 | 825 | 17 | 1111 |
| 法国 | 62.4 | 9419 | 77 | 29542 |
| 英国 | 85.7 | 11634 | 90 | 31970 |
| 印度尼西亚 | 14.6 | 976 | 50 | 5144 |
| 印度 | 18 | 998 | 29 | 3880 |
| 伊朗 | 34.1 | 4336 | 68 | 10448 |
| 意大利 | 59.4 | 8234 | 68 | 28707 |
| 日本 | 62.5 | 5630 | 66 | 30608 |
| 韩国 | 27.7 | 2094 | 81 | 23973 |
| 摩洛哥 | 29.3 | 1379 | 56 | 5461 |
| 墨西哥 | 50.8 | 4433 | 77 | 11192 |
| 尼日利亚 | 14.4 | 1947 | 48 | 2230 |
| 荷兰 | 85 | 11947 | 81 | 34487 |
| 巴基斯坦 | 22.1 | 935 | 36 | 3606 |
| 菲律宾 | 30.3 | 2191 | 64 | 4791 |
| 波兰 | 47.9 | 5681* | 61 | 14373 |
| 罗马尼亚 | 34.2 | 1492 | 54 | 9350 |
| 泰国 | 12.5 | 1192 | 33 | 9402 |
| 土耳其 | 29.7 | 2569 | 68 | 7714 |
| 坦桑尼亚 | 4.7 | 490 | 25 | 934 |
| 美国 | 70.0 | 15941 | 81 | 43111 |

续表

| 国家名称 | 1960 年城镇化水平（%） | 1960 年人均 GDP（美元） | 2007 年城镇化水平（%） | 2007 年人均 GDP（美元） |
|---|---|---|---|---|
| 南非 | 46.6 | 5400 | 60 | 10563 |
| 刚果（金） | 22.3 | 1953 | 33 | 377 |
| 苏丹 | 57** | 1521* | 62 | 2328 |
| 阿富汗 | 16** | 891* | 24 | 751 |

注：* 为 1970 年数据，** 为 1980 年数据；美元单位为 2009 年 PPP（购买力平价）美元。

数据来源：各国人均 GDP 数据，引自 Alan Heston，Robert Summers and Bettina Aten. Penn World Table Version 6.3. Center for International Comparisons of Production，Income and Prices at the University of Pennsylvania. August 2009。各国 1960 ~ 1999 年城镇化率引自 WDI。2000 ~ 2007 年城镇化数据引自世界银行。苏丹、阿富汗 1980 ~ 2007 年城镇化数据引自世界银行。

**中国 1960 年 ~ 2011 年经济发展水平和城镇化水平** **表 2-9**

| 年份 | 城镇化水平（%） | 人均 GDP（美元） | 年份 | 城镇化水平（%） | 人均 GDP（美元） | 年份 | 城镇化水平（%） | 人均 GDP（美元） |
|---|---|---|---|---|---|---|---|---|
| 1960 | 19.75 | 505 | 1978 | 17.92 | 768 | 1996 | 30.48 | 3207 |
| 1961 | 19.29 | 410 | 1979 | 18.96 | 829 | 1997 | 31.91 | 3302 |
| 1962 | 17.33 | 401 | 1980 | 19.39 | 891 | 1998 | 33.35 | 3504 |
| 1963 | 16.84 | 422 | 1981 | 20.16 | 945 | 1999 | 34.78 | 3749 |
| 1964 | 18.37 | 463 | 1982 | 21.13 | 1039 | 2000 | 36.22 | 3967 |
| 1965 | 17.98 | 507 | 1983 | 21.62 | 1119 | 2001 | 37.66 | 4272 |
| 1966 | 17.86 | 532 | 1984 | 23.01 | 1240 | 2002 | 39.09 | 4666 |
| 1967 | 17.74 | 499 | 1985 | 23.71 | 1376 | 2003 | 40.53 | 5169 |
| 1968 | 17.62 | 473 | 1986 | 24.52 | 1454 | 2004 | 41.76 | 5732 |
| 1969 | 17.50 | 505 | 1987 | 25.32 | 1576 | 2005 | 42.99 | 6483 |
| 1970 | 17.38 | 552 | 1988 | 25.81 | 1680 | 2006 | 43.90 | 7469 |
| 1971 | 17.26 | 576 | 1989 | 26.21 | 1686 | 2007 | 44.90 | 8554 |
| 1972 | 17.13 | 576 | 1990 | 26.41 | 1760 | 2008 | 45.70 | 9373 |
| 1973 | 17.20 | 628 | 1991 | 26.94 | 1878 | 2009 | 46.60 | 10218 |
| 1974 | 17.16 | 628 | 1992 | 27.46 | 2075 | 2010 | 49.70 | 11255 |
| 1975 | 17.34 | 661 | 1993 | 27.99 | 2454 | 2011 | 51.27 | 12271 |
| 1976 | 17.44 | 656 | 1994 | 28.51 | 2699 | | | |
| 1977 | 17.55 | 683 | 1995 | 29.04 | 2955 | | | |

数据来源：1960 年 ~ 2007 年人均 GDP 和城镇化水平数据来源同表 2-8，单位为 2009 年 PPP 美元；2008、2009、2011 年城镇化数据来自该年统计公报，2010 年城镇化数据来自“六普”数据；2008 年 ~ 2011 年人均 GDP 数据，以 2007 年为基数，根据 GDP 和人口增速自算。

## 2.3 不同类型城镇人口增长速度研究

城市的人口规模，是城乡规划合理安排建设用地、配置基础设施和公共产品的重要依据。然而，城市人口规模的预测又是一项复杂而又艰难的工作。要科学合理地对城市人口规模进行预测，需要研究城市人口的变化特征，了解城市人口现状和问题，分析未来人口规模的影响要素与发展趋势，以及资源环境承载力对城市人口规模的影响。鉴于城市人口规模预测的复杂性，在《城市人口规模预测规程》（国标讨论稿）中，推荐了增长率预测法、相关分析预测法、承载力（容量）预测法等三类共10种方法，同时通过各种方法相互借鉴、补充和调整，完善城市人口规模的预测。

我国是个大国，城市类型多样，区域发展差距大，不同城市在性质、功能、发展动力、增长潜力、环境承载能力等方面差异巨大，因此，城镇人口规模的预测，需要在契合国家和区域城镇人口总体趋势背景下，以城市的功能为基础，分类型研究典型城市的人口变化特点，梳理出不同类型城市人口的变化特征，才能从总体上把握不同类型城市人口增长的内在规律。

### 2.3.1 区域中心城市人口增速研究

区域中心城市在国家和区域经济社会发展中发挥中心作用，其人口和产业的聚集功能普遍较强，近些年的人口保持持续快速增长，是国家高速城镇化进程中人口的主要承载基地。研究选取直辖市、省会城市和副省级城市等34个城市为样本，对其人口增长的特点和规律进行了梳理。同时，以宁波为案例，对区域中心城市人口预测的不同方法进行了比对和校核，希望对区域中心城市人口增长预测多方案比较提供借鉴。图2-7为样本城市1991年~2007年GDP增速与人口增速的散点图，图2-8为样本城市1991年~2007年第三产业增加值占比增速和人口增速的散点图。

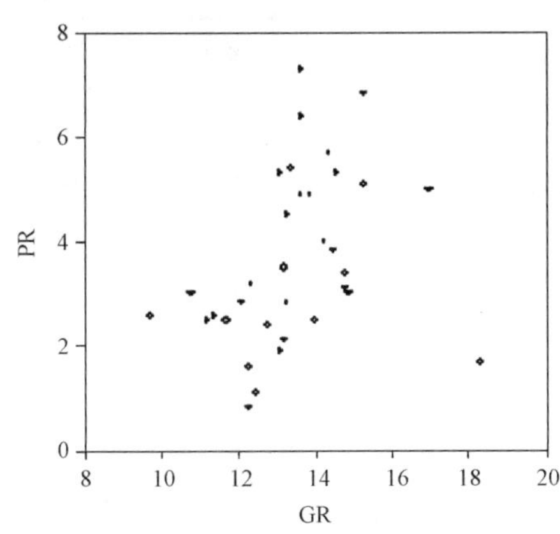


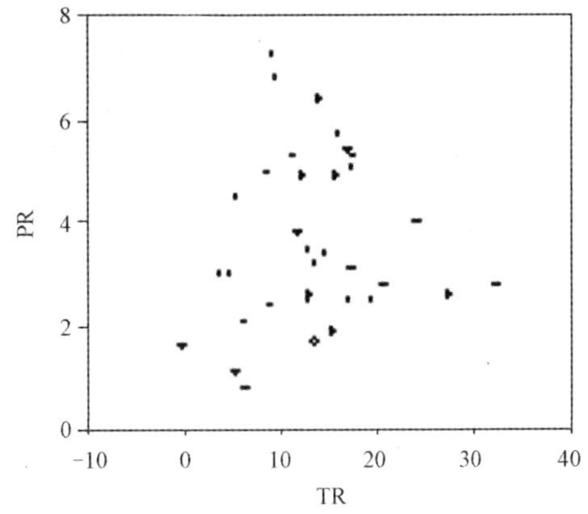


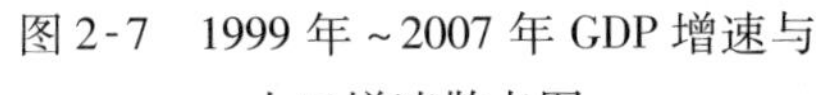

图2-7 1999年~2007年GDP增速与人口增速散点图

图2-8 1991年~2007年三产比重提高和人口增长散点图

注：PR为1991年~2007年城市人口增速，GR为1991年~2007年城市年均地区生产总值增速，TR为1991年~2007年三产比重提高的增速。

从1991年~2007年省域中心城市人口增速的特点来看，经研究得出以下几点结论：

（1）省域中心城市人口普遍增长较快，这与行政资源向中心城市倾斜，中心城市医疗、教育、基础设施和公共服务水平普遍较高，对人口具有更强的吸引力有关。1991 年，34 个样本城市人口为6179 万人，2007 年达到10416 万人，年均增长3.3 个百分点，远高于全国城镇化的平均增速。

（2）行政区域调整和行政级别提高对城市人口增长影响较大。如海口、重庆的人口增速分列第1、第3 位，海南建省和重庆升格为直辖市是重要因素。

（3）城市宜居和舒适对于人口具有较大吸引力。如厦门、宁波、杭州、成都、南京等城市，物质空间建设水平较高，环境优美，因而城市人口增速较高。

（4）省域中心城市地区生产总值增速普遍较高，但其增速与人口增速没有相关性。如呼和浩特、长春、沈阳、武汉等虽然经济增长速度高，但人口增速排名并不靠前。城市人口的增速与城市文化的包容性、社会的认同感和战略性资源的聚集能力更相关。

（5）省域中心城市第三产业增加值占地区生产总值的比重普遍得到较快提高，但三产比重提高的速度与城市人口增长的速度没有直接的相关关系。由此可见，城市产业结构的升级可能更多地体现为城市功能的提升而不是人口的更快增长。

在以宁波作为区域中心城市进行人口规模预测的案例研究中发现，其人口增长的影响因素相当复杂（表2-10），区域政策、地方政策调控、生育政策、迁移政策、社会进步、城市功能升级和人口流动的变化特征，都会影响到宁波未来城市人口的规模。通过构建经济增长与就业弹性模型、基于现状的政府适当调控模型、资源承载能力模型，并对三种方法预测的结果进行比对、校核，研究预测2030 年，宁波人口总规模将会达到1200 ~1300 万。

**影响区域中心城市人口规模的主要因素**　　**表2-10**

| 因　素 | 目　标 | 内　容 | 对宁波的有利影响 | 对宁波的不利影响 | 对宁波人口规模的总体影响 |
|---|---|---|---|---|---|
| 区域政策 | 构建协调的区域关系 | 中西部工业化和城镇化加速 | 减少低素质外来人口规模 | 吸引中西部专业人才成本提高 | 减少 |
| 生育政策 | 以延缓人口老龄化为目标 | 逐步放宽生育政策 | 优化人口结构，减缓养老压力 | 带来新一轮的人口增长 | 增加（风险可控） |
| 迁移政策 | 延长人口红利、提高人口素质 | 逐步放宽户籍制度 | 提高城市竞争力 | 带来新一轮的人口增长 | 增加（风险可控） |
| 社会进步 | 全国统一的基本公共服务 | 教育、医疗、社保、安全 | 外来人口回流加速 | 中低收入人口集聚，公共服务供给压力大 | 减少 |
| 功能升级 | 提高宁波城市功能 | 经济和职能高端化 | 低素质外来人口涌入放缓 | | 减少（风险可控） |
| 人口流动 | 为寻找更好的发展机会流动 | 高技能群体流动加快 | 高素质人口加速涌入 | 本地高素质人口外流 | 不确定 |

### 2.3.2 资源型城市人口增速研究

资源型城市在我国分布点多面广。据统计，我国有154座矿业型城中，目前约有10%左右的城市可供开发的后备矿产资源已经不足。矿产开发过程中城市或城市周边地区生态、水、土壤、大气环境都不可避免地遭受扰动和破坏，城市形象差，城市更新成本高，接续产业发展困难，对于外来人口的吸引和接纳能力较弱。与其他城市相比，资源型城市由于产业和就业结构相对单一，经济运行波动大，人口增速波动大，对于未来人口的预测也较为困难。

研究选取了我国东北、中部和西部具有典型代表的41座资源型城市为研究对象（表2-11），涉及煤炭、有色金属、森工和石油四种类型，东、中、西部和大、中、小城市均有所覆盖。1991年，41座城市人口规模为1511万人，占全国城镇人口的比重为4.84%。到2007年，这41座城市人口规模为2092万人，占全国城镇人口的比重下降到3.52%。

**我国有代表性的资源型城市基本情况** **表2-11**

| 省份 | 城市 | 1991年城镇人口（万人） | 2007年城镇人口（万人） | 1991年GDP（亿元） | 2007年GDP（亿元） | 1991年~2007年人口增速（%） | 1991年~2007年GDP增速（%） | 类型 |
|---|---|---|---|---|---|---|---|---|
| 内蒙古 | 乌海 | 26.67 | 44.85 | 7 | 190 | 3.302 | 16.742 | 煤炭 |
| | 鄂尔多斯 | 8.1 | 16.86 | 4.73 | 1150.9 | 4.688 | 33.894 | 煤炭 |
| | 牙克石 | 38.04 | 39 | 8.09 | 52.8 | 0.156 | 6.793 | 森工 |
| 辽宁 | 抚顺 | 121.22 | 125.76 | 72.55 | 230.7 | 0.230 | 2.100 | 煤炭 |
| | 北票 | 19.33 | 21.04 | 6.91 | 65.9 | 0.531 | 9.355 | 煤炭 |
| | 阜新 | 64.28 | 78.04 | 26.97 | 193.5 | 1.220 | 7.427 | 煤炭 |
| | 盘锦 | 37.66 | 53.94 | 47.4 | 562.9 | 2.271 | 10.864 | 石油 |
| | 葫芦岛 | 36.26 | 53.09 | 46.23 | 417.5 | 2.412 | 8.983 | 有色 |
| 吉林 | 辽源 | 35.93 | 38.64 | 21.54 | 131.4 | 0.456 | 6.343 | 煤炭 |
| | 珲春 | 9.33 | 19.98 | 2.86 | 40.5 | 4.874 | 12.090 | 森工 |
| 黑龙江 | 鸡西 | 69.66 | 73.62 | 23.64 | 264.6 | 0.346 | 10.454 | 煤炭 |
| | 伊春 | 79.94 | 77.94 | 16.66 | 153.2 | -0.158 | 9.106 | 森工 |
| | 七台河 | 22.32 | 36.58 | 13.11 | 135.2 | 3.136 | 9.891 | 煤炭 |
| | 铁力 | 26.74 | 39 | 4.49 | 36.2 | 2.387 | 8.213 | 森工 |
| | 大庆 | 67.6 | 102.54 | 178.63 | 1822.3 | 2.638 | 9.816 | 石油 |
| | 鹤岗 | 53.14 | 60.96 | 19.41 | 153.6 | 0.862 | 8.087 | 煤炭 |
| 河北 | 邢台 | 31 | 53.16 | 20.43 | 890.7 | 3.428 | 20.252 | 煤炭 |
| | 邯郸 | 84.88 | 124.57 | 55.08 | 1608 | 2.427 | 17.275 | 煤炭 |
| 河南 | 焦作 | 42.68 | 64.56 | 69.54 | 856 | 2.620 | 11.113 | 煤炭 |
| | 平顶山 | 42.66 | 76.62 | 73.27 | 821.2 | 3.728 | 10.464 | 煤炭 |
| | 鹤壁 | 21.63 | 36.76 | 15.48 | 274.4 | 3.370 | 13.674 | 煤炭 |

续表

| 省份 | 城市 | 1991年城镇人口（万人） | 2007年城镇人口（万人） | 1991年GDP（亿元） | 2007年GDP（亿元） | 1991年～2007年人口增速（%） | 1991年～2007年GDP增速（%） | 类型 |
|---|---|---|---|---|---|---|---|---|
| 山东 | 枣庄 | 41.15 | 81.53 | 57.71 | 925.6 | 4.366 | 12.966 | 煤炭 |
| | 滕州 | 34.79 | 32.27 | 21.06 | 404 | -0.469 | 14.237 | 煤炭 |
| | 招远 | 10.66 | 16.76 | 18.1 | 301.9 | 2.868 | 13.243 | 有色 |
| | 东营 | 31.12 | 61.14 | 75.32 | 1664.8 | 4.311 | 15.253 | 石油 |
| 湖北 | 潜江 | 21.21 | 34.8 | 11.55 | 156.6 | 3.143 | 11.786 | 石油 |
| 安徽 | 淮南 | 71.5 | 97.01 | 25.35 | 344.2 | 1.925 | 11.796 | 煤炭 |
| | 铜陵 | 23.14 | 38.84 | 14.76 | 286.9 | 3.290 | 14.331 | 有色 |
| 山西 | 大同 | 80.74 | 117.33 | 44.98 | 490.8 | 2.363 | 10.279 | 煤炭 |
| | 阳泉 | 36.4 | 53.44 | 25.09 | 273.2 | 2.429 | 10.264 | 煤炭 |
| | 长治 | 32.1 | 54.81 | 41.07 | 550.6 | 3.400 | 11.707 | 煤炭 |
| | 晋城 | 14.15 | 26.6 | 25.92 | 420 | 4.024 | 13.038 | 煤炭 |
| 湖南 | 资兴 | 11 | 16.04 | 5.8 | 83 | 2.385 | 12.164 | 煤炭 |
| | 冷水江 | 14.03 | 14.84 | 5.81 | 95.7 | 0.351 | 13.154 | 有色 |
| | 娄底 | 13.46 | 27.19 | 8.43 | 423.3 | 4.493 | 21.318 | 煤炭 |
| 云南 | 个旧 | 21.4 | 17.39 | 9.02 | 85.6 | -1.288 | 9.321 | 有色 |
| 陕西 | 铜川 | 28.32 | 38.66 | 9.52 | 102.3 | 1.964 | 10.173 | 煤炭 |
| | 韩城 | 8.43 | 16.4 | 4.42 | 75.2 | 4.247 | 13.383 | 煤炭 |
| 甘肃 | 金昌 | 10.88 | 16.4 | 16.12 | 213.2 | 2.598 | 11.613 | 有色 |
| | 白银 | 20.93 | 30.91 | 17.77 | 207.5 | 2.467 | 10.747 | 有色 |
| 宁夏 | 石嘴山 | 26.15 | 35.67 | 13.74 | 169.3 | 1.959 | 11.120 | 煤炭 |
| 新疆 | 克拉玛依 | 20.21 | 26.23 | 30.57 | 515.1 | 1.643 | 13.315 | 石油 |

注：1. 1991年城镇人口取自《中国城市统计年鉴1992》市区非农业人口数。

2. 2007年地级市城市人口数据取自《中国城市统计年鉴2008》市辖区非农业人口，县级市城市人口数取自《中国建设统计年鉴2007》中城区人口和城区暂住人口之和。

3. GDP数据取自市域生产总值。

4. 为了数据能够溯源，其中铁力和牙克石的城市人口为市区人口+市区暂住人口。

5. GDP增速数据，以历年CPI指数进行了不变价格的修正。

经过相关矩阵（表2-12）和有关变量之间的散点图型分析（图2-9），资源型城市的人口增速只与地区生产总值的增速具有弱相关性（0.546），与其他变量的相关性都不强，这与我们认为城市人口增长是个复杂的经济社会现象的基本认识是一致的。

**资源型城市相关系数矩阵** **表 2-12**

| | *PR* | *GR* | *OP* | *OG* | $D_1$ | $D_2$ | $D_3$ | $D_4$ |
|---|---|---|---|---|---|---|---|---|
| *PR* | 1 | 0. 546 | -0. 394 | 0. 094 | 0. 102 | -0. 108 | -0. 150 | 0. 118 |
| *GR* | 0. 546 | 1 | -0. 408 | -0. 180 | 0. 151 | -0. 204 | -0. 044 | 0. 008 |
| *OP* | -0. 394 | -0. 408 | 1 | 0. 507 | 0. 210 | 0. 033 | -0. 294 | -0. 006 |
| *OG* | 0. 094 | -0. 180 | 0. 507 | 1 | -0. 063 | -0. 218 | -0. 153 | 0. 468 |
| $D_1$ | 0. 102 | 0. 151 | 0. 210 | -0. 063 | 1 | -0. 414 | -0. 570 | -0. 469 |
| $D_2$ | -0. 108 | -0. 204 | 0. 033 | -0. 218 | -0. 414 | 1 | -0. 1451 | -0. 119 |
| $D_3$ | -0. 15 | -0. 044 | -0. 294 | -0. 153 | -0. 570 | -0. 145 | 1 | -0. 164 |
| $D_4$ | 0. 118 | 0. 008 | -0. 006 | 0. 468 | -0. 469 | -0. 119 | -0. 164 | 1 |

注：*PR*—1991 年 ~ 2007 年城市人口年均增速；*GR*—1991 年 ~ 2007 年城市年均地区生产总值增速；*OP*—1991 年城市人口总数；*OG*—1991 年城市地区生产总值；虚拟变量 $D_1$—煤炭型城市；虚拟变量 $D_2$—森工型城市；虚拟变量 $D_3$—有色型城市；虚拟变量 $D_4$—石油型城市。

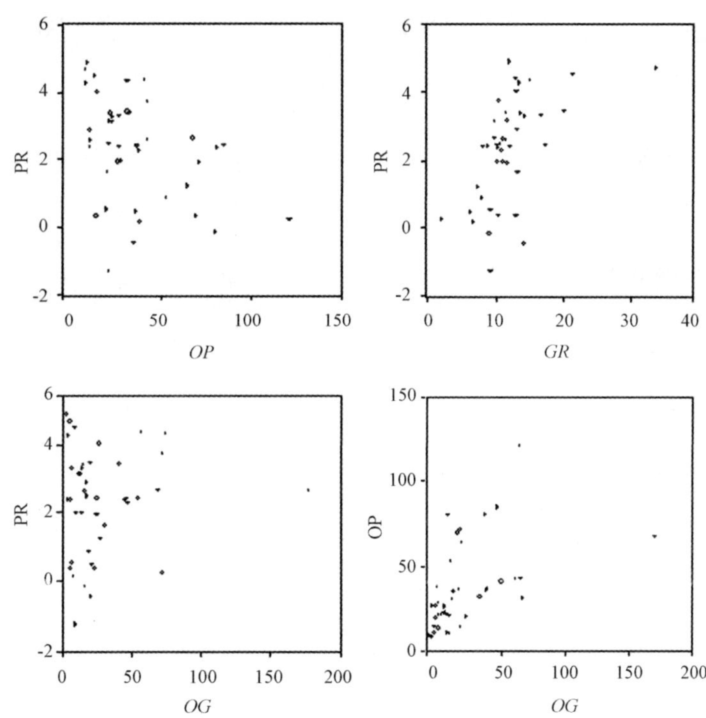


图 2-9 资源型城市有关变量之间的散点图

**资源型城市人口年均增长率 *r*** **表 2-13**

| 城市类型 | 平均增速（%） | 最高增速（%） | 最低增速（%） | 基准增速（%） |
|---|---|---|---|---|
| 煤炭型 | 2. 44 | 4. 688 | -0. 469 | 2. 11 |
| 森工型 | 1. 815 | 4. 874 | -0. 158 | 2. 358 |
| 有色型 | 1. 814 | 3. 29 | -1. 288 | 1. 001 |
| 石油型 | 2. 801 | 4. 311 | 1. 643 | 2. 977 |

依据表2-13各资源型城市人口平均增速和基准增速，对城市人口年均增长率可估算，见式（2-31）~式（2-34）：

$$r_1 = 2.44 + [-2.11, 2.11] \quad (2\text{-}31)$$

$$r_2 = 1.815 + [-2.358, 2.358] \quad (2\text{-}32)$$

$$r_3 = 1.814 + [-1.001, 1.001] \quad (2\text{-}33)$$

$$r_4 = 2.801 + [-2.977, 2.977] \quad (2\text{-}34)$$

$r_1$、$r_2$、$r_3$、$r_4$ 分别为煤炭资源型城市、森工资源型城市、有色资源型城市和石油资源型城市的城市人口年均增长率。其中常数项为人口年平均增速，括号内的数据区间为校核系数，依据各城市经济社会特点进行估算。

通过研究，资源型城市人口增长与下述因素相关：

（1）与资源的类型相关。从中国资源型城市来看，森工和有色金属类的资源型城市的人口增速较慢，而石油和煤炭型资源城市人口增速较快。

（2）与资源的丰裕程度有关。一般而言，资源枯竭的城市人口增长速度较慢，而资源富集的新兴城市人口增速较快。

（3）与资源型产业占当地就业和经济的比重有关。一般而言，资源型产业所占比重越高，城市人口增速就越慢。反之，产业结构的多元化和接续产业的良好发展，会带来城市人口较快速的增长。

（4）与资源的价格景气指数有关。一般而言，资源价格高涨会带来产业的高速扩张，带动人口较快速度的增长。反之，资源价格长期低迷会造成增长缓慢。

### 2.3.3　农业型地区城市人口增速研究

我国33个农业主产区城市情况　　表2-14

| 省份 | 城市 | 1991年城镇人口（万人） | 2007年城镇人口（万人） | 1991年GDP（亿元） | 2007年GDP（亿元） | 1991年~2007年人口增速（%） | 1991年~2007年GDP增速（%） |
|---|---|---|---|---|---|---|---|
| 河北 | 保定 | 48.85 | 93.69 | 38.24 | 1375.2 | 4.15 | 18.81 |
| | 沧州 | 24.83 | 48.35 | 20.21 | 1465.4 | 4.25 | 24.14 |
| | 辛集 | 5.98 | 18.2 | 12.62 | 166.8 | 7.20 | 11.61 |
| 辽宁 | 铁岭 | 26.06 | 36.17 | 59.77 | 404.0 | 2.07 | 7.03 |
| | 朝阳 | 22.97 | 34.44 | 36.85 | 334.2 | 2.56 | 9.01 |
| | 海城 | 20.82 | 33.58 | 26.46 | 333.2 | 3.03 | 11.27 |
| 吉林 | 通化 | 32.9 | 39.64 | 37.24 | 353.6 | 1.17 | 9.33 |
| | 榆树 | 13.46 | 23 | 17.32 | 149.4 | 3.41 | 8.67 |
| | 公主岭 | 22.97 | 25.1 | 13.53 | 142.5 | 0.56 | 10.04 |
| 黑龙江 | 双城 | 14.5 | 18.92 | 9.12 | 171.4 | 1.68 | 14.09 |
| 江苏 | 徐州 | 81.86 | 156.06 | 118.99 | 1679.6 | 4.12 | 12.07 |
| | 东台 | 19.75 | 22.35 | 17.67 | 224.3 | 0.78 | 11.33 |
| 福建 | 漳州 | 18.42 | 36.57 | 57.08 | 854.8 | 4.38 | 12.48 |

续表

| 省 份 | 城 市 | 1991 年城镇人口（万人） | 2007 年城镇人口（万人） | 1991 年 GDP（亿元） | 2007 年 GDP（亿元） | 1991 年 ~ 2007 年人口增速（%） | 1991 年 ~ 2007 年 GDP 增速（%） |
|---|---|---|---|---|---|---|---|
| 江西 | 赣州 | 22.42 | 37.46 | 7.29 | 702.0 | 3.26 | 26.36 |
| | 宜春 | 15.5 | 26.54 | 10.34 | 508.9 | 3.42 | 21.17 |
| | 丰城 | 19.95 | 31.33 | 14.7 | 135.0 | 2.86 | 9.10 |
| 山东 | 潍坊 | 45.52 | 145.86 | 166.32 | 2056.0 | 7.55 | 11.14 |
| | 聊城 | 20.63 | 62 | 14.19 | 1025.4 | 7.12 | 24.11 |
| | 菏泽 | 20.58 | 68.13 | 14.3 | 686.0 | 7.77 | 20.97 |
| | 诸城 | 10.89 | 46.37 | 19.01 | 302.6 | 9.48 | 12.91 |
| | 乐陵 | 5.08 | 18.15 | 7.2 | 96.0 | 8.28 | 11.67 |
| 河南 | 安阳 | 42.75 | 70.36 | 62.37 | 807.8 | 3.16 | 11.47 |
| | 新乡 | 48.45 | 72.12 | 67.69 | 779.7 | 2.52 | 10.65 |
| | 许昌 | 21.37 | 40.45 | 49.36 | 855.4 | 4.07 | 13.51 |
| | 南阳 | 25.12 | 55.57 | 12.12 | 1376.3 | 5.09 | 27.67 |
| | 邓州 | 8.6 | 20.05 | 12.67 | 167.9 | 5.43 | 11.63 |
| 湖北 | 孝感 | 17.06 | 30.58 | 14.34 | 480.8 | 3.71 | 18.29 |
| | 洪湖 | 19.36 | 45.6 | 10.03 | 67.1 | 5.50 | 6.96 |
| 湖南 | 衡阳 | 49.66 | 101.25 | 71.69 | 820.9 | 4.55 | 10.61 |
| | 岳阳 | 32.04 | 72.1 | 70.45 | 915.8 | 5.20 | 11.49 |
| | 湘乡 | 8.79 | 9.4 | 9.88 | 99.1 | 0.42 | 9.70 |
| 四川 | 遂宁 | 15.15 | 37.79 | 29.1 | 304.9 | 5.88 | 10.00 |
| | 内江 | 26.1 | 36.64 | 71 | 374.6 | 2.14 | 5.38 |

注：1. 粮食主产区名录取自《中国县（市）社会经济统计年鉴》中的粮食主产区名单。
2. 1991 年城镇人口取自《中国城市统计年鉴 1992》市区非农业人口数。
3. 2007 年地级市城市人口数据取自《中国城市统计年鉴 2008》市辖区非农业人口，县级市城市人口数取自《中国建设统计年鉴 2007》中城区人口和城区暂住人口之和。
4. GDP 数据取自市域生产总值。
5. 为了数据能够溯源，其中铁岭市的城市人口为市区人口 + 市区暂住人口。
6. GDP 增速数据以历年 CPI 指数进行了不变价格的修正。

我国耕地资源十分宝贵，粮食安全始终是国家核心战略之一，因此，稳定粮食主产区的人口和经济保持稳定始终是近几年国家关注的焦点。坐落在粮食主产区的城市点多面广，根据《中国县（市）社会经济统计年鉴》中提供的粮食主产区名单，我国近 1/2 的城市坐落在粮食主产区或者辖区内有粮食主产县。研究这些城市的人口变化趋势，对准确把握国家城镇的人口布局具有重要意义。

研究选取33个城市坐落在粮食主产区的城市（表2-14），通过1991年和2007年的截面数据分析，其1991年城镇人口为828万人，占全国的比重为2.65%；到2007年，城镇人口为1614万人，占全国的比重2.72%，基本保持了稳定。农业主产区的城市人口变化具有以下特征：

（1）山东等区域经济比较发达的城市人口增速普遍较快，东北农区城市人口增速普遍较慢；

（2）城市人口增速与地区生产总值的增速相关性不强；

（3）块状经济比较发达的地区，城市人口增速相对较快；

（4）与省域中心城市比较接近的县（市）城市人口相对增长较快。

从这些城市人口未来的增长趋势来看，由于国家惠农政策不断推出、区域发展战略深化细化、交通基础设施不断完善和产业结构处于不断变动等因素影响，未来城市人口的增长具有极强的不确定性。特别是国家加强中小城市和小城镇发展战略的有效性，将会极大地影响这些地区未来的发展。

### 2.3.4　绿洲城市人口增速研究

我国新疆、甘肃河西走廊等地区有20余座典型的绿洲城市。这些城市生态环境脆弱，主要依托高山融雪和合理开采地下水资源作为城市、工业、农业和生态用水，水资源是这些城市发展的最大限制性因素。这些地区城市人口规模虽然占全国的比重不大，但在国家促进新疆实现跨越式发展、促进甘肃循环经济产业示范区发展的大背景下，以水资源的约束条件为前提，合理配置生产、生活和生态用水的基础上，确定绿洲城市的人口规模，是保持这些地区经济、社会和环境实现全面协调可持续发展的关键。

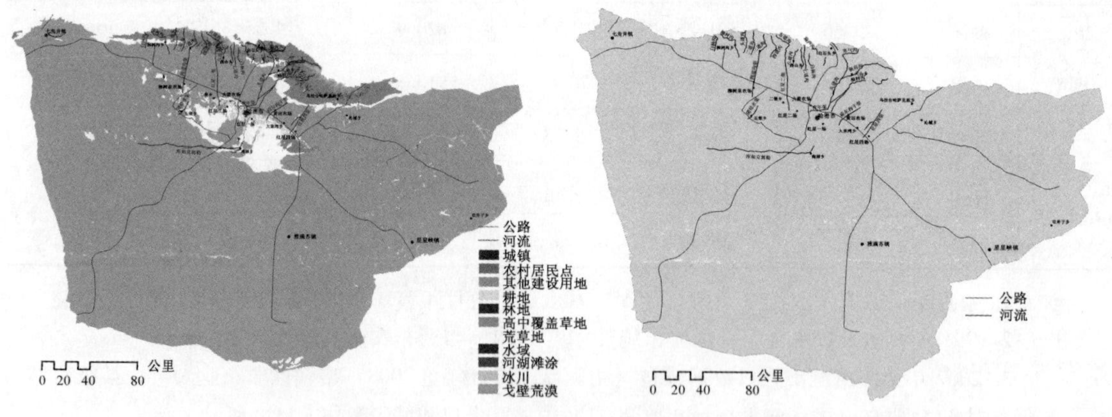


图2-10　新疆哈密土地与流域现状分布

课题以新疆哈密市为典型案例，研究了绿洲城市确定人口规模的技术方法。哈密在综合考虑冰川资源、内陆河沟径流、水库库容、地下水等潜力的基础上，确定了年可利用的水资源量为5.9亿$m^3$。为实现水资源的合理配置，提出的原则为：优先保证生态用水和城市发展用水的需求，还应要留有余地，以保证水资源的可持续利用，促进人与自然和谐发展，同时要加强水资源管理，以确保水资源的高效利用，要统筹规划区域和行业之间的用水需求，做到公平合理使用。

1. 哈密市水资源现状

哈密市地表水资源4.56亿$m^3$/年，地表水已开发利用2.35亿$m^3$/年，占地表水总量的51.5%。地下水资源是哈密市水资源的主要组成部分，目前，哈密市的工业和城镇居民生活用水绝大部分采用地下水，农业除部分乡采用地表水和地下水混合灌溉外，其余大部分乡采用地下水来灌溉。哈密市地下水储量为4.98亿$m^3$，可开采总量3.55亿$m^3$，地下水已开采总量3.71亿$m^3$，占可开采量的104.6%。地下水年超采量达到1630万$m^3$/年，致使哈密市的地下水水位每年以0.4~0.6m的速度持续下降，造成了哈密市的生态绿洲逐渐萎缩。

从哈密市的水资源分配状况看，目前哈密市不同行业的水资源分配极不合理，其中在整个用水结构中，由于农业用水采用常规漫灌方式，灌溉水利用系数不高，仅为0.52，综合毛灌溉定额866$m^3$/亩，利用效率低。

2. 哈密水资源利用现状及定额标准

（1）农业用水

目前哈密地区平均灌溉定额为866$m^3$/亩，灌溉面积51.96万亩，灌溉年用水量为44997万$m^3$。

（2）牧业用水

用水定额：大牲畜：35L/（头·d），小牲畜：10L/（头·d）。2008年大牲畜4.13万头，小牲畜56.37万头。因此，哈密市牧业年需水258.51万$m^3$。

（3）工业用水

根据哈密工业的类别和技术现状，确定了其工业用水定额为120t/万元。2008年，哈密市实现工业产值332995万元，工业用水合计为3995.94万$m^3$。

（4）火力发电

哈密市现有两个发电厂，其用水定额确定为15$m^3$/（万kW·h）。按照2008年两个电厂年发电量147800万kW·h计算，2008年火力发电用水为221.7万$m^3$。

（5）生态用水

2005年生态林灌溉共用水950万$m^3$。

（6）居民生活用水

用水定额：城镇居民用水400L/(人·d)(包括城镇居民生活用水，工业企业用水，公共设施用水以及交通、仓储、市政设施、道路浇洒、城市绿化、消防和特殊用水等，还包括了管网流失水量，城市未预见用水量按总用水量10%计算)。农村居民用水：120L/(人·d)。

2008年哈密市城镇人口34.84万人(包括兵团)，农业人口14.73万人，共49.57万人，用水6440.68万$m^3$。

（7）用水总量

综上所述，哈密市水资源需求总量为56863.83万$m^3$。

3. 哈密水资源的承载力分析

哈密市目前可利用水资源总量为5.90亿$m^3$，基于现状用水规模，尚剩余水资源2136.17万$m^3$。

若只增加城镇人口，按城镇人口用水定额计算，可增加城镇人口13.30万人。全市总计人口57.29万人。

若按目前城镇化比例79%计算，可增加15.70万人，其中城镇人口增加12.4万人，农村人口增加3.3万人。总计人口59.69万人。

随着人们用水节水意识的增强，以及农业灌溉逐步采用滴灌、管道灌等高标准节水灌溉方式，若2025年，哈密市农业的高标准节水灌溉面积达到100%，灌溉水利用系数提高到0.8，综合毛灌溉定额降到530$m^3$/亩，那么在农业用水中，每年可以节约用水量约为28162万$m^3$/a，平均节水量达到了77.15万$m^3$/d。此外，对规划区域内的低效农田面积以每年2%的速度压缩，通过压缩低产田的面积，还可以节余部分农业用水量；通过逐步提高工业用水的重复利用率（由32%提高到70%以上），降低工业的用水指标，减少工业发展的用水需求，从而增加城市居民生活供水量❶。

因此，哈密未来的人口承载力，在很大程度上将取决于农业和工业的发展路径。

### 2.3.5　新城人口规模预测研究

我国包括各类独立工矿区、开发区、城市工业用地在内的产业用地高达近5万平方公里（杨伟民，2008），远高于城镇建设用地的4万平方公里。大量的产业用地功能单一，人口聚集能力弱，用地粗放，极不利于国家集约节约用地的总体战略要求。因此，推动这些功能单一的产业用地向综合性的新城发展，增强人口的集聚能力，是优化国家土地资源配置、降低城镇化门槛、增强产业区综合承载能力的重要举措。

针对上述需要，课题以杭州临安开发区作为案例（图2-11），系统研究了工业新城向综合性新城发展的人口规模预测方法和模型。

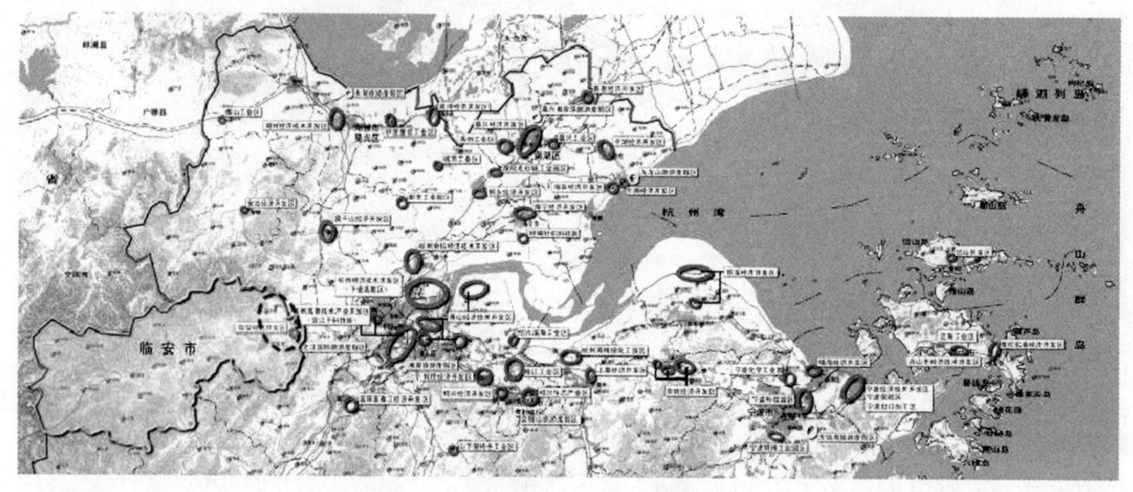


图2-11　临安开发区区位关系示意图

在综合考虑长三角区域经济发展水平、开发区功能定位和集约用地的前提下，制定了临安开发区的企业入园推荐标准：即开发区未来入园企业2/3属装备制造业，1/3属高技术轻型制造业，则现状每亿元工业产值可带来第二产业就业岗位220个。根据“十一五”期间招商引资的情况，2005年~2010年，工业产值年均增长率可达40%；2011年~2020年，随着工业地块出让全部完成，工业产值主要依靠产业结构升级、技术进步等带动，预计工业产业年均增长10%左右，到2020年工业产值达到377亿元。

2011年之前，开发区的重点工作是加快园区开发，使引入的企业加快投资，尽快形成

❶　上述农业用水数据摘自“哈密煤电化基地建设项目地下水资源勘查及供水方案可行性研究”，资料由当地政府向课题组提供。

生产规模。按每新增加亿元产值带动220个就业岗位估算，2010年开发区从事第二产业的工人总数将达到3.2万人，就业岗位以第二产业为主导。

2011年之后，随着企业全部入园并投入生产，工业用地全部转让，开发区将进入内涵式发展阶段。围绕重点企业进行产业配套协作、研发基地建设、生产和生活服务业的发展，已经形成一定规模的人口集聚会内生形成新的就业岗位，带动人口进一步集聚。第二产业就业比重逐步趋于下降，第三产业就业岗位逐步提高，预期2020年，第二产业就业比重降为60%，第三产业就业比重提高到40%。

**临安开发区人口规模预测** **表2-15**

| 年份 | 2007 | 2008 | 2009 | 2010 | 2011 | 2012 | 2013 |
|---|---|---|---|---|---|---|---|
| 工业产值（亿元） | 53 | 74 | 104 | 145 | 160 | 176 | 194 |
| 二产就业岗位（人） | 11660 | 16324 | 22854 | 31995 | 32000 | 32000 | 32000 |
| 二产就业比重 | 100% | 100% | 100% | 100% | 96% | 92% | 88% |
| 劳动参与率 | 70% | 70% | 70% | 70% | 70% | 70% | 70% |
| 人口规模（人） | 16657 | 23320 | 32648 | 45707 | 47619 | 49689 | 51948 |
| 年份 | 2014 | 2015 | 2016 | 2017 | 2018 | 2019 | 2020 |
| 工业产值（亿元） | 213 | 234 | 258 | 283 | 312 | 343 | 377 |
| 二产就业岗位（人） | 32000 | 32000 | 32000 | 32000 | 32000 | 32000 | 32000 |
| 二产就业比重 | 84% | 80% | 76% | 72% | 68% | 64% | 60% |
| 劳动参与率 | 70% | 70% | 70% | 70% | 70% | 70% | 70% |
| 人口规模（人） | 54422 | 57143 | 60150 | 63492 | 67227 | 71429 | 76190 |

根据全部就业岗位所做的人口机械增长规模，预计2010年，人口规模为4.57万人，2015年为5.71万人，2020年为7.62万人。

# 3 我国城镇建设用地扩张特点研究

## 3.1 我国城市建设用地扩张的一般特点分析

土地是城市经济社会运行的载体。城市建设用地的扩张，是经济社会发展、人口增长和政策综合调控的结果。2009 年，我国城市建成区面积已经达到 3.8 万 $km^2$。

城市建设用地的快速扩张是我国用地的典型特点。中国社会科学院发布的《2009 中国城市发展报告》指出，2001 ~ 2007 年，中国地级以上城市市辖区建成区面积平均增长 70.1%。有学者作过初步分析，1996 ~ 2006 年我国城镇人口每增加 1 万人，城镇用地需增加 54 公顷，第二、第三产业国内生产总值每增加 1 亿元需增加非农建设用地 24 公顷。快速城镇化、经济发展阶段、市场因素、相关政策和技术因素是导致我国城市建设用地迅速扩张的主要因素。

### 3.1.1 快速城镇化因素的影响

大量人口向城市集聚，直接推动了居住用地、产业用地、道路用地和公共设施用地的扩大，并直接体现为城市建设用地面积的增加。但是，对于很多大城市而言，城市建设用地的供给潜力是有限的，而人口却源源不断地从农村和其他中小城市迁入，城市建设用地面积不可能随着人口增长而无限扩张。为了缓和城市用地紧张的状况，未来的城市建设用地需求将更多地由存量城市建设用地挖潜来满足。

当然，在城镇化达到一定水平后，城市人口的增速会下降，对城市建设用地的需求也会随之减缓。可见，城镇化处于不同阶段，对城市建设用地需求的影响机制和影响强弱有所不同。

### 3.1.2 经济发展阶段的影响

经济发展包括经济规模的扩大和产业结构的变化，前者引起城市建设用地需求总量的增加，后者则导致城市建设用地需求结构的变化。

经济发展既需要土地资源的投入，也需要资金、物质、技术等非土地资源的投入，两部分投入的一定组合就形成该经济水平下的产出。随着经济的发展，社会总产出进入更高的水平，尽管经济效益提高了，但仍然需要追加投入相应规模的土地资源和非土地资源。因为土地资源有限，需求增加会引起其价格上升，因此非土地资源投入的增加往往大于土地资源投入的增加，城市建设用地趋于集约利用。

经济发展引起产业结构的变化，也会影响城市建设用地需求。在现阶段我国大力发展商业服务业、金融业和文化产业等第三产业，这些产业不仅要占地，而且要占好地、熟地。增加商业网点和批发交易中心，就要占据市中心区的大片土地；发展金融业，要有集中的金融街和星罗棋布的业务网点；发展科技和信息产业，要有集中的园区；随着人们物质文化水平的提高，文化、休闲、健身、娱乐、旅游等新的消费热点将会激发并产生新的功能区，引致城市建设用地的增加；居民生活水平的提高，对于公共空间、宜居水平、绿化水平也会提出更高的要求，必然带来城市绿地、公共服务、公共空间、道路交通等公共服务和设施用地的增长。当然，许多城市在积极发展第三产业的同时，限制用地需求较大的工业项目发展，这会在一定程度上减缓城市建设用地需求的增长速度。

### 3.1.3　市场因素的影响

在市场经济条件下，对于城市建设用地需求结构的优化和扩张的速度，土地价格、土地税收、土地取得费用和土地收益等经济杠杆都起着十分重要的作用。土地价格可以有效调节土地资源在空间上的合理配置，改变土地利用结构；可以有效调整土地市场中土地资源的供需平衡，使有限的土地资源得到最充分合理的利用。

土地承租者或购买者的收入变化对城市建设用地需求存在影响。当地价和其他因素不变时，土地承租者或购买者的收入增加，会引起对土地需求量的增加，原因是，在原来较低的收入水平下，更大比重的收入要用于吃、穿、用、行；当收入增加时，就会对居住条件、休憩环境和各类投资提出更高要求，进而造成城市建设用地需求的增加。

生产要素或其他物品价格的变化对城市建设用地需求存在影响。在地价和其他因素不变时，生产要素和其他物品价格的变动，会引起土地购买者或承租者对土地需求量的增减。假设建筑造价随建筑高度增加而提高时，房屋建造者就会尽可能多地利用土地，相应降低房屋的层数，降低容积率；相反如果房屋建筑造价下降时，土地变得相对昂贵，房屋建造者会把房屋建得高一些，而相应减少土地的使用。

土地价格涨落的预期对土地需求存在影响。如果预计未来一定时期土地价格将会上涨，现时的土地购买量或承租量就会增加，以获得土地价格上涨所带来的额外收益或者避免地价上涨所造成的损失。当人们预期土地价格会下降，就会减少土地的购买量或承租量，以免造成浪费或者贬值。

### 3.1.4　相关政策因素的影响分析

1. 城市规划和土地利用规划

城市规划不仅要确定城市建设用地的总规模，还要确定各类用途土地的数量并落实到具体的空间区位。城市规划对土地的开发强度也有控制，土地开发强度体现的是人口以及就业岗位的聚集数量，聚集程度越高则用地需求越少。城市规划布局构成城市形态，不同的城市形态对城市用地需求也有影响。有的城市规划遵循有机疏散理论，特别注重城市的可持续发展的要求，为缓解过分集中带来的一系列问题，将原有的高度集中的单中心城市形态转换成分散的组团式结构，这种组团间设有足够的空旷地间隔，对城市建设用地的需求量相对增加。又如新城市主义提倡的旧城街区的复兴，能引导城市建设用地需求中增量用地和存量用地关系的调整。土地利用规划强调保护耕地，提倡节约集约利用土地，会使城市建设用地粗放利用的局面得到改观，从而减少城市建设用地需求。

我国人多地少，走集约紧凑的城市发展道路，是我国国情约束下的必然选择，因此，通过规划对城市建设用地的规模进行调控，是长期以来坚持的国策，城市人均建设用地水平对控制城镇建设用地增长发挥了积极的作用。通过规划的引导和调控，我国城市在一定程度上避免了西方国家城市无序蔓延、建设用地快速扩张的不利局面，保证了宝贵土地的集约利用。

2. 住房政策

住房制度和政策的变化会对居住用地产生很大的影响。一方面，从发展经济的角度看，很多城市把房地产业作为拉动城市经济增长的支柱产业，实施鼓励城镇居民住房消费的政策，从而引导大量家庭购置或更换住房，推动居住用地需求增加。另一方面，从住房保障的角度看，各城市一般把人均居住面积作为市民生活水平提高的一个重要考量指标，特别是未来大规模建设保障性住房，将会促使城市居住用地需求增加❶。

3. 土地供应政策

土地供应政策对城市建设用地需求的影响表现在存量土地和增量土地利用的引导上。现阶段城市建设用地的集约利用程度虽有所提高，但城市土地开发偏重于新区的外延扩展，忽视旧城区的内涵改造；偏重于考虑城市土地开发的当前成本，忽视城市土地开发的长期经济效益和社会效益。应该说，现行的城乡二元分割的土地管理制度、地方政府“以地生财”的内在冲动在其中扮演了重要角色。

### 3.1.5　技术因素分析

科学技术的进步和投入能为一定面积的土地带来更大的产出，使得土地利用更加节约集约化。高层建筑施工技术和地下空间开发技术的日趋成熟，让相同面积的土地能够承载更多的住宅、商业和交通等功能。高层住宅、立交桥、地铁和地下商场等空间利用形式的推广，能够从一定程度上缓解经济发展和城镇人口增加对城市建设用地需求的压力。

科学技术的发展也有可能带来城市建设用地需求的增长。一种新技术的产生和成熟，可能会带动一个新兴行业的产生和就业人口的增长，从而需要更多的城市建设用地来满足新兴产业发展的要求。另外，目前一些城市为发展高新技术产业而专门开辟了园区，圈占了大量的土地，而土地利用效率却不高，造成了城市建设用地的浪费。

## 3.2　117个案例城市城市建设用地特点分析

在上述城市建设用地扩张一般规律分析的基础上，为进一步深入分析不同区域、不同城市规模、不同经济发展阶段和不同性质特点等对我国城市建设用地扩张的影响，研究选择了117个城市数据作为样本，基本涵盖全国各省区的不同规模、不同性质、不同形态的城市。其中，东部指北京、天津、河北、山东、江苏、上海、浙江、福建、广东以及海南十省(市、自治区)，中部指山西、河南、安徽、湖北、湖南以及江西六省(市、自治区)，西部指重庆、四川、云南、贵州、广西、陕西、宁夏、甘肃、青海、西藏、新疆以及内蒙古除了东四盟以外的地区，东北指黑龙江、吉林、辽宁以及内蒙古的东四盟地区。117个样本城市中，东部城市有45个，中部城市35个，西部城市24个，东北城市13个(见图3-1、表3-1)。

---

❶ 国家在“十二五”规划中提出，未来5年城镇保障性安居工程建设3600万套。

样本城市按照地域分组情况一览表　　表 3-1

| 城市分类 | 样本城市数量（个） | 占样本总数的比例（%） | 样本城市名称 |
|---|---|---|---|
| 东部城市 | 45 | 38.46 | 北京、漳平、漳州、汕尾、陆丰、清远、信宜、湛江、沧州、秦皇岛、香河、赵县、大城、遵化、沧州、常熟、大丰、东台、海门、江都、昆山、溧阳、邳州、宿迁、泰州、新沂、兴化、盐城、扬州、宜兴、常州、无锡、徐州、铜山、高唐、德州、滕州、肥城、上海、天津、宁波、瑞安、嵊州、余姚、海口 |
| 中部城市 | 35 | 29.91 | 蚌埠、滁州、阜阳、宁国、芜湖、宣城、淮北、黄山、焦作、信阳、永城、沁阳、鲁山、濮阳、宜昌、邵阳、湘乡、沅江、衡阳、株洲、永州、湘潭、凤凰、醴陵、丰城、南康、萍乡、上饶、樟树、南昌、东乡、大同、太原、高平、安泽 |
| 西部城市 | 24 | 20.51 | 玉门、张掖、柳州、二连浩特、乌兰察布、巴彦淖尔、西宁、汉中、宝鸡、延安、榆林、西安、拉萨、五家渠、图木舒克、阿勒泰、楚雄、开远、普洱、会泽、丽江、重庆、德阳、绵阳 |
| 东北城市 | 13 | 11.11 | 鹤岗、牡丹江、松原、吉林、白山、凤城、铁岭、辽阳、阿尔山、霍林郭勒、满洲里、通辽、扎兰屯 |
| 合　计 | 117 | 100.00 | |

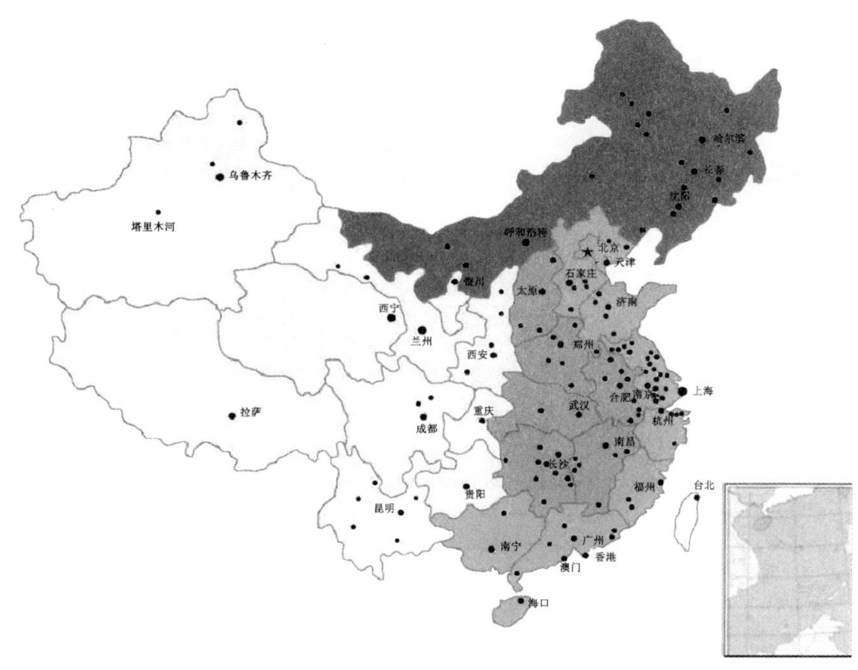


图 3-1　117 个案例城市的空间分布

### 3.2.1　不同区域城市的人均建设用地水平

就人均城市建设用地水平而言，东北城市的人均城市建设用地水平最高，达到 124.86$m^2$/人，其次是西部城市、东部城市，而中部城市的人均城市建设用地水平最低，只有 94.56$m^2$/人，两者相差 30.3$m^2$/人（图 3-2）。

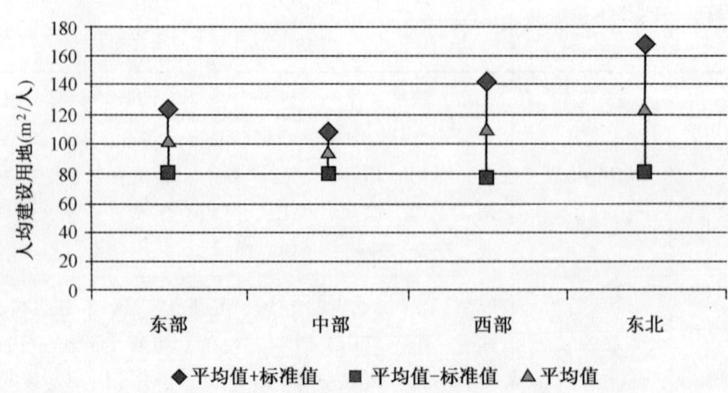


图 3-2　样本城市人均建设用地情况

从标准差来看，东北地区、西部地区人均城市建设用地各城市间的差异较大，而东部城市、中部城市人均城市建设用地各城市间的差异较小；从中位数与最大值、最小值之间的关系来看，除东北地区中位数较高以外，其他三个地区的中位数基本上均在 100$m^2$/人左右。人均建设用地在 100$m^2$/人以下的城市中，呈现西部 > 中部 > 东部的一般规律。综合而言，东北地区人均城市建设用地较高，城市受地域以外的因素影响较大；西部地区大多城市的人均城市建设用地和东部、中部相仿，但是城市间的差异性大，部分城市较高的人均城市建设用地拉高了西部地区人均城市建设用地的平均值；中部城市之间的差异性较小；东部城市之间比中部城市之间差异性略大。

### 3.2.2　不同规模等级的城市建设用地水平

对样本数据进行统计，不同规模的城市其人均用地水平差异较大。117 个样本城市的平均人均城市建设用地为 88.95$m^2$，其中超大城市平均的人均城市建设用地为 73.62$m^2$，特大城市平均为 100.55$m^2$，大城市平均 98.75$m^2$，中等城市为 106.47$m^2$，小城市为 106.64$m^2$。从中位数来看，117 个城市中位数为 99.79$m^2$，其中超大城市为 80.49$m^2$，特大城市 99.49$m^2$，大城市 99.53$m^2$，中等城市为 104.23$m^2$，小城市为 103.77$m^2$（表 3-2）。

**117 个样本城市建设用地基本特征比较**　　**表 3-2**

| 城市分类 | 人口规模小计（万人） | 城市建设用地规模小计（$km^2$） | 平均城市建设用地水平（$m^2$/人） | 城市建设用地水平的中位数（$m^2$/人） | 人均城市建设用地最高值（$m^2$/人） | 人均城市建设用地最低值（$m^2$/人） |
|---|---|---|---|---|---|---|
| 超大城市 | 3730.35 | 2746.29 | 73.62 | 80.49 | 99.79（太原） | 49.47（上海） |
| 特大城市 | 1050.72 | 1056.54 | 100.55 | 99.49 | 118.9（宁波） | 85.7（徐州） |
| 大城市 | 1444.4 | 1426.33 | 98.75 | 99.53 | 144.65（秦皇岛） | 82.17（衡阳） |
| 中等城市 | 1341.36 | 1428.18 | 106.47 | 104.23 | 226.02（满洲里） | 55.12（永州） |
| 小城市 | 413.43 | 440.86 | 106.64 | 103.77 | 209.59（霍林郭勒） | 58.02（高平） |
| 合　计 | 7980.26 | 7098.20 | 88.95 | 99.79 | 226.02（满洲里） | 49.47（上海） |

总体来看，特大城市与大城市的平均用地水平相差不大，中等城市与小城市的平均用地水平相差不大，即超大城市普遍在 80$m^2$ 左右、特大与大城市在 100$m^2$ 左右、中等与小城市在 105$m^2$ 左右，体现了城市规模越大，其人均城市建设用地水平越小、城市用地越集约的特征。当然，从 2003 年～2007 年的人均建设用地增速来看（图 3-3），超大城市和大城市的人均建设用地增速普遍超过了中等城市和小城市。

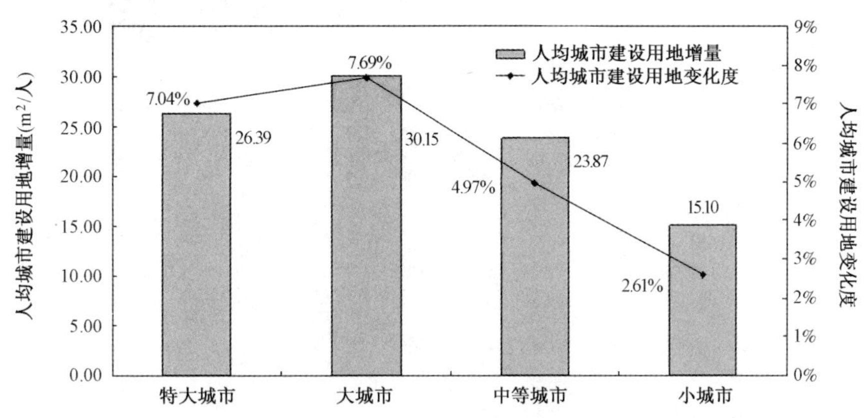


图 3-3　2003 年～2007 年不同规模城市人均城市建设用地变化情况

### 3.2.3　不同经济发展水平的城市建设用地规模

将 117 个样本城市按人均 GDP 划分为小于 1 万元、1～2 万元、2～3 万元及大于 3 万元四个等级进行分析，总体来看，城市的经济发展水平与人均用地规模之间没有显著的相关性，其更多地与城市规模本身相关，这也与我们的常规认识是一致的（表 3-3）。

**样本城市经济发展与人均建设用地的相关关系**　　**表 3-3**

| 城市类别 \ 人均 GDP（万元/人） | | <1 | 1～2 | 2～3 | >3 |
|---|---|---|---|---|---|
| 超大城市 | 样本数（个） | 0 | 2 | 1 | 5 |
| | 人均城市建设用地（$m^2$/人） | — | 69.54 | 86.8 | 72.52 |
| 特大城市 | 样本数（个） | 0 | 1 | 2 | 5 |
| | 人均城市建设用地（$m^2$/人） | — | 97.29 | 103.65 | 99.9 |
| 大城市 | 样本数（个） | 1 | 12 | 7 | 0 |
| | 人均城市建设用地（$m^2$/人） | 90.93 | 95.65 | 105.02 | — |
| 中等城市 | 样本数（个） | 9 | 16 | 10 | 6 |
| | 人均城市建设用地（$m^2$/人） | 91.8 | 101.27 | 124.05 | 112.2 |
| 小城市 | 样本数（个） | 24 | 12 | 3 | 1 |
| | 人均城市建设用地（$m^2$/人） | 100.09 | 111.81 | 125.14 | 209.59 |

### 3.2.4　不同城市形态对建设用地的影响

研究采取 1964 年 Cole 的方法，用每个城市的紧凑度作为量化指标（紧凑度指城市建成区面积与城市建成区的最小外接圆面积的比值），对样本城市的形态进行了研究。

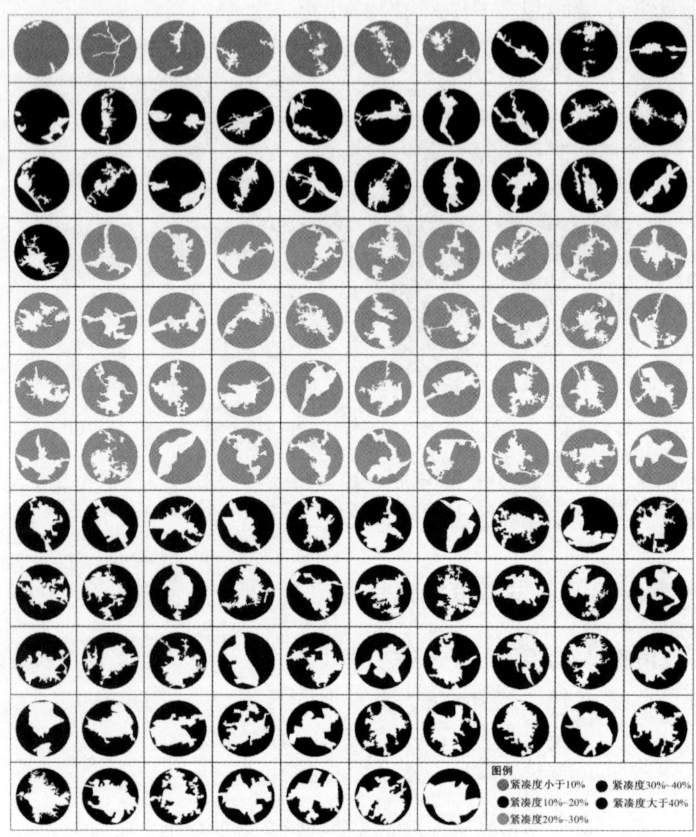


图 3-4　117 个案例城市的城市形态

从图 3-4 可以看出，紧凑度小于 10% 多是由于地形而产生的组团状城市，紧凑度 10% ~20% 的城市形态多表现为带状城市，紧凑度 20% ~30% 的城市多表现为在 1 ~2 个方向上星形放射的城市，紧凑度大于 40% 的城市多表现为饼状拓展的城市，而紧凑度 30% ~40% 的城市形态介乎紧凑度 20% ~30% 的城市与紧凑度大于 40% 的城市之间。

**不同紧凑度城市人均城市建设用地分析**　**表 3-4**

| 紧凑度 | 小于 10% | 10% ~20% | 20% ~30% | 30% ~40% | 大于 40% |
|---|---|---|---|---|---|
| 平均值 | 119.61 | 114.29 | 99.28 | 98.85 | 111.19 |
| 标准差 | 44.50 | 34.71 | 18.59 | 19.93 | 31.81 |
| 最大值 | 209.59 | 226.02 | 159.77 | 148.39 | 183.07 |
| 最小值 | 68.45 | 63.97 | 58.02 | 55.12 | 49.47 |
| 中位数 | 108.93 | 100.95 | 99.79 | 97.25 | 106.92 |

就人均城市建设用地而言，紧凑度在20%～40%之间的人均城市建设用地最小，标准差较低，而紧凑度小于20%以及紧凑度大于40%的人均城市建设用地均有增大的趋势，标准差也较高。平均值最高的出现在小于10%组内，标准差也最高。

### 3.2.5 不同性质的城市建设用地扩张研究

城市的性质和职能，对城市建设用地的扩张具有重要影响。根据可获取的时间序列数据资料，以北京作为国家中心城市、宁波作为东南沿海经济发达的区域中心城市、宝鸡作为西部区域中心城市、大同作为资源型城市、河北沧州作为农业主产区的城市等几种典型城市的代表，研究1991～2008年城市建设用地扩张的相关影响因素。

1. 北京——国家中心城市的用地扩张

2009年，北京常住人口1755万人，常住人口密度为1069人/km$^2$，实现地区生产总值11865.9亿元，人均地区生产总值67612元，完成全社会固定资产投资4858.4亿元，其中基础设施建设投资1462亿元。1991～2008年，北京共新增城市建设用地面积913.6km$^2$，全市城市建设用地规模达1311km$^2$。

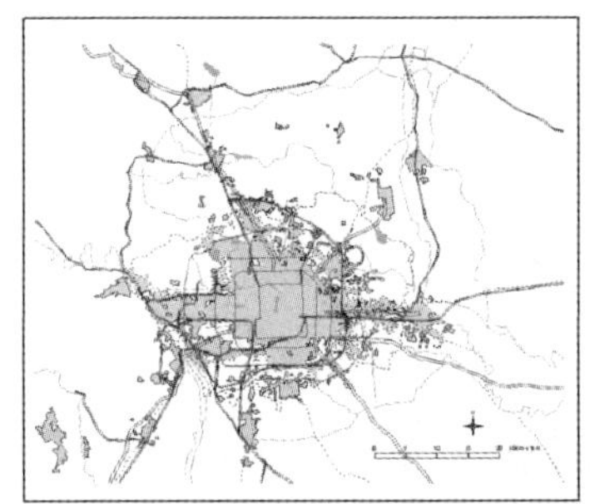
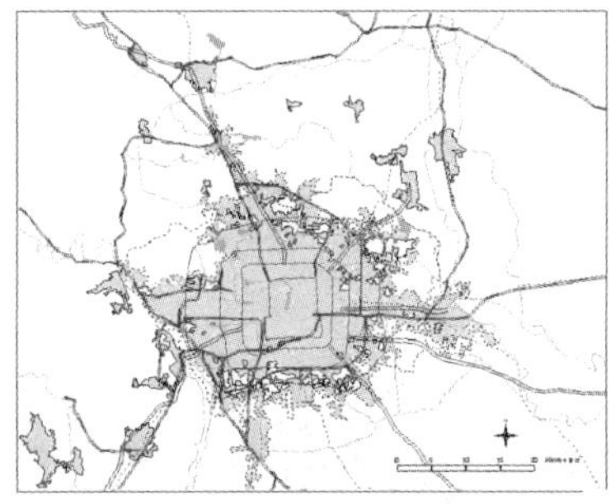
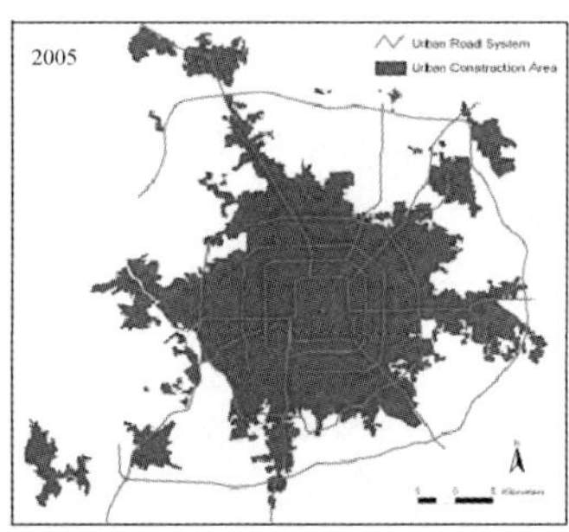


图3-5 北京市1991年、2000年和2005年城市建设用地

以城市建成区面积（$y$）作为因变量，市辖区总人口（$x_1$）、市辖区非农人口（$x_2$）、市辖区城市化水平（$x_3$）、市辖区GDP（$x_4$）、市区二产增加值（$x_5$）、市区三产增加值（$x_6$）、二产/三产（$x_7$）、市区固定资产投资规模（$x_8$）为自变量，对1991～2008年度数据进行回归分析（以下案例城市，做法相同），并对自变量的选入采用Stepwise（逐步筛选法）方法，得到回归模型方程为：

$$y = 346.386 + 0.491x_8 - 0.124x_6\text{，可决系数 } R^2 = 0.969$$

可见，全社会固定资产投资对北京城市建设用地规模扩张有明显的正效应，全社会固定资产投资规模每增加1亿元，北京市城市建设用地规模就会扩张0.5km$^2$；而第三产业增加值则具有负效应，第三产业增加值每提高1亿元，北京城市建设用地规模就会减少0.1km$^2$，反映出产业结构升级对集约用地的正向影响作用。结论显示，加快北京第三产业发展会促进建设用地的集约利用。

2. 宁波——东部区域中心城市的用地扩张

2009年，宁波常住人口965万人，城镇化水平64%，国内生产总值达到4300亿元，完成全社会固定资产投资2004.2亿元。伴随着1993年大榭岛开发、2002年鄞州撤县设区行政区划调整，城市建设用地出现较大幅度增长。1991～2008年，宁波共新增城市建设用地面积178.9km$^2$，平均每年增长10.5km$^2$，2008年全市城市建设用地规模达241.6km$^2$。

运用前述多元线性回归分析方法对宁波市城市建设用地规模增长模型建立如下：

$$y = 34.463 + 0.198x_6，可决系数 R^2 = 0.914$$

对宁波而言，第三产业增加值对城市建设用地规模扩张有正效应，三产增加值每提高1亿元，宁波城市建设用地规模就会增加0.1km²。其他变量作用不显著。可见，在宁波港口、工业等产业用地占比已经较高的情况下，生产和生活服务业的发展将会带来用地的补偿性增长（图3-6）。

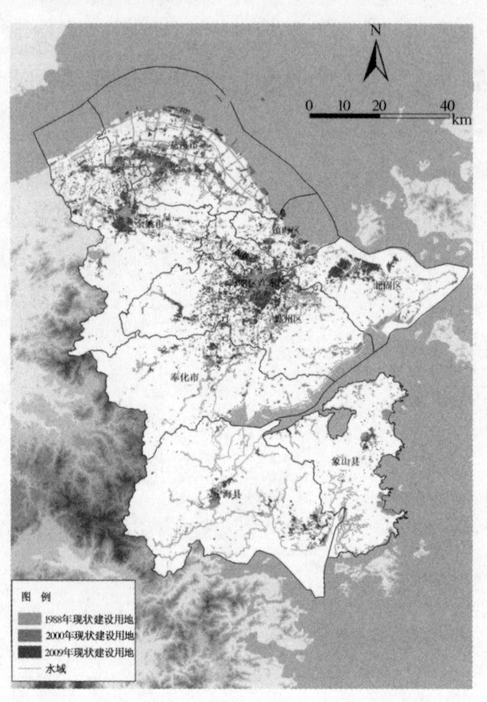


图3-6　近20年宁波建设用地扩张

3. 宝鸡——西部区域中心城市的用地扩张

宝鸡市地处陕西省关中平原西端，全市总面积18172km²，其中市辖区面积3574km²。2007年末，全市常住人口376万人，城镇化水平40%，中心城区人口86万人。

2009年，宝鸡市实现国内生产总值806.6亿元，按常住人口计算，人均地区生产总值21526元。完成全社会固定资产投资639.1亿元，其中，城镇固定资产投资566.9亿元。

与东部区域中心城市建设用地规模快速扩张相比，宝鸡城市建设用地的增长较为缓慢，1991～2008年宝鸡共新增城市建设用地面积37.5km²，平均每年仅增长2.2km²，2008年全市城市建设用地规模64.4km²（图3-7）。

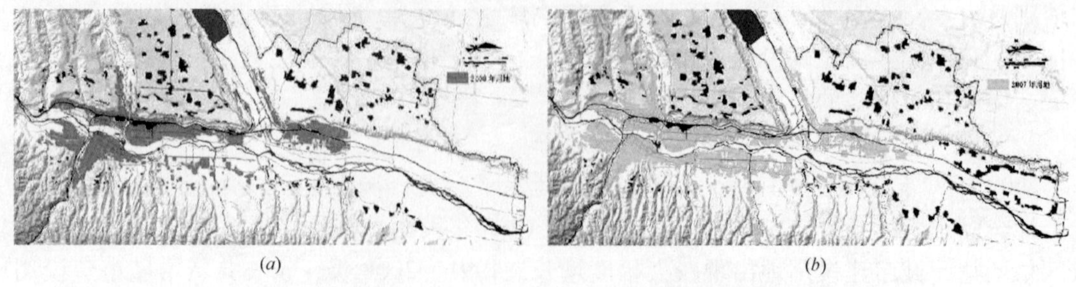

(a)　(b)

图3-7　宝鸡市2000年（$a$）和2007年（$b$）建设用地示意

根据多元线性回归模型进行回归分析，其用地扩张规律为：

$y = 26.915 + 0.105x_4$，可决系数 $R^2 = 0.951$

可见，宝鸡市辖区 GDP 对宝鸡城市建设用地规模扩张有正效应，市辖区 GDP 每提高 1 亿元，宝鸡市城市建设用地规模就会增加 0.1km²。可见，经济的全面增长，仍是未来推动宝鸡建设用地的主要动因。

4. 大同——资源型城市的用地扩张

大同是典型的煤炭型城市，总面积 14176km²，其中市辖区面积 2080km²。2009 年年底，全市常住人口 321 万人，其中市区人口 153 万人。2009 年，大同市实现国内生产总值 596.1 亿元，按常住人口计算，人均地区生产总值 18570 元。完成全社会固定资产投资 475.2 亿元，其中，城镇固定资产投资 457.6 亿元。

大同正处在产业转型期，但由于煤炭产业主导的惯性仍在，产业的转型和多元化举步维艰，御东的开发区发展缓慢。大同市城市建设用地拓展缓慢，1991 ~ 2008 年大同共新增城市建设用地 34.5km²，平均每年仅增长 2km²，2008 年全市城市建设用地规模 91.2km²。

多元线性回归模型进行回归分析表明，其用地具有以下规律：

$y = -93.789 + 1.336x_1 - 0.095x_6$，可决系数 $R^2 = 0.961$

可见，大同市辖区总人口对大同城市建设用地规模扩张有明显的正效应，市辖区总人口每增加 1 万人，大同城市建设用地规模就会扩张 1.3km²；而第三产业 GDP 则具有负效应，三产 GDP 每提高 1 亿元，大同城市建设用地规模就会减少 0.1km²。在工矿城市工业用地较大、生活用地不足的情况下，城市人口增加是未来用地扩张的主要动因，产业结构升级会提高用地效率（图 3-8）。

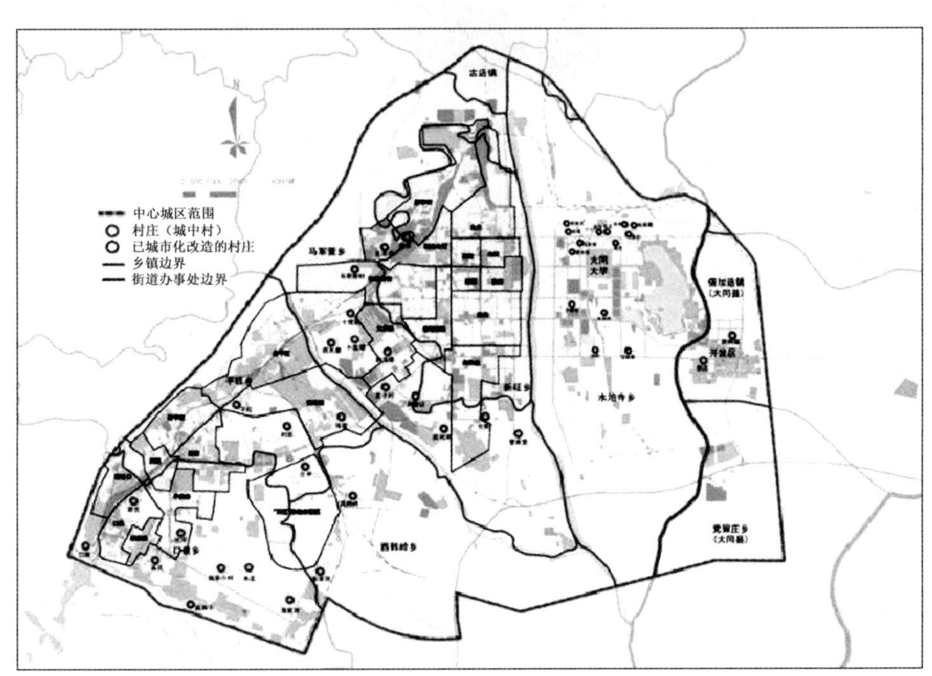


图 3-8　2008 年大同市城市建设用地现状

5. 沧州——农业主产区城市的用地扩张

沧州市是河北省粮、棉、油集中产区之一，是京津无公害蔬菜主要供应基地和中国北方知名的优质牧草基地、畜牧生产基地，总面积14053$km^2$，其中市辖区面积183$km^2$。2009年年底，全市常住人口717.5万人，城镇化水平39%，主城区居住人口约为52万人。2009年全市域GDP为1900亿元，按常住人口计算，人均地区生产总值26480元。全社会固定资产投资完成1102.8亿元，其中，城镇投资完成774.2亿元。

对比之前的城市类型，农业主产区城市建设用地扩张显得尤为缓慢。1991～2008年沧州共新增城市建设用地11.3$km^2$，平均每年仅增长0.6$km^2$，2008年全市城市建设用地规模44.3$km^2$。

多元线性回归模型为：$y = 31.297 + 0.058x_4$，可决系数$R^2 = 0.948$

模型含义为：市辖区GDP对沧州城市建设用地规模扩张有正效应，市辖区GDP每提高1亿元，沧州市城市建设用地规模就会增加0.06$km^2$。可见，经济的全面增长、工业用地的补偿性增长和生活性用地的增长是未来推动沧州建设用地的主要动因（图3-9）。

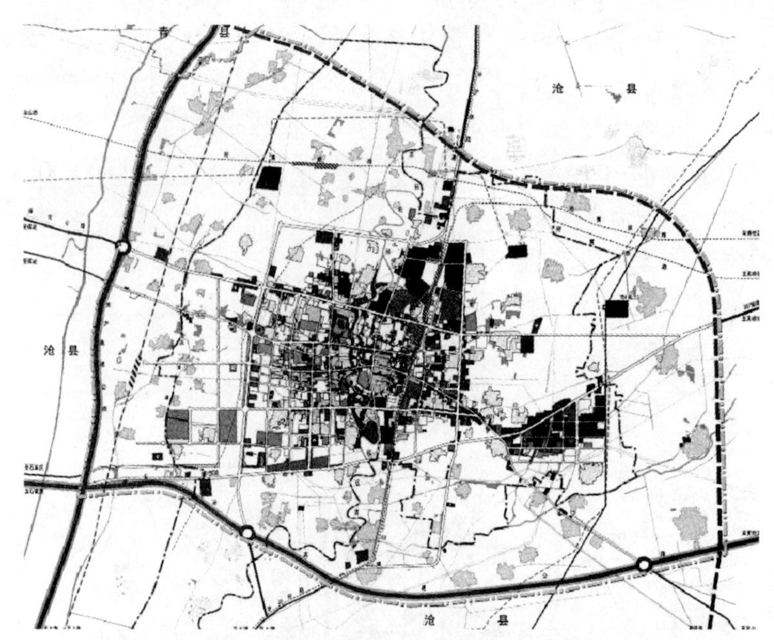


图3-9　沧州2007年城市建设用地现状

## 3.3　结语

城市建设用地的扩张，是城市经济、社会、历史、政策、发展动力和项目投资等综合作用的结果，我国有最为严格的用地管治和调控，理论上城市建设用地应与人口规模的扩张呈现典型的线性相关关系，但通过上述案例的研究表明，城市建设总用地与人口规模的相关性不强，与城市所在的区域、城市的经济发展水平的相关性也不强。

案例城市的研究表明，城市人均建设用地与城市规模具有一定的相关性，即城市人口规模越大，城市用地相对集约，城市人口规模越小，人均建设用地相对而言较大。但随着近几年超大城市和大城市人均建设用地的快速增长，城市规模与用地集约间的相关性已有弱化的趋势。

城市性质对建设用地的扩张具有双重作用。以工矿型城市为例，其工矿业存量用地较多，大力发展第三产业，既有可能带来用地集约，也可能会带来用地补偿性的增长。中西部和东部地区用地扩张缓慢的城市，经济全面发展、城镇化的进一步推进是未来用地扩张的主要因素。

# 4 我国城镇化发展质量评价研究

改革开放以来，伴随城镇化的快速推进，我国城镇化水平已经由1978年的17.9%提高到2011年的51.27%，城镇人口由1978年的1.72亿增加到6.91亿，创造了人类历史上规模空前的城镇化进程。城镇化在促进农民增收、实现产业结构调整和资源的优化配置、缓解农村人地紧张矛盾等方面，发挥了重要作用。城镇化还推动了我国从传统社会向现代社会、从农业社会向工业社会的转型，推动了社会进步和文化发展。但无法否认的是，我国城镇化的快速推进也因质量不高而广受诟病。究其原因，既有贫穷落后的人口大国为实现现代化赶超而不得不付出的代价，也有因体制机制的缺陷放大了这种代价和牺牲，迟滞了城镇化质量提高的进程，使原有的城乡、区域和社会各阶层的矛盾更加复杂和尖锐。在中国城镇化率已经超过50%、迈入城市型社会这个关键时期，我国的城镇化也进入了质量、速度亟需同步提升的历史新阶段。

## 4.1 城镇化质量的研究内涵和研究对象

### 4.1.1 对城镇化质量内涵的讨论

城镇化质量问题的提出，是典型中国式发展道路及语境下的产物。纵观国际社会发展进程中，既无政府主导作用突出的城镇化战略，也无城镇化质量的评价体系。在城乡要素流通没有阻滞的情况下，城镇化进程只是经济、社会发展带来的人口从乡村到城市的自然的迁移过程，没有特别突出的比较意义。一般而言，一个国家或地区的城镇化水平，与经济、社会、人居环境、人文发展等指标具有较强的相关性，而这些指标所蕴含的福利状况、物质空间建设、城乡关系处理、弱势群体保护等水平，与我们通常语境下的城镇化质量密切相关。

由于城镇化是人口由农村向城镇集聚、就业由农业领域向非农领域转移、城市建设用地逐步扩张的历史变迁过程，必然会对城乡关系、空间格局、资源环境、传统文化、阶层利益、社会管理以及体制机制带来巨大的冲击。对中国这样一个城镇化、工业化、全球化、市场化等同步展开、历史进程大大压缩的农民大国而言，城镇化引发的矛盾和问题尤其突出。因此，从提高城镇化质量着手，强化对城镇化质量内涵的研究，是近年来学术界的热点。张耕田（1998年）、叶裕民（2001年）、中国统计学会城市统计委员会（2004年）、白先春（2004年）、国家城调总队和福建省城调队课题组（2005年）、刘素冬、郑亚平（2006年）、袁晓玲等（2008年）、李明秋（2010年）、余晖（2010年）、方创琳、王德利（2011年）、黄衍电（2011年）、邹军（2012年）等，都对中国城镇化质量的内涵进行了分析和研究。综合上述研究团队和学者的观点，结合近几年我国城镇化进程中的突出矛盾，本文认为城镇化质量的内涵应包括以下四个方面：

第一，城乡统筹协调发展。城镇化进程是劳动力、资本、土地等生产要素和政府的行政、财政和公共服务资源在城乡广阔的空间流动、重组和配置的过程，必然会对城市和乡村的生产活动、居民生活、物质空间、基础设施和公共服务带来巨大影响。如果城镇化进程导致各类要素从农村单方面流向城市，则必然会造成城乡发展的不协调，影响城镇化质量的提高。

第二，城镇综合承载能力不断提高。在城镇化进程中，农村人口会持续流入各级城镇，城镇在就业、基础设施、公共服务、生态环境、和谐发展等方面将面临持续压力，其中大城市面临的挑战尤其突出。因此，城镇必须在基础设施供给、公共服务配置、综合环境优化、社会管理和服务等领域持续改善，才能应对人口持续流入所带来的压力。

第三，城镇化推进效率持续改善。我国是能源资源高度稀缺的人口大国，资源禀赋条件决定国家必须走集约紧凑的城镇化道路。因此，这就要求应以较少的资本、土地和环境成本代价，创造更多的非农就业岗位，高效地推动人口的非农化进程；城市自身，也应在生态低碳、低冲击开发模型、环保节能等理念的引领下，走出一条符合中国现实国情特点的发展道路。

第四，城镇化推进机制不断完善。改革开放以来，借助于体制机制存在的某些缺陷，我们以较低的土地成本、劳动力成本、环境成本和制度成本，实现了城镇化的快速推进，但也带来了诸如农民工问题、“城中村”问题、环境污染问题、社会矛盾加剧、城市“大拆大建”、历史文化资源遭到破坏等许多问题。这些问题越演越烈，与城乡二元分割、社会管理、土地管理、空间管制、财税体制等许多原有的制度、规范和运行机制难以适应快速城镇化的现实需要是直接相关的。

### 4.1.2 与城镇化质量内涵相关的研究

根据对城镇化质量内涵所做的界定，国内外许多研究领域和热点概念，虽然研究内容各有侧重，但都与城镇化质量具有一定的相关性。如联合国开发计划署以生活水平（人均GDP）、预期寿命、教育水准等三类指标为基础，构建了人文发展指数（HDI），用于类比各国经济和社会发展水平；联合国可持续发展委员会（UNCSD）在对相关国家进行检验评价的基础上，确定了经济（经济结构、消费与生产方式）、社会（公平、健康、教育、安全、住房、人口）、环境（大气、土地、海洋和海岸带、淡水、生物多样性）、制度（制度框架、制度能力）等四个维度，58个核心指标的国家可持续发展评价体系；国际经合组织（OECD）建立的可持续发展指标体系主要集中反映关键环境指标，如污染问题（各类污染物的排放、城市中废弃物产生强度、废水处理连接率）和自然资源与资产的利用（淡水、森林、渔业、能源等资源的利用强度，生物多样性等）；瑞士洛桑国际管理开发学院（IMD）发布的国际竞争力评估指标体系，包括了经济表现、政府效率、企业效率和基础设施四个方面，共计314项指标。在国内，中科院也提出了中国现代化评价指标体系，涵盖了一次现代化、二次现代化、经济现代化、社会现代化和环境现代化五大类，100个指标；中国科学院可持续发展战略研究组提出的中国可持续发展指标体系，涵盖了生存支持系统、发展支持系统、环境支持系统、社会支持系统、智力支持系统等五大类，近百个指标。这些研究，虽然不针对各国的城镇化质量评估，但其体现的公平、可持续、生态、效率和善治的思想，与提高城镇化质量的思路“殊途同归”。

在城市尺度方面，相关的研究更加丰富，生态（低碳）城市、宜居城市、紧凑城市、和谐城市等的研究，都与城镇化质量的研究紧密相关。如生态（低碳）城市是以低能耗、低污染、低排放为目标，寻求城市社会、经济、资源和环境之间的相互作用和动态平衡，最终实现城市的生态良性循环，社会经济持续发展。它的核心理念，与提高城镇综合承载能力和推进城镇化效率是直接相关的。紧凑城市和精明增长的理念，与提高城镇综合承载能力息息相关。宜居城市的理念，与城镇化质量内涵中的城镇综合承载能力、推进效率和完善机制密切相关。特别是麦肯锡在其2011年发布的《城市可持续性发展指数：衡量中国城市的新工具》报告中，提出从五个方面来衡量城市可持续发展水平，虽然表达方式与城镇化质量有所差别，但内涵基本一致。这五个方面包括：（1）基本需求：可获得安全的水资源、足够的居住空间、良好及充足的医疗及教育资源；（2）资源充足性：高效利用水和能源以及有效的垃圾回收系统，城市重工业所占比重不断下降；（3）环境健康：减少有害污染物的数量并提高垃圾管理效率；（4）建筑环境：通过绿地、公共交通以及密集的高效能建筑的可达性，提高社区宜居性；（5）对可持续性的承诺：在应对可持续性挑战中调动人员和财务资源，显示出城市政府对履行承诺、实施国家及地方政策和标准的决心。

正如联合国人居署在其2005年年度报告《应对世界城市化带来的挑战》中指出：在当今日益全球化的世界中，城市化带来的最大问题是城市贫困加剧，贫民窟增多。而要解决这个问题，需要从贫民窟改造、促进城市发展（加强规划、改善基础设施、进行城市管理和治理、提高安全保障、创造就业等）和促进地区发展（促进城乡互惠关系，使城市化的积极影响最大化，并降低城市化在引起城乡差异、区域差异和对自然资源的过度压力等方面的消极影响）三个方面着手。此外，还需要制定积极的策略，如为城市的中产阶级的发展创造经济和社会条件，统筹考虑城市和农村的发展等。这些措施和思路，与国内为提高城镇化发展质量的努力是“不谋而合”的。

### 4.1.3　城镇化质量的评价和研究对象

近年来，针对各级城镇、不同区域、不同地理特征的城镇化质量的研究成果愈益丰富。方创琳、王德利对1980年~2008年我国的城镇化总体质量进行了评价和研究，同时也对各省区的城镇化质量进行了分析和评价。在区域尺度，全国城镇体系规划（2008年~2020年）对我国东、中、西部、东北地区以及主要的城镇群的城镇化质量和问题进行了分析；李成群对北部湾（广西）城镇群的城镇化质量，王德利、赵弘等对首都经济圈的城镇化质量进行了评价和分析。在省级尺度，耿海清、陈帆、詹存卫等对我国省级行政区的城镇化质量进行了研究；国家城调总队、福建省城调队课题组对华东地区的江苏、浙江、安徽、福建、江西和山东等省的城镇化质量进行了对比；郑亚平对江苏、浙江、河南、湖北、陕西、四川六省的城镇化质量进行了研究。

现状研究中，针对城市尺度的城镇化质量研究成果最为丰富，如韩增林、刘天宝对全国286个地级以上城市，王珏、李爱军等对长江三角洲的16个城市，刘艳军、李诚固、孙迪对15个副省级城市，候萃萃对东北地区35个城市，宣国富、徐建刚、赵静对安徽省域17个城市，袁晓玲、王霄等对陕西省域10个城市，杨蓉对甘肃省14个地市，李爽、贾士靖对河北省11个地市，匡远配、何忠伟、刘志雄对湖南省14个地市，朱洪祥对山东省17

个地市，韩江涛、龚新蜀对新疆15个地市等的城镇化质量都进行了比较系统的研究。经文献检索和查新，除西藏外的各省区均有类似的城镇化质量研究成果。

针对县（市）和镇的城镇化质量研究的成果也比较丰富，如孔凡文对全国分省区的小城镇发展质量，徐素、于涛、巫强对长三角37个县级市，庞玉珍、尹丽、尹义昌等对青岛市域内的小城镇，于涛、张京祥、罗小龙对江苏常熟市，尹海伟、朱乾辉等对无锡宜兴市等的城镇化质量的研究等。总体来看，长三角、珠三角等经济比较发达的东南沿海地区，对小城镇的发展和规划建设比较重视，对其城镇化质量的研究相对较多。中西部地区县域经济和小城镇发展动力普遍不足，统计资料和数据不够健全和规范，对其城镇化质量的研究成果较少。

根据此次研究对城镇化质量内涵所作的界定，确定城镇化质量研究对象应注意以下几点：

（1）要关注研究对象的尺度问题。对国家而言，中国城镇化问题是与现代化、工业化、市场化、国际化以及实现转型发展等问题复杂地交织在一起，也与全面协调可持续发展和社会的文明进步交织在一起的，因此，国家尺度的城镇化质量研究，要廓清其研究范畴和边界就有很大的困难，也无法进行通常意义上的国际比较。建议仍以人文发展指数、可持续发展指数等全球通用的衡量标准进行研究，不宜单独提出国家的城镇化质量的指标体系和标准。县域和乡镇尺度，由于行政范围内的经济、社会发展的均质程度高，政策创新的实施空间有限，因此也不宜作为城镇化质量的研究对象。市域及以上的大尺度空间，城镇体系相对完善，农村、城镇、生产、生活、休闲等空间要素全面，跨县域的人口规模流动相对较大，人口和社会管理相对复杂，应是城镇化质量研究的主要对象。

（2）要关注研究对象的人口迁移特征。既然城镇化是人口由农村向城市的迁移进程，城镇化进程中的许多问题是由人口迁入引起的，那么城镇化质量的研究对象主要应是人口的净迁入地区。人口净迁出地区更应着力解决制约城镇化发展的动力问题，如经济问题、社会问题、环境问题、基础设施和公共服务问题、体制机制问题等。因此，沿海经济发达省份、城镇群地区等人口主要的净流入区域应是城镇化质量研究关注的重点。

（3）要关注研究对象的发展阶段。城镇化的质量问题，是与城镇化的速度相伴相生的问题。因此，应以城镇化速度较快、外来人口涌入较多的时期作为城镇化质量研究的重点。一个区域如果城镇化率年均增长1个百分点以上（高于全国平均水平），往往会面临着比较复杂的城乡和社会问题，这一时期往往也是城镇化质量问题比较突出的时期。当然，对北京、上海、广州、天津等这些中心城市来说，城乡一体化发展程度已经较高，虽然外来人口增长较快，但城镇化率相对较高已进入滞涨期，解决“大城市病”和城市社会各阶层的公平问题是其面临的核心难题，“宜居城市”、“文明城市”或“和谐城市”建设是其今后主要的任务。对这些城市而言，不宜笼统以提高城镇化质量来描述其面临的困难，否则容易引起歧义。

## 4.2 对城镇化质量评价模型的研究

城镇化质量问题，是城乡规划、经济学、社会学、人文地理、人口学等众多学科高度关注的研究领域。由于学科背景、研究的空间地域和统计数据获取的难易程度差异较大，学术界还没有公认的城镇化发展质量评价模型。目前，评价城镇化质量最常用的方法是线性加权综合模型，其他较常用的方法还有引力模型、三维指标球模型、重力模型等。对城镇化质量评价的通常研究步骤是，研究者基于对城镇化内涵的不同理解和统计数据的现实条件，建立能够全面反映城镇化质量的指标体系；其次，对各指标进行量纲的标准化，以易于对各指标赋值进行汇总；第三，对各指标在评价体系中的权重进行赋值。权重的确定方法，既有主观法，也有客观法，或者是主客观相结合的方法；最后，依据选取的模型，对数据进行汇总，获得研究对象的城镇化质量总体状况。

### 4.2.1　建立科学的城镇化质量评价指标

根据对城镇化质量内涵的讨论，城镇化质量评价指标体系应该包括以下五方面的内容：

（1）指标应能反映城乡统筹协调发展的程度。以行政辖区为评价对象，体现城镇化的“面域”或“区域”载体发展状况。

（2）指标要能够反映城镇基础设施和公共服务状况，以城镇建成区为评价对象，全面体现城镇的综合承载能力。

（3）指标要能够反映城镇化的推进效率，体现经济发展进程中能源、资源的高效利用及带动就业的能力。

（4）指标要能够反映城镇的生态环境，既包括对现状自然生态的充分尊重和积极修复，也应能反映对城镇建成区宜居环境建设的高度重视。

（5）指标要能够反映社会管理和服务体系的状况，以及在城镇化推进过程中对城乡之间、社会各阶层之间的利益关系有效调节的能力。

### 4.2.2　合理确定各项指标的权重

目前，确定城镇化各项指标权重采取的主观法主要有层次分析法、综合评分法、功效系数法、指数加权法和模糊评价法等，采取的客观法主要有熵值法、主成分分析法、变异系数法、聚类分析法、判别分析法等。其中，又以层次分析法和主成分分析法应用得最为普遍。

层次分析法往往和德尔菲法（Delphi Method）结合使用，从而实现对指标进行分层权重赋值。通过确定目标和评价因素集、依据目标将评价因素集分层、确定指标体系中同一层次元素间相关程度（此处采用德尔菲法确定相关程度）等步骤，最后再计算各层元素相对于上层的权重。通过构造量比较判断矩阵及矩阵运算的数学方法，确定本层次中相关元素的重要性排序-相对权值。在分析过程中，需要对判断矩阵进行一致性检验并进行相应的调整。

主成分分析法主要是针对指标体系中指标较多、数据信息量较大而又无法直接确定各指标权重的难题，通过SPSS等统计分析软件和统计分析中的主成分综合评价法，对因子载荷进行估算，求得主成分特征值和方差贡献率，从而达到降维（即将多个指标转化成较少的指标）并实现对各指标的权重赋值。

应该说，科学合理确定各项指标的权重，是城镇化质量研究中的核心难题。权重的确定除依据上述主观或客观的分析方法外，还应注意到城镇化质量评价应体现动态性特征。城镇化质量在不同的发展阶段，关注的重点应该会有所区别。我国正处于城镇化和工业化的快速发展阶段，城乡统筹协调发展、城镇经济实力的增强、产业结构的升级、能源资源的集约节约利用、外来务工人员的市民化程度、基本公共服务的均等化、城市基础设施水平等，应是城镇化质量关注的重点。随着经济和社会发展水平的进一步提高，公共空间布局和质量、城市的宜居水平、物质环境建设水平的提高，将在城镇化质量的指标体系中占据更高的权重。

## 4.3 我国省级尺度的城镇化质量研究

根据上述对城镇化质量内涵和模型的研究，课题针对省级尺度，建立了由经济发展、城乡统筹、区域协调和环境保护 4 个一级指标、12 个二级指标构成的城镇化质量指标体系（表 4-1）。其中经济发展一级指标由综合实力、能源利用和资源利用等 3 个二级指标构成；城乡统筹一级指标由城乡收入差距、城乡教育差距、城乡医疗差距、城乡文化差距和城乡基础设施差距等 5 个二级指标构成；区域协调由区域间的财力平衡 1 个二级指标构成；环境保护由国土保护、水环境和垃圾指标等 3 个二级指标构成。

**省级尺度的城镇化质量指标体系** **表 4-1**

| 一级指标 | 二级指标 | 指标说明 | 单　位 |
|---|---|---|---|
| 经济发展 | 综合实力 | 人均地区生产总值 | 元/人 |
| | 能源利用 | 万元生产总值能耗 | 吨标准煤 |
| | 资源利用 | 工业固体废物综合利用率 | % |
| 城乡统筹 | 城乡收入差距 | 城镇居民人均可支配收入/农村居民人均纯收入 | |
| | 城乡教育差距 | 城镇小学专任教师数与在校生数之比/农村小学专任教师数与在校生数之比 | |
| | 城乡医疗差距 | 城镇每万人拥有医生数/每万名农业人口乡村医生和卫生员数 | |
| | 城乡文化差距 | 城市万人拥有的图书数量/农村每万人拥有的图书数量 | |
| | 城乡基础设施差距 | 城镇自来水普及率/农村安全饮用水率 | |
| 区域协调 | 财力平衡 | 人均财政可支配收入最高区域/人均财政可支配收入最低区域 | |
| 环境保护 | 国土保护 | 受保护的面积占行政辖区面积 | % |
| | 水环境 | 工业废水达标排放率 | % |
| | 垃圾指标 | 生活垃圾无害化处理率 | % |

依据德尔菲法（Delphi Method），研究确定了各项指标的权重，并对各项指标的量纲进行了标准化（表 4-2）：

省级尺度城镇化评价标准　　表 4-2

| 指标分类 | 指标说明 | 计算依据 | 分项权重 | 权重合计 |
|---|---|---|---|---|
| 经济发展 | 人均地区生产总值 | 百分计，正向指标，直线法赋值，最高 100，全国平均为 60 | 0.15 | 0.3 |
| | 万元生产总值能耗 | 百分计，逆向指标，以全国最低广东省（0.715）为 100，最高的宁夏（3.686）为 60 | 0.075 | |
| | 工业固体废物综合利用率 | 百分制，100% 利用为 100 分 | 0.075 | |
| 城乡统筹 | 城镇居民人均可支配收入/农村居民人均纯收入 | 百分制<br>2.00 ~ 2.50　100 分<br>2.51 ~ 3.00　80 分<br>3.01 ~ 3.50　60 分<br>3.51 ~ 4.00　40 分<br>4.01 ~ 4.50　20 分 | 0.2 | 0.5 |
| | 城镇小学专任教师数与在校生数之比/农村小学专任教师数与在校生数之比 | 百分制<br>1 以下（含 1）为 100<br>最高省份为 60 分 | 0.1 | |
| | 城镇每万人拥有医生数/每万名农业人口乡村医生和卫生员数 | 逆向指标，百分制<br>1 为 100 分<br>2 为 60 分 | 0.1 | |
| | 城市万人拥有的图书数量/农村每万人拥有的图书数量 | 逆向指标，百分制<br>比值 1 取值为 100 分<br>比值 2 取值为 60 分 | 0.05 | |
| | 城镇自来水普及率/农村安全饮用水率 | 百分制，逆向指标，直线法赋值<br>1 为 100 分<br>6.16 为 60 分 | 0.05 | |
| 区域协调 | 人均财政可支配收入最高区域/人均财政可支配收入最低区域 | 百分制，逆向指标<br>直线法赋值<br>0 ~ 5：　100 分<br>6 ~ 10：　80 分<br>11 ~ 20：　60 分<br>21 ~ 30：　40 分<br>30 以上：　20 分 | 0.1 | 0.1 |
| 环境保护 | 受保护的面积占行政辖区面积 | 百分制，正向指标<br>直线法赋值<br>最高的四川省取值 100 分<br>最低的河北省取分 60 分 | 0.033 | 0.1 |
| | 工业废水达标排放率 | 正向指标，100% 取 100 分 | 0.033 | |
| | 生活垃圾无害化处理率 | 正向指标，100% 取 100 分 | 0.033 | |

根据表 4-1 确定的指标体系和表 4-2 确定的评价标准，课题以 2008 年统计数据为依

据，对我国各省区的城镇化质量进行了计算，结果如表4-3所示。浙江、江苏、山东分列我国城镇化质量前3位，云南、贵州和甘肃则列在我国城镇化质量的最后3位。

**我国省域城镇化质量排名** **表4-3**

| | 经济发展 | 城乡统筹 | 区域协调 | 环境保护 | 城镇化质量评价 | 排名 |
|---|---|---|---|---|---|---|
| 浙江 | 29.4 | 45.5 | 10.0 | 7.9 | 92.7 | 1 |
| 江苏 | 29.1 | 41.7 | 8.0 | 8.4 | 87.3 | 2 |
| 山东 | 26.6 | 40.3 | 8.0 | 8.2 | 83.1 | 3 |
| 黑龙江 | 21.8 | 45.5 | 6.0 | 6.7 | 80.0 | 4 |
| 辽宁 | 22.2 | 40.8 | 8.0 | 7.5 | 78.5 | 5 |
| 吉林 | 21.1 | 39.2 | 10.0 | 6.8 | 77.1 | 6 |
| 福建 | 24.6 | 38.3 | 6.0 | 8.1 | 77.0 | 7 |
| 湖北 | 21.5 | 40.1 | 6.0 | 7.0 | 74.6 | 8 |
| 山西 | 18.9 | 37.2 | 10.0 | 6.8 | 72.9 | 9 |
| 广东 | 27.8 | 35.8 | 2.0 | 7.2 | 72.7 | 10 |
| 江西 | 17.7 | 36.8 | 10.0 | 8.0 | 72.6 | 11 |
| 河南 | 21.4 | 35.5 | 8.0 | 7.5 | 72.3 | 12 |
| 河北 | 21.1 | 33.0 | 8.0 | 7.0 | 69.2 | 13 |
| 内蒙古 | 22.0 | 33.7 | 6.0 | 7.3 | 69.0 | 14 |
| 四川 | 19.1 | 35.5 | 4.0 | 9.1 | 67.7 | 15 |
| 安徽 | 20.8 | 35.4 | 4.0 | 7.0 | 67.3 | 16 |
| 湖南 | 21.2 | 32.3 | 6.0 | 7.2 | 66.7 | 17 |
| 广西 | 19.3 | 31.4 | 8.0 | 7.8 | 66.5 | 18 |
| 宁夏 | 17.6 | 33.5 | 6.0 | 7.3 | 64.4 | 19 |
| 陕西 | 18.4 | 24.7 | 8.0 | 7.6 | 58.7 | 20 |
| 云南 | 17.1 | 25.8 | 6.0 | 8.0 | 56.9 | 21 |
| 贵州 | 14.2 | 27.4 | 8.0 | 7.1 | 56.7 | 22 |
| 甘肃 | 15.6 | 28.4 | 4.0 | 6.2 | 54.2 | 23 |

注：1. 北京、天津、上海和重庆作为城市，不参与省域城镇化质量评比。
2. 新疆、青海、海南和西藏4省（区）缺乏与其他省份可比的数据，因此没有进行相关质量的排名研究。

## 4.4 我国城市尺度的城镇化质量研究

就现阶段发展的主要矛盾而言，在城市尺度提高城镇化质量，其核心在于提高城市的宜居水平。指标体系在充分借鉴有关学术研究和部门相关城市奖项标准的基础上，与建设部门的物质空间建设的事权相结合，从居住环境、生态环境、社会和谐、公共安全、经济发展和资源节约等六个方面，提出了衡量城市发展质量的指标体系。

**城市尺度的城镇化发展质量指标体系**　　**表 4-4**

| 一级指标 | 二级指标 | 三级指标 |
| --- | --- | --- |
| A 居住环境 | $A_1$ 住房与社区 | 住房保障率（%） |
| | | 保障性住房建设计划完成率（%） |
| | | 社区配套设施建设 |
| | | 棚户区、城中村改造 |
| | $A_2$ 市政基础设施 | 城市公共供水覆盖率（%） |
| | | 城市供水水质 |
| | | 城市燃气普及率（%） |
| | | 城市生活污水集中处理率（%） |
| | | 城市生活垃圾无害化处理率（%） |
| | | 城市排水 |
| | | 互联网用户普及率（户/百人） |
| | $A_3$ 交通出行 | 平均通勤时间 |
| | | 公共交通出行分担率（%） |
| | | 步行和自行车出行分担率（%） |
| | $A_4$ 公共服务 | 小学布局合理 |
| | | 校园安全 |
| | | 人均拥有公共体育设施用地面积（$m^2$） |
| | | 万人拥有卫生服务中心（站）数量（个） |
| | | 万人拥有医院床位数（个） |
| | | 万人拥有公共图书馆图书数量（册） |
| | | 人均拥有公益性文化娱乐设施用地面积（$m^2$） |

续表

| 一级指标 | 二级指标 | 三级指标 |
|---|---|---|
| B 生态环境 | $B_1$ 城市生态 | 生态环境保护 |
| | | 城市生物多样性 |
| | $B_2$ 城市绿化 | 城市绿化覆盖率（%） |
| | | 城市绿地率（%） |
| | | 城市人均公园绿地面积（$m^2$） |
| | | 城市公园绿地服务半径覆盖率（%） |
| | | 城市林荫路推广率（%） |
| | $B_3$ 环境质量 | 城市空气质量（%） |
| | | 城市地表水环境质量（%） |
| | | 城市区域噪声平均值（dB） |
| C 社会和谐 | $C_1$ 社会保障 | 社会保险基金征缴率（%） |
| | | 城市最低生活保障 |
| | $C_2$ 老龄事业 | 优待老年人政策 |
| | | 百名老人拥有社会福利床位数（张） |
| | $C_3$ 残疾人事业 | 残疾人服务和保障体系 |
| | | 无障碍设施建设 |
| | $C_4$ 外来务工人员保障 | 外来务工人员保障政策 |
| | $C_5$ 公众参与 | 公众参与规划建设和管理 |
| | $C_6$ 历史文化与城市特色 | 历史文化遗产保存完好度（%） |
| | | 城市风貌特色 |
| D 公共安全 | $D_1$ 城市管理与市政基础设施安全 | 城市管理 |
| | | 城市市政基础设施安全运行 |
| | $D_2$ 社会安全 | 道路事故死亡率（人/万台车） |
| | | 刑事案件发案率（%） |
| | $D_3$ 预防灾害 | 城市人均避难场所面积（$m^2$） |
| | | 城市公共消防基础设施完好率（%） |
| | | 城市防洪排涝 |
| | $D_4$ 城市应急 | 城市应急系统建设 |

续表

| 一级指标 | 二级指标 | 三级指标 |
|---|---|---|
| E 经济发展 | $E_1$ 收入与消费 | 城市居民人均可支配收入（万元） |
| | | 恩格尔系数（%） |
| | $E_2$ 就业水平 | 城市登记失业率（%） |
| | $E_3$ 资金投入 | 城市市政公用设施建设资金投入比重（%） |
| | $E_4$ 经济结构 | 第三产业增加值占 GDP 比重（%） |
| F 资源节约 | $F_1$ 节约能源 | 单位 GDP 能耗（吨标准煤/万元） |
| | | 节能建筑比例（%） |
| | | 北方采暖地区住宅供热计量收费比例（%） |
| | | 可再生能源使用比例（%） |
| | $F_2$ 节约水资源 | 单位地方生产总值（GDP）取水量（$m^3$/万元） |
| | | 城市再生水利用率（%） |
| | | 工业用水重复利用率（%） |
| | | 城市节水规划 |
| | $F_3$ 节约土地 | 城市人口密度（人/$km^2$） |

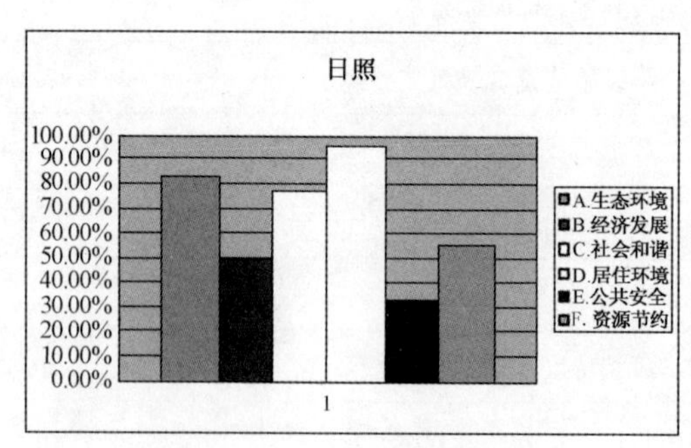


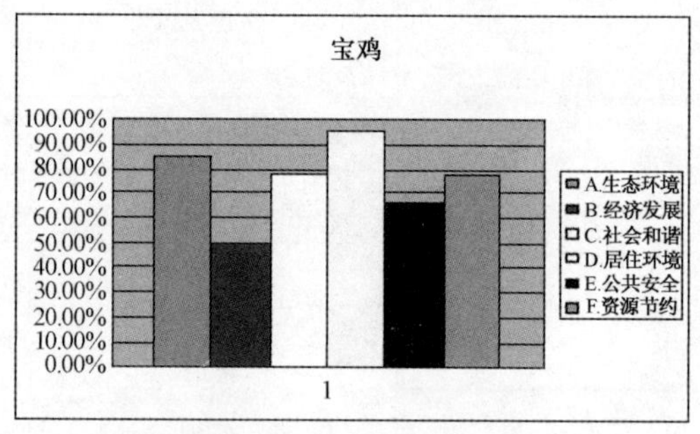


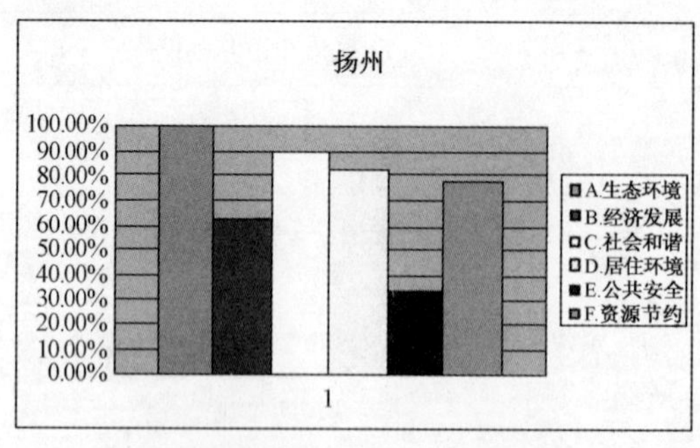


图 4-1　日照、宝鸡和扬州三市城市发展质量评价

根据上述的评价模型，课题对宝鸡、扬州和日照进行了城市发展质量评价，三市分值分别为 59 分、59 分和 55 分（满分为 88 分），都是城镇化质量比较高的城市。

**城市发展质量评价指标体系标准与分值** **表 4-5**

<table>
<tr><th>一级指标</th><th>二级指标</th><th>三级指标</th><th colspan="2">指标评价标准与分值</th></tr>
<tr><td rowspan="22">A 居住环境</td><td rowspan="8">$A_1$ 住房与社区</td><td rowspan="2">住房保障率</td><td>≥80%</td><td>65% ~79%</td></tr>
<tr><td>2 分</td><td>1 分</td></tr>
<tr><td rowspan="2">保障性住房建设计划完成率</td><td>100%</td><td>≥90%</td></tr>
<tr><td>2 分</td><td>1 分</td></tr>
<tr><td rowspan="2">社区配套设施建设</td><td colspan="2">社区教育、医疗、体育、文化、便民服务、公厕等各类设施配套齐全</td></tr>
<tr><td colspan="2">1 分</td></tr>
<tr><td rowspan="2">棚户区、城中村改造</td><td colspan="2">建成区内基本消除棚户区，居民得到妥善安置，实施物业管理。制定城中村改造规划并按规划实施</td></tr>
<tr><td colspan="2">2 分</td></tr>
<tr><td rowspan="14">$A_2$ 市政基础设施</td><td rowspan="2">城市公共供水覆盖率</td><td>≥95%</td><td>≥全国城市平均水平</td></tr>
<tr><td>2 分</td><td>1 分</td></tr>
<tr><td rowspan="2">城市供水水质</td><td colspan="2">应符合卫生防疫部门依据《生活饮用水卫生标准》（GB 5479-2006）检测水质标准</td></tr>
<tr><td colspan="2">1 分</td></tr>
<tr><td rowspan="2">城市燃气普及率</td><td colspan="2">≥80%</td></tr>
<tr><td colspan="2">1 分</td></tr>
<tr><td rowspan="2">城市生活污水集中处理率</td><td>≥80%</td><td>≥60%</td></tr>
<tr><td>2 分</td><td>1 分</td></tr>
<tr><td rowspan="2">生活垃圾无害化处理率</td><td>≥95%</td><td>60% ~94%</td></tr>
<tr><td>2 分</td><td>1 分</td></tr>
<tr><td rowspan="2">城市排水</td><td colspan="2">城市排水设施按规划建设；建成区推行雨污分流排水体制，雨水系统按《室外排水设计规范》（GB 50014-2006）规定标准高限建设；排水设施有专门管理机构，专项财政资金维护</td></tr>
<tr><td colspan="2">1 分</td></tr>
<tr><td rowspan="2">互联网用户普及率</td><td colspan="2">≥10 户/100 人</td></tr>
<tr><td colspan="2">1 分</td></tr>
</table>

续表

<table>
<tr><th>一级指标</th><th>二级指标</th><th>三级指标</th><th colspan="2">指标评价标准与分值</th></tr>
<tr><td rowspan="20">A 居住环境</td><td rowspan="6">$A_3$ 交通出行</td><td rowspan="2">平均通勤时间</td><td>≤30min</td><td>31 ~ 40min</td></tr>
<tr><td>2 分</td><td>1 分</td></tr>
<tr><td rowspan="2">公共交通出行分担率</td><td colspan="2">≥30%</td></tr>
<tr><td colspan="2">1 分</td></tr>
<tr><td rowspan="2">步行和自行车出行分担率</td><td colspan="2">制订专项规划，并经批准实施，建成较为完善的步行、自行车系统。步行和自行车出行分担率≥40%</td></tr>
<tr><td colspan="2">1 分</td></tr>
<tr><td rowspan="14">$A_4$ 公共服务</td><td rowspan="2">小学布局合理</td><td colspan="2">分布均匀，服务半径不超过 500m</td></tr>
<tr><td colspan="2">1 分</td></tr>
<tr><td rowspan="2">校园安全</td><td colspan="2">幼儿园、中小学校舍、校园符合安全要求，校园周边治安环境良好，设置完善的警示、限速、禁止鸣笛等交通标志；校园周边无台球、电子游戏机营业点、网吧，无集贸市场、摊点等</td></tr>
<tr><td colspan="2">1 分</td></tr>
<tr><td rowspan="2">人均拥有公共体育设施用地面积</td><td colspan="2">≥0. 15$m^2$</td></tr>
<tr><td colspan="2">1 分</td></tr>
<tr><td rowspan="2">万人拥有卫生服务中心（站）数量</td><td colspan="2">≥0. 3 个</td></tr>
<tr><td colspan="2">1 分</td></tr>
<tr><td rowspan="2">万人拥有医院床位数</td><td>≥40 个</td><td>30 ~ 39 个</td></tr>
<tr><td>2 分</td><td>1 分</td></tr>
<tr><td rowspan="2">万人拥有公共图书馆图书数量</td><td colspan="2">≥16000 册</td></tr>
<tr><td colspan="2">1 分</td></tr>
<tr><td rowspan="2">人均拥有公益性文化娱乐设施用地面积</td><td colspan="2">人均拥有文化馆、图书馆、博物馆、青少年宫等设施用地面积（指设施已建成投入使用的用地）≥0. 8$m^2$</td></tr>
<tr><td colspan="2">1 分</td></tr>
</table>

续表

| 一级指标 | 二级指标 | 三级指标 | 指标评价标准与分值 | |
|---|---|---|---|---|
| B 生态环境 | $B_1$ 城市生态 | 生态环境保护 | 市区自然地貌、植被、水系、湿地等生态敏感区域得到有效保护，按照生态学原则进行驳岸和水底处理，河道无大规模硬质护坡和衬砌 | |
| | | | 1 分 | |
| | | 城市生物多样性 | 制定《城市生物多样性保护规划》，并完成市域范围的生物物种资源普查 | |
| | | | 1 分 | |
| | $B_2$ 城市绿化 | 城市绿地率 | ≥40% | 35% ~39% |
| | | | 2 分 | 1 分 |
| | | 城市绿化覆盖率 | ≥40% | |
| | | | 1 分 | |
| | | 城市人均公园绿地面积 | ≥12m² | |
| | | | 1 分 | |
| | | 城市公园绿地服务半径覆盖率 | ≥80% | ≥70% |
| | | | 2 分 | 1 分 |
| | | 城市林荫路推广率 | ≥70% | |
| | | | 1 分 | |
| | $B_3$ 环境质量 | 城市空气质量 | API≤100 的天数占全年天数比例≥80% | API≤100 的天数占全年天数比例 60% ~79% |
| | | | 2 分 | 1 分 |
| | | 城市地表水环境质量 | 达标率 100%，且市区内无 IV 类以下水体 | |
| | | | 1 分 | |
| | | 城市区域噪声平均值 | ≤60dB | |
| | | | 1 分 | |

续表

<table>
<tr><th>一级指标</th><th>二级指标</th><th>三级指标</th><th colspan="2">指标评价标准与分值</th></tr>
<tr><td rowspan="20">C 社会和谐</td><td rowspan="4">$C_1$ 社会保障</td><td rowspan="2">社会保险基金征缴率</td><td colspan="2">≥90%</td></tr>
<tr><td colspan="2">1 分</td></tr>
<tr><td rowspan="2">城市最低生活保障</td><td colspan="2">最低生活保障线高于本省同类城市平均水平，实现应保尽保，正常发放</td></tr>
<tr><td colspan="2">2 分</td></tr>
<tr><td rowspan="4">$C_2$ 老龄事业</td><td rowspan="2">优待老年人政策</td><td colspan="2">制定完善的老年人医疗、交通等优惠政策，并得到有效实施</td></tr>
<tr><td colspan="2">1 分</td></tr>
<tr><td rowspan="2">百名老人拥有社会福利床位数</td><td colspan="2">≥2 张</td></tr>
<tr><td colspan="2">1 分</td></tr>
<tr><td rowspan="4">$C_3$ 残疾人事业</td><td rowspan="2">残疾人服务和保障体系</td><td colspan="2">建立完善的残疾人服务和保障体系，并得到有效实施</td></tr>
<tr><td colspan="2">1 分</td></tr>
<tr><td rowspan="2">无障碍设施建设</td><td colspan="2">主要道路、公园、公共建筑等公共场所设有无障碍设施，管理、使用情况良好</td></tr>
<tr><td colspan="2">1 分</td></tr>
<tr><td rowspan="2">$C_4$ 外来务工人员保障</td><td rowspan="2">外来务工人员保障政策</td><td colspan="2">制定完善的外来务工人员保障政策并得到有效实施</td></tr>
<tr><td colspan="2">2 分</td></tr>
<tr><td rowspan="2">$C_5$ 公众参与</td><td rowspan="2">公众参与规划建设和管理</td><td colspan="2">建立完善的规划、建设、管理等公众参与制度，得到有效实施</td></tr>
<tr><td colspan="2">1 分</td></tr>
<tr><td rowspan="4">$C_6$ 历史文化与城市特色</td><td rowspan="2">历史文化遗产保存完好度</td><td>≥95%</td><td>80% ~94%</td></tr>
<tr><td>2 分</td><td>1 分</td></tr>
<tr><td rowspan="2">城市风貌特色</td><td colspan="2">景观风貌专项规划经过审批，实施效果良好。城市景观格局清晰，特色明显。新建建筑有地方特色</td></tr>
<tr><td colspan="2">2 分</td></tr>
</table>

续表

<table>
<tr><th>一级指标</th><th>二级指标</th><th>三级指标</th><th colspan="2">指标评价标准与分值</th></tr>
<tr><td rowspan="18">D 公共安全</td><td rowspan="4">D<sub>1</sub> 城市管理与市政基础设施安全</td><td rowspan="2">城市管理</td><td colspan="2">数字化城市管理系统建成并运行 1 年以上，结案率≥90%；城市管理高效有序</td></tr>
<tr><td colspan="2">1 分</td></tr>
<tr><td rowspan="2">城市市政基础设施安全运行</td><td colspan="2">城市地下管网、道路桥梁等市政基础设施档案健全，运行管理制度完善，监管到位，城市安全运行得到保障</td></tr>
<tr><td colspan="2">1 分</td></tr>
<tr><td rowspan="4">D<sub>2</sub> 社会安全</td><td rowspan="2">道路事故死亡率</td><td colspan="2">≤10 人/万台车</td></tr>
<tr><td colspan="2">2 分</td></tr>
<tr><td rowspan="2">刑事案件发案率</td><td colspan="2">≤5%</td></tr>
<tr><td colspan="2">2 分</td></tr>
<tr><td rowspan="6">D<sub>3</sub> 预防灾害</td><td rowspan="2">城市人均避难场所面积</td><td colspan="2">≥2m²</td></tr>
<tr><td colspan="2">2 分</td></tr>
<tr><td rowspan="2">城市公共消防基础设施完好率</td><td colspan="2">100%</td></tr>
<tr><td colspan="2">1 分</td></tr>
<tr><td rowspan="2">城市防洪排涝</td><td colspan="2">城市防洪排涝设施达到相应设防标准。城市重点地区、交通枢纽地区、地下公共空间等配备完善的汛期排水设施并有效维护</td></tr>
<tr><td colspan="2">1 分</td></tr>
<tr><td rowspan="2">D<sub>4</sub> 城市应急</td><td rowspan="2">城市应急系统建设</td><td colspan="2">建立完善的应急指挥系统，制定突发公共事件等地方应急预案，并经过实际演练</td></tr>
<tr><td colspan="2">1 分</td></tr>
<tr><td rowspan="12">E 经济发展</td><td rowspan="4">E<sub>1</sub> 收入与消费</td><td rowspan="2">城市居民人均可支配收入</td><td colspan="2">≥1. 8 万元</td></tr>
<tr><td colspan="2">2 分</td></tr>
<tr><td rowspan="2">恩格尔系数</td><td colspan="2">≤36%</td></tr>
<tr><td colspan="2">1 分</td></tr>
<tr><td rowspan="2">E<sub>2</sub> 就业水平</td><td rowspan="2">城市登记失业率</td><td colspan="2">≤4. 3%</td></tr>
<tr><td colspan="2">1 分</td></tr>
<tr><td rowspan="2">E<sub>3</sub> 资金投入</td><td rowspan="2">城市市政公用设施建设资金投入比重</td><td colspan="2">城市市政公用设施建设固定资产投资占同期全社会固定资产投资比重 ≥5%</td></tr>
<tr><td colspan="2">1 分</td></tr>
<tr><td rowspan="2">E<sub>4</sub> 经济结构</td><td rowspan="2">第三产业增加值占 GDP 比重</td><td>≥60%</td><td>50% ~59%</td></tr>
<tr><td>2 分</td><td>1 分</td></tr>
</table>

续表

<table>
<tr><th>一级指标</th><th>二级指标</th><th>三级指标</th><th colspan="2">指标评价标准与分值</th></tr>
<tr><td rowspan="18">F 资源节约</td><td rowspan="8">$F_1$ 节约能源</td><td rowspan="2">单位 GDP 能耗<br>（吨标准煤/万元）</td><td colspan="2">≤1.6</td></tr>
<tr><td colspan="2">1 分</td></tr>
<tr><td rowspan="2">节能建筑比例</td><td colspan="2">严寒及寒冷地区≥40%，夏热冬冷地区≥35%，夏热冬暖地区≥30%</td></tr>
<tr><td colspan="2">2 分</td></tr>
<tr><td rowspan="2">北方采暖地区住宅<br>供热计量收费比例</td><td colspan="2">≥25%</td></tr>
<tr><td colspan="2">2 分</td></tr>
<tr><td rowspan="2">可再生能源使用比例</td><td>≥15%</td><td>≥10%</td></tr>
<tr><td>2 分</td><td>1 分</td></tr>
<tr><td rowspan="8">$F_2$ 节约水资源</td><td rowspan="2">单位地方生产总值<br>（GDP）取水量</td><td colspan="2">≤100m³/万元</td></tr>
<tr><td colspan="2">1 分</td></tr>
<tr><td rowspan="2">城市再生水利用率</td><td>≥30%</td><td>20% ~29%</td></tr>
<tr><td>2 分</td><td>1 分</td></tr>
<tr><td rowspan="2">工业用水重复<br>利用率</td><td>≥90%</td><td>80% ~89%</td></tr>
<tr><td>2 分</td><td>1 分</td></tr>
<tr><td rowspan="2">城市节水规划</td><td colspan="2">编制节水规划并取得明显实施效果</td></tr>
<tr><td colspan="2">1 分</td></tr>
<tr><td rowspan="2">$F_3$ 节约土地</td><td rowspan="2">城市人口密度</td><td colspan="2">≥10000 人/km²</td></tr>
<tr><td colspan="2">1 分</td></tr>
</table>

## 4.5　城市基础设施运行效率研究

城市的基础设施运行效率，是城市尺度能够反映城镇化质量的重要方面。要全面地对城市基础设施的运行效率进行评价，需要从城市市政公用硬件设施水平、市政公用设施技术装备水平和运营管理水平三个方面进行。由于缺乏各地市政公用设施技术装备水平和运营管理水平的权威和标准数据，本次评价体系将评价指标性质分为硬指标和软指标两种，以硬指标评价为主，软指标评价为辅。

硬指标：指城市基础设施的物质性指标，可量化，来源于公开发行的统计年报（年鉴），是主要评价依据，包括四个系统（给排水系统、能源系统、交通系统和环境系统）共 17 项基础指标。

软指标：近期主要是通过市民问卷调查获取的数据（市民满意度），用于修正硬指标体系的结果，补充硬指标体系在现有条件下难以涉及的内容；远期将主观性较强但有重要引导作用的指标如城市基础设施规划、法律及政策的制定、落实与监督等内容纳入到评价指标体系中。

依据本研究确定的城市基础设施评价的指标体系和评价标准，对 2007 年全国 288 个地级以上城市的环境设施水平、给排水设施水平、城市能源设施水平和城市交通系统设施等四大系统进行了评价（图 4-2）。

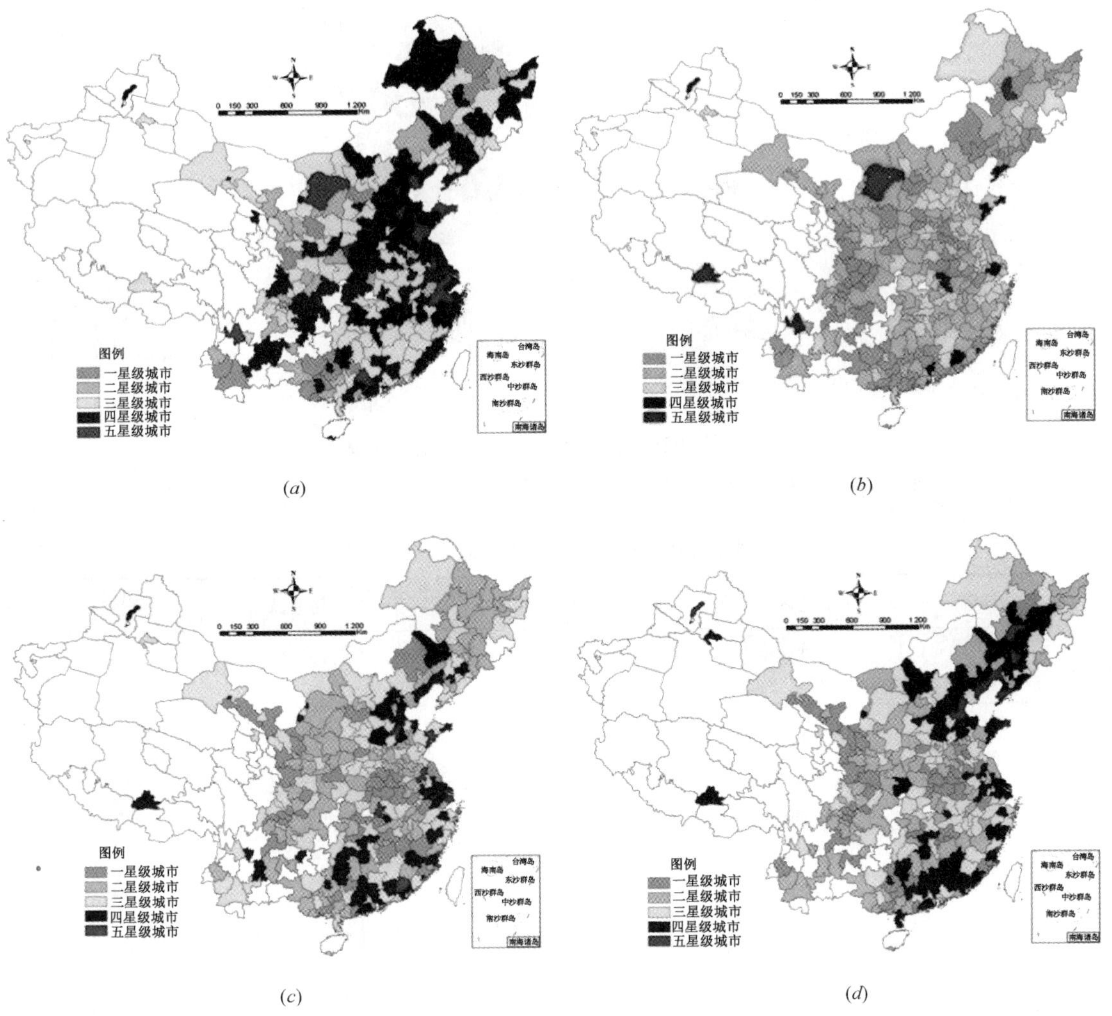


图 4-2　中国地级以上城市各基础设施系统水平

(*a*) 各城市环境设施水平；(*b*) 各城市交通设施水平；(*c*) 各城市给排水系统水平；(*d*) 各城市能源系统设施水平

依据本研究构建的给排水系统、能源系统、交通系统和环境系统四个领域的指标体系和评价标准，2007 年中国 288 个地级以上城市中，厦门、珠海、广州、克拉玛依和深圳等五个城市基础设施发展水平居全国前 5 位，无锡、上海、威海、苏州和东莞等五个城市居全国前 6～10 位，青岛、天津、北京、大庆、绍兴、长沙、德州、东营、秦皇岛和淮安等十个城市为全国第 11～20 位，中山、大连、丽江、肇庆、石家庄、佛山等 30 个城市占据全国第 21 ~ 50 位。中国地级以上城市基础设施发展水平的差异十分明显。而广西来宾、广西贺州、山西忻州、广东阳江、甘肃陇南则排在全国最后 5 位。

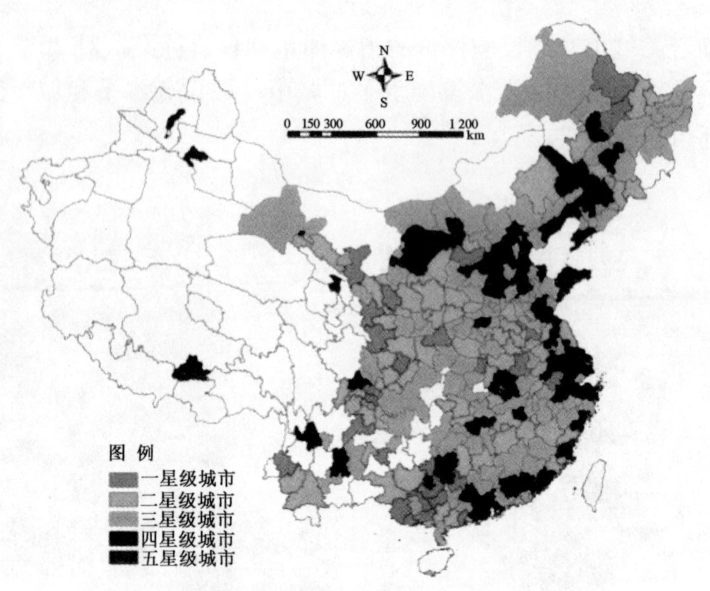


图 4-3　全国 288 个地级以上城市的基础设施水平

注：本图为我国大陆地区 288 个地级以上城市的基础设施水平示意图，未绘入我国南海诸岛。

**中国地级以上城市基础设施评价结果**　　**表 4-6**

| | 等级 | 东部地区（87） | 中部地区（81） | 东北地区（34） | 西部地区（85） |
|---|---|---|---|---|---|
| 超大城市（27） | 五星级（9） | 广州、深圳、无锡、上海青岛、天津、北京、东莞 | 长沙 | | |
| | 四星级（14） | 石家庄、杭州、南京、济南 | 武汉、太原、郑州、南昌 | 大连、沈阳、长春 | 成都、乌鲁木齐、昆明 |
| | 三星级（4） | 汕头 | | 哈尔滨 | 西安、重庆 |
| | 二星级（0） | | | | |
| | 一星级（0） | | | | |
| 特大城市（32） | 五星级（3） | 厦门、苏州 | | 大庆 | |
| | 四星级（11） | 佛山、常州、宁波、温州、烟台、福州、临沂、邯郸、保定 | | 抚顺 | 呼和浩特 |
| | 三星级（16） | 徐州、淄博、唐山、湛江惠州、潍坊、台州 | 大同、洛阳、合肥 | 吉林、齐齐哈尔 | 南宁、兰州、贵阳、包头 |
| | 二星级（1） | | 淮南 | | |
| | 一星级（1） | | | 鞍山 | |

续表

| | | | | | |
|---|---|---|---|---|---|
| 大城市（83） | 五星级（2） | 珠海、绍兴 | | | |
| | 四星级（24） | 江门、淮安、东营、秦皇岛、邢台、南通、镇江、海口、连云港、德州、泰州、湖州、沧州 | 黄石、芜湖、湘潭、阳泉 | 盘锦、辽阳、锦州 | 银川、柳州、桂林、西宁 |
| | 三星级（39） | 扬州、日照、济宁、清远、聊城、张家口、揭阳、韶关、泰安 | 衡阳、焦作、株洲、蚌埠、新乡、襄樊、宜昌、长治、岳阳、淮北、安阳、开封、荆州、平顶山、九江、邵阳、安庆 | 丹东、牡丹江、鸡西、本溪、营口、佳木斯、朝阳 | 绵阳、宝鸡、攀枝花、咸阳、遵义、北海 |
| | 二星级（18） | 盐城、枣庄、菏泽、泉州 | 常德、南阳、商丘、阜阳 | 四平、伊春、鹤岗、阜新 | 自贡、天水、南充、赤峰、泸州、汉中 |
| | 一星级（0） | | | | |
| 中等城市（115） | 五星级（2） | 威海 | | | 克拉玛依 |
| | 四星级（13） | 中山、肇庆、梅州、潮州、河源、漳州 | 黄冈、铜陵、马鞍山 | 铁岭、葫芦岛 | 通辽、鄂尔多斯 |
| | 三星级（40） | 金华、嘉兴、廊坊、滨州、承德、莱芜、舟山、台州、三亚、衡水、三明、衢州、龙岩 | 许昌、赣州、十堰、三门峡、荆门、怀化、晋中、上饶、鹤壁、景德镇、濮阳、娄底、驻马店、黄山 | 松原、七台河、辽源、双鸭山 | 乌海、乌兰察布、呼伦贝尔、石嘴山、梧州、德阳、巴彦淖尔、曲靖、酒泉 |
| | 二星级（44） | 莆田、南平、汕尾 | 漯河、运城、临汾、郴州、新余、孝感、鄂州、滁州、萍乡、永州、吉安、周口、晋城、益阳、宜春、咸宁、巢湖、抚州、信阳、朔州、亳州 | 通化、白山、白城 | 延安、达州、铜川、乐山、渭南、六盘水、玉林、宜宾、白银、眉山、安康、遂宁、广元、广安、平凉、雅安、榆林 |
| | 一星级（16） | 宿迁、茂名、阳江 | 宿州、六安、随州、忻州 | 绥化 | 武威、巴中、钦州、贵港、内江、资阳、安顺、昭通 |
| 小城市（31） | 五星级（0） | | | | |
| | 四星级（3） | | | | 拉萨、丽江、嘉峪关 |
| | 三星级（6） | 丽水、云浮 | 吕梁、 | | 玉溪、金昌、吴忠 |
| | 二星级（11） | 宁德 | 鹰潭、池州、张家界、 | | 中卫、张掖、河池、百色、临沧、庆阳、思茅 |
| | 一星级（11） | | 宣城、 | 黑河 | 固原、防城港、崇左、商洛、保山、定西、来宾、贺州、陇南 |

注：已经废止的《中华人民共和国城市规划法》中关于城市规模的划分标准已经不具有法律效力，而2008年颁布实施的《中华人民共和国城乡规划法》没有给出新的城市规模标准。本表关于城市规模的划分，仍然沿用原来的数量标准，只是用城区人口代替已经不合时宜的市区和近郊区非农业人口来进行划分。

## 4.6　对提高城镇化质量战略措施的研究

自国家政策层面将城镇化与扩大内需、转型发展紧密结合后，全社会掀起了对城镇化战略研究的新一轮热潮。国家和各级地方政府的“十二五”规划、各级地方政府推出的城镇化政策性指导文件、学术界提出推动城镇化健康发展的各类政策建议、政府相关部门和学界联手举办的各类城镇化论坛、峰会等，都使城镇化研究的深度和广度不断得到拓展。其中，提高城镇化质量的战略、措施和途径，成为研究重点和关注焦点。

### 4.6.1　提高城镇化质量的主要措施

通过梳理现状城镇化战略的政策性报告、研究成果和政府文件，提高城镇化质量的举措主要集中在以下四个方面：

（1）健全城镇体系，构建城镇化战略格局。无论是在全国层面，还是在各省层面，既要形成以城镇群或城市化地区为主体形态的城镇化载体，也要构建大、中、小城市和小城镇协调发展的城镇体系。因为中国是地域辽阔的人口大国，也是区域资源禀赋差异极大的国家，国情特点决定了城镇化的多样化途径。因此，既要培育多个直接参与全球产业分工、文化交流的重点城镇群和国家中心城市，又要加快建设承接产业转移、带动区域发展的区域性中心城市，也要围绕中心城市加快发展各类专业化城市，更要培育能够扩大内陆消费市场、农村消费市场的县市中心城市或重点小城镇，成为城乡统筹发展的重要载体。

（2）引导人口合理流动，逐步完成农民工的市民化进程。总量达2.4亿的农民工无法享受到市民待遇，是影响我国城镇化质量的主要因素。国家和地方政府提出的解决措施主要有：1）降低中小城市和小城镇的入籍落户门槛，引导农民工流入这些门槛较低的城镇并享受当地的市民待遇；2）根据农民工工作年限、居住条件、信用记录、专业技能、教育水平、社会贡献、参加社会保障状况等，完善入户积分标准，以“时间换空间”，循序渐进推动农民工市民化；3）门槛高、目前尚不具备大规模放开户籍的大城市，以改善农民工的公共服务、加强其权益保护为重点，推动社会公平，缓解阶层矛盾。

（3）增强城镇综合承载能力，推动城镇集约紧凑发展。在产业上，强化对第三产业、创意产业、文化产业和高新技术产业的支持，增强就业带动能力，推动城市经济转型发展；在规划上，合理确定城市的规模和边界，优化用地结构和布局，实现城市集约用地；在基础设施上，统筹地上地下市政公用设施建设，提升交通、通信、供电、供热、供气、供水排水、污水垃圾处理等基础设施水平，增强消防等防灾能力；在环境上，扩大城市绿化面积和公共活动空间，增强宜居水平；在公共服务上，通过优化布局和结构，提高服务质量，扩大覆盖群体。

（4）创新体制机制，提高管理水平。要深化城市建设投融资体制改革，增强城市提供基础设施公共服务的能力；加强城市综合管理水平，推动数字城市建设，提高信息化和精细化管理服务水平；要针对非正规就业群体特点，提供灵活的管理和有效的服务；注重文化传承与保护，改善城市人文环境；要完善小城镇发展的体制机制，改革现行的管理体制，增强镇级公共财政的支付能力，保障市政基础设施的建设和公共服务；要加强对边境口岸城镇、资源枯竭型城镇、新兴矿业城镇、历史文化名城名镇和边疆、少数民族地区中小城镇发展建设的扶持力度。

### 4.6.2 提高城镇化质量的推动手段

近年来，中央和地方政府通过统筹城乡发展、强化农民工权益保障、扶持农村发展、完善户籍制度、加强农民土地权益保护、实施新的城市征地拆迁条例等方式，不断完善推动城镇化质量提高的体制机制。此外，政府还通过实施以下三个方面的工作，推动城镇化质量的提高：

（1）与政府事权相结合，以政绩考核推动城镇化质量的提高。在河北、山东、新疆、湖南等省区加快城镇化战略政策性文件中，均将提高城镇化质量的目标分解落实到经济、环境保护、物质空间改善、交通水利、文化教育、社会保障等方面的考核指标上，并就指标完成情况对相关部门和地市政府进行考核。这些省区政府，希望通过借助政府在行政资源、组织动员等方面能力，充分发挥行政力量在推动城镇化质量提高方面的作用。

（2）与国家奖项相结合，推进城市发展质量的提高。目前，针对城市设立、考核内容相对全面、属于国家级的荣誉奖项有全国文明委评选的“全国文明城市”、卫生部评选的“国家卫生城市”、住房和城乡建设部的“中国人居环境奖”等。特别是经过2010年修订后的“中国人居环境奖”评比标准，涵盖了城市的居住环境、生态环境、社会和谐、公共安全、经济发展和资源节约等6大方面、63项指标，除了缺少城乡统筹的内容外，已经与城镇化质量的内涵非常接近。向先进城市颁发这些国家级奖项，是政府鼓励先进、推动各地提高城镇化质量的重要渠道。

（3）与国际组织合作，推广典型范例，使城镇化质量在某些领域率先取得突破。如联合国人居署于1989年创立“联合国人居奖”，中国政府与其开展了积极合作，其目的是使国际社会和各国政府对人类住区的发展和解决人居领域的各种问题给予充分重视，并鼓励和表彰世界各国为人类住区发展作出了杰出贡献的政府、组织、个人和项目。其中单独设有范例奖，表彰城市在住房条件改善、社区建设、清洁安全供水、生态保护和环境治理、旧城改造、城市安全等领域取得的突出成绩，并通过总结经验向世界各地推广。中国包括扬州、绍兴等许多城市已经获得过范例奖，为其他城市提高发展质量提供了有益的经验。

### 4.6.3 提高我国城镇化质量的进一步思考

我国正处于由中低收入国家向中高收入国家跨越的历史性时期，这就决定了提高城镇化质量问题是与解决中等收入国家陷阱问题、实现转型发展、改革利益分配格局、推动社会进步、拓展国际发展空间等重大改革发展问题紧密相连、互促共进的。因此，城镇化质量的提高，离不开国家改革开放和社会事业的整体性推进，也离不开公共政策、市场体制和城镇化推进机制的逐步健全。在现阶段，提高我国城镇化质量的努力离不开相关发展战略的紧密配合。

*1. 解决制约乡村发展的深层次矛盾，推动城乡全面的统筹和协调*

通过完善国家规划体制、土地制度、生态环境保护、公共财政、金融等制度，建立城乡统一的要素市场，从根本上改变农村资源要素价值单方面流向城市，农村发展被边缘化的不利局面；在国家公共财政主导下，要加强农民最急需、最基本的道路、供水排水、环卫、通信、电力等设施基础和医疗卫生、教育文化等基本公共服务设施建设，推进基础设施和公共服务向农村地区延伸；要统筹城乡社会管理与公共服务，让现代文明向农村传播，现代文化和现代管理覆盖农村全部社区。

2. 展开劳动力资源的“二次开发”，提高农民工向市民转化的竞争能力

根据国家统计局数据，2009 年我国农村 30 岁以下从事农业的劳动力只占该年龄组总量的 4%，可以说青壮年农村剩余劳动力资源已基本枯竭。另据国家计生委估计，我国在 2015 年将迎来劳动力供应的峰值。人口红利的快速消退，对劳动力资源过度粗放的使用已经没有了继续维持的基础。要将劳动力转移、城镇化进程和“劳动力资源的二次开发”（技能的培训、职业资质的认定、干中学等）结合在一起，从而改变劳动力粗放开发的机制，推进中国经济进入可持续发展的轨道。劳动者技能的提高、就业竞争力的增强可以有效促进“农民”向“市民”的转化，是改变命运的最根本途径，也是提高城镇化质量的重要基础。这涉及劳动力市场的培训体系、打通社会各阶层顺畅流转通道、对个人权利的尊重和保护等一系列问题的调整和改革。

3. 发挥根植性优势，走特色城镇化道路

从宏观看，中国是个历史悠久、文化传统根基深厚的大国，内生性的、文化性的和基于各地差异性的要素必定是带动城镇化长久的动力，未来城市和乡村的发展，最终取决于当地根植性的优势。随着改革开放 30 年的持续快速发展，中国继高素质廉价的劳动力外，巨大的国内需求市场、各地独特的资源、契约意识的强化、自主创新的力量、政府强有力的执行力等，不断成为国家的竞争优势。当然，这些新的发展方式的实施，需要获得足够的体制支持。这些新兴的竞争优势与各地城乡内生性的要素有机结合，必定会创新各地的发展模式，走出适合当地特色的现代化和城镇化道路，这也是提高城镇化质量的坚实基础。

从微观看，中国的许多城市都有自己的独特资源，包括地理特性、自然景观，工业发展过程中的创新传统、大学和研究机构以及具有特色的文化氛围等等。在制定经济和社会发展政策时，要重视和充分利用这些可贵资源。要把对资源的深刻理解整合到政策制定的过程中，使资源得到最充分的利用以取得经济的健康成长，并提升整体城市形象。这些资源以及对资源的态度和利用方式最终将决定一个城市的发展方式。当然，地方特色不应成为城市多元化发展的障碍。一味固守原有的特征，甚至故步自封，只能损害多元化发展的动力。

## 4.7　结语

城镇化是我国经济社会发展战略、进程和实施效果的全面缩影。经济、社会和资源环境实现了可持续的发展，城镇化的进程就相对协调和有序，从“乡村中国”向“城市中国”的过渡就会平稳和健康。反之，经济社会发展的许多深层次矛盾和问题，也都会在城镇化进程中得到集中的体现，城镇化自身难以孤立地发挥核心作用。从这个角度来看，城镇化质量的提高，主要依赖社会各界凝聚改革共识、协调阶层矛盾、完善公共政策、实现整体推进。从历史来看，大国在城镇化快速推进时期，都需要直面许多尖锐的矛盾和问题，几乎没有例外。到目前为止，我国城镇化进程中出现的质量问题，总体上还都处于矛盾可控、社会容忍的范围内，这与经济高速发展能够带来社会各阶层“普惠式”受益是直接相关的。然而，在传统发展方式代价越来越大、空间越来越小、道路越来越艰难的大背景下，传统的城镇化模式其实也已经走到了尽头。因此，关注中国城镇化的质量，就是关注中国发展的未来。

# 5 研究的技术支撑体系

与既有的城镇化领域研究课题相比，此次作为国家“十一五”科技支撑计划支持的城镇化领域的研究，强调数据库、GIS和遥感等专项前沿研究手段实现在城镇化这一政策性较强领域研究的有机集成，加强政策性研究的科学性和客观性，改进传统城市规划和国土研究缺乏前沿手段的局面，并为国家城镇化战略的宏观决策提供更加充分的科学依据。

课题在城镇化速度与质量的研究中，建立了异构数据的元数据标准，实现了经济社会领域的统计数据、基础地理信息和遥感影像数据的有机集成，进而完成了中国城镇化研究数据库的应用层、数据库和逻辑层的设计，为跨部门的数据共享奠定了基础，并从界面上实现了城镇化速度和质量研究的人机交互。课题以遥感影像数据和地理信息为支撑，以武汉和烟台两市的卫星影像数据为基础，初步探索了在数据可得性和成本有效控制的基础上，实现城市建设用地的快速识别与分类，研究了快速提取城市建设用地边界的流程和方法，为监测城市建设用地扩张和评价城镇化进程中的空间质量奠定了技术基础。城市的空间扩张规模和形态，是城镇化速度、耕地和生态保护政策、城市发展方向决策、重大项目投资和城市空间发展策略等综合作用的结果。模拟不同情景下的城市空间发展特征和趋势，是城市规划建设管理部门科学划定城市增长边界、确定城市发展方向、在空间上落实重大基础设施项目、实现科学决策的重要基础。

## 5.1 异构数据库的元数据标准

利用GIS的空间信息处理与分析技术，基于空间坐标和地理标识对各种具有海量、多源、异构、多时段等特征的社会经济数据和地理信息进行空间集成和数据整合，是建立中国城镇化研究数据库系统（China Urbanization Research Database System），实现数据统一存储、高效管理和有效共享的关键，而异构数据空间集成的重要内容之一就是对各种数据共同的规范性内容进行规范化描述，即建立统一的元数据实体标识和内容标准。因此，针对社会经济数据和基础地理信息的不同特征，制定异构数据空间集成的元数据标准，为社会经济数据和地理信息数据集提供一套通用的描述元素及规范，有利于采用元数据驱动技术，满足数据库系统的自适应性，实现不同来源数据的存储、管理整合，有助于消除行业间数据交换的鸿沟，用于指导社会经济地理数据的采集、质量控制和系统开发，进而推动我国多源异构数据在城镇化领域无缝低成本的融合。

### 5.1.1 核心元数据信息

城镇化研究核心元数据由关于核心元数据本身的信息包、标识信息包、数据质量信息包、空间参照系统信息包、分发信息包、内容信息包以及负责单位联系信息包组成。

图5-1表示核心元数据包的总体逻辑结构。负责单位联系信息包是公用的。在本标准中，标识信息、分发信息和核心元数据信息三者使用公用的负责单位信息结构描述相应的联系信息。

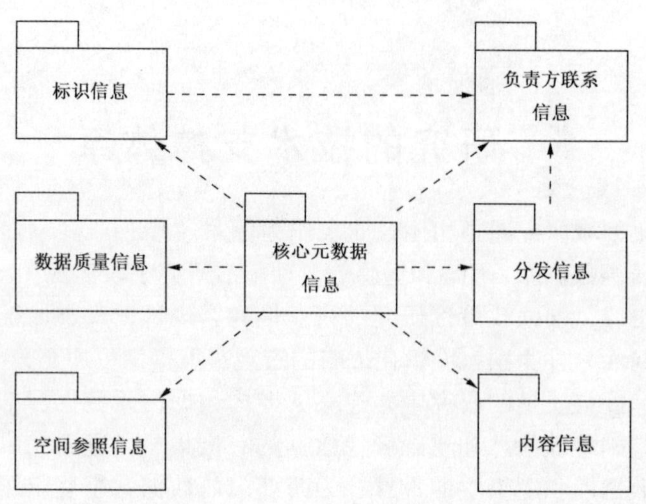


图 5-1　核心元数据总体逻辑结构图

核心元数据的每个包都有对应的实体或聚合实体。以下各节用 UML 类图描述这些实体的结构与组成，用数据字典对相应的实体与元素进行详细说明（名称、定义、约束条件、最多出现次数、数据类以及域等）。UML 图与数据字典一起构成了核心元数据的完整描述，是用户理解与实现核心元数据的基础。

1. 元数据信息

元数据信息实体描述城镇化研究的核心元数据信息，用聚合实体 MD_ 元数据（MD_Metadata）表示，其实体结构 UML 类图见图 5-2。

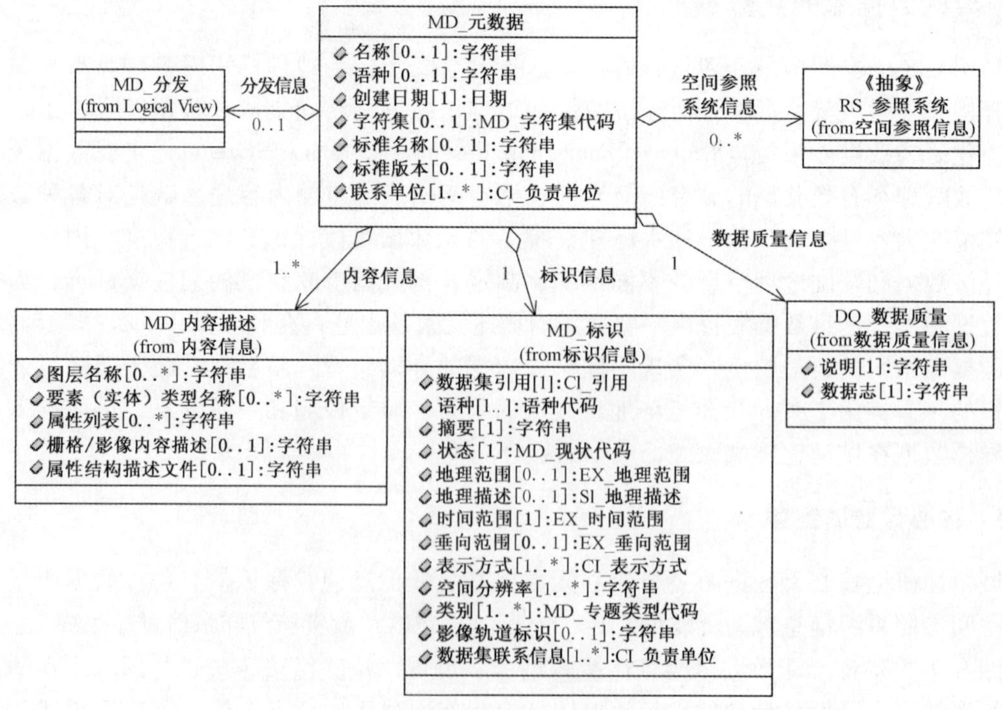


图 5-2　元数据信息

由于城镇化研究数据信息既包括空间信息，又包括非空间信息，而描述非空间信息并不涉及空间参照系统的信息，因此相应的实体是可选的。如图 5-2 所示，MD_ 元数据聚合实体及元素包括必选的实体、可选实体和必选元素三类。

2. 标识信息

标识信息是唯一标识数据集的信息，用 MD_ 标识（MD_ Identification）实体表示。描述其结构的 UML 类图见图 5-3。

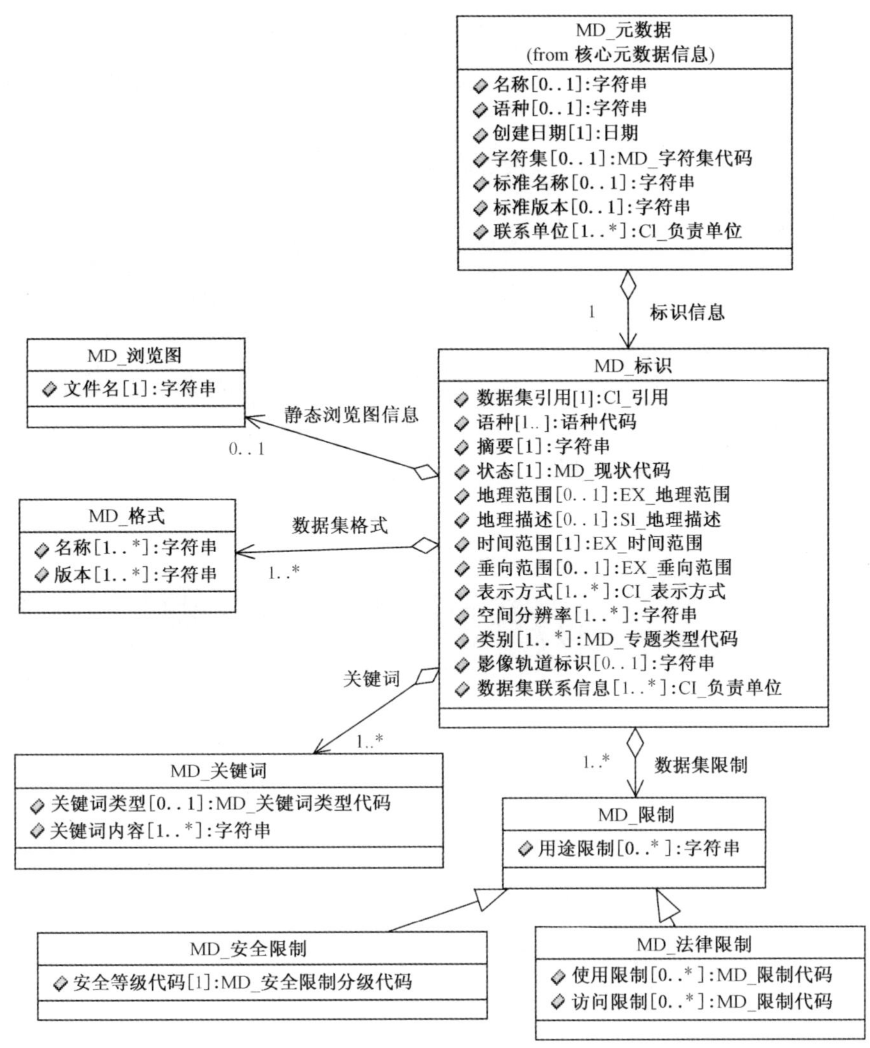


图 5-3　标识信息

MD_ 标识实体的聚合实体包括必选实体、可选实体、必选元素和可选元素。

地理范围是用经纬度坐标描述的空间范围，地理描述是用地理标识（如地理名称）描述的空间范围。在描述空间数据集时，地理范围、地理描述二者必居其一，需要时，两个可都使用。如果数据集是非空间信息，则两者均不需要。

在标识信息中，必选的 MD_ 数据集限制实体与必选的 MD_ 法律限制（MD_ Legal Constraints）实体和 MD_ 安全限制（MD_ Security Constraints）实体是泛化关系。

3. 数据质量信息

数据质量信息是数据质量的总体评价，用 DQ_ 数据质量（DQ_ DataQuality）实体表示，其对应 UML 类图见图 5-4。

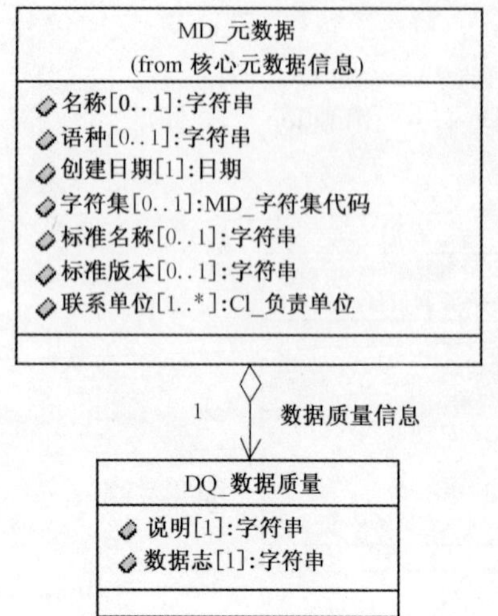


图 5-4 数据质量信息

该实体包括两个必选元素，即说明和数据志。说明是对数据质量的定性和定量信息的概况描述，根据数据集设计和专业的特点，对数据的完整性、逻辑一致性、位置精度和属性精度进行说明。

数据志是从数据源到数据集当前状态的演变过程说明。包括数据源的信息和数据源到数据集当前状态所经过的处理步骤、方法、重要处理事件（如维护、转换）等信息以及数据集的更新频率。

4. 空间参照系统信息

空间参照系统信息是数据集使用的空间参照系统的说明，用 RS_ 参照系统（RS_ Reference System）实体表示，其对应的 UML 类图见图 5-5。

RS_ 参照系统是两个可选的 SC_ 基于坐标的空间参照系统（SC_ Coordinate Reference System）和基于地理标识的空间参照系统（SI_ Spatial Reference System Using Geographic Identifiers）的泛化超类。在描述空间数据集时，二者必选其一，也可全选。

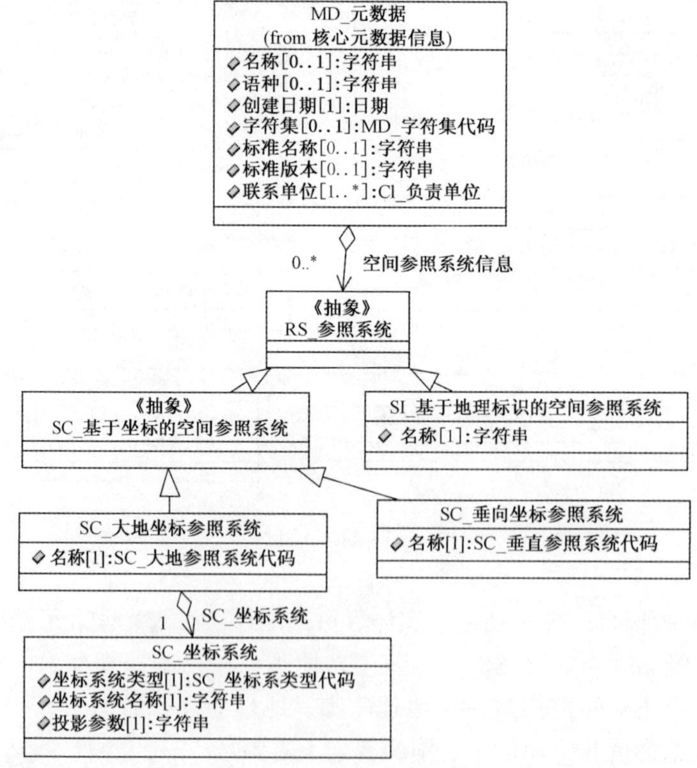


图 5-5 空间参照系统信息

由于基于坐标的空间参照系统除大地坐标参照系统之外，还可能有垂向参照系统，因此该实体又是 SC_ 大地坐标参照系统（SC_ Coordinate Reference System）和 SC_ 垂向坐标参照系统（RC_ Vertical Reference System）的泛化超类。

为了完整说明空间定位信息，引入 SC_ 坐标系统（SC_ Coordinate System）实体，用坐标系统类型、坐标系统名称及可选的投影参数 3 个元素进行描述。

5. 内容信息

内容信息描述数据集数据的内容信息，用 MD_ 内容描述（MD_ Content Description）实体表示，其相应的 UML 类图见图 5-6。

MD_ 内容描述实体包括两个条件必选元素图层名称和栅格或影像内容描述，两个必选元素，要素（实体）类型名称和属性列表，一个可选元素属性结构描述文件。

6. 分发信息

分发信息描述有关数据集的分发者和获取数据的方法，用 MD_ 分发（MD_ Distribution）实体表示，其相应的 UML 类图见图5-7。

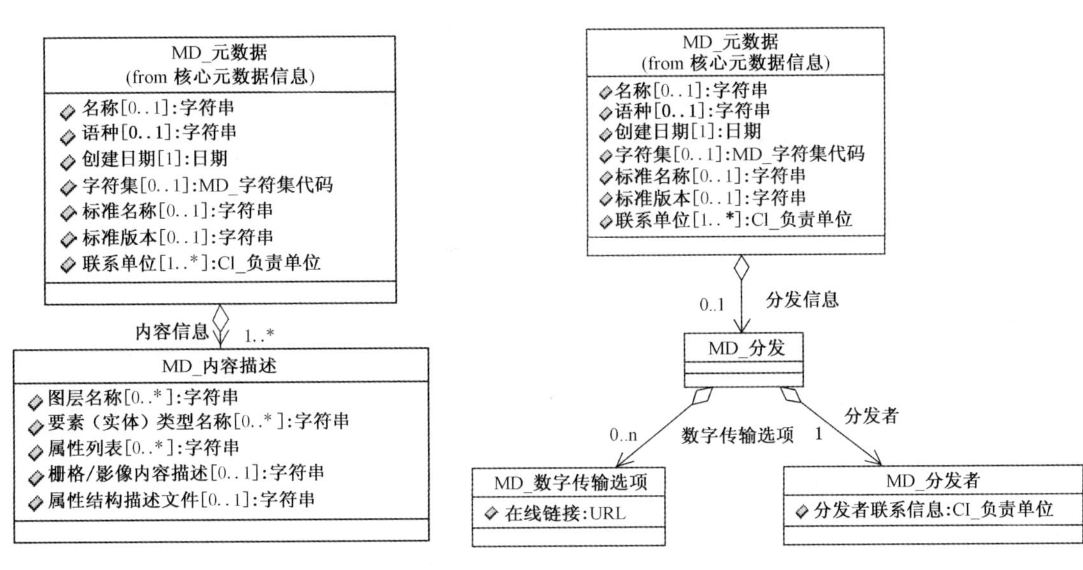


图 5-6　内容信息

图 5-7　分发信息

MD_ 分发实体是一个聚合实体，包括一个聚合实体，一个必选的 MD_ 分发者（MD_ Distributor）实体和可选的 MD_ 数字传输选项（MD_ Digital Transfer Options）实体。前者包括一个必选的分发者联系信息，后者包括数字传输的在线链接地址。

### 5.1.2　核心元数据的数据类型

核心元数据的数据类型既包括预定义的基本数据类型，如字符串、整型、日期型等，又可能是另一个实体、构造型或关联。

1. 覆盖范围信息

覆盖范围信息描述数据集的空间和时间覆盖范围，用 EX_ 范围（Ex_ Extent）实体表示，其对应的 UML 类图见图 5-8。

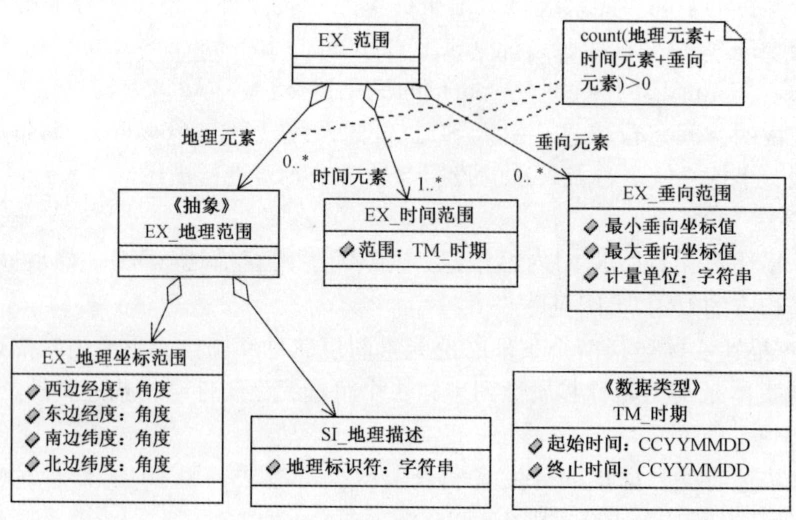


图 5-8　覆盖范围信息

EX_ 范围是一个聚合实体。包含一个必选的 EX_ 时间范围（EX_ Temporal Extent）实体和两个可选的描述空间数据集的 EX_ 地理范围（EX_ Geographic Extent）实体和 EX_ 垂向范围（EX_ Vertical Extent）实体。EX_ 地理范围又是 EX_ 地理坐标范围（EX_ Geographic Bounding Box）和 EX_ 地理描述（SI_ Location Instance）泛化超类。地理描述是用地理名称或其他地理范围的地理标识（如行政区名称、约定俗成的名称如东三省等）描述地理范围。

2. 负责单位联系信息

负责单位联系信息用 CI_ 负责单位联系信息（CI_ Responsible Party）实体表示。包括负责单位名称、联系人和指责 3 个元素以及一个联系信息实体。负责单位联系信息的数据类型是另一个实体 CI_ 联系（CI_ Contact），包括电话、通信地址、邮政编码 3 个必选元素和传真、电子邮箱地址和网址 3 个可选的元素，相应的 UML 类图见图 5-9。

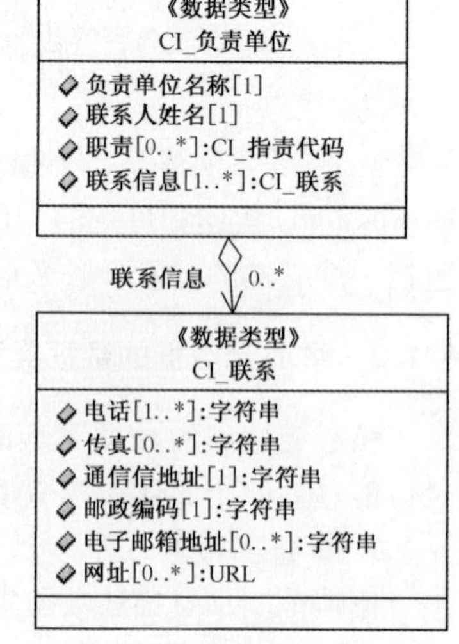


图 5-9　负责单位联系信息

### 5.1.3　代码表

本节描述标准中所用的代码表，包括 CI_ 职责、MD_ 分类（专业）、MD_ 数据集使用限制、MD_ 现状、MD_ 限制、MD_ 表示、SC_ 坐标系统类型、SC_ 垂向坐标参照系统、SC_ 大地坐标参照系统等代码表。相应的 UML 类图见图5-10。

### 5.1.4　元数据标准成果应用

课题在异构数据库元数据标准的指导下，完成了数据层、逻辑层和应用层的设计，构建了中国城镇化研究的数据库结构，完成中国城镇化研究数据库界面系统设计，并申请了软件著作权。

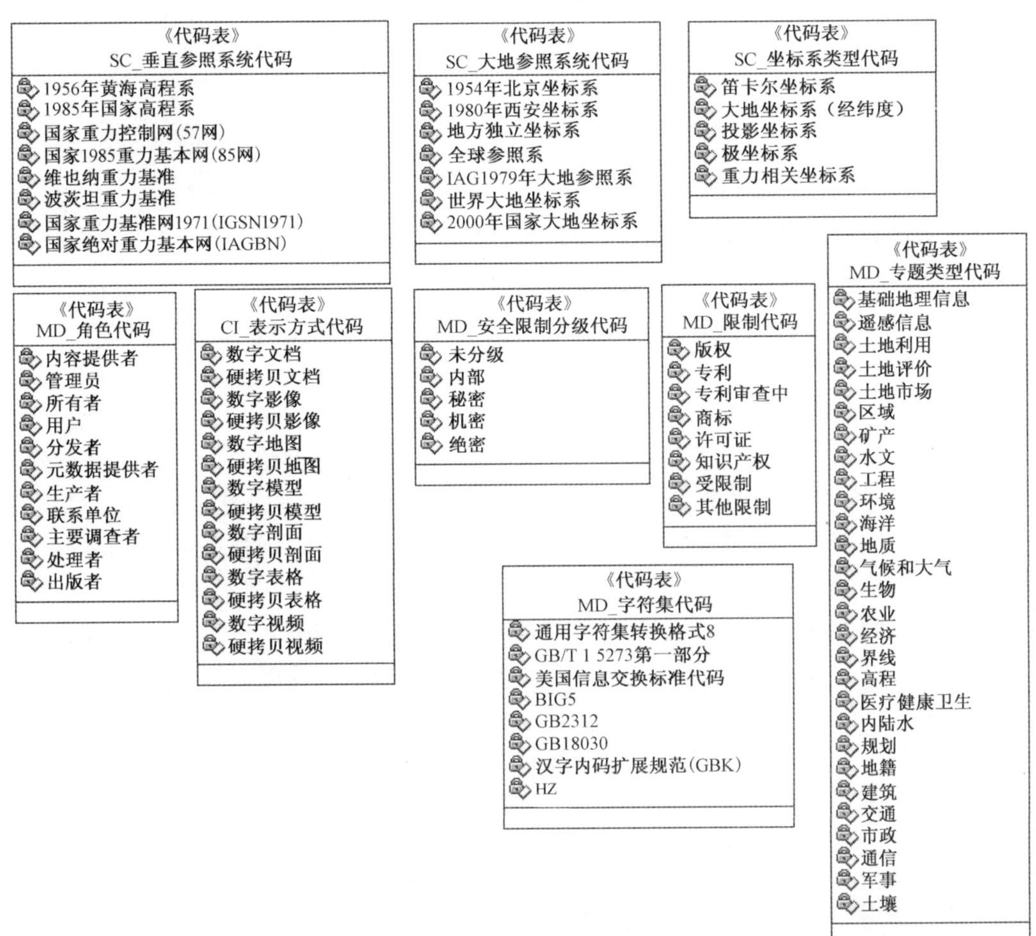


图 5-10　代码表

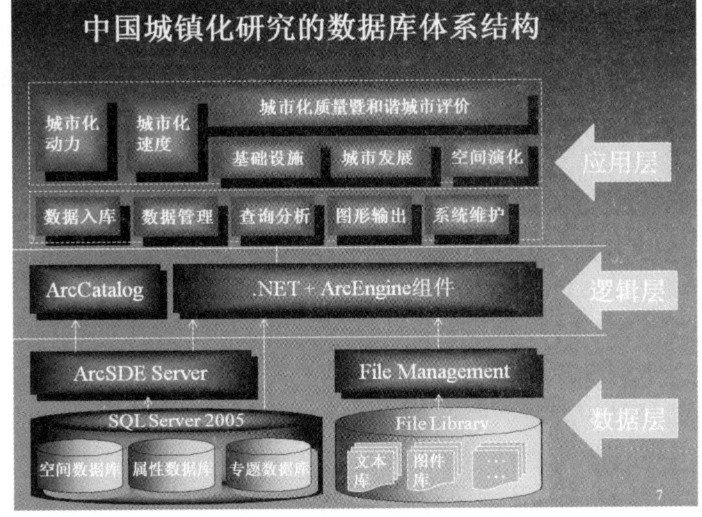


图 5-11　元数据标准在本课题中的应用

## 5.2 不同政策预景的空间动态模拟

### 5.2.1 模型构建思路

在城市空间扩展影响因素分析及作用机理探讨等理论指导下，首先预测城市未来建设用地规模，然后基于GIS的二次开发系统，按栅格计算区域各地块进行城市空间开发建设的价值或概率，并据此自动选取未来进行城市空间开发建设的用地。城市空间开发建设价值或概率受区域自然条件区位和社会经济区位等多重区位因素的复合作用和影响。换句话说，区域内特定地块在规划期内是否进行城市建设，既受地形、地类、水文、地质等自然条件的制约，影响城市开发建设的可能性或适宜性，也受交通网络、城市辐射、政策导向（含政府导向的重大项目）等社会经济区位的驱动，影响城市开发建设的可行性。每一种影响因素对城市空间开发建设的作用投影到具体地块上，就是特定区位因素对具体地块未来进行城市建设的价值评分或影响概率。借助GIS平台，有多少个区位影响因素，就可以产生多少张城市空间扩展的价值评分图或单因素影响概率图。综合各种区位影响因素，构建城市空间开发建设的多因素价值评价模型或概率选址模型，并据此对多个单因素价值评分图或影响概率图加权叠加，就可以得到不同情景条件下各地块的城市开发建设的综合价值得分和影响概率，将所有地块按照综合得分或概率值从大到小排序，并顺次累计，直到累计结果等于城市未来新增建设用地面积，参与累计的地块即为未来城市空间扩展的用地，由此对城市开发建设进行空间安排。

### 5.2.2 城市发展情景设置

研究通过设定6种情景（手工录入或系统自动生成），计算栅格地块的开发概率，多种情景组合形成不同政策预景下的城市空间扩张模式和形态。6种情景主要说明如下。

1. 城市发展速度政策预景

通过设置规划期末的城镇人口总量与人均城镇建设用地，用以计算未来城镇用地的总面积，结合城镇建设用地输入结果计算未来新增城镇建设用地面积。再结合重大建设项目所占用的城镇用地面积，确认需要进行空间模拟的城镇用地总数，从而确定最终转化为城镇空间的空间模拟单元数量。为模拟过程提供关键的指标控制。城镇人口总量预测在现有人数基础上进行合理判断，人均城镇建设用地既需要参照国家相关规定亦需要参考目前人均城镇用地水平与区域土地资源的稀缺性。

2. 生态保护政策预景

生态保护在我国城市发展过程中重要性逐渐突出，越来越多的城市将“生态宜居”作为重要的城市战略之一。生态保护主要基于土地利用现状图，其中生态价值突出的用地类型将成为城市开发需规避的区域。根据生态保护的强度要求不同，对城市空间变化的作用也有差异，研究将生态保护按严格程度，分为四个等级。

3. 耕地保护政策预景

耕地保护是我国的基本国策，因此在城市发展过程中对耕地的占用当尽量避免。实践中城市周边存在着大量的耕地空间，不可能完全不占用，因而出现了以耕地指标占补平衡为核心的耕地调整方法。在严格的耕地保护政策下，耕地调整均受到严格限制，因而对城市发展存在显著的空间约束。研究通过四种不同的耕地保护强度，模拟不同政策下耕地对城市扩张的空间作用。

4. 城市发展方向政策预景

城市发展方向对城镇用地扩张存在各种直接和间接的作用，因而是具有战略特征的发展政策，对城镇建设用地布局影响显著。

5. 重大建设项目政策预景

重大建设项目对城市空间的扩展具有显著引导作用。将各种专项规划与产业发展规划中涉及到的重大项目作为引导城市空间发展的“增长极”在政策预景中体现，以探讨各类重大项目建设与否对城市空间扩展的影响。

6. 城市扩张模式政策预景

特大城市的发展往往面临中心地区用地不足以及多类城市病困扰。新城、疏散等发展思路已越来越多地成为各大城市的模式选择。这里设置四类城市发展模式，为决策部门选择城市发展政策提供依据：主城极化模式最强调以主城为核心的“摊大饼式”发展，城市问题将越发显著，但能更充分利用现有设施；郊区疏散模式则强调以周边城镇为中心的扩散发展，可以减轻中心城压力；均衡蔓延模式则属于二者折中状态；新城发展模式是一种将新增城镇用地集中布局的疏散方式，需要用户设置新城集聚的极核，能在疏散主城压力的同时发挥集聚效应，提升新城市功能和设施的运营效率，并提升土地集约利用水平。

### 5.2.3　动态模拟结果

课题以北京为案例，研究了北京市的城市空间增长特征。第一，遥感解译得到两期以上的土地利用现状图，本研究从国土系统收集到2001年和2007年的土地利用现状数据，数据格式为arcinfo格式。第二，研读两期土地利用现状图，并采用地图代数运算，产生两期土地利用变化图，总结梳理北京市从2001年到2007年城市建设用地的扩张特点。第三，通过格网运算，得到两期北京市城市建设用地密度图或建设梯度趋势图，弄清北京市城市建设用地扩展的主要趋势。第四，以2001年和2007年北京市建设用地扩展地块为样本，采用Logistic模型进行样本统计回归分析，产生Logistic回归方程，得到该时期不同因素对城市空间扩展的影响程度。第五，以2001年北京城市土地利用数据为基准，采用空间概率选址模型，结合logistic回归参数，预测北京市在2007年、2015年、2020年、2030年和2050年的建设用地扩展情况。第六，将北京市2007年的建设用地扩展预测结果和2007年的真实数据进行比较验证，分析预测的精度。第七，根据预先设定的不同情境条件，预测北京市各种建设用地扩张方案，并对不同情境的预测结果进行比较分析。

综合叠加上述各种影响因素，设定三大类型的情景选择，分别是：城市发展模式采用新城发展模式或主城极化模式；城市扩展主导方向采取东进策略或南进策略；区域生态保护采用严格政策或宽松政策。各种情景条件组合得到如下八种城市空间扩张方案。

图5-12和图5-13显示，无论是在新城—东进，还是在极化—东进条件下，如果实施宽松的生态政策，北京城市空间开发的弹性将增大，空间扩展的自由度将大大提高。如果实施严格的生态政策，城市空间开发的可选择余地减少，自由度降低，由于受部分较大生态隔离带的分解，空间开发在最初几年用地上并不集约。

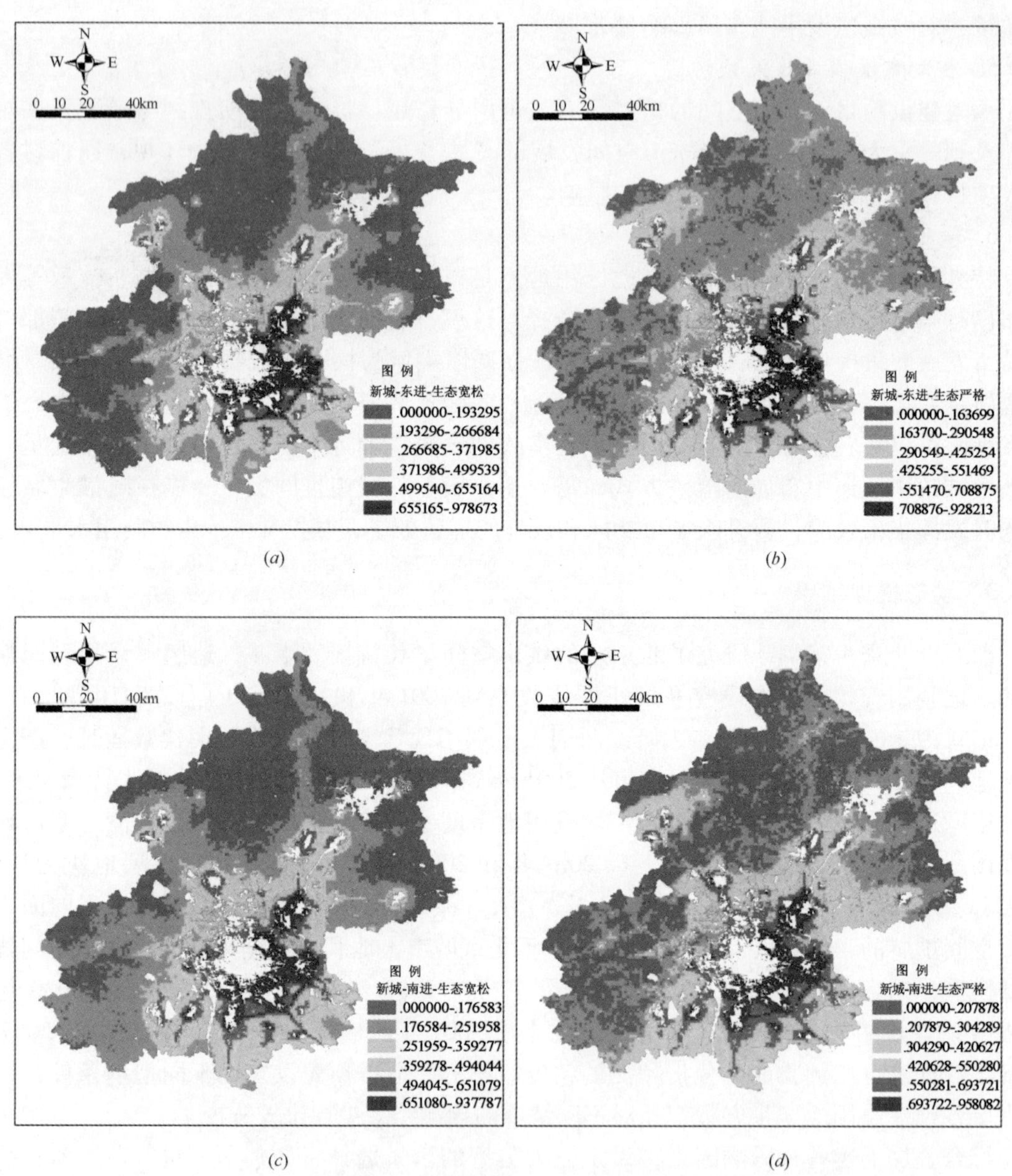


图 5-12　北京市新城发展模式下不同发展方向和生态政策组合的空间扩展比较

（a）新城-东进-生态宽松；（b）新城-东进-生态严格；

（c）新城-南进-生态宽松；（d）新城-南进-生态严格

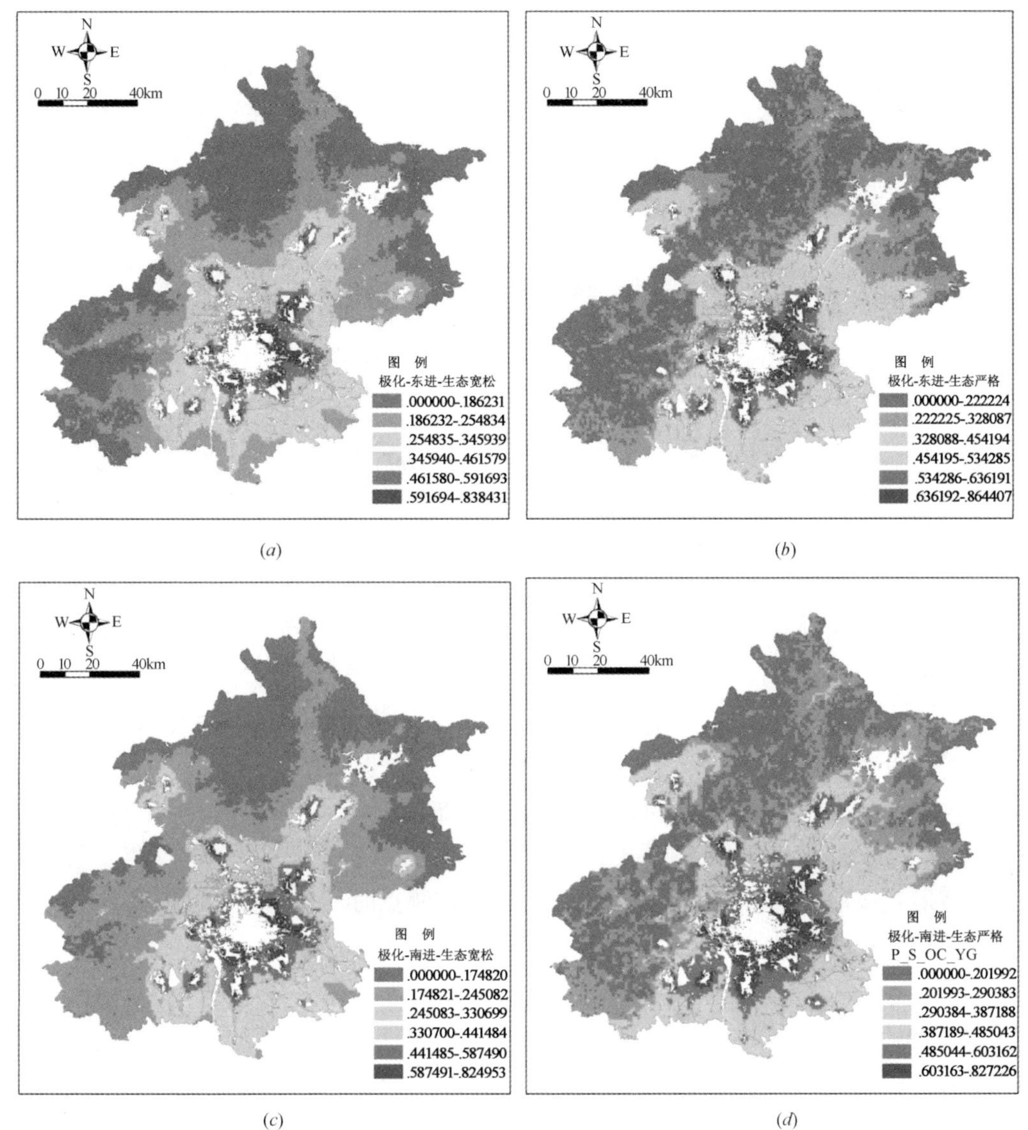


图 5-13 北京市主城极化发展模式下不同发展方向和生态政策组合的空间扩展比较

(*a*) 极化-东进-生态宽松；(*b*) 极化-东进-生态严格；

(*c*) 极化-南进-生态宽松；(*d*) 极化-南进-生态严格

## 5.3 城市扩展动态监测遥感分析

课题以武汉和烟台为案例，分析研究了城市扩展土地利用动态监测的 RS 分析技术方法，其主要流程如图 5-14 所示。

### 5.3.1 数据预处理工作流程

对数字地形图、已有土地利用数据库及数字正射影像图，检查其精度是否满足要求；对于纸制图件，需进行扫描、纠正，形成数字地形图或数字影像图。此外，重点对城市的

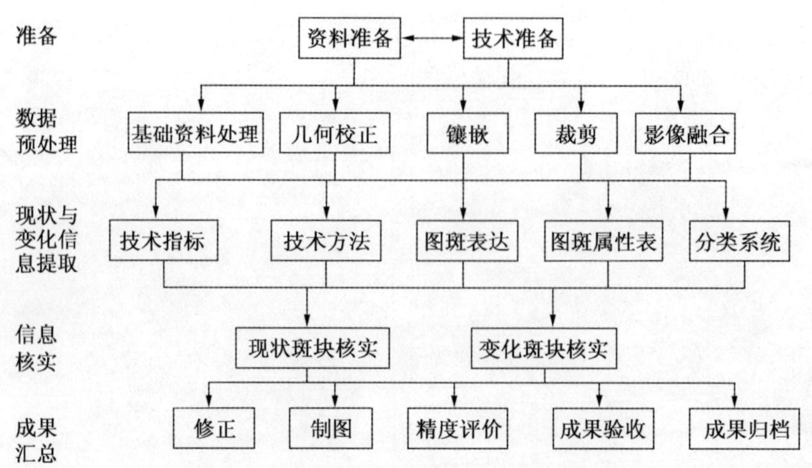


图5-14　城市土地利用动态监测分析技术路线

卫星遥感影像进行预处理，具体包括以下内容：

1. 几何校正

（1）地面控制点的选取

所选的地面控制点应具有以下特征：

地面控制点在图像上有明显的识别标志，如桥梁与河岸的交点、田块边角点、大的烟囱、道路交叉点等。

地面控制点的地物不随时间而变化，以保证两幅不同时相的图像或图像与地图可以识别出来。

对于地形起伏地区，在没校正过的图像上选取控制点时，应尽量在同一高程上。

要求所选择的控制点的精度为：平地、丘陵地控制点残差不超过1个像素，山地不超过1.5个像素。

（2）多项式校正模型

多项式校正模型形式简单，适用范围广，缺点是无法精确模拟地形高差引起的投影变形。对于平坦地区或未能提供影像卫星轨道参数、传感器参数地区，可以采用多项式变换的几何多项式模型进行校正，其控制点的个数与多项式阶项（$n$）以及地形情况有关，最少控制点数计算公式为（$n+1$）（$n+2$）/2，式中 $n$ 为次方数，通常整景图像选择3次方。理论上则至少需要10个控制点，实际作业中至少应有2个以上多余控制点以便平差计算，并有若干检查点。

（3）重采样

重采样方法包括最邻近点法、双线性内插法和三次卷积内插法。

最邻近点法：方法最简单，但将造成像点在一个像元范围内的位移，精度较差，一般情况下不采用。

双线性内插法：是以原图像各网格在当前校正后图像网格中的面积作权重，进行属性加权平均作为当前网格的属性，该方法较简单，且具有较高的灰度内插精度，是实践中常用的方法。

三次卷积内插法：它的思想是在校正时使用在原图像中与像元临近的16个像元值，用三次卷积函数进行内插。算法较复杂，内插精度好，当重采样前后像元地面分辨率之比达1:2以上时，就应采用此方法，以便取得较好的效果。

（4）几何纠正精度检查

以大比例尺地理图件或正射影像为基础，随机选取除纠正控制点以外的不少于15个检查点，检查遥感影像的校正精度，校正精度满足表5-1所示的精度要求：

**校正精度要求　表5-1**

| 地形类别 | 点位中误差（像素） |
| --- | --- |
| 平原 | 2 |
| 丘陵 | 2 |
| 山地 | 3 |

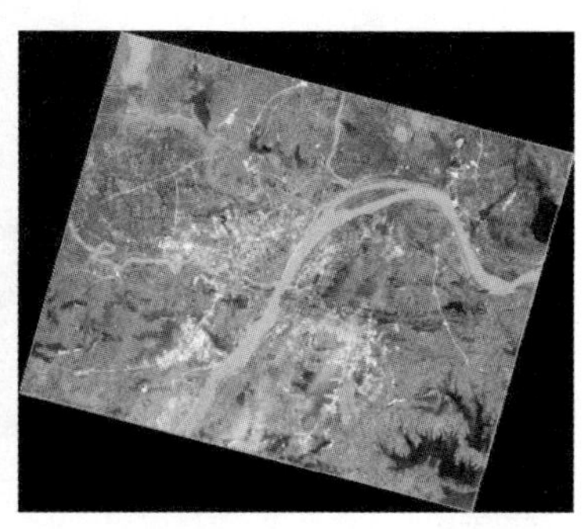

图5-15　2003年轨道号为282-288的武汉多光谱影像校正前（左）和校正后（右）影像

2. 镶嵌

当研究区超出单幅遥感图像所覆盖的范围时，通常需将两幅以上的图像拼接起来，生成更大幅面的图像，这个过程就是图像镶嵌。进行图像拼接时，要确定一幅参照图像，参照图像将作为输出拼接图像的基准，决定拼接图像的对比度匹配，以及输出图像的地图投影、像元大小和数据类型。在重复覆盖区，各图像之间应有较高的配准精度，必要时在图像之间利用控制点进行配准。虽然带拼接的图像可以具有不同的投影类型、不同的像元大小，但必须具有相同的波段以及尽可能接近的时相。

为了便于图像拼接，一般均要保证相邻图幅间有一定的重复覆盖度。

镶嵌前，应检查相邻各景之间的色调偏差或彩色偏差，根据需要采取图像处理方法进行调整，使之基本趋于一致。

镶嵌后的影像质量要求为：同一地类地块色彩统一、无模糊、裂缝和重影现象，边界清晰、无明显错位。

2007年烟台全色数据镶嵌前后见图5-16。

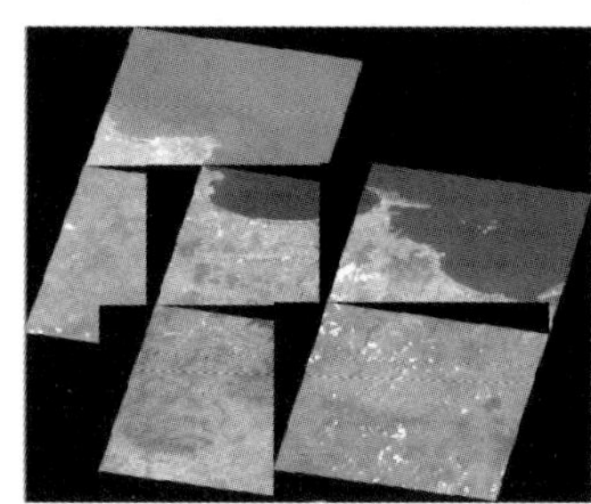
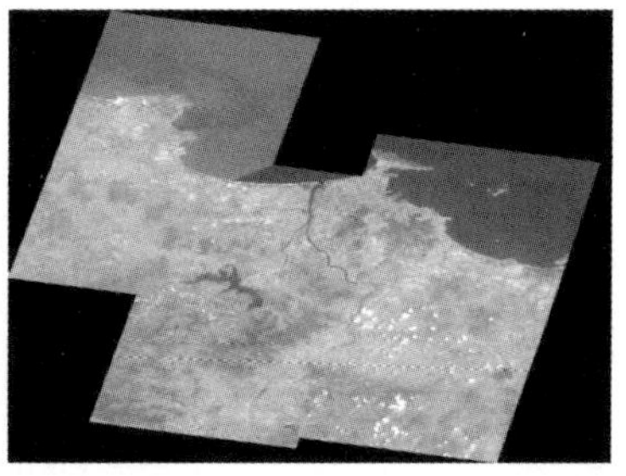

图5-16　2007年烟台全色数据镶嵌前后

3. 裁剪

将镶嵌后的整幅影像中与研究区不相干的部分裁剪掉，以提高数据处理的效率（图5-17、图5-18）。

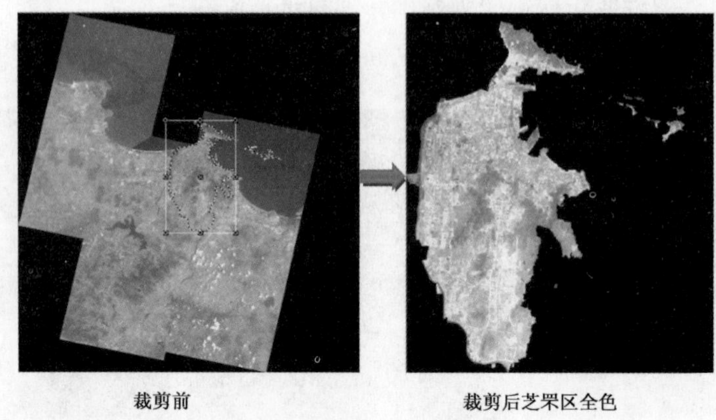


图5-17　裁剪前后的烟台芝罘区全色影像图

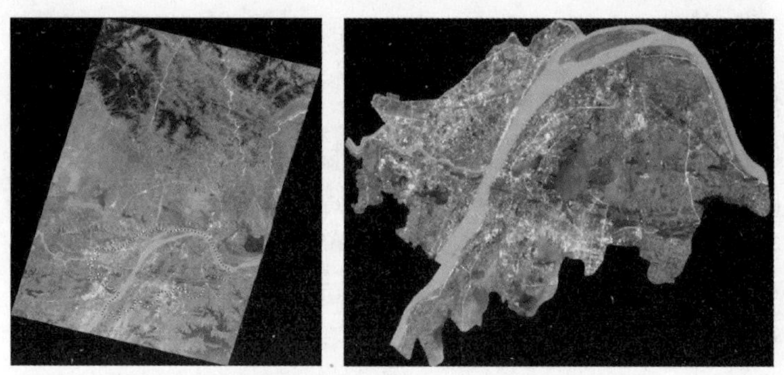

图5-18　裁剪后的2003年武汉主城区多谱影像

4. 影像融合

遥感图像数据融合是将多源遥感数据在同一地理坐标系中，采用一定的算法生成一组新的信息或合成新图像的过程。与单一信息源相比，数据融合后可提高影像的清晰程度，降低模糊度，减少或抑制解译时存在的多义性、不完全性、不确定性和误差，从而提高解译的可靠性，增强解译能力，融合后数据还可提高平面测图精度与分类的精度，增强动态监测能力，最大限度地利用各种信息源提供的信息，并有效地提高遥感影像数据的利用率。

常用的遥感图像融合方法有IHS融合、Brovey融合、主成分融合和小波融合等。

（1）IHS融合

IHS变换融合是建立在RGB空间和IHS空间之间相互转化的融合方法，是实际底图生产中最常用的融合方法。IHS变换是一种影像显示增强和信息综合的方法，即将低分辨率的多光谱影像分离出代表空间信息的亮度I和代表光谱信息的色别H、饱和度S3个分量，利用高空间分辨率的全色波段代替RGB影像变换的I分量，然后进行IHS的逆变换，形成新的RGB彩色影像，完成融合过程（图5-19、图5-20）。这样，融合后的影像具有较高的空间分辨率，同时又保持了原低分辨率多光谱影像的色度和饱和度。

图 5-19　2004 年烟台市芝罘区的全色和多光谱影像经过 IHS 融合得到的影像

图 5-20　2003 年武汉主城区的多光谱和全色影像 IHS 融合

（2） Brovey 融合

Brovey 融合是将多光谱影像空间分解为色度和亮度成分并进行计算。其特点是简化了影像转换过程的系数，以最大限度地保留多光谱数据的信息。Brovey 变换能从影像直方图的两端增强视觉对比，但会失去原始影像原有的光谱信息。

（3） 主成分分析融合（PC）

主成分分析融合本质是通过去除冗余，对大量影像进行概括和消除相关性。这种方法使用相关系数阵或协方差阵来消除原始影像数据的相关性，以达到去除冗余的目的。

对遥感图像进行主成分变换后，可以分离信息，减少相关，较大限度地拉伸第一主分量的方差和均值，使其包含的信息量大，从而突出不同的地物目标，能在一定程度上提高空间分辨率，保留了原图像的高频信息，使融合图像上目标细部特征更加清晰，光谱信息更加丰富，但会部分失去原始影像原有的物理特征。

（4） 小波变换融合

该融合法是在小波变换域中用全色图像的高频分量替代多光谱图像各个波段的高频分量，再进行小波反变换，得到增强的多光谱图像。

（5）融合效果评价

图像融合的一个重要步骤是对融合的效果进行评价，这种评价分为主观评价和客观评价对于遥感图像融合效果的评价，可从目视比较、信息熵、平均梯度和相关系数等指标进行评价。

其中影像的信息熵是衡量影像光谱信息丰富程度的一个重要指标，如果融合影像信息熵越大，说明融合影像的信息增加越多，即融合图像所包含的信息越丰富，融合质量越好。图像的平均梯度可敏感地反映图像对微小细节反差表达的能力，不仅可用来评价图像的清晰程度，还可反映出图像中微小细节反差和纹理变换特征。相关系数反映了融合前后两幅图像的相关程度，比较融合前后的图像的相关系数可以看出多光谱图像的光谱信息改变程度。

### 5.3.2　土地利用现状与变化信息提取

1. 土地利用现状信息提取

（1）技术指标

几何精度：图斑边界与影像套合的平均偏移量以及明显地物点与影像上实际地物点的点位中误差不超过1个像元。

属性精度：建设用地、耕地等地类图斑属性判译精度优于85%，其他类型图斑属性判译精度优于75%。

面积精度：建设用地、耕地等地类图斑的面积精度优于80%，其他类型图斑面积精度优于75%。

（2）技术方法

以计算机自动分类为主，辅以人机交互修正的方法提取土地利用现状信息。

计算机自动分类：依据土地利用现状图或实地勘察方式，结合地物季相特征，每一类型采集若干特征图斑，建立影像解译标志；采用基于像元分类法和面向对象分类法提取土地利用现状信息。

人机交互修正：参考土地利用现状图等资料，人机交互修正土地利用类型、范围，并按成图比例尺进行综合。

（3）图斑表达

以市级行政辖区为单位，建立现状图斑矢量数据层、属性表。

（4）图斑属性表

土地利用现状图斑属性见表5-2。

土地利用现状图斑属性结构　　表5-2

| 序　号 | 字段名称 | 字段类型 | 数据长度 | 备　注 |
|---|---|---|---|---|
| 1 | ID | [Long] | 8 | |
| 2 | Shape | [Geometry] | | Polygon |
| 3 | 图斑号 | [String] | 10 | |
| 4 | 地类码 | [String] | 5 | 注1 |
| 5 | 图斑面积（$m^2$） | [Double] | 14 | |

续表

| 序　　号 | 字段名称 | 字段类型 | 数据长度 | 备　　注 |
|---|---|---|---|---|
| 6 | 图斑周长（m） | [Double] | 14 | |
| 7 | 备注 | [char] | 50 | 注2 |

注：1. 地类码填写《土地利用现状分类》中的地类编码。
2. 填写其他需要说明的特殊情况。

（5）分类系统

土地利用现状分类系统参照《土地利用现状分类》执行，并根据研究区的实际情况，对地类进行归并。图5-21是武汉相关区域的土地利用变化情况。图5-22是烟台市部分区不同年份的土地利用分类图。

图5-21　武汉东西湖区2000年、2003年和2007年土地利用分类

图5-22　烟台芝罘区（上）、神山区（下）2000年、2003年和2007年土地利用分类

2. 土地利用变化信息提取

（1）技术指标

几何精度：图斑边界与影像套合的平均偏移量以及明显地物点与影像上实际地物点的点位中误差不超过1个像元；两个时相影像配准误差在1个像元以内。

属性精度：建设用地、耕地等地类图斑属性判译精度优于90%，其他类型图斑属性判译精度优于80%。

面积精度：建设用地、耕地等地类图斑面积精度优于80%，其他类型图斑面积精度优于75%。

（2）技术方法

基于两个时相遥感影像或基期土地利用数据库和最新遥感影像，提取土地利用变化信息。

基于两个时相遥感影像的变化信息提取：

1）自动提取法：将不同时相遥感影像严格配准，对各个图像进行像元与像元间的对比和运算，确定变化类型和范围。常用方法包括差值法、差异主成分法、多波段主成分分析法、主成分差异法、光谱特征变异法和分类后比较法。

2）人机交互提取法：对两个时相的遥感影像直接进行目视判读和分析，提取土地利用变化信息。

3）综合提取法：将自动提取结果与人机交互提取结果进行对比分析，提取土地利用变化信息。

基于基期土地利用数据库和最新遥感影像的变化信息提取：将基期土地利用现状图与最新遥感影像配准到同一坐标系统下，对比分析遥感影像特征与土地利用类型，确定两者不一致部分，即得变化信息。

（3）图斑表达

以行政辖区为单位，建立现状图斑矢量数据层、属性表。

（4）图斑属性表

土地利用变化图斑属性见表5-3。

**变化图斑属性结构**　　**表5-3**

| 序　号 | 字段名称 | 字段类型 | 数据长度 | 备　注 |
|---|---|---|---|---|
| 1 | ID | [Long] | 8 | |
| 2 | 变化前地类码 | [String] | 5 | 注1 |
| 3 | 变化后地类码 | [String] | 5 | 注2 |
| 4 | 图斑面积（$m^2$） | [Double] | 14 | |
| 5 | 影像前时相 | [char] | 20 | |
| 6 | 影像后时相 | [char] | 20 | |
| 7 | 备注 | [char] | 50 | 注3 |

注：1. 变化前地类编码按表5-4填写。

2. 变化后地类码填写《土地利用现状分类》中的地类编码。

3. 填写其他需要说明的特殊情况。

（5）新增建设用地来源分类系统

新增建设用地来源分类系统见表5-4。

新增建设用地来源分类名称及编码 表5-4

| 名　称 | 编　码 | 名　称 | 编　码 |
|---|---|---|---|
| 占用耕地 | 01 | 占用未利用地 | 30 |
| 占用非耕农用地 | 10B | | |

## 5.4 城市边界快速提取技术

随着近年来城镇化进程的快速推进，城市人口和建设用地规模快速增长，城市边界随之迅速扩张，而城市边缘地区特别是城中村的规划建设管理相对薄弱，城乡在空间景观和建成环境上的差异日益模糊化。城市边界的划定也越发困难，各个城市划分城市边界的标准也有所不同，这不利于及时了解并掌握城市发展动态，也不利于城市发展的横向和纵向比较。课题研究目的旨在制定划定城乡边界的标准，并提供以遥感影像图为主要数据源的城市边界快速提取技术。

### 5.4.1 人机交互进行遥感影像图的用地初步分类

利用识别软件，对预处理后的遥感影像图进行自动识别。利用测绘地形图、城乡规划土地使用现状图、国土部门的土地利用现状图等材料，结合实地现场踏勘，对自动识别结果进行人工校正，将城乡空间识别为建筑、道路、水域、植被四个地类。

### 5.4.2 在用地初步分类结果基础上进行建设用地判别

将建筑、小规模水域、低等级道路和建筑间植被判读为建设用地，其他道路判定为市政道路，其他植被判定为大面积植被，其他水域判定为河流湖泊，见图5-23。

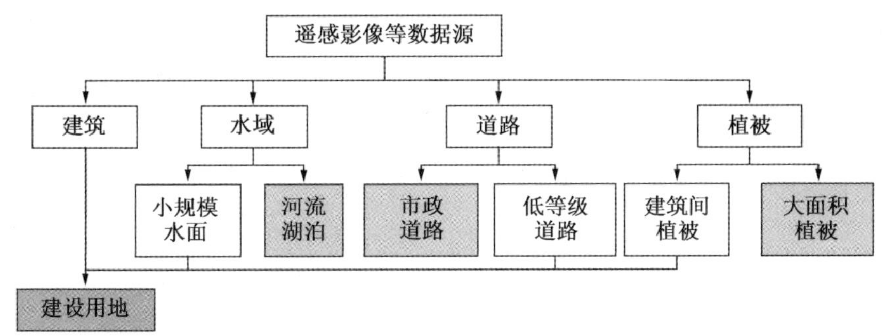


图5-23　建设用地判别示意

1. 判别市政道路和低等级道路

将宽度20m以上的道路识别为市政道路，将20m以下的道路识别为低等级道路，见图5-24。

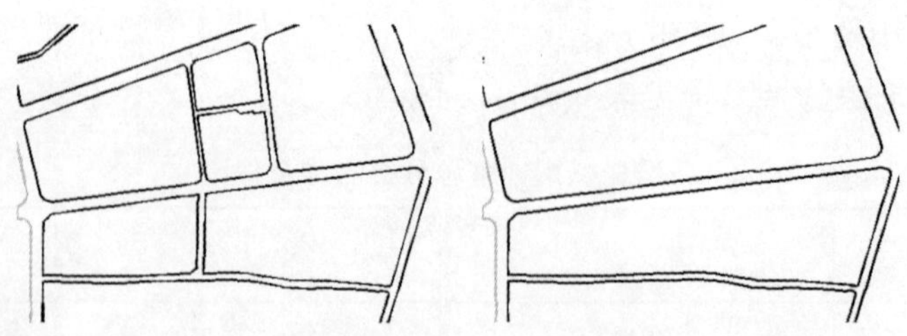

图 5-24　市政道路判别示意

2. 建设用地判别

在每一个由市政道路形成的闭合边界内，建筑周边 50m（以下均含 50m）范围内存在建筑的，建筑周边 50m 的范围（包括建筑和植被，但不包括市政道路、水域）计入建设用地（不得跨越市政道路形成的闭合边界）。如果建筑周边 50m 范围内无任何其他建筑，则只有建筑本身识别为建设用地，见图 5-25。

在上述识别结束后，除了市政道路、建设用地之外的单个地块若用地面积小于 $1km^2$，当满足以下三条件之一者，应识别为建设用地：

1）周边被市政道路全包围，且围绕该用地被市政道路相隔的其他用地均为建设用地，见图 5-26。

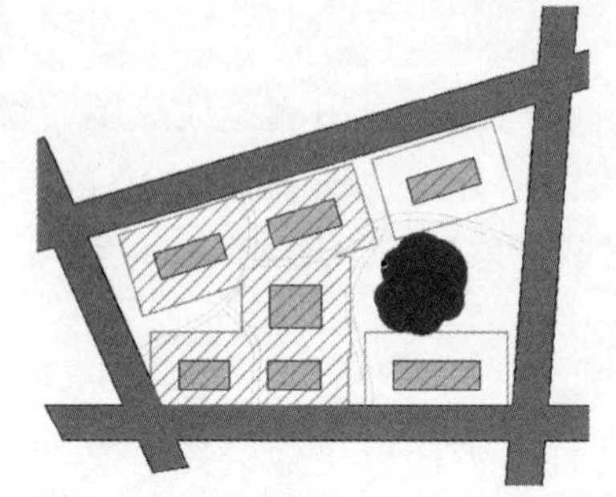

图 5-25　建筑及建筑周边用地识别示意

图 5-26　周边被市政道路全包围示意

2）周边被建设用地全包围，见图 5-27。

3）周边被建设用地和市政道路全包围，且被市政道路相隔的用地为建设用地，见图 5-28。

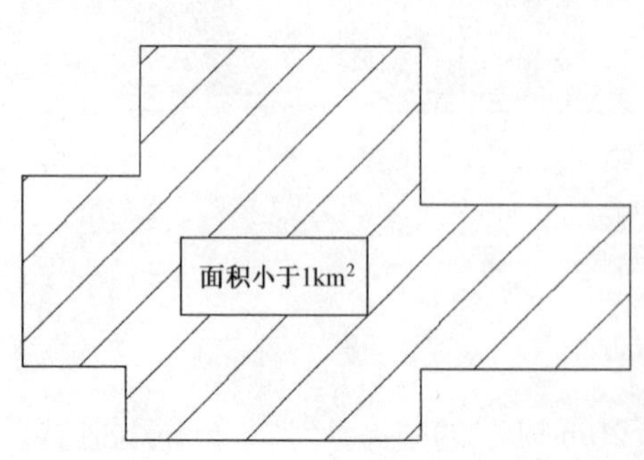


图 5-27　周边被建设用地全包围示意

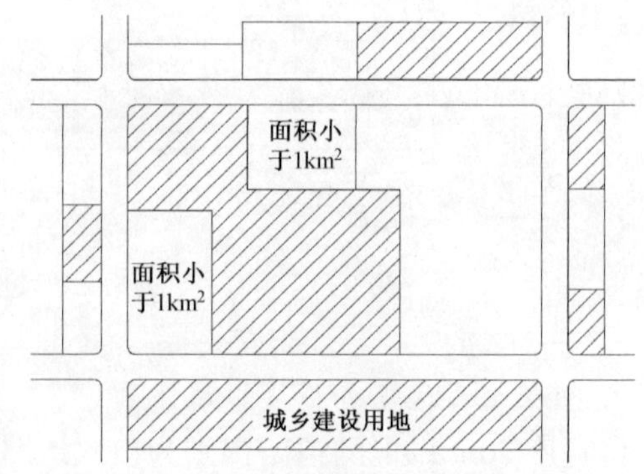


图 5-28　周边被建设用地和市政道路包围示意

建设用地判别结果为成斑块状的建设用地、大面积植被，成网络状的市政道路、河流湖泊。

### 5.4.3 建设用地连接判断

1. 确定判断起点

确定城市人民政府所在地，其所在的建设用地斑块判定为城镇建设用地，作为判断城市边界的起点建设用地斑块。

2. 距离判断

测量起点建设用地斑块与相邻建设用地斑块之间的最短距离，若该距离小于等于 50m，继续“河流与桥梁判断”；否则，进入“城区市政道路判断”。

3. 河流与桥梁判断

若起点建设用地斑块与相邻建设用地斑块之间距离小于等于 50m 且无河流阻隔，则相邻建设用地斑块判定为城镇建设用地。

若起点建设用地斑块与相邻建设用地斑块之间距离小于等于 50m 且有河流阻隔，且河流上有桥梁，则相邻建设用地斑块判定为城镇建设用地。若无桥梁，则进入“城区市政道路判断”。

4. 城区市政道路判断

在市政道路中识别出城区市政道路，一般将城市环城公路或相似性质的城市外环路以内的市政道路作为城区市政道路。

如果待判断建设用地斑块在城区市政路网范围内，且与城区市政道路之间的最短距离小于等于 50m，该建设用地斑块判定为城镇建设用地。

如果待判断建设用地斑块全部或部分在城区市政路网范围外，判断该建设用地斑块是否为城区市政道路向外延伸出城区路网范围外穿越的第一个村级行政单元。若是，则继续判断该建设用地斑块与该延伸道路之间的最短距离：如果该距离小于等于 50m，该建设用地斑块确定为城镇建设用地。

5. 循环往复判断

以上述 2、3、4 步骤判定的城镇建设用地斑块作为起点城镇建设用地斑块，继续进行 2、3、4 过程，如此循环往复，直到城镇建设用地斑块不再增加，其他的建设用地斑块继续进入“城市飞地判断”。

### 5.4.4 城市飞地判断

判断市区以内是否有相对独立的工业区、科研院所、学校、医院、农（林）场场部驻地等集中连片的建设用地分布。如果有，判断该建设用地分布区域内常住总人口是否大于等于 3000 人，如果在 3000 人以上，则将工业区管委会、院校办公点、场部驻地等飞地的核心所在的建设用地斑块作为起点城镇建设用地斑块，进行 5.4.3 中的 2、3、4、5 步骤，形成飞地地区的城镇建设用地。

### 5.4.5 城市边界提取

将所有城镇建设用地斑块以及城镇建设用地斑块之间的市政道路、河流合并，所形成的边界作为城市边界。

# 6 提高本领域科研水平的相关建议

城镇化是一项综合性、系统性的工作，涉及经济、社会、人文传统和体制机制等各个方面。当前，随着城镇化的迅速推进和全球经济一体化的影响，我国城镇化发展中也出现了许多新情况、新问题，要加强对基础性问题的研究，统筹做好各项配套政策。“十二五”期间，相关部门要继续深化合作，在政策和行动上互相衔接，积极配合，在充分发挥市场机制对城镇化发展的基础作用的同时，强化宏观调控和政策引导。目前，有关城镇化的各项统计资料“数出多门”、口径各异、参差不齐，难以及时、客观、准确地反映城镇化过程中人口流动、产业集聚、人居环境改善和土地利用动态变化情况。“十二五”期间，要逐步健全统计制度，加强对城镇化发展过程的动态监测，为城镇化趋势分析和政策制定提供科学的信息支撑。

要在城镇边界识别的基础上，准确统计城镇人口数量。受近年来行政区划调整、城乡边界模糊、户籍制度分割打破、统一劳动力市场形成、劳动力流动加速等因素的影响，城镇人口准确统计比较困难，实现城镇化战略的科学决策缺乏有效的数据基础。希望课题的相关研究成果能够与统计部门、公安部门、社会保障部门和计生部门等的城镇人口统计、常住和外来人口管理、就业统计、外来人口计生服务等数据充分衔接，避免城镇人口的“高估”和“低估”，为国家科学进行城镇化的战略决策提供数据支撑。

要适应城乡一体化发展的需要，加强各部门标准和规范的衔接，尤其要加强国土部门和建设部门在用地分类标准上的衔接和统一，以有利于两部门在规划和行政管理上的协调。两部门应在充分协作的基础上，研究制定新的城乡用地分类标准。要适应城市总体规划、土地利用总体规划和主体功能区规划（经济社会发展规划）“三规合一”的趋势，在规划目标、编制体系、技术标准等方面进行充分的衔接，建立多目标高效率的空间规划共享技术平台。

要在城镇化研究统一数据库平台基础上，实现社会经济信息、遥感影像数据、GIS空间数据等的一体化集成技术，实现数据的跨部门共享，为城镇化的跨部门协作与决策提供基础性数据支撑。

# 参考文献


[1] 潘家华，王汉青，梁本凡．中国低碳发展面临的三大挑战［J］．经济，2011，(3)．

[2] 李善司，刘云中等．2030 年的中国经济［M］．北京：经济科学出版社，308．

[3] 卫欣．北京外来农民工居住特征研究［D］．北京：北京大学，2008．

[4] 李培林，李炜．近年来农民工的经济状况和社会态度［J］．中国社会科学，2010，1．

[5] 国家统计局．新生代农民工的数量、结构和特点，2010．

[6] 冯俊新．中国城市化所处阶段分析-基于面版数据非线性模型的跨国比较分析［J］．清华大学学报(哲学社会科学版)，2006 年增 1 期．

[7] 陈彦光，周一星．城市化 Logistic 过程的阶段划分及其空间解释-对 Northam 曲线的修正与发展［J］．经济地理，2005（6）．

[8] 陈彦光，罗静．城市化水平与城市化速度的关系探讨-中国城市化速度和城市化水平饱和值的初步判断［J］．地理研究，2006 年 11 月．

[9] 张佰瑞．城市化水平预测模型的比较研究-对我国 2020 年城市化水平的预测［J］．理论界，2007，(4)．

[10] 王建军，吴志强．城镇化发展阶段划分［J］．地理学报，2009 年 2 月期．

[11] 王建军．城镇化快速发展阶段轨迹特征研究——基于 Logistic 增长模型的跨国分析［D］．同济大学博士学位论文．

[12] 张颖，赵民．论城市化与经济发展的相关性-对钱纳里研究成果的辨析与延伸［J］．城市规划汇刊，2003，(4)．

[13] 陈明星，叶超，付承伟．我国城市化水平研究的回顾与思考［J］．城市规划学刊，2007，(6)．

[14] 简新华，黄锟．中国城镇化水平和速度的实证分析与前景预测［J］．经济研究，2010，(3)．

[15] 城市用地结构和人口规模的研究课题组．城市用地结构和人口规模的研究．中国城市规划设计研究院．1998：31-51．

[16] 刘书楷．土地经济学［M］．北京：地质出版社，2000．

[17] 谈明洪、李秀彬、吕昌河．我国城市用地扩张的驱动力分析［J］．经济地理，2003，23(5)：635-639．

[18] 邹玉川．实现两个根本转变、深化土地管理改革［J］．中国土地，1996（2）．

[19] 朱玉明．城市产业结构调整与空间结构演变关联研究［J］．人文地理，2001，16（1）：84-87．

[20] 徐海贤、庄林德、肖烈柱．国外大都市区空间结构及其规划研究进展［J］．现代城市研究，2002(6)．

[21] 史培军，陈晋，潘耀忠．深圳市土地利用变化机制分析［J］．地理学报，2000，55（2）：151-160．

[22] 贾鹏、杨钢桥．城市用地扩张驱动力分析——以湖北省为例［J］．水土保持研究，2006，13（2）：182-185．

[23] 张耕田．关于建立城市化水平指标体系的探索［J］．城市问题，1998，(1)．

[24] 叶裕民．中国城市化质量研究［J］．中国软科学，2001，(7)．

[25] 张松青，梁已香，蔡红宇等．城市化发展水平综合评价研究［J］．中国城市发展报告，2004．

[26] 白先春．我国城市化进程的计量分析与实证研究［D］．河海大学博士论文，2004．

[27] 国家城调总队、福建省城调队课题组．建立中国城市化质量评价体系及应用研究［J］．统计研究，2005，(7)：15-19．

[28] 刘素冬．对我国城市化质量的深思［J］．天津城市建筑学院学报，2006，12（1）．
[29] 郑亚平，聂锐．从城市化质量认识省域经济发展差距［J］．重庆大学学报（社会科学版），2007，13（5）：1-4.
[30] 袁晓玲，王霄，何维炜等．对城市化质量的综合评价分析［J］．城市发展研究，2008，(2)：38-41.
[31] 李明秋，朗学彬．城市化质量的内涵及其评价指标体系的建构［J］．中国软科学，2010，（6）：182-186.
[32] 余晖．我国城市化质量问题的反思［J］．开放导报，2010，(2)：96-100.
[33] 方创琳，王德利．中国城市化发展质量的综合测度与提升路径［J］．经济地理，2011，（11）：1932-1945.
[34] 黄衍电，黄文达．关于城市化质量问题的思索［J］．商业时代，2011，(2)．
[35] 邹军．努力实现高质量的城镇化［N］．人民日报，2012年4月5日第7版．
[36] 李阿萌，张京祥．城乡基本公共服务设施均等化研究评述及展望［J］．规划师，2011，（11）：5-10.
[37] 王志平．“人类发展指数”（HDI）：含义、方法及改进［J］．上海行政学院学报，2007，(5)．
[38] 张坤民，彭立颖．关于可持续发展及其进展的衡量［J］．http：//wenku. baidu. com/view/64115d6a561252d380eb6efc. html.
[39] 张志强．可持续发展评估指标（体系）、方法及应用研究．中国科学院资源环境科学信息中心，2002.
[40] 中国现代化报告课题组．中国现代化报告（2007）［M］．北京：北京大学出版社，2007.
[41] 住房和城乡建设部城乡规划司．全国城镇体系规划（2008-2020）［M］．北京：商务印书馆，2010.
[42] 李成群．南北钦防沿海城市群城市化质量分析［J］．改革与战略，2007，(8)：107-110.
[43] 王德利，赵弘，孙莉等．首都经济圈城市化质量测度［J］．城市问题，2011，(12)：16-22.
[44] 耿海清，陈帆，詹存卫等．基于全局主成分分析的我国省级行政区城市化水平综合评价［J］．人文地理，2009，(5)：47-50.
[45] 韩增林，刘天宝．中国地级以上城市城市化质量特征及空间差异［J］．地理研究，2009，（11）1508-1514.
[46] 王珏．城市化质量的统计分析与评价-以长三角为例［J］．城市探索，2011，(9)：6-8.
[47] 李爱军，谈志浩，陆春锋等．城市化水平综合指数测度方法研究-以江苏无锡市、泰州市为例［J］．经济地理，2004，(1)：44-47.
[48] 刘艳军，李诚固，孙迪．区域中心城市城市化综合水平评价研究-以15个副省级城市为例［J］．经济地理，2006，(3)：226-228.
[49] 候萃萃．东北地区城市化质量研究［D］．吉林大学硕士学位论文，2011.
[50] 宣国富、徐建刚、赵静．安徽省区域城市化水平综合测度研究［J］．地域研究与开发，2005，(6)：48-51.
[51] 杨蓉．甘肃省城市化质量差异研究［D］．兰州大学硕士学位论文，2009.
[52] 李爽，贾士靖．河北省城市化质量评价及其障碍度诊断［J］．网络财富，2011，(9)：124-126.
[53] 匡远配，何忠伟，刘志雄．湖南省城镇化综合评价和趋势分析［J］．统计与决策，2005，(11) 下：44-46.
[54] 朱洪祥．山东省城镇化质量测度研究［J］．城市发展研究，2007，(5)：37-43.
[55] 韩江涛，龚新蜀．基于层次分析法的新疆城镇化水平评价［J］．科技和产业，2010，(3)：5-11.
[56] 孔凡文．中国城镇化发展速度与质量问题研究［D］．中国农业科学研究院博士后研究工作报告，2006.

[57] 徐素，于涛，巫强．区域视角下中国县级市城市化质量评估体系研究［J］．国际城市规划，2011，26（1）．

[58] 庞玉珍，尹丽．青岛社会变迁中的城市化质量研究［J］．东方论坛，2009，(3)：107-111.

[59] 庞玉珍，尹义昌．沿海小城镇城市化质量研究［J］．华章，2011，(3)：42-43.

[60] 于涛，张京祥，罗小龙．我国东部发达地区县级市城市化质量研究［J］．城市发展研究，2010，(11)：7-12.

[61] 尹海伟，朱乾辉，贾俊．宜兴市城镇化发展质量定量评价［J］．中国城市规划年会论文集，2010.

[62] 徐春华．城市发展质量研究综述［J］．兰州学刊，2009，(3)：79-83.

[63] 孟雯．成都市城市化质量研究［D］．西南交通大学硕士学位论文，2008.

[64] 李振福．城市化水平综合测度模型［J］．规划师，2003，(3)：63-65.

[65] 严新明，单星．城市化指标：测量抑或诊断［J］．探索与争鸣，2006，(9)：23-25.

[66] 柴文佳，王立会．城市化质量文献综述［J］．学术交流，2011，(3)．

[67] 王家庭，唐袁．我国城市化质量测度的实证研究［J］．财经问题研究，2009，(12)：127-131.

[68] 周丽萍．中国人口城市化质量研究［D］．浙江大学博士论文，2011.

[69] 住房和城乡建设部．关于印发《中国人居环境奖评价指标体系》（试行）和《中国人居环境范例奖评选主题及内容》的通知（建城［2010］120 号）．

[70] 李兵弟．城乡统筹规划：制度构建与政策思考［J］．城市规划，2010，34（12)：24-30.

[71] 陈明．从转型发展看中国的城镇化战略［J］．城市发展研究，2010，(10)：1-8.

# 下篇　专题报告

# 7 专题报告：人居环境指标体系研究

## 7.1 研究指标体系的意义

### 7.1.1 “中国人居环境奖”的目的和作用

为了表彰在城乡建设和管理中坚持可持续发展战略，改善城乡环境质量，提高城镇总体功能，创造良好的人居环境方面作出突出贡献的城市、村镇、单位和个人，原建设部于2000年设立了“中国人居环境奖”。中国人居环境奖包括综合奖及范例奖。“综合奖”授予对象为城市政府，主要表彰城镇在改善人居环境方面的总体成就。“范例奖”授予对象为城市政府部门、企业、机构及个人，主要表彰在改善城镇人居环境工作中某个方面取得的成就。中国政府每年从获得“中国人居环境奖”的城市和项目中选择部分优秀项目，向联合国人居中心推荐申报“联合国人居奖”和“迪拜国际改善居住环境最佳范例奖”。截止到2009年，已经有20个城市获得“中国人居环境奖”，252个单项获得“中国人居环境范例奖”，中国已18次荣获联合国人居奖。

“中国人居环境奖”是当前国内城镇建设的最高荣誉奖。它的设立对于促进中国城市的健康发展起到了积极的引导作用。2005年1月，国务院在北京市城市总体规划的批复中要求“要坚持以人为本，建设宜居城市”。同年7月，曾培炎副总理在全国城市规划工作会议上要求，“要把宜居城市作为城市规划的重要内容”。到目前为止，我国已有100多个城市将“宜居城市”列为发展目标。随着宜居城市理念逐步深入人心，中国人居环境奖越来越受到重视，在推动城市建设和可持续发展中发挥了越来越大的作用。

### 7.1.2 研究目的

“中国人居环境奖”设立以来，在改善我国城乡人居环境、指导城市健康发展等方面起到了积极的作用。但是随着经济社会的发展和城镇化进程的加快，中国城镇发展所面临的人口、资源、环境压力越来越大，城镇发展的综合承载能力受到严峻考验。另一方面，随着生活水平的提高，人民群众对城市环境的要求也在逐步提高。为了在我国城镇化发展过程中全面贯彻落实科学发展观，促进经济、社会和环境协调、可持续发展，不断满足人民群众对提高人居环境质量建设的要求，有必要对现行中国人居环境奖的评价指标体系以及申报和评选办法进行修订，以便更好地发挥中国人居环境奖的载体作用，推动城市建设各项工作全面开展，进一步提高我国城镇化的质量。

本次研究在对“中国人居环境奖”评价指标体系的深入解读的基础上，重点对人居环境的内涵以及国内外现有评价指标体系进行研究，确定“中国人居环境奖”的评价指标范畴。研究的目标是建立适应我国新时期发展要求的“中国人居环境奖”（含综合奖和范例奖）评价指标体系和评审办法，逐步与国际人居环境建设的先进城市接轨，引导中国城市的可持续发展。本课题研究的技术路线见图7-1。

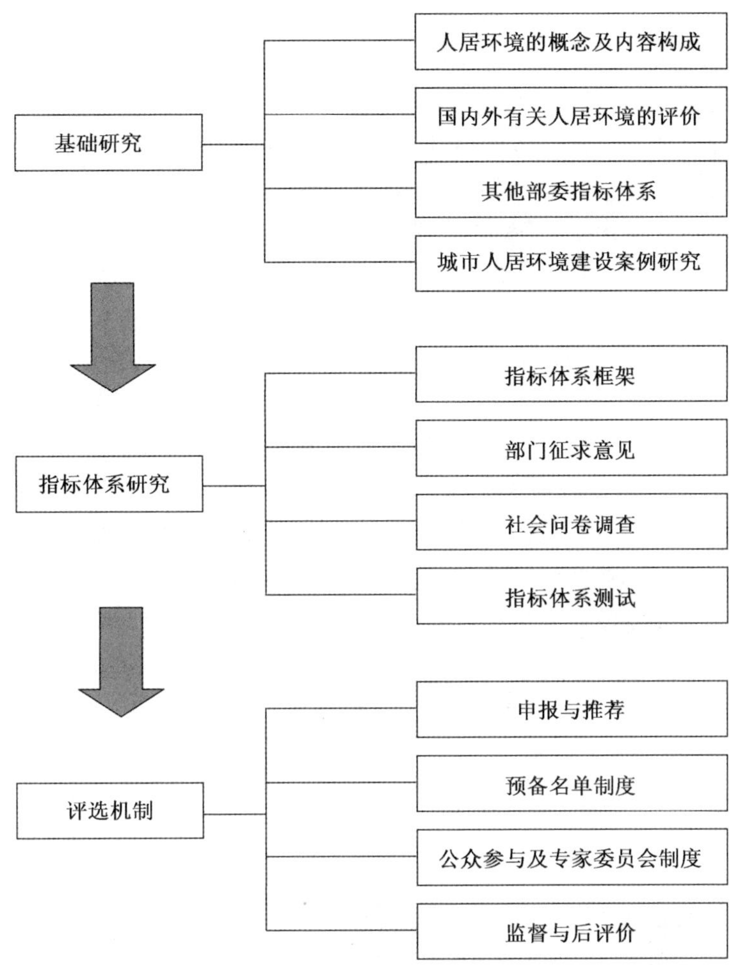


图 7-1 课题研究的技术路线

## 7.2 人居环境建设的内涵与评价

### 7.2.1 人居环境建设的内涵

20 世纪 50 年代、60 年代，希腊学者道萨迪斯（C. A. Doxiaodis）针对当时居住环境的恶化形势以及严重的城市化问题，总结了城市与建筑科学的理论与实践成果，提出建立一门以人类聚居环境为完整研究对象的综合学科——人类聚居学（Ekistics）的设想，成为今天的“人居环境学”（Science of Human Settlements）的源头。道萨迪斯指出工业化在带给人类空前的繁荣和城市化高潮的同时，社会对城市综合体的认识还不够，仍然简单地认为城市是生产和消费的场所；同时现代科学导致的过度专业化使各方专家的研究彼此缺少关联，以致缺乏对城市环境的宏观和整体的考察。

随着全球化、城市化问题的加剧，世界范围内对人居环境问题的关注越来越多。1963 年，“世界人居环境学会”（World Society of Ekistics）成立。1976 年，联合国在加拿大温哥华市召开第一次关于“人类住区”的国际会议（简称“人居一”，Habitate I），正式接受了人类聚居学的概念，稍后在肯尼亚的首都内罗毕成立了“联合国人居中心”（UNCHS）。其后逐渐发展成为现在的联合国人居署。

如今，国际社会普遍重视人居环境建设，对从乡村到城镇的完整的人居环境序列进行系统的多方位的研究，涉及食物、住房、就业、健康、环境卫生、水资源、能源、交通运输、邮电通信、教育、文化娱乐等人类的各种基本需求。

从1989年开始，联合国人居署设立“联合国人居奖”，以鼓励和表彰世界各国为改善人类住区而做出杰出贡献的政府、组织、个人和项目，成为全球人居领域最高的奖励。“人居奖”设立以来，世界各国政府高度重视，纷纷把创建优美、高质量的人居环境作为工作的目标。

我国的人居环境学由吴良镛院士首创。吴良镛认为人居环境是人类聚居生活的地方，是与人类生存活动密切相关的地表空间。人居环境包括自然系统、人类系统、社会系统、居住系统和支撑系统五个子系统，对人居环境应该从全球、区域、城市、社区（村镇）、建筑五个层次进行研究（图7-2）。人居环境具有开放性的特点，应该把人类环境作为一个整体综合地进行研究，并要重视人与环境的相互影响。

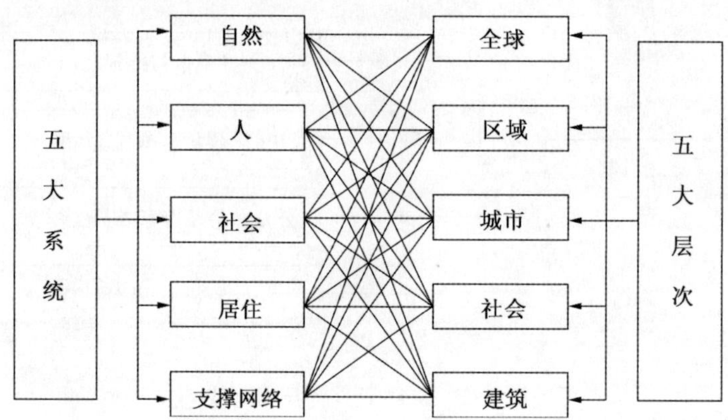


图7-2　人居环境科学基本框架

近年来，国内外在城镇建设领域出现了一系列与人居环境相近的概念，包括宜居城市，生态城市以及园林城市、生态园林城市、森林城市、低碳城市、绿色城市等提法。各种概念都有各自的研究背景和出发点。总的来看，人居环境、宜居城市、生态城市等共同点都是以“人”为核心，都把人类住区作为一个系统来研究。这个系统既包括自然系统，也包括人文和社会系统，并且都将环境空间划分为不同的层次。各个概念均包容多种学科，属于交叉学科的研究范畴。可以说从实践上已经实现了当初道萨迪斯倡导的多学科交叉研究人居环境的设想。

从各种概念的关系来看，人居环境研究的范围最广泛，内容也最宽泛。宜居城市和生态城市则属于人居环境科学的子学科，在层次上主要集中在城市及以下层面。宜居城市偏向于从人的感受出发来强调城市环境的宜人性；生态城市偏向于从自然的角度来强调人工建设与自然的和谐。当把城市作为研究对象时，三者内涵接近，在实践中经常混淆使用。而园林城市、生态园林城市、森林城市更侧重于绿化建设和景观效果，低碳城市、绿色城市则倾向于低碳节能环保的生产生活方式。这些概念的研究内容包含在宜居城市和生态城市的范畴之内，处于研究系统的最低层次（图 7-3）。

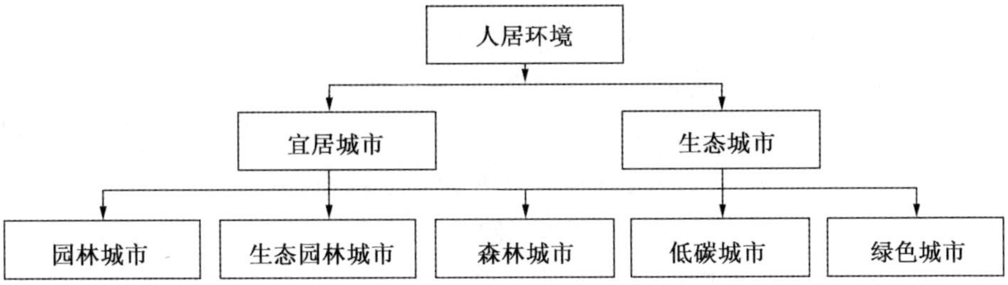

图 7-3 人居环境相关各类城市概念

综合起来可以认为，人居环境发展的动力来源于人类为了提高自身的生存能力和生活质量而对外部环境的不断改变和完善。人居环境建设的核心目标是创造人与外部环境可持续的互动关系，通过物质与社会环境的进步来促进人的发展。

从人居环境建设的层次来看，早期的人居环境研究重点在住区层面，随着全球城市化的快速发展，到 2007 年，全球已经有超过半数的人口居住在城市里，城市成为当前人居环境研究的核心层次。我国的人居环境建设，也从早期的以社区、绿地为主，逐渐发展到更加关注城市整体环境。2011 年底，我国的城镇化率已超过 50%。到 2030 年，全国将有 10 亿人生活在城市中。因此，大力提高我国城市人居环境质量，建设宜居城市，将成为未来 20 年我国人居环境建设的重点。

### 7.2.2 中国人居环境建设的成就和主要矛盾

改革开放以来，中国的人居环境建设取得了巨大成就，主要表现为以下几个方面：

一是社会物质文明和精神文明程度大幅度提高，个人发展能力得到极大加强。2008 年中国全面建设小康社会的总体进程已达 74.6%，经济发展，社会和谐，人民生活质量等发展指标逐步提高，民主法制意识增强，文化教育事业健康发展，在全国范围内基本消除了贫困。中国已经逐步摆脱了“求生存”的发展阶段，开始追求“幸福”的发展。

二是城乡居住环境质量得到极大改善。2007 年年底，全国用水普及率达到 93.83%，燃气普及率 87.45%，污水处理率 62.82%，生活垃圾无害化处理率 61.89%，城市建成区绿化覆盖率 35.29%，人均公园绿地面积 8.98$m^2$，每万人拥有公共交通车辆 10.23 标台，人均道路面积达到 11.43$m^2$，城镇居民人均居住面积达到 23.7$m^2$，城乡基础设施建设各项指标比改革开放初期有了大幅度的提高。城市基本公共服务体系初步建立，城乡居民基本的住房条件得到保障，全社会对自然资源和生态环境保护意识增强。近年来中国城市频频获得“联合国人居奖”和“迪拜国际改善居住环境最佳范例奖”，说明中国的人居环境建设得到了国际社会的充分肯定。

三是人居环境建设在制度法规上得到保障和鼓励。人居环境是一个巨系统，人居环境建设的内容涉及所有人类活动的领域，其中既包括物质环境领域也包括非物质环境领域。中国政府以不断推进城市和个人健康发展为目标，在城乡建设、环境保护、卫生、安全、法制、就业与社会保障等与人居环境密切相关的领域制定了全面、严格的标准、规范和实施程序，大力推进各项事业的公众参与制度，使人居环境的建设有了制度化的保障。各部委结合部门事权设立高标准的荣誉称号，如“中国人居环境奖”、“国家园林城市”、“国家卫生城市”、“全国文明城市”等。各部委颁发荣誉称号形成了中国特有的人居环境建设的荣誉体系，对城市政府改善人居环境的努力进行表彰和鼓励。

但是，由于中国经济发展水平还比较低，人居环境建设还存在很多矛盾，主要表现为：

一是人居环境整体水平仍旧较低，还不能满足公众日益增长的对宜居的要求。大城市的安全、交通、住房、环境污染等“城市病”问题突出；中小城市基础设施、绿化建设水平还很低；大部分乡村的卫生、健康、基本公共服务还得不到保证。

二是人居环境发展不平衡。由于长期以来实行的城乡二元结构造成城乡发展不平衡；由于资源禀赋、对外开放程度的不同造成东、中、西部发展不平衡；由于国家发展资源重点向大城市倾斜，造成大、中、小城市发展不平衡；由于社会阶层分化越来越突出，造成个体发展不平衡。

三是人居“软”环境发展滞后于“硬”环境建设。在物质财富快速增加的同时，中国城市在社会公平、文化认同、公众参与等与人的心理感受密切相关的软环境建设方面明显滞后。2010 年中国社科院发布的《当代中国社会结构》蓝皮书指出，中国社会结构转变远远滞后于经济结构转变。国外也有研究发现，中国改革开放 30 年来，虽然人民收入水平逐步提高，但是人民群众的“幸福感”却在下降。在快速城镇化的背景下，大量的外来“准城市化人口”难以分享城市建设的成果。城镇建设中盲目照搬西方城市形象，千城一面，片面追求建设规模庞大与形象新奇，忽视城市的整体协调与历史文化特色，居民对城市的文化认同感不强。随着公众维护自身权利的意识逐渐增强，对参与社会事务的愿望越来越强烈，但是现有的管理体制还远不能满足公众参与的要求。

四是人居环境建设受资源条件制约明显，整体发展面临转型的要求。随着中国工业化、城镇化的快速推进，土地、水资源、能源矿产等各类资源要素已经不能适应粗放的增长方式，迫切要求全社会转变经济增长模式，倡导绿色生产和生活。

总体而言，中国城市人居环境建设的任务仍然十分艰巨。城市快速发展过程中所带来的环境污染、住房紧张、交通拥堵、资源紧缺、社会公平等问题成为新时期人居环境发展的主要矛盾。

### 7.2.3　中国人居环境建设的趋势和要求

联合国人居署 2009 年发布的《全球人居环境报告》提出了 21 世纪人居环境建设面临的挑战。一是环境保护问题严峻。全球极端气候现象正在加剧，资源短缺、粮食不足等困难都在威胁人类的生存。二是全球化带来的极化效应使就业的结构性矛盾更加突出，就业不足和收入差距扩大是未来发展的长期趋势。三是传统的自上而下的行政管理方式受到社会力量的挑战，城市政府必须适应从“管制”（government）到“管治”（governance）的转变。四是发展中国家的快速城镇化对城市承载能力造成巨大压力。大量人口涌入城市，对城市提供基础设施服务、抵御自然灾害、提供就业以及创造公平的社会环境等能力是一个严峻的考验。五是社会分化导致城市空间的分化，传统的社区和公共空间逐渐衰落，城市边缘区大量滋生，社会隔离与社会安全问题日益突出。

为应对新的挑战，人居环境建设必须坚持环境、经济、社会的可持续发展。环境可持续发展要求采取有力的措施减少温室气体排放、减缓气候变暖，合理利用和保护不可再生资源，减少能源消耗和废弃物的生产，控制城市蔓延，发展以公共交通为主导的紧凑型城镇，实现资源高效循环利用。经济的可持续发展要求确保城市能够提供可靠的基础设施和公共服务，建立完善的金融体系促进资金流通，建立法律机制保障土地产权的安全，重视人力资源的培养和非正规经济的发展。社会可持续发展要求城市的建设和管理能够为各阶层人群提供平等的服务，尤其是要保障妇女儿童和残疾人群的权益；要通过法制保障社会公平；预防和减少暴力以及犯罪，提供积极的交流空间和机会以促进社会和谐。

中国的人居环境建设在顺应全球发展趋势的同时，应当针对我国快速城镇化的时代背景，以科学发展观为统领，逐步形成符合国情，具有中国特色的人居环境理论和实践。根据党中央、国务院的要求，我国的人居环境建设应当“按照循序渐进、节约土地、集约发展、合理布局的原则，努力形成资源节约、环境友好、经济高效、社会和谐的城镇发展新格局。坚持城镇化发展与人口、资源、环境相协调”。要以“节能、节水、节地、节材、能源资源综合利用和发展循环经济为重点，把节约能源资源工作贯穿于生产、流通、消费各个环节和经济社会发展各个领域，加快形成节约型生产方式和消费方式，提高全社会能源资源利用水平”，要加快转变经济发展方式，“促进经济增长由主要依靠投资、出口拉动向依靠消费、投资、出口协调拉动转变，由主要依靠第二产业带动向依靠第一、第二、第三产业协同带动转变，由主要依靠增加物质资源消耗向主要依靠科技进步、劳动者素质提高、管理创新转变”。要“针对社会发展和民生领域的突出问题，大力推进以改善民生为重点的社会建设，加快提高教育现代化水平，加快实施扩大就业的发展战略，加快社会保障体系建设，加快发展面向民生的公益性社会服务，更好推进经济社会协调发展”。

综上所述，我国当前的人居环境建设，应该把以人为本的物质环境建设作为基本保障，把公平公正的社会环境建设作为内在要求，把全面提高人的发展能力作为核心任务，以温家宝总理在2009年政府工作报告中提出的“要让人民生活得更加幸福、更有尊严，让社会更加公正、更加和谐”为目标，全面提高我国人居环境质量。

### 7.2.4 人居环境评价的经验借鉴

人居环境的评价尤其是城市之间的比较是一个难点。由于空间地域、经济社会发展阶段、文化风俗习惯的不同，人居环境的建设在客观上有很大的差异。由于个人的年龄、性别、职业、收入等区别，对人居环境建设的主观评价也有很大的不同。

对城市人居环境的评价一直是国际社会与公众关心的热点。包括媒体、研究机构、城市政府及其部门以及联合国人居署等官方和非官方机构每年都会发布各类宜居城市或与人居环境相关的排名和评比奖项。从目前的评价体系来看，对人居环境进行评价主要采取三种方法，即问卷调查方法、指标统计方法和实践案例方法。

问卷调查方法是媒体和研究机构进行人居环境评价普遍采用的方法。国内的零点咨询公司“中国公众城市宜居指数”、北京大学“宜居北京指标体系”、美国《财富》杂志评选的“全美宜居城市”等指标体系均采用问卷调查的方法。问卷调查法的优点是评价结果贴近居民切身感受，缺点是主观性比较强，据此得出的排名说服力不强。

各类官方和半官方机构进行人居环境评价常常采用指标统计方法，有些媒体定期发布的城市排名也采用此方法。中国各政府部门发布的荣誉指标体系如“中国人居环境奖”（住房和城乡建设部）、“国家环境保护模范城市”（环保部）、“国家森林城市”（国家林业局）等基本上采用指标统计方法。国内相当多的城市也采用设定统计指标体系的方法，指导宜居城市城市建设。指标统计的方法突出了政府部门的职能和考核重点，易于对照标准寻找差距，抓住改善人居环境的努力方向。缺点是由于城市内部区域发展不平衡，评价结果可能会与居民的感受有偏差。

也有一些评价体系采用指标统计和问卷调查相结合的方法，如国内的“全国文明城市”（全国文明委）和国际上比较权威的美世“全球生活质量调查”。指标统计和问卷调查相结合的方法一定程度上结合了主客观的双重因素，通过对统计指标和调查指标权重的设计，可以相对比较客观地评价城市人居环境建设，但是也存在指标计算复杂、权重争议大等问题。

联合国人居奖的评选采用了实践案例法。联合国人居奖要求城市必须以案例项目的形式申报奖项。案例项目必须是有实效的，可以测量的，不能仅停留在概念上。联合国人居奖通过案例项目来考察城市在改善人居环境领域的任务、目标以及历史经验，人居环境改善的效果以及在规划、设计、实施、资金等方面的可持续性。联合国人居奖十分注重城市经验的示范性，要求项目必须具备传播推广的价值。值得注意的是，虽然联合国人居奖没有明确的量化指标体系，但是要求申报报告中要有项目实施前后的定量评价。联合国人居奖并非评选人居环境最佳的城市，而是以鼓励城市改善自身的人居环境为宗旨。采用实践案例的评比办法既避免了全世界不同发展程度的城市之间的横向比较，又突出了改善人居环境的实施奖励机制，同时也与联合国人居署这样有足够影响，却又不具备强制力的国际机构的地位相适应，这是联合国人居奖评价体系的一个创新。

各种评价体系根据目的不同各自有所侧重。一般来讲，商业调查公司和媒体的评价内容侧重于与居民日常生活关系密切的指标，如住房、交通、物价等；政府机构设立的奖项评价内容侧重于发挥政府职能作用的指标，如环保部重点考察环保类指标，住房和城乡建设部重点考察市政基础设施和绿化建设等；联合国人居署等公益类机构则通过调整每年的主题来强调某一问题在当前一段时期内的重要性，引起公众的关注。公益性的评价体系一般都包含经济、社会、文化、资源环境等指标，能够比较全面评价人居环境。

## 7.3　“中国人居环境奖”（含范例奖）评价指标体系的修订

### 7.3.1　修订指导思想和原则

本次指标体系的修订，一是要引导中国城市在发展中全面贯彻落实科学发展观，以人为本，促进经济、社会和环境协调、可持续发展；二是要围绕住房与城乡建设部的职能，充分发挥中国人居环境奖的载体作用，利用中国人居环境奖的有利平台，更好地推动城市建设各项工作全面开展，进一步提高我国城镇化的质量；三是要鼓励城市政府创新性解决城市发展中的矛盾，与联合国人居奖衔接，宣传中国城市人居环境建设的成就。

根据我国现阶段人居环境发展的趋势和要求，本次指标体系的修订坚持以下原则：

（1）加强自然生态环境保护和资源集约利用；

（2）加强住房保障与社区建设；

（3）大力加强城市基础设施建设，满足基本公共服务设施配置的要求；

（4）关注社会、人文发展，突出城市特色；

（5）鼓励新型工业化与多样化的城镇化战略；

（6）依法科学实施城市规划建设管理，进一步鼓励公众参与等原则。

### 7.3.2　指标体系修订的重点

人居环境奖评价指标体系的修订重点考虑几个方面：

（1）完善指标体系的考察范畴。以人居环境奖评价指标体系的修订为契机，结合对人居环境内涵的研究，完善人居环境奖的考察内容，使奖项能够全面反映人居环境建设的范畴。并与健康城镇化、经济社会转型发展、社会保障、改善民生、节能减排等近期国家发展的政策要求相结合。

（2）完善单项指标的考察要求。借鉴其他部委的荣誉奖项的经验，详细规定每一单项指标的指标解释、计算方法以及数据来源，确保申报数据的准确性和可比性。结合相关统计、国家规范、其他部委指标体系的标准，确定各项指标的参考值，用于评选过程中打分参照。

（3）适应地区差异性的要求，鼓励城市发挥特色。在指标标准的设置上，通过避免加入自然地理、气候等先天性的评价因子；以定量指标为主，适当减少定性指标；采用人均指标、平均值指标，避免采用总量指标等措施弱化地区差异、发展阶段差异和城市规模的差异。借鉴联合国人居奖的评选办法，以实践案例为载体，增加对人居环境切实改善的动态指标考察，促进不同地区的城市根据自身特点有重点地加强人居环境建设。

（4）结合中国人居环境发展的趋势，突出对城市基础设施建设的促进作用。通过对指标权重的设计，使奖项的评选与近期城市建设工作的重点结合起来。

（5）加强指标体系的可操作性。采用经济、社会、环境与资源保护等领域中应用较为成熟的指标，如建成区绿地率、人均 GDP、城市生活污水集中处理率等，保证指标的数据可采集，相对准确。在人口和空间范围的统计口径方面，与国家权威统计部门的统计数据相衔接，重点参考“城市建设统计年鉴”（住房和城乡建设部）和“城市统计年鉴”（国家统计局）。根据人居环境未来发展的趋势和要求，适当增加新指标的应用，如生物多样性、慢行交通系统、循环经济等。

### 7.3.3　人居环境“综合奖”评价指标体系的修订

本次修订人居环境综合奖指标体系由两部分内容组成：人居环境建设基本指标体系和改善人居环境的城市实践案例。

人居环境建设基本指标体系包括 6 个一级指标、24 个二级指标、60 个三级指标，见表 7-1。

1. 居住环境

宜人的居住环境是人居环境体系建设的根本，是人居环境建设的最核心内容。居住环境包括了人们的起居、出行、教育、医疗、健身、文化生活所涉及的各种环境设施与服务设施建设，是与居民日常生活关系最密切的一个指标，最能够反映城市居民生活质量。本指标包括五类二级指标。

$A_1$ 指标为住房与社区，包括住房保障率、保障性住房建设计划完成率、社区配套设施建设、老旧小区环境改善四项三级指标。本指标主要考察住房保障情况和居住质量，住房领域保障的重点是完善各类保障性住房建设，做到应保尽保。社区配套设施建设、老旧小区环境改善主要是考察居民生活方便程度和居住环境的改善程度。

$A_2$ 指标为市政基础设施建设，包括城市公共供水覆盖率、城市供水水质、城市燃气普及率、城市生活污水处理、城市生活垃圾处理、互联网用户普及率六项三级指标。市政基础设施建设是维系居民正常生活的基本保障。根据我国城市建设中尚存在的不足，本指标选取供水、燃气、污水和生活垃圾这几项基本的市政设施建设作为考察内容。减少污染物排放是实现绿色生产和生活的重要评价标准，也是全球应对气候变化的一致要求。生产生活污水、垃圾、废气减量化、无害化排放对于保护人类未来的生存环境具有重要的意义。根据未来城市信息化发展的要求，增加了对因特网建设考察要求。

$A_3$ 指标为交通出行，包括平均通勤时间，公共交通出行分担率，步行、自行车交通系统规划建设三项三级指标。交通出行是城市居民关注第二大问题，仅次于住房问题。其中平均通勤时间是衡量居民交通满意度的核心指标，其余指标从不同的角度反映城市交通基础设施建设的情况。三项指标综合起来，基本能够起到鼓励发展公共交通，实现绿色出行的作用，传达可持续交通发展的理念。

$A_4$ 指标为公共服务，包括小学布局合理、人均拥有公共体育设施用地面积、万人拥有卫生服务中心（站）数量、万人拥有医院床位数、万人拥有公共图书馆图书数量、人均拥有公益性文化设施用地面积等六项三级指标。基本公共服务指标考察城市教育、医疗、体育、文化等设施建设的规模，涵盖了小学校的密度、公共体育设施的建设规模、社区卫生站点的密度、医院的床位数和医护人员数量、城市图书馆的规模等要求，能够综合反映居民对公共服务设施建设的满意程度。

$A_5$ 指标为历史文化与城市特色，包括历史文化遗产保存完好和城市风貌特色两项三级指标。保护城市历史文化遗产，塑造地方特色是提高居民归属感和城市自豪感的重要手段，同时也是当前居民对人居环境建设中普遍感到缺失或不足的内容。本指标为定性指标，旨在鼓励城市结合自身历史文化传统或者自然地理条件，改变千城一面的现状，在城市人居环境建设中发挥独特的优势。

2. 生态环境

关注环境、关注自然是人类文明进步的标志之一。如今，保护自然生态环境，减少污染物的排放已经成为全人类的共识。良好的城市人居环境，必然是人与自然实现和谐发展。本指标下设三类二级指标。

$B_1$ 指标为城市生态，包括生态环境保护、城市生物多样性两个三级指标。本指标主要是鼓励城市在建设中按照生态化的原则对山、水等自然资源进行保护性利用，注重对本地物种的保护。避免不顾本地自然地理条件，盲目学习外来的景观环境设计或者过多地采用大广场、大草坪等人工建设环境代替自然生态环境。

$B_2$ 指标为城市绿化，包括城市绿化覆盖率、城市绿地率、城市人均公园绿地面积、城市公园绿地服务半径覆盖率、城市林荫路推广率五项三级指标。良好的绿地系统建设有助于人们近距离接触自然，改善局部微气候环境，是人居环境建设最重要的内容之一。我国长期以来一直鼓励城市建设中注重绿化的建设。近年来，随着社会文明程度的提高，居民对城市绿化建设也提出更高的要求，城市绿化建设正在由覆盖大型公园、主要道路逐步深入到社区。本指标从城市绿化建设的覆盖程度、人均拥有的绿地面积、社区公园覆盖率、绿地建设的生态化以及绿化建设与管理的系统性等方面对城市绿地系统建设进行评价，鼓励城市及时更新绿化建设理念，更好地满足居民的日常生活要求。

$B_3$ 指标为环境质量，包括城市空气质量、城市地表水环境质量、城市区域噪声平均值三项三级指标。空气、水、噪声环境是与人的生活关系最密切的环境质量指标，也是国内外通用的环境质量评价指标。

3. 社会和谐

当前我国正处于社会转型的重要时期，能否以构建和谐社会为根本，平稳度过社会矛盾的高发期关系到国家的长治久安。因此建设高质量人居环境必须要求以和谐的社会环境为基础。本指标包括五类二级指标。

$C_1$ 指标为社会保障，包括社会保险基金征缴率、城市最低生活保障两项三级指标。社会保障水平是衡量社会发达程度的重要指标，是建设宜居城市的重要内容之一。我国当前社会领域保障工作的重点是建立健全各类各级社会救助体系。

$C_2$ 指标为老龄事业，包括优待老年人政策、百名老人拥有社会福利床位数两项三级指标。中国已经进入老龄化社会，老龄人的社会保障工作是今后需要重点关注的领域，在人居环境的评级指标中增加老龄化社会的保障指标，有助于鼓励城市提高老龄人口的福利水平。

$C_3$ 指标为残疾人事业，包括残疾人服务和保障体系、无障碍设施建设两项三级指标。社会对残疾人的关怀和保障体现了社会的文明程度，是和谐社会的标志之一，应该在人居环境奖的指标中有所体现。

$C_4$ 指标为外来务工人员保障，包括外来务工人员保障政策一项三级指标。外来务工人员为城市的建设发展做出了巨大的贡献，对这一群体采取保障政策也是社会文明的一项重要内容。

$C_5$ 指标为公众参与，包括公众参与规划建设与管理一项三级指标。公众参与社会事务与城市管理，是现代社会发展的必然趋势，是公民权利的具体体现。我国城市公共管理中公众参与的水平在逐步提高，但是距离公众的要求还相差甚远。增加对各部门工作中公众参与的制度化建设的考核与评价，有利于促进公众参与的深入开展。

4. 公共安全

随着城市现代化进程的加快，城市对生产生活要素的集中度越来越高，城市安全问题也变得日益突出。宜居城市的建设，必须要考虑为居民提供有普遍安全感的城市环境。本指标包括四类二级指标。

$D_1$ 指标为城市管理与市政设施安全，包括城市安全管理、城市市政设施安全运行两项三级指标。城市数字化管理和市政设施安全运行是城市平稳运行的基础，是居民生活舒适方便的重要影响因素。

$D_2$ 指标为社会安全，包括道路事故死亡率、刑事案件发生率两项三级指标。社会安全是宜居城市的重要参考指标，各种宜居城市的评价指标体系中无一例外地把社会安全作为考核内容之一。刑事案件发生率是公安部门常用的考核指标，可以综合反映城市的社会治安状况。

$D_3$ 指标为预防灾害，包括城市人均避难场所面积、城市公共消防基础设施完好率两项三级指标。城市的消防等综合防灾能力在城市规划中均有严格的规定，实际建设中按照规范的要求可以得到执行。目前除了少数大城市外，大部分城市缺乏应对地震等突发性灾害的避难场所。因此本指标重点对避难场所进行考察，促使城市重视避难场所的建设。

$D_4$ 指标为城市应急，包括城市应急系统建设一项三级指标。建立城市应急系统，以及时应对突发事件，保障城市和居民的安全，最大限度降低突发情况带来的生命和财产损失。

5. 经济发展

健康、可持续的经济发展是城市得以长期保持优良人居环境的重要保障。我国目前仍然是发展中国家，促进经济发展、保证国民的生存发展权依然是今后一段时期内的努力方向。但是同时也要看到，在完成了经济发展量的积累，摆脱了温饱型的发展阶段后，今后的经济发展要更加注重质量，更加注重收入分配的公平以及经济发展的可持续性。本指标下设四类二级指标。

$E_1$ 指标为收入与消费，包括城市居民人均可支配收入、恩格尔系数两项三级指标。城市居民人均可支配收入是国民经济发展最重要的衡量指标，恩格尔系数是衡量食品等基本生活支出占收入的比重，这两个指标在总体上能够体现一个地区的富裕程度。

$E_2$ 指标为就业水平，包括城市登记失业率一项三级指标。就业是人居环境的重要参考指标，良好的就业环境是宜居的保障，扩大就业是我国经济发展的长期目标。虽然城市统计失业率是国际通用的衡量就业的指标，但目前我国还没有比较规范的该项统计指标，现阶段只能由城市登记失业率作为替代指标。

$E_3$ 指标为资金投入，包括城市基础设施建设资金投入。资金投入是衡量城市基础设施的建设、运转和后期维护的直观体现，表明城市对基础设施建设的重视程度，也是保证基础设施有效运行的保障。

$E_4$ 指标为经济结构，包括第三产业增加值占 GDP 比重一项三级指标。转变经济结构是我国提高经济发展质量的重要手段，逐步提高第三产业增加值占 GDP 的比重是今后经济发展的重要任务，是衡量一个国家和地区经济发展阶段的重要参考指标。

6. 资源节约

大力发展循环经济，实现低碳环保的生产生活已经成为全球人居环境发展的新趋势。由于我国是人均资源比较短缺的国家，在人居环境建设方面更不能盲目攀比资源富集国家，应当在人居环境建设中大力提倡节能、节水、节地，发展循环经济的理念。本指标包括三类二级指标。

$F_1$ 指标为节约能源，包括单位 GDP 能耗、节能建筑比例、北方采暖地区供热计量收费率、可再生能源使用比例四项三级指标。单位 GDP 能耗反映城市综合节能水平。由于建筑是城市耗能的主要载体，因此用节能建筑的比例指标来鼓励城市推广节能建筑和节能技术。可再生能源使用比例指标可以鼓励城市多使用太阳能、风能等非传统能源。

$F_2$ 指标为节约水资源，包括单位地方生产总值（GDP）取水量、城市再生水利用率、工业用水重复利用率、城市节水规划四项三级指标。

$F_3$ 指标为节约土地，包括城市人口密度一项三级指标，用来衡量中国城市建设用地的集约水平。

改善人居环境的城市实践案例是本次指标修订新增的内容，旨在避免凭借单一的指标来评价城市人居环境的建设，以起到突出城市特色，加强人居环境奖的示范作用。实践案例要求项目必须是已经实施（持续时间在 3 年以上）；项目规模须涉及全市范围，涉及大多数居民；案例项目须能够衡量，具备实际效果；在资金、人力、物力等方面的实施必须是可持续，应当具有示范作用，具备在其他城市的推广价值。通过增设城市实践案例的考察内容，可以将一些难以量化的指标结合各相关主题进行设置。各主题考察内容以定性要求为主，但是对实施项目的前后变化要求给出定量的数据证明。

**人居环境综合奖评价指标体系** **表7-1**

| 一级指标（6个） | 二级指标（24个） | 三级指标（60个） |
|---|---|---|
| A 居住环境（33分） | $A_1$ 住房与社区（8分） | 住房保障率（%） |
| | | 保障性住房建设计划完成率（%） |
| | | 社区配套设施建设 |
| | | 老旧小区环境改善 |
| | $A_2$ 市政基础设施（8分） | 城市公共供水覆盖率（%） |
| | | 城市供水水质 |
| | | 城市燃气普及率（%） |
| | | 城市生活污水处理 |
| | | 城市生活垃圾处理 |
| | | 互联网用户普及率（户/100人） |
| | $A_3$ 交通出行（5分） | 平均通勤时间（min） |
| | | 公共交通出行分担率（%） |
| | | 步行、自行车交通系统规划建设 |
| | $A_4$ 公共服务（8分） | 小学布局合理 |
| | | 人均拥有公共体育设施用地面积（$m^2$） |
| | | 万人拥有卫生服务中心（站）数量（个） |
| | | 万人拥有医院床位数（个） |
| | | 万人拥有公共图书馆图书数量（册） |
| | | 人均拥有公益性文化娱乐设施用地面积（$m^2$） |
| | $A_5$ 历史文化与城市特色（4分） | 历史文化遗产保存完好 |
| | | 城市风貌特色 |
| B 生态环境（14分） | $B_1$ 城市生态（3分） | 生态环境保护 |
| | | 城市生物多样性 |
| | $B_2$ 城市绿化（6分） | 城市绿化覆盖率（%） |
| | | 城市绿地率（%） |
| | | 城市人均公园绿地面积（$m^2$） |
| | | 城市公园绿地服务半径覆盖率（%） |
| | | 城市林荫路推广率（%） |
| | $B_3$ 环境质量（5分） | 城市空气质量（%） |
| | | 城市地表水环境质量（%） |
| | | 城市区域噪声平均值（dB） |

续表

| 一级指标（6个） | 二级指标（24个） | 三级指标（60个） |
| --- | --- | --- |
| C 社会和谐（9分） | $C_1$ 社会保障（3分） | 社会保险基金征缴率（%） |
| | | 城市最低生活保障 |
| | $C_2$ 老龄事业（2分） | 优待老年人政策 |
| | | 百名老人拥有社会福利床位数（张） |
| | $C_3$ 残疾人事业（2分） | 残疾人服务和保障体系 |
| | | 无障碍设施建设 |
| | $C_4$ 外来务工人员保障（1分） | 外来务工人员保障政策 |
| | $C_5$ 公众参与（1分） | 公众参与规划建设与管理 |
| D 公共安全（10分） | $D_1$ 城市管理与市政设施安全（2分） | 城市安全管理 |
| | | 城市市政设施安全运行 |
| | $D_2$ 社会安全（4分） | 道路事故死亡率（人/万台车） |
| | | 刑事案件发案率（%） |
| | $D_3$ 预防灾害（3分） | 城市人均避难场所面积（$m^2$） |
| | | 城市公共消防基础设施完好率（%） |
| | $D_4$ 城市应急（1分） | 城市应急系统建设 |
| E 经济发展（7分） | $E_1$ 收入与消费（3分） | 城市居民人均可支配收入（万元） |
| | | 恩格尔系数（%） |
| | $E_2$ 就业水平（1分） | 城市登记失业率（%） |
| | $E_3$ 资金投入（1分） | 城市基础设施建设资金投入（%） |
| | $E_4$ 经济结构（2分） | 第三产业增加值占GDP比重（%） |
| F 资源节约（12+2）分 | $F_1$ 节约能源（6+2分） | 单位GDP能耗（吨标准煤/万元） |
| | | 节能建筑比例（%） |
| | | 北方采暖地区供热计量收费比例（%） |
| | | 可再生能源使用比例（%） |
| | $F_2$ 节约水资源（5分） | 单位地方生产总值（GDP）取水量（$m^3$/万元） |
| | | 城市再生水利用率（%） |
| | | 工业用水重复利用率（%） |
| | | 城市节水规划 |
| | $F_3$ 节约土地（1分） | 城市人口密度（人/$km^2$） |
| 综合否定项 | 近2年发生重大安全、污染、破坏生态环境等事故，造成重大负面影响，实行一票否决 | |

城市实践案例包括城市生态环境保护、住房保障与社区发展、市政基础设施建设与管理、城市规划与历史文化保护、城市安全与防灾减灾、节能减排、科技进步与宣传推广等七项主题。具体内容见表7-2。

**人居环境综合奖城市实践案例分类表**　　　　表7-2

| 第一类：住房保障与社区发展 | 第二类：城市规划与历史文化保护 | 第三类：市政基础设施建设与管理 |
|---|---|---|
| 住房保障<br>社区建设<br>物业管理<br>老旧小区改造<br>棚户区改造<br>城中村改造 | 城市规划体系完整<br>规划依法实施<br>鼓励公众参与<br>历史文化名城保护<br>近代工业区有机更新<br>城市特色风貌景观建设 | 市政基础设施建设与管理<br>城市综合交通体系建设<br>城市地下空间建设与管理<br>城市绿地系统建设与管理<br>数字化城市管理 |
| 第四类：城市安全与防灾减灾 | 第五类：节能减排 | 第六类：科技进步与宣传推广 |
| 城市公共安全应急预案与指挥系统建设<br>城市综合防灾设施建设<br>灾后重建 | 使用新能源<br>建筑节能<br>绿色城市照明<br>供热计量改革<br>污水处理与再生利用<br>生活垃圾处理<br>绿色交通 | 建筑新材料应用推广<br>建设领域新技术应用<br>建设领域科研重大进展 |
| 第七类：城市生态环境保护 | | |
| 保护生态资源<br>保护生物多样性<br>水生态保护和水环境治理<br>空气污染治理 | | |

## 7.4　实施建议

### 7.4.1　加强宣传与引导，扩大奖项的影响力

一是要加强“中国人居环境奖”办公室在组织申报工作、组织专家推荐与评选工作、后评估工作方面的作用。

二是调动地方城市积极性，组织创建城市市长和相关负责人学习研讨联谊会，发挥中国人居环境奖获奖城市的示范带头作用，共同研究和探讨人居环境建设的新理念，互相学习和交流，共享人居环境建设的经验，进一步推动人居环境建设持续健康发展。

三是每年选取一个城市主办“中国人居日”宣传活动，每年确立一个主题，同时发布年度“中国人居环境建设”报告，总结中国人居环境建设，充分唤起社会对改善人居环境的紧迫性和重要性的认识。

### 7.4.2　加强后续研究，不断创新与完善指标体系

人居环境建设的理论与实践需要随着时代的进步而发展。为了更好地满足人民群众对

于宜居环境的要求，需要加强后续研究，不断总结中国人居环境建设取得的成就和出现的问题，持续研究，反馈指导指标体系的修订和完善。

受到我国统计体系的限制，本次指标体系的修订主要采用了现行使用比较成熟的统计指标，以便于统一统计口径。一些创新性的指标由于不具备可操作性而暂时难以列入本次修订的指标体系。但是，随着我国统计技术和统计指标的不断改进，一些目前无法获得准确数据的指标在将来可能会得到应用，因此要不断加强对创新指标的研究。

# 附录 A　调查问卷分析报告

为更好地对人居环境评价体系进行检验，同时，能够准确和真实地反映不同地域、不同类型城市居民对于人居环境的需求，课题对北京市、上海市、长春市、成都市、重庆市、宁波市、濮阳市和沅江市 8 个城市进行了社会问卷调查，现就八个城市问卷进行分析研究，具体情况如下：

## A1　基本概况

本次问卷于 2010 年 6 月起，通过会议现场、网络等形式发放。对北京、长春、成都、重庆、宁波、濮阳、上海、沅江 8 个城市共发放问卷 825 份，回收 819 份，回收率 99.3%；有效 788 份，有效率 95.5%。

## A2　个人信息

### A2.1　性别

本次被调查者性别比例如图 A-1 所示，其中男性 405 位，占 51.4%；女性 348 位，占 44.2%；35 位未填写性别，占 4.4%。

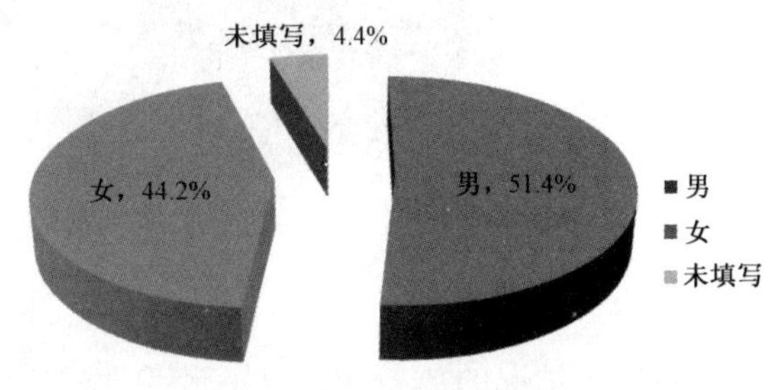


图 A-1　性别比例

### A2.2　年龄

本次问卷被调查者平均年龄为 34.84 岁，年龄分布情况如图 A-2 所示。其中，21～30 岁被调查者人数最多，共 378 人，占 48.0%。

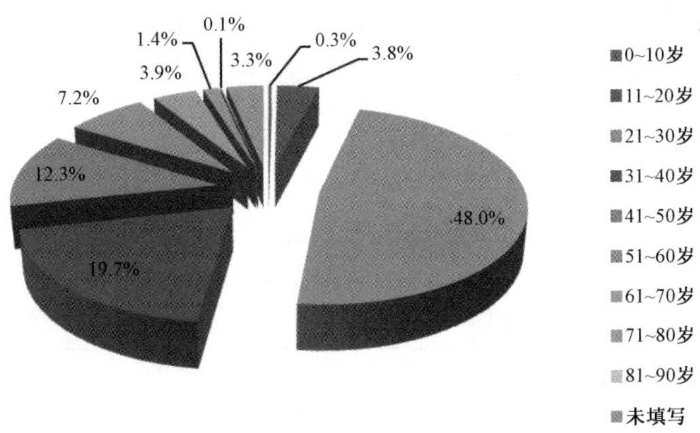


图 A-2　年龄分布比例

## A3　问卷客观题答题分析

### A3.1　您是否关注所在城市的人居环境质量

对人居环境质量的关注程度见图 A-3。其中选择“非常关注”、“比较关注”和“偶尔关注”的人数总和为765，占总被访者的97.1%。可以看出，绝大多数市民对人居环境质量是比较关注的。

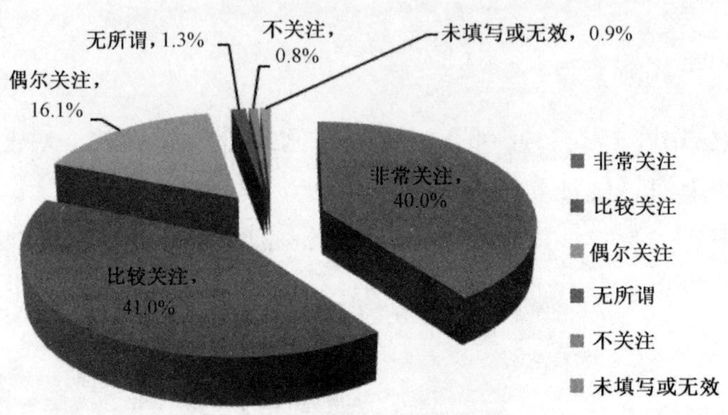


图 A-3　人居环境质量的关注程度

在各城市情况的比较中，北京市和濮阳市城市居民对人居环境质量的关注程度最高，其中选择“非常关注”项的被访者分别占城市被访者总数的64.1%和55.3%（表 A-1）。

**各城市人居环境质量的关注程度**　　**表 A-1**

| 城　市 | 非常关注 | 比较关注 | 偶尔关注 | 无所谓 | 不关注 | 未填写或无效 |
|---|---|---|---|---|---|---|
| 北京 | 64.1% | 32.6% | 3.3% | 0.0% | 0.0% | 0.0% |
| 长春 | 36.5% | 43.8% | 18.8% | 1.0% | 0.0% | 0.0% |
| 成都 | 42.7% | 47.2% | 5.6% | 0.0% | 0.0% | 4.5% |
| 重庆 | 36.6% | 44.6% | 12.9% | 4.0% | 2.0% | 0.0% |
| 宁波 | 31.6% | 40.0% | 27.4% | 0.0% | 1.1% | 0.0% |
| 濮阳 | 55.3% | 31.1% | 12.6% | 1.0% | 0.0% | 0.0% |
| 上海 | 36.6% | 42.9% | 17.0% | 1.8% | 0.9% | 0.9% |
| 沅江 | 18.0% | 46.0% | 30.0% | 2.0% | 2.0% | 2.0% |

### A3.2　您认为良好的人居环境应该包括哪些方面（多选）

对良好的人居环境应包括的内容如图 A-4、表 A-2 所示。城市居民对于社区环境、生活方便、邻里融洽、居住条件和生活富裕等选项的选择程度均较高，多数在 65% 以上。

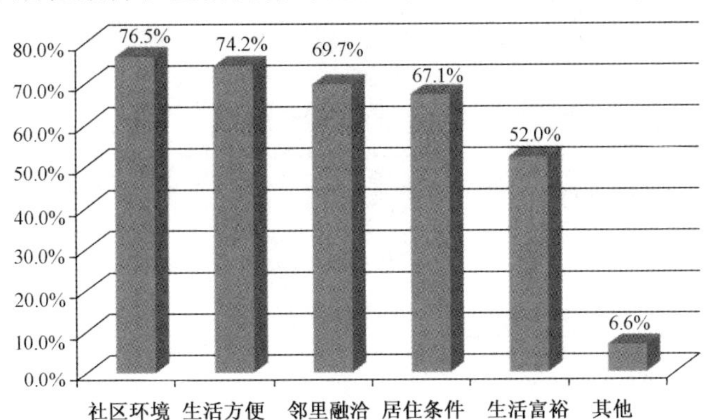


图 A-4　良好的人居环境内容

各城市良好的人居环境内容　　表 A-2

| 城 市 | 居住条件 | 社区环境 | 邻里融洽 | 生活富裕 | 生活方便 | 其　他 |
|---|---|---|---|---|---|---|
| 北京 | 73.9% | 82.6% | 82.6% | 58.7% | 83.7% | 19.6% |
| 长春 | 75.0% | 74.0% | 54.2% | 62.5% | 71.9% | 2.1% |
| 成都 | 69.7% | 74.2% | 77.5% | 59.6% | 74.2% | 2.2% |
| 重庆 | 80.2% | 91.1% | 67.3% | 43.6% | 77.2% | 8.9% |
| 宁波 | 69.5% | 87.4% | 73.7% | 42.1% | 86.3% | 9.5% |
| 濮阳 | 73.8% | 85.4% | 85.4% | 65.0% | 82.5% | 1.9% |
| 上海 | 65.8% | 83.8% | 73.9% | 57.7% | 77.5% | 10.8% |
| 沅江 | 31.0% | 34.0% | 44.0% | 28.0% | 42.0% | 0.0% |

### A3.3　您对所在城市的公园绿地有何看法

对公园绿地的满意程度如图 A-5 所示。其中，认为公园绿地数量仍应需要增加的被访者有 693 人，占被访者总数的 87.9%。

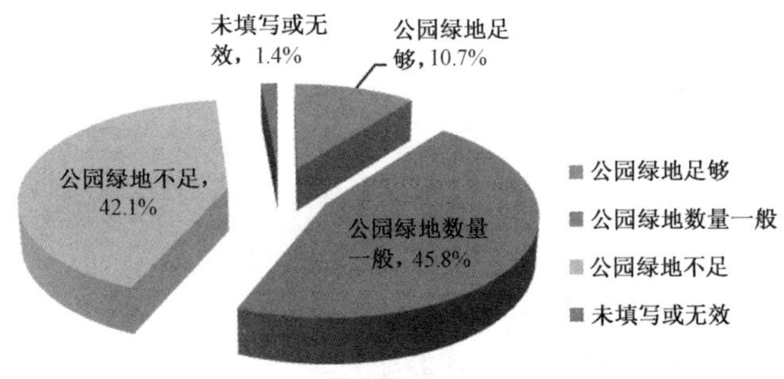


图 A-5　城市公园绿地满意程度

在各城市情况的比较中发现，沅江市被访者对本城市的公园绿地覆盖情况满意度最差，选择“公园绿地不足”项的被访者占70.0%（表A-3）。

各城市公园绿地满意程度　　表A-3

| 城　市 | 公园绿地足够 | 公园绿地数量一般 | 公园绿地不足 | 未填写或无效 |
|---|---|---|---|---|
| 北京 | 7.6% | 50.0% | 39.1% | 3.3% |
| 长春 | 8.3% | 45.8% | 45.8% | 0.0% |
| 成都 | 27.0% | 41.6% | 27.0% | 4.5% |
| 重庆 | 5.0% | 46.5% | 48.5% | 0.0% |
| 宁波 | 12.6% | 50.5% | 34.7% | 2.1% |
| 濮阳 | 4.9% | 55.3% | 38.8% | 1.0% |
| 上海 | 16.1% | 50.9% | 32.1% | 0.9% |
| 沅江 | 5.0% | 25.0% | 70.0% | 0.0% |

## A3.4　您认为城市绿化和城市空气质量哪一个对您更重要（多选）

对城市绿化和城市空气质量的关注程度比较情况见图A-6和图A-7。对于城市绿化和城市空气质量的多项选择中，166位被访者选择了两者都重要，占被访者总数的21.1%。对城市绿化和城市空气质量的比较中，城市空气质量（555人，占被访者总数的70.4%）的被重视程度远大于城市绿化（338人，占被访者总数的42.9%）。而选择两者都不重要的被访者仅有10人，占总被访者人数的1.3%。

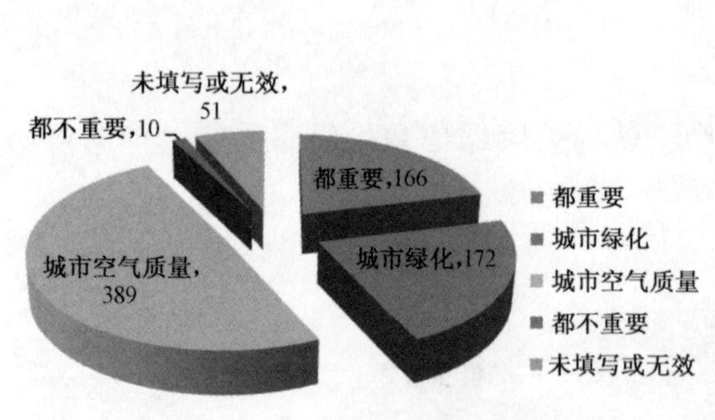


图A-6　城市绿化和城市空气质量关注程度饼状图

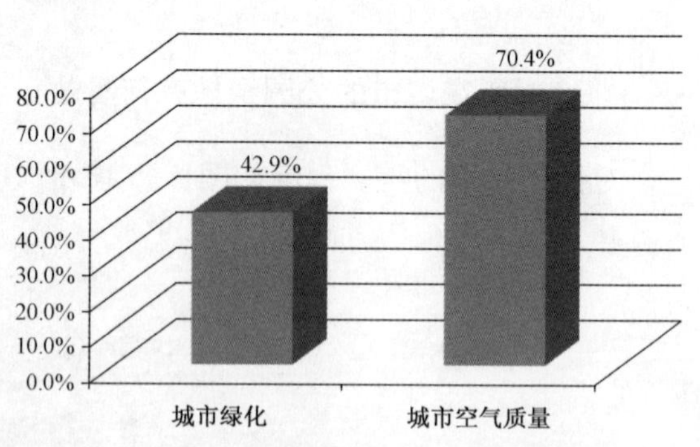


图A-7　城市绿化和城市空气质量关注程度柱状图

各城市情况的比较显示，大部分城市的被访者都认为城市空气质量比城市绿化更重要，认为绿化的重要性大于空气质量的城市只有沅江（表A-4）。各城市城市绿化和城市空气质量对比情况见表A-5。

各城市城市绿化和城市空气质量关注程度　　表 A-4

| 城　市 | 都重要 | 城市绿化 | 城市空气质量 | 都不重要 | 未填写或无效 |
|---|---|---|---|---|---|
| 北京 | 38.0% | 7.6% | 54.3% | 0.0% | 0.0% |
| 长春 | 25.0% | 32.3% | 37.5% | 3.1% | 2.1% |
| 成都 | 38.2% | 13.5% | 40.4% | 3.4% | 4.5% |
| 重庆 | 27.7% | 22.8% | 46.5% | 2.0% | 1.0% |
| 宁波 | 13.7% | 4.2% | 82.1% | 0.0% | 0.0% |
| 濮阳 | 36.9% | 20.4% | 42.7% | 0.0% | 0.0% |
| 上海 | 23.2% | 11.6% | 62.5% | 0.9% | 1.8% |
| 沅江 | 9.0% | 61.0% | 28.0% | 1.0% | 1.0% |

各城市城市绿化和城市空气质量对比情况　　表 A-5

| 城　市 | 城市绿化 | 城市空气质量 | 比　例 |
|---|---|---|---|
| 沅江 | 70.0% | 37.0% | 1.89 |
| 长春 | 57.3% | 62.5% | 0.92 |
| 濮阳 | 57.3% | 79.6% | 0.72 |
| 重庆 | 50.5% | 74.3% | 0.68 |
| 成都 | 51.7% | 78.7% | 0.66 |
| 北京 | 45.7% | 92.4% | 0.49 |
| 上海 | 34.8% | 85.7% | 0.41 |
| 宁波 | 17.0% | 91.0% | 0.19 |

## A3.5　您上下班需要的单程时间

被访者的平均上下班单程用时为 30.98min。时间分布情况如图 A-8 所示。可以看出，上下班单程用时在 11～20min 的被访者人数最多，占总人数的 26.5%。

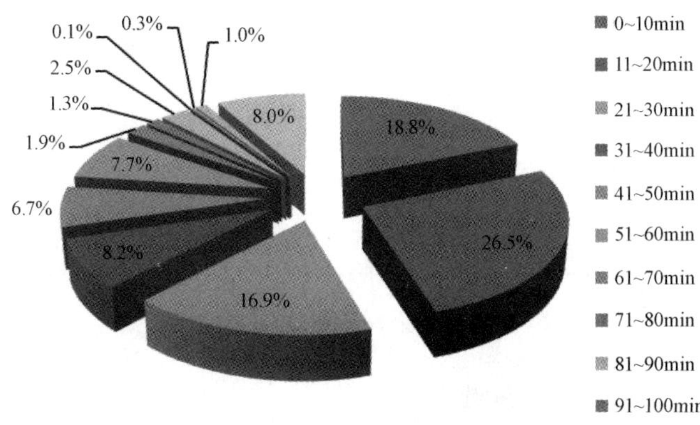


图 A-8　上下班平均单程用时分布

在各城市情况的比较中发现，北京和上海的平均上下班单程用时最长，分别为 50.26min 和 48.77min；濮阳和沅江的上下班单程用时最短，分别为 15.41min 和 15.73min（图 A-9）。

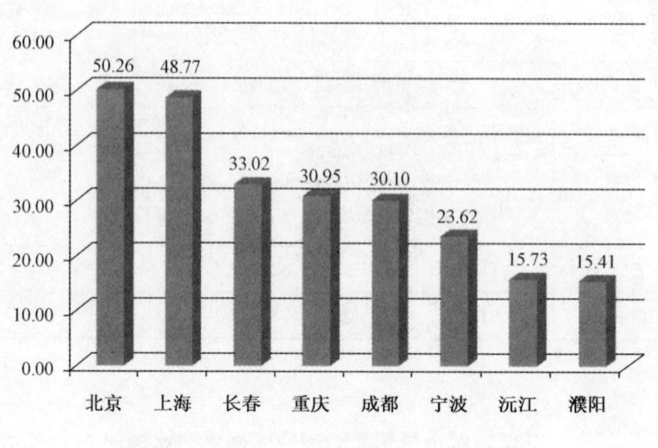


图 A-9　各城市上下班平均单程用时

**各城市上下班平均单程用时分布（分时段）**　　**表 A-6**

| 时　间 | 北京 | 长春 | 成都 | 重庆 | 宁波 | 濮阳 | 上海 | 沅江 |
|---|---|---|---|---|---|---|---|---|
| 0～10min | 1.1% | 12.5% | 18.0% | 16.8% | 24.2% | 29.1% | 7.1% | 41.0% |
| 11～20min | 13.0% | 17.7% | 18.0% | 20.8% | 40.0% | 60.2% | 12.5% | 29.0% |
| 21～30min | 15.2% | 25.0% | 19.1% | 21.8% | 14.7% | 5.8% | 20.5% | 13.0% |
| 31～40min | 9.8% | 16.7% | 14.6% | 11.9% | 7.4% | 0.0% | 6.3% | 1.0% |
| 41～50min | 14.1% | 9.4% | 10.1% | 11.9% | 1.1% | 0.0% | 8.0% | 0.0% |
| 51～60min | 9.8% | 7.3% | 7.9% | 8.9% | 8.4% | 0.0% | 17.0% | 2.0% |
| 61～70min | 5.4% | 3.1% | 0.0% | 1.0% | 0.0% | 0.0% | 5.4% | 0.0% |
| 71～80min | 4.3% | 1.0% | 0.0% | 0.0% | 0.0% | 0.0% | 4.5% | 0.0% |
| 81～90min | 7.6% | 1.0% | 0.0% | 1.0% | 1.1% | 0.0% | 8.9% | 0.0% |
| 91～100min | 0.0% | 0.0% | 0.0% | 0.0% | 0.0% | 0.0% | 0.9% | 0.0% |
| 101～110min | 1.1% | 0.0% | 1.1% | 0.0% | 0.0% | 0.0% | 0.0% | 0.0% |
| 111～120min | 3.3% | 0.0% | 0.0% | 0.0% | 0.0% | 0.0% | 4.5% | 0.0% |
| 未填写 | 15.2% | 6.3% | 11.2% | 5.9% | 3.2% | 4.9% | 4.5% | 14.0% |

### A3.6　您上下班的主要交通工具（多选）

被访者上下班交通工具的选择情况如图 A-10 所示。其中，公交车的选择程度为

37.2%，排名首位。步行和自行车的交通方式也占有一定的比例，分别为 23.9% 和 22.5%。

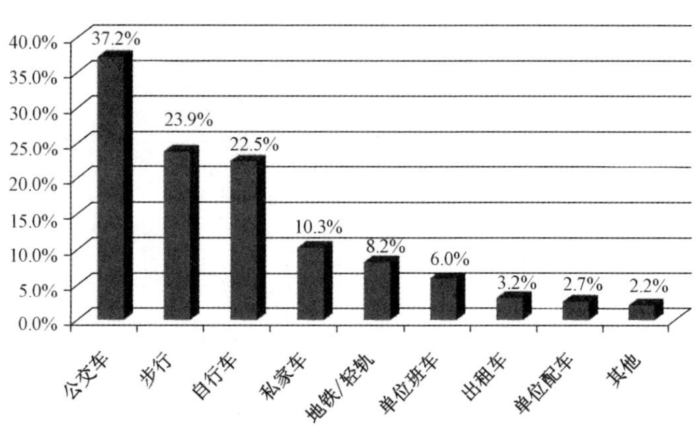


图 A-10　城市上下班交通工具选择情况

### A3.7　影响您选择居住地的主要因素有哪些（多选）

在“影响您选择居住地的主要因素有哪些”问卷回答中，八个城市总体来看（图 A-11），“生活配套齐全”、“治安良好”、“交通便利”和“环境良好”影响较大，其比例都接近或超过 80%，最高的“生活配套齐全”达到了 87.1%。其次影响次较大的是“孩子上学方便”和“房价便宜”，其所占比例都在 50% 左右。

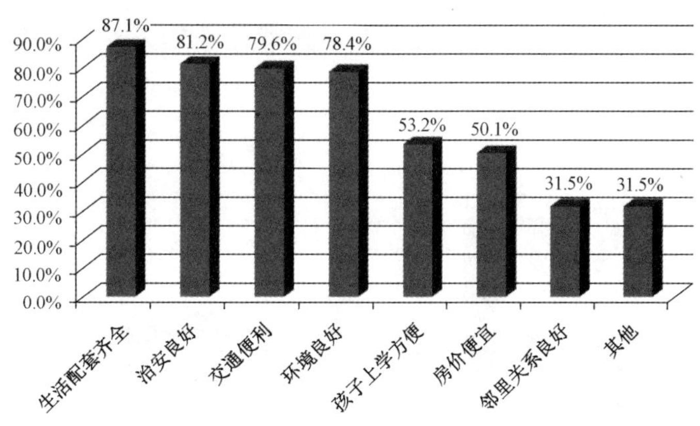


图 A-11　影响选择居住地的主要因素柱状图

如表 A-7 所示，分城市来看，在选择居住地方面，北京市是以“交通便利”为首要考虑的因素；而长春市、重庆市、成都市和上海市首要考虑的因素是“生活配套齐全”；濮阳市和沅江市是把“治安良好”作为首要考虑的因素；宁波市“生活配套齐全”和“交通便利”是城市居民共同考虑的影响因素。

各城市选择居住地的影响因素　　表 A-7

| 城市 | 生活配套齐全 | 治安良好 | 孩子上学方便 | 环境良好 | 交通便利 | 房价便宜 | 邻里关系良好 | 其他 |
|---|---|---|---|---|---|---|---|---|
| 北京 | 83.7% | 81.5% | 48.9% | 82.6% | 87.0% | 42.4% | 22.8% | 3.3% |
| 长春 | 85.4% | 75.0% | 63.5% | 80.2% | 82.3% | 56.3% | 33.3% | 2.1% |
| 成都 | 87.6% | 77.5% | 60.7% | 73.0% | 70.8% | 39.3% | 33.7% | 0.0% |
| 重庆 | 96.0% | 85.1% | 59.4% | 83.2% | 91.1% | 46.5% | 18.8% | 1.0% |
| 宁波 | 94.7% | 89.5% | 38.9% | 85.3% | 93.7% | 44.2% | 25.3% | 5.3% |
| 濮阳 | 79.6% | 83.5% | 76.7% | 66.0% | 79.6% | 56.3% | 26.2% | 0.0% |
| 上海 | 90.2% | 77.7% | 33.9% | 78.6% | 83.0% | 53.6% | 30.4% | 3.6% |
| 沅江 | 79.0% | 80.0% | 45.0% | 79.0% | 49.0% | 60.0% | 61.0% | 0.0% |

## A3.8　请对您最关心的影响人居环境的要素按重要程度进行排序

在“请对您最关心的影响人居环境的要素按重要程度进行排序”中，八个城市总体来看（图 A-12），影响人居环境的要求中，“治安”是最重要的，也就是说人民的安居乐业是城市居民首先考虑的问题。其次是“自然和绿化环境”，对于人居环境来说，城市生态环境的良好反映出城市宜居的程度，也是人居环境最重要的考虑因素。第三是“住房”问题，城市居民住房情况是人居环境的根本点，因此对于城市居民来说是非常重要的。其他依次为“收入和就业”、“交通出行”、“社区环境”、“环境污染”、“社会保障”和“城市文化环境”等。

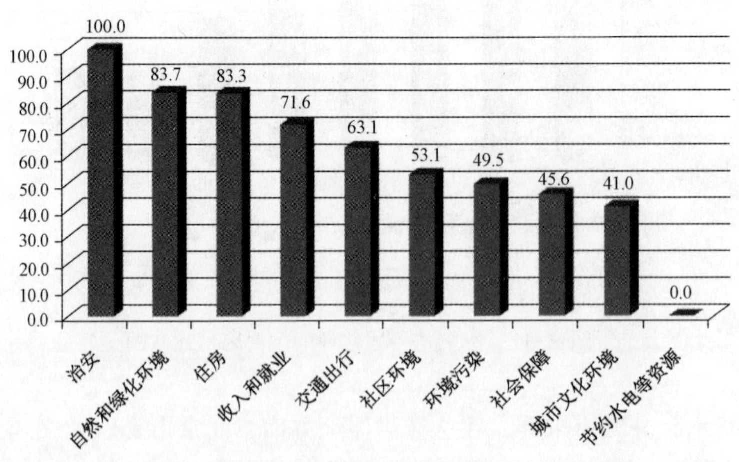


图 A-12　影响人居环境的要素排序

对于各城市来说，八个城市中，北京市、成都市、宁波市、濮阳市和上海市认为“治安”问题是影响人居环境最重要的因素；长春市和重庆市将“住房”列为影响人居环境最重要的因素；沅江市则认为“收入和就业”是影响人居环境最重要的因素（表A-8）。

各城市影响人居环境要素的排序　　表A-8

| 城市 | 自然和绿化环境 | 治安 | 住房 | 社区环境 | 城市文化环境 | 交通出行 | 环境污染 | 收入和就业 | 社会保障 | 节约水电等资源 |
|---|---|---|---|---|---|---|---|---|---|---|
| 北京 | 62.8 | 100.0 | 65.1 | 48.1 | 21.7 | 68.1 | 47.8 | 46.0 | 35.6 | 0.0 |
| 长春 | 83.2 | 74.5 | 100.0 | 72.1 | 64.8 | 85.0 | 64.8 | 79.6 | 43.3 | 0.0 |
| 成都 | 86.2 | 100.0 | 63.5 | 55.1 | 45.4 | 42.1 | 40.7 | 37.1 | 19.0 | 0.0 |
| 重庆 | 89.7 | 87.3 | 100.0 | 66.2 | 48.7 | 72.8 | 56.3 | 75.1 | 42.7 | 0.0 |
| 宁波 | 76.7 | 100.0 | 90.8 | 52.9 | 49.6 | 62.8 | 55.4 | 78.6 | 48.4 | 0.0 |
| 濮阳 | 79.6 | 100.0 | 72.2 | 30.1 | 20.5 | 42.1 | 31.8 | 57.6 | 39.9 | 0.0 |
| 上海 | 69.6 | 100.0 | 75.4 | 50.4 | 38.8 | 72.4 | 53.2 | 78.6 | 58.3 | 0.0 |
| 沅江 | 84.5 | 78.5 | 51.0 | 16.2 | 19.8 | 17.8 | 10.2 | 100.0 | 58.0 | 0.0 |

## A3.9　您和您的家人平时是否有节水和节电的意识和习惯

对于此，八个城市总体来看（图A-13），“很注意”的占到57.9%，说明城市居民是比较重视节约的，同时也看到“一般的”和“无所谓”的比例也较高，需要政府进一步加强宣传的力度，提高城市居民的节水节电意识，为创造一个和谐的人居环境创造良好的氛围。

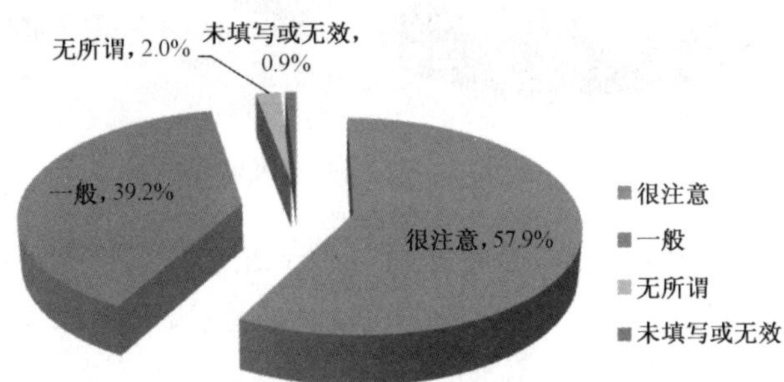


图A-13　居民节水和节电意识和习惯情况

如表A-9所示，在各城市的问卷回答中，回答“很注意”的城市中，北京市、长春市、成都市、濮阳市和沅江市所占的比例都超过60%；最高的是濮阳市，达到了78.6%（表A-9）。

各城市居民节水和节电意识和习惯情况　　表A-9

| 城　市 | 很注意 | 一　般 | 无所谓 | 未填写或无效 |
|---|---|---|---|---|
| 北京 | 69.6% | 29.3% | 1.1% | 0.0% |
| 长春 | 63.5% | 31.3% | 5.2% | 0.0% |
| 成都 | 65.2% | 31.5% | 2.2% | 1.1% |

续表

| 城 市 | 很注意 | 一 般 | 无所谓 | 未填写或无效 |
|---|---|---|---|---|
| 重庆 | 45.5% | 50.5% | 1.0% | 3.0% |
| 宁波 | 34.7% | 64.2% | 1.1% | 0.0% |
| 濮阳 | 78.6% | 19.4% | 1.0% | 1.0% |
| 上海 | 42.9% | 55.4% | 1.8% | 0.0% |
| 沅江 | 66.0% | 30.0% | 3.0% | 1.0% |

## A3.10 您认为节水和节电对您的生活质量会有何影响

在对“您认为节水和节电对您的生活质量会有何影响”的问卷回答中，八个城市总体来看（图 A-14），“有一定影响”和“影响很大”分别为51.4%、8.1%，说明节水、节电对于城市居民的日常生活来说有一定影响，而且生活质量方面会有所降低。

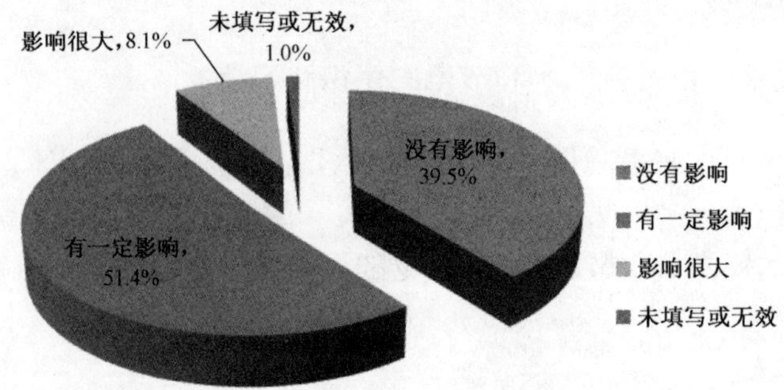


图 A-14 节水和节电对生活质量的影响

如表 A-10 所示，各城市来看，“没有影响”中，北京所占比例最高，达到48.9%，最低的是濮阳市，达到29.1%。“有一定影响”中，八个城市总体相差不大，最高的濮阳市为58.3%，最低的上海市为47.3%，说明对于这个问题全国范围来看相差不大。“影响很大”这一项，各城市所占比例均较小，最高的成都市为15.7%，最低的北京市仅为2.2%。

各城市节水和节电对生活质量的影响 表 A-10

| 城 市 | 没有影响 | 有一定影响 | 影响很大 | 未填写或无效 |
|---|---|---|---|---|
| 北京 | 48.9% | 47.8% | 2.2% | 1.1% |
| 长春 | 46.9% | 45.8% | 6.3% | 1.0% |
| 成都 | 33.7% | 50.6% | 15.7% | 0.0% |
| 重庆 | 39.6% | 57.4% | 3.0% | 0.0% |
| 宁波 | 37.9% | 55.8% | 4.2% | 2.1% |
| 濮阳 | 29.1% | 58.3% | 12.6% | 0.0% |
| 上海 | 42.9% | 47.3% | 8.0% | 1.8% |
| 沅江 | 37.0% | 48.0% | 13.0% | 2.0% |

## A3.11 您对所在城市的规划和发展战略等是否了解

在对“您对所在城市的规划和发展战略等是否了解”的问卷回答中，总体上看（图A-15），对城市规划和城市发展战略“非常了解”和“了解”的比例分别为5.7%、21.2%，仅占26.9%，而“了解不多”和“不了解”所占的比例分别为53.8%、18.5%，两项总比例达到72.3%，说明城市居民对于我们城市规划和城市发展战略方面知道的较少，另一方面也说明了我们政府对于城市规划和城市发展战略的宣传力度不够。

各城市市民对城市规划和发展战略的了解情况见表A-11。

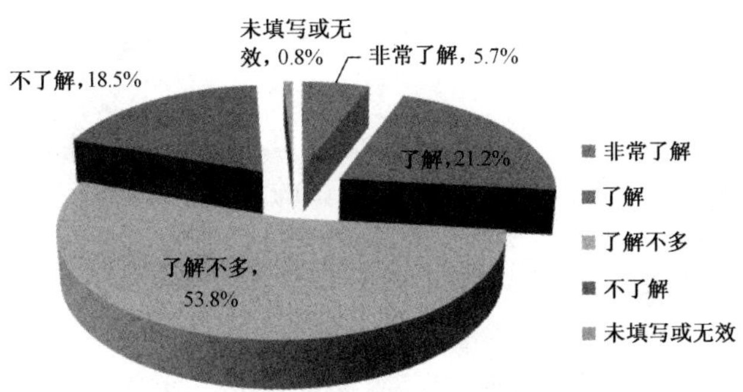


图A-15 城市规划和发展战略的了解情况

各城市城市规划和发展战略了解情况 表A-11

| 城　市 | 非常了解 | 了解 | 了解不多 | 不了解 | 未填写或无效 |
|---|---|---|---|---|---|
| 北京 | 7.6% | 25.0% | 54.3% | 13.0% | 0.0% |
| 长春 | 4.2% | 19.8% | 46.9% | 29.2% | 0.0% |
| 成都 | 10.1% | 15.7% | 50.6% | 21.3% | 2.2% |
| 重庆 | 5.9% | 25.7% | 52.5% | 15.8% | 0.0% |
| 宁波 | 3.2% | 14.7% | 74.7% | 7.4% | 0.0% |
| 濮阳 | 1.9% | 20.4% | 48.5% | 25.2% | 3.9% |
| 上海 | 4.5% | 22.3% | 52.7% | 20.5% | 0.0% |
| 沅江 | 9.0% | 25.0% | 51.0% | 15.0% | 0.0% |

## A3.12 您是否愿意参与所在城市的规划与决策

在“您是否愿意参与所在城市的规划与决策”问卷回答中，八个城市总体来看（图A-16），非常愿意且参与过的比例占到13.3%；非常愿意，但未参与过的比例占到37.9%；愿意参与的占到32.9%，以上三项占到总数的84.1%，说明城市居民对于城市的规划与决策是愿意参与进来，为城市的规划更加合理与人性化提供建议和意见。

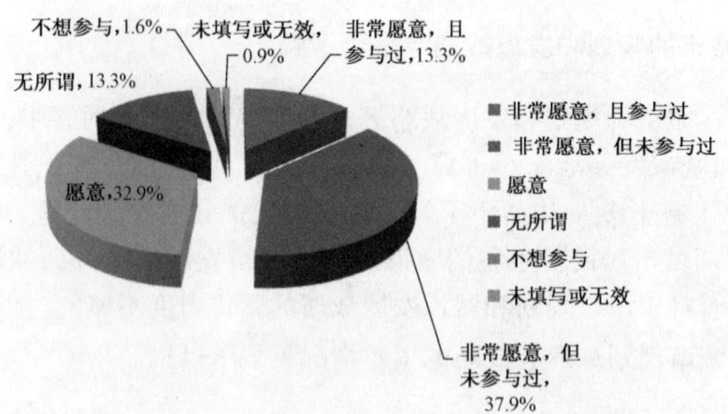


图 A-16　市民参与城市规划和决策的意愿

在各城市的问卷回答中，非常愿意且参与过城市规划中，成都最高，占到 24.7%，最低的是宁波市，占到 8.4%；非常愿意但未参与过的城市规划中，最高的是宁波市，占到 68.4%，而最低的成都市只有 27.0%；愿意参与城市规划中，最高是长春市，占到 45.8%，最低是宁波，为 15.8%（表 A-12）。

**各城市参与城市规划和决策的意愿**　　**表 A-12**

| 城 市 | 非常愿意，且参与过 | 非常愿意，但未参与过 | 愿意 | 无所谓 | 不想参与 | 未填写或无效 |
|---|---|---|---|---|---|---|
| 北京 | 16.3% | 29.3% | 29.3% | 21.7% | 1.1% | 2.2% |
| 长春 | 11.5% | 30.2% | 45.8% | 10.4% | 2.1% | 0.0% |
| 成都 | 24.7% | 27.0% | 28.1% | 18.0% | 0.0% | 2.2% |
| 重庆 | 14.9% | 41.6% | 31.7% | 8.9% | 2.0% | 1.0% |
| 宁波 | 8.4% | 68.4% | 15.8% | 4.2% | 3.2% | 0.0% |
| 濮阳 | 12.6% | 32.0% | 35.0% | 18.4% | 1.9% | 0.0% |
| 上海 | 9.8% | 38.4% | 37.5% | 12.5% | 1.8% | 0.0% |
| 沅江 | 10.0% | 37.0% | 39.0% | 13.0% | 1.0% | 0.0% |

### A3.13　您认为城市政府的工作重点应该放在哪里（多选）

在此问题中，8 个城市总体上来看（图 A-17），“改善民生”是老百姓最关心的问题，达到了 83.6%，因为民生问题关系到老百姓切实利益，也是老百姓日常生活时时刻刻面对的；其次是“建立廉洁高效的政府”，说明了老百姓对于政府职能转变，希望每个政府都能够做到廉洁自律，为人民提供好的生活环境和工作环境；第三为“保护城市环境”，这也是与老百姓的日常生活息息相关，良好的城市环境使人的生活状态和精神状态都能够达到最佳；第四是“发展经济”，说明经济问题也是群众比较关心的问题；第五是“保护历史文化”，说明对于城市发展来说，保护城市的历史与文化是非常重要，历史与文化的积淀将会对城市发展有着承前启后的作用。

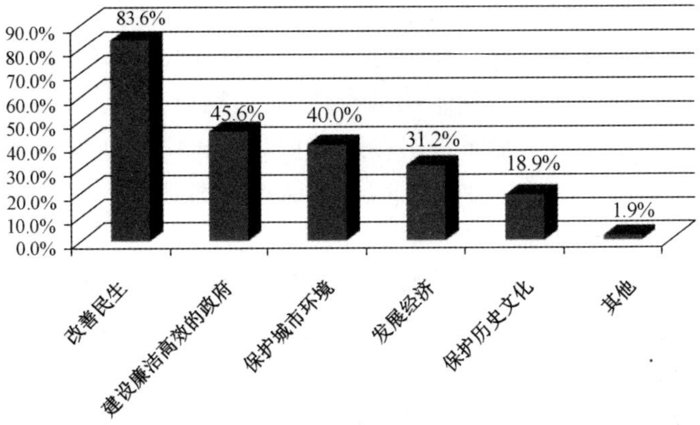

图 A-17 城市政府工作的重点

就各城市来看（表 A-13），八个城市中改善民生都是城市居民最关心的，最低的沅江市占到 74.0%，最高的濮阳达到了 92.2%。保护城市环境方面，成都是最高的，占到 55.1%，最低的是沅江市，仅有 13.0%，注意到上海市只有 29.5% 的认为城市发展应该放在城市环境上。发展经济方面，濮阳市最高，占到 50.5%，最低的是沅江市 16.0%。建立廉洁高效的政府方面，最高是濮阳市，占 64.1%，最低是沅江市，仅占 14.0%。在保护历史与文化方面，8 个城市相差较大，最高的北京市达到 31.4%，而沅江市占 2.0%，这也说明了不同规模的城市以及不同类型城市对于这个问题的关心程度差距较大。

**各城市城市政府工作的重点分布表** **表 A-13**

| 城市 | 保护城市环境 | 发展经济 | 改善民生 | 建设廉洁高效的政府 | 保护历史文化 | 其他 | 未填写或无效 |
|---|---|---|---|---|---|---|---|
| 北京 | 40.2% | 29.3% | 83.7% | 52.2% | 31.5% | 12.0% | 1.1% |
| 长春 | 47.9% | 32.3% | 83.3% | 56.3% | 16.7% | 1.0% | 0.0% |
| 成都 | 55.1% | 40.4% | 76.4% | 42.7% | 30.3% | 0.0% | 1.1% |
| 重庆 | 44.6% | 33.7% | 82.2% | 48.5% | 22.8% | 3.0% | 1.0% |
| 宁波 | 40.0% | 25.3% | 86.3% | 50.5% | 11.6% | 0.0% | 0.0% |
| 濮阳 | 52.4% | 50.5% | 92.2% | 64.1% | 26.2% | 1.0% | 0.0% |
| 上海 | 29.5% | 23.2% | 89.3% | 37.5% | 12.5% | 0.9% | 0.0% |
| 沅江 | 13.0% | 16.0% | 74.0% | 14.0% | 2.0% | 0.0% | 1.0% |

## A4 简答题回答情况分析

### A4.1 北京市

A4.1.1 您觉得您所居住的城市还有哪些方面最需要得到改善

北京市共收到调查问卷 101 份，其中 92 份对该问题进行了回答，9 份未进行作答。对于城市最需要改善方面回答中，有40份问卷回答了与交通有关的问题，是所关注问题回答最多的，主要反映北京城区存在交通拥堵、公共交通问题、控制车辆数量、出行不方便等问题。其次关注的是城市环境问题，共37份，主要关心城市居住环境、城市卫生、空气质量、城市绿化（公园绿化、道路绿化、小区绿化等）、城市环境污染，这也说明居民对于环境的要求越来越高，城市居民生活质量正在逐步提高。再次关注外来人员的问题，共有18份，北京作为全国政治经济文化的中心，吸引着大量的外来人员，这样北京城市居民比较关注外来人员的就业和居住环境，同时在18份就关于外来人员的问卷中，提到控制外来人员数量就有6份，占1/3，这也说明北京城市居民对于城市所表现的社会问题倾向归因于外来人员。再次比较关注住房问题和城市基础设施的完备度，分别有14份和15份，对于住房问题主要关注的是房价过高、住房保障、房屋出租等问题，而对于城市基础设施所关注的问题比较多，包括小区停车场问题、规范道路停车、城市饮水问题、城市基础设施管理问题等。还有其他关注的问题，如社会保障方面的医疗保障、失业保障、收入差距等；城市管理问题，如城市规划的执行情况、城市建设的合法性；孩子的入托难且费用高、上学难问题等。

通过以上分析，可以看出对于城市发展最需要改善的方面，第一是城市交通问题，第二是城市环境问题，第三和第四是居民住房和城市基础设施完备问题，最后还有其他几个方面的问题。

#### A4.1.2　作为一名普通市民，您最关注和关心的问题是什么

北京市共收到调查问卷101份，其中93份对该问题进行了回答，8份未进行作答。作为一名普通市民，最关注和关心是民生问题，也就是与老百姓的日常生活息息相关的问题，主要包括住房问题（保障房、房价问题等）、交通、收入与就业问题、医院保障、教育资源分配问题（入托难、择校问题等）、物价问题；其次关心城市环境问题，包括空气质量、环境污染等问题；再次是社会稳定与社会和谐问题，也就是政府能否为老百姓提供良好的生活环境，让老百姓生活无后顾之忧；最后关注和关心养老问题、宠物问题、小区违章建筑、弱势群体的保障问题等个别问题。

### A4.2　长春市

#### A4.2.1　您觉得您所居住的城市还有哪些方面最需要得到改善

在所有100份有效问卷中，43份直接提到城市环境问题，提法有城市环境、城市面貌、城市形象、绿化、空气污染、环境污染、噪声污染、公园绿地、环境卫生与污染治理等。37份直接提到交通问题，提法包括交通、道路交通、交通拥堵、交通整治、交通秩序管理、交通环境、道路、交通便利、交通问题、出行便捷等。21份直接提到除居住、住房以外的民生问题，提法有教育、医疗、福利、最低生活保障、低收入群体福利待遇等。18份直接提到居住条件和居住环境问题，提法有居住条件、居住环境、社会治安、住房、房价太贵、住房质量、社区环境、小区物业管理问题、住房问题、多建经适房等。有1份问卷提到要提高居民素质，1份提到要转变城市经济发展方向。

从问卷可知，长春市市民认为最需要得到改善的是城市环境，其次是交通问题，再次是民生问题。

#### A4.2.2　作为一名普通市民，您最关注和关心的问题是什么

在100份有效问卷中，79份问卷最关注的问题是民生问题，包括住房、就业、工资水

平、医疗、教育、社会保障和社会公平，在数量上占有绝大多数。9份提到了交通问题，包括交通的发展、交通堵塞、自行车道少、私家车太多、市民出行便利。有9份提到了环境问题；6份提到了城市发展，包括经济发展，城市进步，构建高效、廉洁的城市政府。

从问卷可知，长春市市民最关注和关心的问题依次是民生问题、交通问题、环境问题和城市发展。

## A4.3 成都市

### A4.3.1 您觉得您所居住的城市还有哪些方面最需要得到改善

在成都市开展的100份调查问卷中，有59份问卷直接或间接地对环境表示了关注，城市环境卫生、公共环境卫生、环境安全、居住环境、人居环境等在所有关注的内容当中被提到的频率最高。其中，重点关注水环境和大气环境质量的问卷分别为5份和12份；12位居民要求加强城市绿化，提高绿化面积。有34份问卷对交通状况表示强烈关注，在所有关注的内容当中，关注频率仅次于环境。另外，4份问卷中提及了住房问题，两份问卷对教育问题表示关注。

以上问卷统计结果表明，成都市大多数居民在乎城市的环境质量，具有较好的环境意识，因而，居住环境相对较好，2006年成都市荣获“中国人居环境奖（水环境治理优秀范例城市)”佐证了这一点。另外，统计数据还说明，在成都市，交通也受到市民的广泛关注。一方面，成都市民对目前的交通状况不太满意，希望得到改善。另一方面，经过西部大开发的十年发展，成都已然成为西部最为成熟的区域中心，就经济水平而言，成都隶属国家六大城市群之一的“成渝城市群”，是成渝经济区的双核之一和交通枢纽，因此也是交通获得较高关注的原因。

### A4.3.2 作为一名普通市民，您最关注和关心的问题是什么

在成都发放的100份问卷调查中，共收回94份，有效率为94%。31份问卷最关注房价，其选择率达33%，高居榜首，成为调查中最受关注的问题。它们集中在房价过高，房价上涨过快，国家宏观调控的力度，国家信贷政策、利率等问题上，说明公众对房价普遍担忧。其次，“物价”选择率高达21%，仅次房价，位居第二位，成为调查中较受关注的问题，说明公众对通胀压力普遍担忧。调查中对交通、环境表示关注的问卷数分别为13份、12份，对应的关注度分别为14%和13%，位居第三位和第四位。对教育和就业最关注的问卷均为7份，相应的选择率为7%。此外，部分公众还对社会成员收入差距拉大、公民道德素质建设、政府公开决策和听取民意等问题表达了高度关注，提出了独到见解。

上述数据表明，房价和物价是公众当前最关心、最现实的利益问题，共同成为公众普遍关注的热点。房价的居高不下和快速上涨，不仅已引发了公众的高度关注，同时也引发了公众的担忧。国家为刺激经济而采取的积极的财政政策和宽松的货币政策，加大了社会总需求，使国内物价的提高由上游产业蔓延至下游产业，由大宗商品、工业品、生产原材料等蔓延至一般生活消费品，从而造成了物价相对上涨。同时，与西方国家比，某些物价绝对水平较高，这些都直接影响到老百姓对物价的敏感程度。

## A4.4 重庆市

### A4.4.1 您觉得您所居住的城市还有哪些方面最需要得到改善

重庆市共收到调查问卷101份，其中93份对该问题进行了回答，8份未进行作答。对

于城市最需要改善方面的回答中，有54份问卷回答了与交通有关的问题，是所关注问题回答最多的，主要反映改善城市公共交通、道路交通情况复杂、加大城市交通管理、交通拥挤等问题。其次是关注的是城市生态环境问题，共39份，主要关心城市居住环境、城市生态环境、城市卫生、城市空气质量、城市绿化、城市环境污染等方面。再次急需改善城市的文化建设，共有16份，包括历史文化保护、人文环境的改善、人民素质的提高、城市文化环境及城市文体配套设施等问题，说明重庆市市民比较注重文化方面的建设。

还有其他关注的问题：就业、城市规划、社会治安、社会保障和福利等。

通过以上分析，可以看出对于重庆市城市发展最需要改善的方面，第一是城市交通问题，第二是城市环境问题，第三是城市文化建设问题。

A4.4.2　作为一名普通市民，您最关注和关心的问题是什么

重庆市共收到调查问卷101份，其中92份对该问题进行了回答，9份未进行作答。作为一名普通市民，最关注和关心的是民生问题（衣食住行），也就是与老百姓的日常生活息息相关的问题，主要包括住房（保障房、房价等）、城市交通、收入和就业、物价水平、社会保障（养老保障、就业保障、医疗保障）等问题；其次关心城市环境质量问题，包括空气质量、环境污染、宜居环境、城市绿地等问题。

### A4.5　宁波市

A4.5.1　您觉得您所居住的城市还有哪些方面最需要得到改善

在宁波发放的95份问卷调查中，共收回94份，有效率为99%。49份问卷最关注环境，其选择率达52%，高居榜首，成为调查中最受关注的问题。这其中11%的公众选择空气质量为他们最关注的环境问题，水质量作为他们最关注的环境问题的比率为6%。位居最受关注问题第二位的是交通，共有42份问卷，选择率为45%，其问题主要体现在交通混乱、交通堵塞、出行难，其中有10%的市民认为道路差、缺乏系统性规划。排在第三位的是房价，共有25份问卷将之作为市民最为关注的问题，关注度达27%。此外，部分公众还认为教育如入托难，城市管理不够完善等需要着手改善。

以上问卷统计结果表明，宁波市的环境成为普通市民最关切的问题；交通则上升至第二位，成为最需要改善的问题之一；房价则位居第三位，这三者是普通市民认为最需要解决的问题。

A4.5.2　作为一名普通市民，您最关注和关心的问题是什么

在宁波发放的95份问卷调查中，42份问卷最关注房价，其选择率达44%，其中，能否买得起房以及付得起住房贷款，成为他们最关注的问题。问卷调查结果显示，有18份问卷将城市环境作为最关注和关心的问题，选择率高达19%，仅次房价，位居第二位，问题具体包括城市周围的环境、噪声，水污染，空气质量，市政绿化等。问卷中对交通、医疗表示最关注的问卷数分别为10份、8份，对应的关注度分别为11%和8%，位居第三位和第四位。对物价最关注的问卷有6份、相应的选择率为6%。

上述数据表明，房价是宁波市市民当前最关注和关心的问题，另外，环境、交通、医疗也是宁波市民较关注的问题。

## A4.6 濮阳市

A4.6.1 您觉得您所居住的城市还有哪些方面最需要得到改善

濮阳市共收到调查问卷106份，其中92份对该问题进行了回答，14份未进行作答。在城市最需要改善方面的回答中，有40份问卷回答了与城市环境相关的问题，是所关注问题回答最多的，主要反映的关于城市环境的问题有城市绿化、环境卫生、城市污染等，这也说明濮阳市城市居民认为城市发展中城市环境的改善将是首要解决的问题。其次关注的是城市基础设施建设，共有20份，对于城市基础设施需要大力改善，特别是在学校建设、城市道路与小区的配套设施、城市公共基础设施的修建等方面，说明当地居民对于自身生活质量的改善方面非常关心。再次关注城市交通问题，共有9份，主要是火车站和公共交通问题。同时，还关注城市规划的执行力度、城市住房与居住问题等。

A4.6.2 作为一名普通市民，您最关注和关心的问题是什么

濮阳市共收到调查问卷106份，其中89份对该问题进行了回答，17份未进行作答。作为一名普通市民，最关注和关心的是民生问题，也就是与老百姓的日常生活息息相关的问题，主要包括住房问题（房价上涨过快等）、居民的收入与就业问题、社会保障问题、子女的上学与就业问题、物价问题、社会治安问题以及如何提高城市环境质量等。这表明，对于濮阳市普通市民来说，主要关心的是与自己生活有密切联系的问题，同时也是最现实的问题。只有这些基本的问题得到较为完善的解决，人民才能安居乐业，城市才能健康快速的发展。

## A4.7 上海市

A4.7.1 您觉得您所居住的城市还有哪些方面最需要得到改善

在上海发放的115份问卷调查中，共收回102份，有效率为89%。50份问卷最关注环境，其选择率达49%，高居榜首，成为调查中最受关注的问题。这其中10%的公众选择绿化为他们最关注的环境问题，8%和4%的公众将空气质量和水质量作为他们最关注的环境问题。位居最受关注问题第二位的是房价，共有31份问卷，选择率为30%。同时，28份问卷将交通作为他们最为关注的问题，关注度达27.5%。此外，部分公众还对社会治安、提高基本工资、政府公信度和听取民意等问题表达了高度关注，提出了独到见解。

以上问卷统计结果表明，上海城市的环境成为公众最关切的问题。统计数据还说明，房价仅次于城市环境，受到公众较广泛的关注。一方面身为国际大都市的上海，对住房的需求大于供给，刚性需求是维持房价最受关注的直接原因，与此同时，衍生了大批的投机客，支撑了高涨的房价，普通百姓很难承受高房价的压力，因而，成为上海市民最需解决的问题。另外，与成都等其他城市一样，交通困境也是上海市民关注的问题，成为最需要解决的问题之一。

A4.7.2 作为一名普通市民，您最关注和关心的问题是什么

在上海发放的115份问卷调查中，共收回102份，有效率为89%。45份问卷最关注环境，其选择率达44%，高居榜首，成为调查中最受关注的问题。它们集中在房价过高，房价上涨过快，国家宏观调控的力度，国家信贷政策、利率等问题。问卷调查结果显示，有18份问卷将民生作为最关注和关心的问题，选择率高达18%，仅次房价，位居第二位。问卷中对工资收入、环境表示最关注的问卷数分别为16份、15份，对应的关注度分别为

16%和15%，位居第三位和第四位。

上述数据表明，房价成为上海市民最关注和关心的问题。房价的居高不下和快速上涨，不仅引发了公众的高度关注，也引发了公众的担忧。另外，民生、社会保障以及工资收入也是上海市民较关注的问题。

### A4.8　沅江市

A4.8.1　您觉得您所居住的城市还有哪些方面最需要得到改善

沅江市共收到调查问卷102份，其中86份对该问题进行了回答，16份未进行作答。对于城市最需要改善方面的回答中，54份问卷回答的首先是与城市环境卫生有关的问题，是所关注问题回答最多的，主要包括城市环境卫生、城市绿化、居住环境等与环境相关的问题。其次需要改善的是城市交通问题，共29份。再次需要改善的是城市文化建设，共有14份，包括城市人文环境、教育、社区文化、历史文化等方面。再次需要改善的是社会稳定与治安，共有12份，这也从另一方面说明沅江市在社会治安方面需要进一步加强。其他需要改善的是医疗条件、就业环境、政府廉洁等问题。

通过以上分析，可以看出对于沅江市城市发展来说，最需要改善的方面，第一是城市环境卫生，第二是城市交通，第三是城市文化的建设，第四是城市社会稳定与治安状况的改善。

A4.8.2　作为一名普通市民，您最关注和关心的问题是什么

沅江市共收到调查问卷102份，其中88份对该问题进行了回答，14份未进行作答。作为一名普通市民，最关注和关心的问题是民生问题，主要包括个人收入、子女上学与就业、住房问题、居住与生活环境、城市环境问题、房价等，其次关心城市社会经济发展问题。

## A5　结论

针对以上问卷问题初步分析的基础上，得出以下几方面的结论：

（1）城市居民比较关注城市人居环境质量

问卷调查中，城市居民选择“非常关注”、“比较关注”和“偶尔关注”占到总数的97.1%，可见城市居民对城市人居环境质量问题会或多或少关注。

城市居民认为，良好的人居环境主要包括社区环境、生活方便、邻里融洽、居住条件和生活富裕等，也就是社区环境的优化、基本设施的完备、邻里关系的融洽、居住条件的舒适以及生活水平的富足是良好人居环境的重要组成。不同城市对于良好的人居环境所包括的内容偏好程度有所不同。

（2）城市公园绿地的数量仍需增加

问卷调查中，有87.9%的城市居民认为城市公园绿地数量不足或一般，仅10.7%的居民认为城市公园绿地数量已经满足要求。同时，关注城市空气质量的城市居民数量要大于关注城市绿化的数量，这也说明城市居民对于和自己生命相关的城市环境更加地重视。从各城市情况来看，北京市、上海市和宁波市对于城市空气质量的关注程度都超过了五成。

（3）大中小城市上下班时间差距较大，交通工具的类型较多

八个城市的平均上下班单程所需要为30.98min。特大城市北京市和上海市分别达到了50.26min、48.77min，而中小城市濮阳市和沅江市上下班单程时间仅为15.41min、

15.73min，两者相差3倍多，说明了北京市和上海市的城市居民出行的压力较大，所花费的时间成本较高。

在出行中交通工具的类型较多，如公交车、自行车、私家车、地铁或轻轨、班车等，其中公交车是作为出行首选的公共交通工具。在中小城市自行车或步行是主要的选择方式。

（4）城市居民选择居住地影响因素较多，与城市居民的日常生活紧密相连

总体来看，“生活配套齐全”、“治安良好”、“交通便利”和“环境良好”是城市居民选择居住地的主要影响因素，说明城市居民在选择居住地时，首先考虑的是日常生活的便利程度；其次考虑的是“孩子上学方便”和“房价便宜”，这说明选择居住地时，特别是对于大城市来说，居民孩子上学问题和房价的承受力是考虑的首选。

影响人居环境的重要程度分析，8个城市总体来看，“治安”是影响人居环境最重要因素，居民的安居乐业是首先考虑的问题；其次是“自然和绿化环境”，对于人居环境来说，城市生态环境的良好反映出城市宜居的程度，是人居环境重要的考虑因素；第三是“住房”问题，城市居民住房情况是人居环境的根本点，也说明了当前居民总体住房的质量与实际要求有差距。其他依次为“收入和就业”、“交通出行”、“社区环境”、“环境污染”、“社会保障”和“城市文化环境”。

（5）城市居民节水和节电的意识需要进一步加强

通过问卷调查可以看出，注意节水和节电的城市居民仅占57.9%，不到六成，还有四成多居民认为一般和无所谓，说明了城市居民整体上节水和节电的意识不强，需要政府相关部门进一步加强宣传的力度，让城市居民的节水节电意识深入其中，为和谐的人居环境创造良好的氛围。同时，节水和节电对于城市居民的生活质量会产生一定影响。

（6）城市居民对于城市的规划和发展战略了解较少，参与城市的规划和决策意愿较强

城市居民对于城市的规划和发展战略选择“非常了解”和“了解”的，仅占26.9%，而选择“了解不多”和“不了解”，两项总比例高达72.3%，说明了城市居民对于自己城市的规划和发展战略方面知道的较少，从另一个角度来看，也说明了政府对于城市规划和城市发展战略的宣传力度不够。

愿意参与所在城市的规划与决策的回答中，总体来看，非常愿意且参与过、非常愿意但未参与过、愿意参与三项占比例达到84.1%，说明了城市居民对于参与城市的规划与决策的意愿较强，能够积极为城市的规划合理化与人性化提供建议和意见。

城市居民希望政府工作的重点首先要放到改善民生方面，民生问题关系到老百姓切实利益，也是老百姓日常生活时时处处面对的；其次是建立廉洁高效的政府，说明了老百姓对于政府职能转变，希望每个政府都能够做到廉洁自律，为人民提供好的生活环境和工作环境；第三是保护城市环境，这与老百姓的日常生活息息相关，良好的城市环境使人的生活状态和精神状态都能够达到最佳；第四保护历史文化，对于城市发展来说，保护城市的历史与文化是非常重要，历史与文化的积淀将会对城市发展有着承前启后的作用。

# 8　专题报告：城市主要基础设施完备性评价研究

## 8.1　城市主要基础设施评价体系

### 8.1.1　建立评价体系的目的

通过建立一套科学、有效的城市基础设施绩效评价体系，来综合地反映城市基础设施规划、建设与管理水平，实现以下几个具体目的：

引导城市政府建立正确的政绩观和发展观，正确认识城市基础设施在城市建设与发展中的重要作用与地位；

指引城市建设投资方向，促进城市政府重视城市基础设施规划建设；

为城市基础设施规划与建设的决策行为提供方向性和标准性指引；

引导城市建设与自身社会、经济、资源条件相适应的高效的城市基础设施体系；

为国家行政主管部门制定城市基础设施发展政策，履行规划、建设、投资的管理与监督职能提供技术依据。

### 8.1.2　评价方法

1. 城市分类

按照简洁、可操作同时兼顾城市社会经济与资源禀赋差异性的原则，本评价体系对全国城市按照城市规模进行分组，对规模相似组的城市进行比较。在具体评价标准设置上同时兼顾南北区域气候差异的影响。

按照城市非农业人口（含常住外来人口）规模进行分组。

特大城市：100 万人口以上；

大城市：50～100 万人口；

中等城市：20～50 万人口；

小城市：20 万人口以下。

2. 绩效判定方式

（1）分档

以城市基础设施评价的绩效标准值为基准，分成一级、二级、三级、四级四档（包括综合评价和专项评价）。目的：一是减少主观因素影响，强调质量状况；二是强调自身纵向比较发展情况。

（2）排名

被评价城市根据具体得分综合排队。目的：一是进行城市间的横向比较；二是直接反映城市基础设施在全国所处的水平。

3. 绩效衡量指数

本评价体系设定“基础设施完善度”作为反映城市基础设施绩效状况的衡量指数。具体又可分为：

综合评价指数——城市基础设施完善度，反映城市整体基础设施综合水平。

专项评价指数——专项基础设施完善度，反映城市基础设施特定专项水平，主要包括水系统、交通系统、环境系统、能源系统以及投资水平5个硬指标专项指数。

4. 评价指标权重

本评价体系的指标权重采取等值加权和不等值加权相结合的处理办法。

等值加权：对基础指标（18个）进行评价时，采用等值加权，可以实现简洁、可操作、减少主观影响的目标。

不等值加权：对上层的专项综合指标（5个硬指标系统专项指数），采用不等值加权，可以与国家当前政策相对接，强化引导作用。权重值运用专家打分法，根据专家意见确定为：水系统——0.378，交通系统——0.205，环境系统——0.148，能源系统——0.163，投资水平——0.105。

5. 评价指标性质

本评价体系将评价指标性质分为硬指标和软指标两种，以硬指标评价为主，软指标评价为辅。

硬指标：指城市基础设施的物质性指标，可量化，来源于公开发行的统计年报（年鉴），是主要评价依据，包括5个系统18项基础指标。

软指标：近期可以通过市民问卷调查获取的数据（市民满意度），用于修正硬指标体系的结果，补充硬指标体系在现有条件下难以涉及的内容；远期将主观性较强但有重要引导作用的指标如城市基础设施规划、法律及政策的制定、落实与监督等内容纳入到评价指标体系中。

6. 评价绩效得分计算

在不影响被评价对象相对地位的情况下，采用计算较简单的、结果较直观的直线化计算方式。

指标计算的具体步骤是先采用阈值法进行无量纲化，然后把阈值法得出的绩效分值用Z值法进行处理，等权加权得到每个子系统的分值，之后用算术加权（不等权）得到每个城市的最终得分。

### 8.1.3 评价指标体系框架与解释

1. 关于主要基础设施的内容

本研究中的“城市主要基础设施”是指建设部行政事权内的市政公用设施的内容，包括给水、排水、城市交通、环境卫生、能源五个方面的内容。

2. 评价指标体系层级结构

评价指标体系层级结构见图8-1。

3. 定量评价指标选取原则

简洁明了——指标易于被人理解，不产生歧义；

数据客观——有合法、准确、可靠的数据来源，数据本身能够反映实际情况；

综合性强——指标能够反映城市基础设施建设和效能的多方面信息；

涵盖面广——指标体系能够涵盖城市基础设施的各个方面；

契合度高——指标能够直接反映评价的目标。

4. 定量评价指标来源

指标的数据主要来自于《中国城市建设统计年报》、《中国城市统计年鉴》、卫星遥感

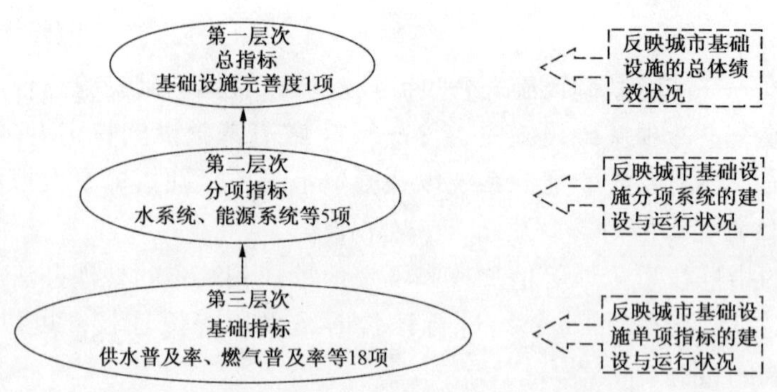


图8-1　评价指标体系层级结构

数据和已公布的各类城市评选中的指标或从实际调查中得到的准确数据。

5. 评价指标体系组成内容

近期评价指标体系由3个层次18项具体硬指标以及问卷（市民满意度）组成，具体见图8-2。

远期评价指标体系由3个层次35项具体硬指标和问卷（市民满意度）组成，具体见图8-3。

6. 硬指标清单与解释

（1）指标相关的概念解释

1）城市建成区

城市行政区内实际已成片开发建设、市政公用设施和公共设施基本具备的区域。对核心城市，它包括集中连片的部分以及分散的若干个已经成片建设起来，市政公用设施和公共设施基本具备的地区；对一城多镇来说，它包括有几个连片开发建设起来的，市政公用设施和公共设施基本具备的地区组成。建成区范围，一般指建成区外轮廓线所包括的地区，也就是这个城市实际建设用地所达到的范围。

2）城市（镇）人口

本指标体系中的城市人口是指城市常住人口。一般指已在城市持续居住一定时间以上的人口，包括满足该时限要求的户籍人口和流动人口。本研究所指为在城市内连续居住满1年或1年以上的人口。包括城市户籍人口（户籍非农人口）和城市暂住人口两部分。其中暂住人口是指暂住一年以上的人口。

3）市辖区

本研究所指城市市区范围一般指城市市辖区范围的统计数据。具体包括城区和郊区。

（2）指标清单与解释

近期指标清单与解释见表8-1。

（3）硬指标绩效标准及依据

国家规范里有明确标准要求的，作为主要依据；

国家的“十五”、“十一五”规划，各部委的“十五”、“十一五”规划中有明确要求的，作为主要依据；

已公开的国家各类城市评奖中有明确标准要求的，作为主要依据；

个别缺乏法定标准的则以全国城市平均水平专家意见作为依据。

硬指标体系绩效标准及依据见表8-2。

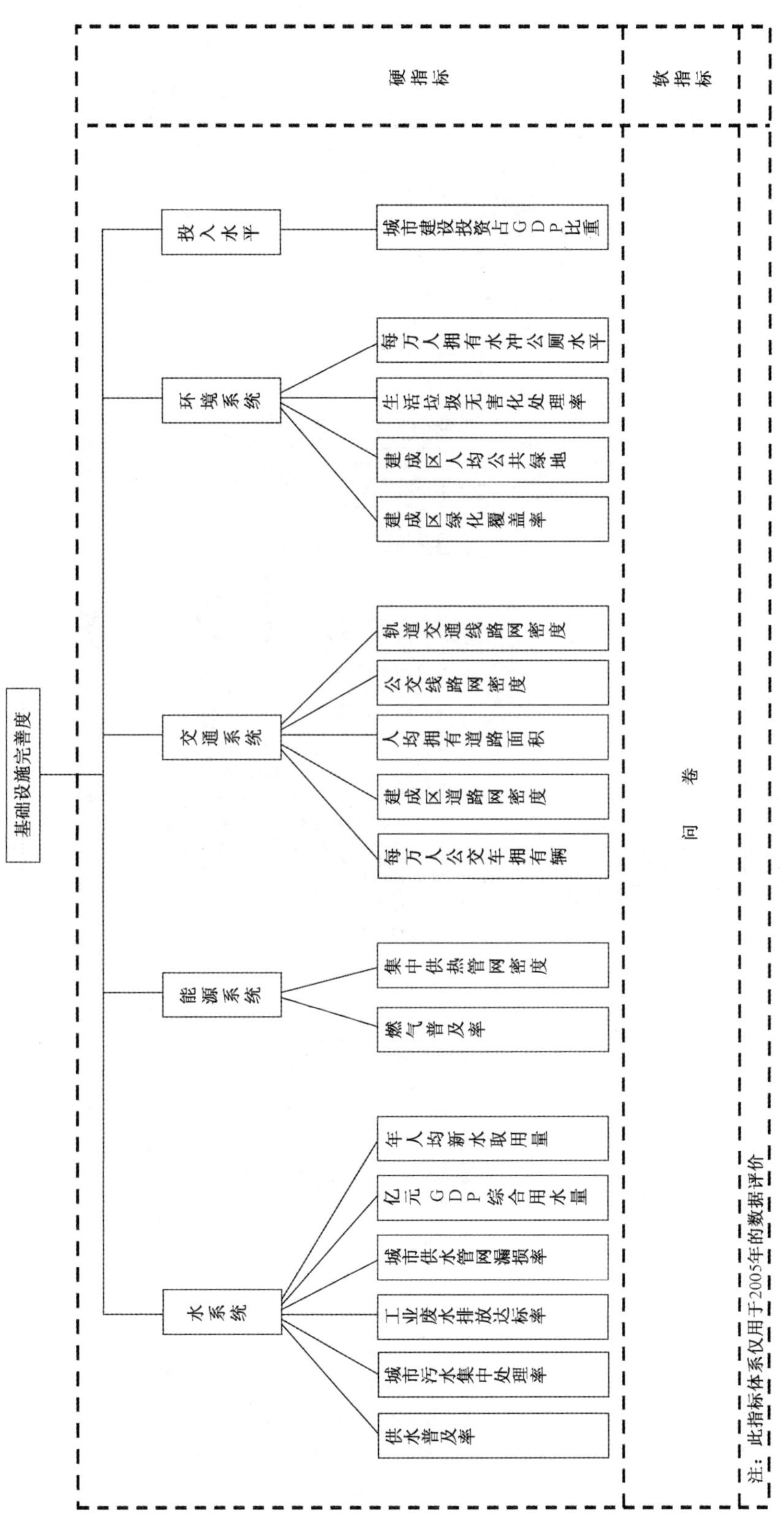


图8-2　近期基础设施评价指标体系组成

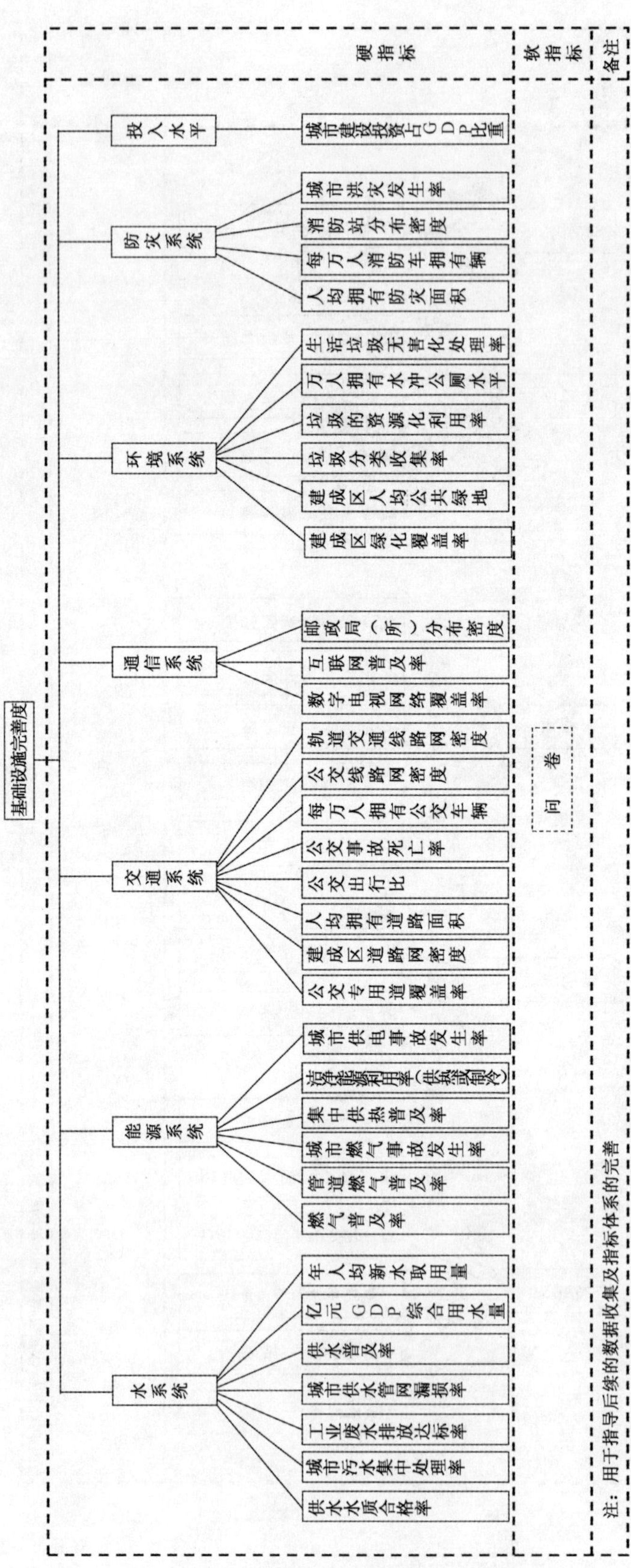


图8-3　远期基础设施评价指标体系构成

**近期指标清单及涵义解释** **表 8-1**

| 类别 | 指标名称 | 条目 | 内容 | 备注 |
|---|---|---|---|---|
| A 水系统 | $A_1$ 供水普及率 | 计量单位 | % | |
| | | 计算公式 | 城市用水人口/城市人口 | |
| | | 指标性质 | 正向 | |
| | | 指标功能 | 反映设施普及水平——城市供水设施的实际服务范围 | |
| | | 指标解释 | 城市中使用公共供水设施供水的人口与城市人口的比率 | |
| | | 数据来源 | 中国城市建设统计年报 | |
| | $A_2$ 城市污水集中处理率 | 计量单位 | % | |
| | | 计算公式 | 污水集中处理量/污水排放总量 | |
| | | 指标性质 | 正向 | |
| | | 指标功能 | 反映水环境水平——城市污水设施的完善程度和处理能力 | |
| | | 指标解释 | 指城市污水集中处理量与城市污水排放总量的比率 | |
| | | 数据来源 | 中国城市建设统计年报 | |
| | $A_3$ 年人均新水取用量 | 计量单位 | $m^3$/人 | |
| | | 计算公式 | 城市新水取用量/城市人口 | |
| | | 指标性质 | 负向 | |
| | | 指标功能 | 反映节水水平——城市水资源的节约利用程度，间接反映水资源的综合利用水平 | |
| | | 指标解释 | 指城市人口的平均新水取水水平 | |
| | | 数据来源 | 中国城市建设统计年报 | |
| | $A_4$ 工业废水排放达标率 | 计量单位 | % | |
| | | 计算公式 | 全部达到国家、地方排水标准的外排工业废水量/工业废水排放总量 | |
| | | 指标性质 | 正向 | |
| | | 指标功能 | 反映水环境水平——城市工业废水的处理水平，也间接反映各类水体的污染水平 | |
| | | 指标解释 | 指经过处理而不对水体造成污染的工业废水排放量与工业废水排放总量的比率 | |
| | | 数据来源 | 中国城市统计年鉴 | |
| | $A_5$ 城市供水管网漏损率 | 计量单位 | % | |
| | | 计算公式 | [城市供水总量 -（实际供水量 + 免费售水量）] /城市供水总量 | |
| | | 指标性质 | 负向 | |
| | | 指标功能 | 反映城市供水设施的完好水平 | |
| | | 指标解释 | 指城市供水过程中管网漏损的水量比例 | |
| | | 数据来源 | 据中国城市建设统计年报数据计算 | |

续表

| 类别 | 指标名称 | 条目 | 内　容 | 备注 |
|---|---|---|---|---|
| A水系统 | $A_6$ 亿元 GDP 综合用水量 | 计量单位 | 万 $m^3$/亿元 | |
| | | 计算公式 | 城市供水总量/城市 GDP | |
| | | 指标性质 | 负向 | |
| | | 指标功能 | 反映水的利用效率——反映水资源的综合利用效率，间接反映城市水资源的节约利用程度 | |
| | | 指标解释 | 指城市每亿元 GDP 的平均耗水水平 | |
| | | 数据来源 | 中国城市建设统计年报、中国城市统计年鉴 | |
| B能源系统 | $B_1$ 燃气普及率 | 计量单位 | % | |
| | | 计算公式 | 用气人口数/城市人口总数 | |
| | | 指标性质 | 正向 | |
| | | 指标功能 | 反映设施普及水平——城市能源的普及水平 | |
| | | 指标解释 | 使用燃气的城市人口数与城市人口总数的比率 | |
| | | 数据来源 | 中国城市建设统计年报 | |
| | $B_2$ 集中供热管网密度 | 计量单位 | km/km$^2$ | 因缺乏全国各城市建筑面积统计数据，故用此指标代替“集中供热普及率” |
| | | 计算公式 | 城市集中供热管网长度/城市建成区面积 | |
| | | 指标性质 | 正向 | |
| | | 指标功能 | 反映城市集中供热设施的供给水平 | |
| | | 指标解释 | 城市建成区单位面积上的集中供热管网长度 | |
| | | 数据来源 | 中国城市建设统计年报 | |
| C交通系统 | $C_1$ 每万人公交车拥有辆 | 计量单位 | 标台/万人 | 小城市作为参考 |
| | | 计算公式 | 城市公交交通车辆标台数/城市人口 | |
| | | 指标性质 | 正向 | |
| | | 指标功能 | 反映公共交通水平——城市公共交通设施的硬件水平 | |
| | | 指标解释 | 城市居民人均拥有的公交车辆标台 | |
| | | 数据来源 | 中国城市建设统计年报 | |
| | $C_2$ 建成区道路网密度 | 计量单位 | km/km$^2$ | |
| | | 计算公式 | 城市建成区的道路长度（包括主、次、支）/城市建成区的面积 | |
| | | 指标性质 | 正向 | |
| | | 指标功能 | 反映城市交通设施水平——城市建成区的道路分布水平 | |
| | | 指标解释 | 建成区每平方公里土地上的平均道路长度（含快速路、主干道、次干道、支路） | |
| | | 数据来源 | 中国城市建设统计年报 | |

续表

| 类别 | 指标名称 | 条目 | 内　容 | 备注 |
|---|---|---|---|---|
| C 交通系统 | $C_3$ 人均拥有道路面积 | 计量单位 | $m^2$/人 | |
| | | 计算公式 | 城市道路总面积/城市总人口 | |
| | | 指标性质 | 正向 | |
| | | 指标功能 | 反映城市交通设施水平——城市道路设施对城市人口提供服务的能力 | |
| | | 指标解释 | 城市人口平均拥有的道路面积 | |
| | | 数据来源 | 中国城市建设统计年报 | |
| | $C_4$ 公交线路网密度 | 计量单位 | 公里/平方公里 | |
| | | 计算公式 | 城市公共交通线路长度/城市建成区面积 | |
| | | 指标性质 | 正向 | |
| | | 指标功能 | 反映城市交通设施水平——城市公共交通设施的拥有水平 | |
| | | 指标解释 | 城市建成区平均拥有的公共交通线路长度 | |
| | | 数据来源 | 中国城市建设统计年报 | |
| | $C_5$ 轨道交通线路网密度 | 计量单位 | $km/km^2$ | |
| | | 计算公式 | 城市轨道交通线路长度/城市建成区面积 | |
| | | 指标性质 | 正向 | |
| | | 指标功能 | 反映城市交通设施水平——城市轨道交通设施的拥有水平 | |
| | | 指标解释 | 城市建成区平均拥有的轨道交通线路长度 | |
| | | 数据来源 | 中国城市建设统计年报 | |
| D 环境系统 | $D_1$ 建成区绿化覆盖率 | 计量单位 | % | |
| | | 计算公式 | 城市建成区中的绿化投影面积/城市建成区面积 | |
| | | 指标性质 | 正向 | |
| | | 指标功能 | 反映城市人居环境水平——城市建成区的绿化综合水平 | |
| | | 指标解释 | 建成区中绿化投影面积所占的比例 | |
| | | 数据来源 | 中国城市建设统计年报 | |
| | $D_2$ 建成区人均公共绿地 | 计量单位 | $m^2$/人 | |
| | | 计算公式 | 建成区公共绿地面积/城市人口 | |
| | | 指标性质 | 正向 | |
| | | 指标功能 | 反映城市人居环境水平——城市居民的环境质量 | |
| | | 指标解释 | 指人均所拥有的向公众开放的市级、区级、居住区级各类公园，街旁公园等的面积 | |
| | | 数据来源 | 中国城市建设统计年报 | |

续表

<table>
<tr><th>类别</th><th>指标名称</th><th>条目</th><th>内　容</th><th>备注</th></tr>
<tr><td rowspan="12">D<br>环<br>境<br>系<br>统</td><td rowspan="6">$D_3$ 生活垃圾无害化处理率</td><td>计量单位</td><td>%</td><td rowspan="6">统计时，由于生活垃圾产生量不易取得，可用清运量代替</td></tr>
<tr><td>计算公式</td><td>生活垃圾无害化处理量/生活垃圾产生总量</td></tr>
<tr><td>指标性质</td><td>正向</td></tr>
<tr><td>指标功能</td><td>反映城市环境水平——衡量城市生活垃圾的处理水平，间接反映垃圾处理设施的完善程度</td></tr>
<tr><td>指标解释</td><td>生活垃圾无害化处理量与生活垃圾产生量的比率。生活垃圾处理量指简易处理场和各种生活垃圾无害化处理场（厂）处理的垃圾生活总量。生活垃圾无害化处理量指生活垃圾无害化处理场（厂）所处理的生活垃圾总量</td></tr>
<tr><td>数据来源</td><td>中国城市建设统计年报</td></tr>
<tr><td rowspan="6">$D_4$ 每万人拥有水冲公厕水平</td><td>计量单位</td><td>座/万人</td><td rowspan="6">考虑到城市公厕发展的实际情况，这里采用水冲式公厕作为衡量指标</td></tr>
<tr><td>计算公式</td><td>城市水冲公共厕所数/建成区的人口总数</td></tr>
<tr><td>指标性质</td><td>正向</td></tr>
<tr><td>指标功能</td><td>反映城市环境设施方便程度——城市生活基础设施的发展水平</td></tr>
<tr><td>指标解释</td><td>城市人口平均拥有的水冲公厕数。公共厕所是指供城市居民和流动人口使用的厕所，包括公共建筑（如车站、码头、商店、饭店、影剧院、体育场馆、展览馆、办公楼等）附设的厕所。通常分为水冲公厕和旱厕，独立式和附设式公厕。本报告中只计入水冲的独立公厕，不包括旱厕以及公共建筑附设的水冲公厕</td></tr>
<tr><td>数据来源</td><td>中国城市建设统计年报</td></tr>
<tr><td rowspan="6">E<br>投<br>入<br>水<br>平</td><td rowspan="6">$E_1$ 城市建设固定资产投资占GDP的比重</td><td>计量单位</td><td>%</td><td rowspan="6">城市建设固定资产包括城市基础设施建设和基础设施维护支出</td></tr>
<tr><td>计算公式</td><td>城市建设的固定资产投资/城市的GDP</td></tr>
<tr><td>指标性质</td><td>区间值，双向</td></tr>
<tr><td>指标功能</td><td>反映城市基础设施投入水平——城市基础设施建设和城市经济发展的配比关系</td></tr>
<tr><td>指标解释</td><td>城市固定资产建设支出占城市GDP的比例</td></tr>
<tr><td>数据来源</td><td>根据中国城市建设统计年报、中国城市统计年鉴计算</td></tr>
</table>

**硬指标体系绩效标准及依据** **表 8-2**

| 序 号 | 指标名称 | 绩效分级 | 标准值 | 指标标准绩效依据 | 备 注 |
|---|---|---|---|---|---|
| $A_1$ | 供水普及率 | 一级 | ≥98.5% | 《中国人居环境奖参考指标体系》，≥98.5% | 据计算，全国城市居民用水普及率为地级 89.17；县级为 87.87 |
| | | 二级 | ≥95% | “十一五”规划目标 95% | |
| | | 三级 | ≥90% | 全国重点镇规划标准，≥90% | |
| | | 四级 | 90% 以下 | | |
| $A_2$ | 城市污水集中处理率 | 一级 | ≥80% | 《节水型城市考核标准评分表》，80%、≥70%、≥50%；《国家环境保护模范城市考核指标》，≥80% | |
| | | 二级 | ≥70% | “十一五”规划目标 70% | |
| | | 三级 | ≥45% | “十五”规划目标是 45%；2004 年城市污水平均处理率 45.67% | |
| | | 四级 | 45% 以下 | | |
| $A_3$ | 年人均新水取用量 | 一级 | 56.13$m^3$/人 | 节水型城市：低于全国平均值 50% 或年降低率≥5% | |
| | | 二级 | 86.86$m^3$/人 | 同上，为平均值的 77.37%（结合连年递减 5% 的要求） | |
| | | 三级 | 112.26$m^3$/人 | 全国的平均水平 | |
| | | 四级 | ≥112.26$m^3$/人 | 全国的平均水平以下 | |
| $A_4$ | 工业废水排放达标率 | 一级 | 100% | 《“十一五”国家环境保护模范城市考核指标实施细则》，100%；《节水型城市评选体系》，100% | 全国地级以上城市平均值为 84.98% |
| | | 二级 | ≥95% | 取一级标准与三级标准中间值 | |
| | | 三级 | ≥85% | 全国平均值 | |
| | | 四级 | 85% 以下 | | |
| $A_5$ | 城市供水管网漏损率 | 一级 | ≤10% | 《城市供水管网漏损控制及评定标准》CJJ 92-2002 漏损规范，基本漏损率 <12%，最多加 3% | 全国平均值，地级城市为 24.32，县级城市为 22.10 |
| | | 二级 | ≤12% | | |
| | | 三级 | ≤15% | | |
| | | 四级 | 15% 以上 | | |
| $A_6$ | 亿元 GDP 的综合用水量 | 一级 | 28.59 万 $m^3$/亿元 | 节水型城市：低于全国平均值 50% 或年降低率≥5% | 平均值是指已有统计数据的平均值，并不是所有城市，2004 年全国平均值，地级城市为 57.27，县级城市为 29.25 |
| | | 二级 | 44.24 万 $m^3$/亿元 | 同上，为平均值的 77.37%（结合连年递减 5% 的要求） | |
| | | 三级 | 57.18 万 $m^3$/亿元 | 全国的平均水平 | |
| | | 四级 | ≥57.18 万 $m^3$/亿元 | 全国的平均水平以下 | |

续表

| 序　号 | 指标名称 | 绩效分级 | 标准值 | 指标标准绩效依据 | 备　注 |
|---|---|---|---|---|---|
| $B_1$ | 燃气普及率 | 一级 | ≥95% | 《中国人居环境奖参考指标体系》，≥95% | |
| | | 二级 | ≥80% | 《国家园林城市标准》，≥80% | |
| | | 三级 | ≥70% | 全国平均水平 | |
| | | 四级 | 70 以下 | | |
| $B_2$ | 集中供热管网密度 | 一级 | 4.98km/km$^2$ | 根据统计，1996～2004 年全国的平均密度年均增长 7%<br>2004 年全国平均值为 2.53km/km$^2$，以此为基础作为合格值，按照平均增长速度的 5 年、10 年值作为良、优的值 | 供热省（自治区）、直辖市包括北京、天津、黑龙江、吉林、辽宁、内蒙古、河北、山西、河南、山东、陕西、宁夏、甘肃、青海、新疆 |
| | | 二级 | 3.55km/km$^2$ | | |
| | | 三级 | 2.53km/km$^2$ | | |
| | | 四级 | <2.53km/km$^2$ | | |
| $C_1$ | 每万人公交车拥有辆 | 一级 | ≥15 标台/万人 | 《全国文明城市测评体系》，>15，>10 | 全国地级城市平均值为 7.12，县级城市为 5.31 |
| | | 二级 | ≥10.4 标台/万人 | “十一五”规划目标 10.4 标台 | |
| | | 三级 | ≥6.7 标台/万人 | 根据道路规划设计规范，大城市 10～12.5 台/万人，小城市 6.67～8.33 台/万人 | |
| | | 四级 | 6.7 标台/万人以下 | | |
| $C_2$ | 建成区道路网密度 | 一级 | ≥8.5km/km$^2$ | 《绿色交通示范城市评选》，道路网密度大于 8.5km/km$^2$ | |
| | | 二级 | ≥7.1km/km$^2$ | 根据道路规划设计规范，大城市为 5.4～7.1km/km$^2$；中等为 5.2～6.6km/km$^2$；小城市为 6～9km/km$^2$ | |
| | | 三级 | ≥5.2km/km$^2$ | | |
| | | 四级 | 5.2km/km$^2$ 以下 | | |
| $C_3$ | 人均拥有道路面积 | 一级 | ≥11.5m$^2$/人 | 《中国人居环境奖参考指标体系》人均≥11.5m$^2$ | 全国平均值，地级城市为 10.01，县级城市为 11.96 |
| | | 二级 | ≥10.75m$^2$/人 | 取一级标准与三级标准的中间值 | |
| | | 三级 | ≥10m$^2$/人 | “十五”规划目标人均道路面积达到 10m$^2$ | |
| | | 四级 | 10m$^2$/人以下 | | |
| $C_4$ | 公交线路网密度 | 一级 | 4km/km$^2$ | 根据 GB 50220-95 规范，市中心区为 3～4km/km$^2$，边缘地区达到 2～2.5km/km$^2$ | 全国平均值，地级城市为 5.66，县级城市为 4.89 |
| | | 二级 | 3km/km$^2$ | | |
| | | 三级 | 2km/km$^2$ | | |
| | | 四级 | <2km/km$^2$ | | |

续表

| 序 号 | 指标名称 | 绩效分级 | 标准值 | 指标标准绩效依据 | 备 注 |
|---|---|---|---|---|---|
| $C_5$ | 轨道交通线路网密度 | 一级 | 0.5km/km² | 规范规定：在城市核心区，确定快速轨道交通车站的吸引范围为每侧670～800m；在中心区，确定城市中心区及外围城区快速轨道交通车站的吸引范围分别为每侧2km、4km。据此推算出核心区、中心区、外围城区的网络密度分别为1.25～1.50km/km²、0.50km/km²、0.25km/km² | 考核范围为特大城市<br>全国平均值，地级城市为0.12 |
| | | 二级 | 0.375km/km² | | |
| | | 三级 | 0.25km/km² | | |
| | | 四级 | <0.25km/km² | | |
| $D_1$ | 建成区绿化覆盖率 | 一级 | ≥40% | 《中国人居环境奖参考指标体系》，≥40% | 全国平均值，地级城市为30.32，县级城市为27.41 |
| | | 二级 | ≥36.5% | 取一级标准与三级标准的中间值 | |
| | | 三级 | ≥33% | “十五”规划目标35%；<br>《国家园林城市标准》，秦岭淮河以南，大35%、中37%、小39%；秦岭淮河以北，大33%、中35%、小37% | |
| | | 四级 | 33%以下 | | |
| $D_2$ | 建成区人均公共绿地 | 一级 | ≥10m²/人 | 《中国人居环境奖参考指标体系》规划建成区：≥10m²/人 | 全国平均值，地级城市为6.98，县级城市为7.43；2005年人均公共绿地为8.13m² |
| | | 二级 | ≥8m²/人 | 取一级标准与三级标准的中间值 | |
| | | 三级 | ≥6m²/人； | 《国家园林城市标准》：秦岭淮河以南，大城市6.5m²/人、中等城市7m²/人、小城市8m²/人；<br>秦岭淮河以北，大城市6m²/人、中等城市6.5m²/人、小城市7.5m²/人 | |
| | | 四级 | 6m²/人以下 | | |
| $D_3$ | 生活垃圾无害化处理率 | 一级 | ≥85% | 《国家环境保护模范城市考核指标》，≥85% | |
| | | 二级 | ≥60% | “十一五”规划目标，60% | |
| | | 三级 | ≥50% | 专家建议 | |
| | | 四级 | 50%以下 | | |
| $D_4$ | 每万人拥有的水冲公厕水平 | 一级 | ≥5.6座/万人 | 按照规范确定的规划合理用地比例算，1.6～5.6座/万人 | |
| | | 二级 | ≥3.6座/万人 | 取一级标准与三级的中间值：3.5座/万人 | |
| | | 三级 | ≥1.6座/万人 | 按照规划的合理用地比例算，1.6～5.6座/万人 | |
| | | 四级 | 1.6座/万人以下 | | |

续表

| 序　号 | 指标名称 | 绩效分级 | 标准值 | 指标标准绩效依据 | 备　注 |
| --- | --- | --- | --- | --- | --- |
| $E_1$ | 城市建设投资占 GDP 的比重 | 一级 | 5%～6% | 参考《世界银行发展报告：基础设施》（1994 年），大规模建设时期基础设施通常占 3%～8% | 城市建设的固定资产投资/城市的 GDP；2004 年全国平均值，地级城市为 4.10，县级城市为 2.01 |
| | | 二级 | 4%～5%，6%～7% | 取一级标准与三级标准的中间值 | |
| | | 三级 | 3%～4%，7%～8% | 参考《世界银行发展报告：基础设施》（1994 年），大规模建设时期基础设施通常占 3%～8% | |
| | | 四级 | 3% 以下；8% 以上 | | |

### 8.1.4　评价体系进一步改进的建议

本评价体系是基于现有条件下建立的一套可操作的方案，但与理想目标还有一定差距，主要存在以下不足：

（1）主要制约来自于信息数据的可得性。一些与现实问题契合度高、引导意义大的指标的度量数据，由于没有可靠的统计来源而无法纳入评价指标体系或只能用于试点城市。

（2）由于指标数据获取源本身信息不准确，对评价结果的客观性产生了一定影响。

（3）由于目前还处于体系初步建立与试运行阶段，受制于没有合法的信息获取途径，造成评价体系中软指标的缺失，在一定程度上影响到评价结果的综合性、全面性，限制了其引导作用。

（4）由于确定指标绩效标准主要依据国家相关标准、规范和评奖标准，个别缺乏法定标准的则是根据全国平均水平划定，使得指标体系中的一些指标标准及其反映的内涵与实际发展要求比相对滞后，需要在试运行的基础上进一步完善和替换。

针对以上不足和不断完善评价体系的需要，今后需要进一步开展如下工作：

（1）在进一步论证理想目标评价体系的基础上，对于与国家目前政策一致性高、引导意义大但目前法定统计渠道没有涵盖的指标，提出建议，由建设部与统计部门协调，争取将相关指标纳入官方统计口径。

（2）强化数据来源的可靠性，对于经验证确实与实际情况有较大偏离的指标，力争发挥信息动态监测技术，由获取的更准确的数据替代统计不准的数据。

（3）在试运行的基础上，提出软指标体系及建立信息获取的法定途径的程序建议，在条件成熟时可由建设部或建设部与其他部委联合发文的形式向地方推行相应的报告制度。

（4）在充分调查研究与试运行的基础上，进一步完善和替换滞后于实际发展要求的标准和指标，使得指标体系的指标标准及内涵与实际发展要求更加相符。

## 8.2　城市主要基础设施评价体系运行结果及分析报告

依据上述的指标体系和评价标准，课题以 2005 年的数据为基础，对全国 282 个地级城市的主要基础设施水平进行了评价和分析。

### 8.2.1 地级城市评价结果总体评价

综合分析全国各地级城市主要基础设施的水平，可以看出大部分地级市综合分数处于及格线（三级）以上，除少数城市外，水系统、能源系统水平在各类城市中，都基本处于城市基础设施的综合绩效平均水平之上，但各城市间差距较大。

在全国各地级城市中，城市水、能源和环境系统的水平在综合平均水平线上下浮动，城市间总体差异较大。随着城市规模由大到小，水、能源和环境系统水平低于城市平均综合绩效水平的城市数量比重也越来越大：其中在地级市的特大城市中，水、能源和环境系统水平基本都在综合绩效平均水平之上。

在全国各地级城市中，投入水平总体差异非常大，随着城市规模由大到小，各城市投入水平处于综合平均水平之下的城市数量比重越来越大，即便是在地级市的超大和特大城市中，城市间的投入水平差异也很大：少数大城市的投资水平远远高于全国地级市综合绩效平均水平。

以上分析说明了在全国各地级城市中，城市水系统普遍发展较好，而交通、能源、环境系统在地区的发展不平衡，投入水平在地区间的不平衡显现更加明显。绩效水平变化的总体趋势是随着城市规模变小而下降。

### 8.2.2 地级城市评价结果说明

按照人口分类标准，对地级城市分成4类进行说明。分析中所采用的最终得分是经加权后并经标准化的综合分值，各系统的分值是城市各系统的绩效分值。

1. 特大城市数据分析

从总体情况来看，城市水、能源、通信、环境等系统的发展水平基本在综合平均水平之上；除少数城市外，水系统、交通系统与综合平均水平基本持平，其中，部分城市的交通系统水平略高于平均水平；多数城市的投入水平在综合水平之上（图8-4）。

从水系统分布来看，城市间总体差距不大。其中，广州、上海、宁波、温州等城市水平略低于其综合绩效水平，柳州、贵阳、吉林的水系统分值远低于其综合水平。

从能源系统分布情况来看，总体情况较好，城市间总体差距不大。大部分特大城市分值水平基本上处于80～100分之间，其中，连云港、昆明等城市水平略低于其综合绩效水平，个别城市如重庆、济南、临沂得分较低，南宁、洛阳分数处于及格线以下。

从交通系统分布情况来看，总体得分不高，基本处于60～80分之间，城市间总体差距较大，少数城市略低于综合绩效水平，其中，北京、深圳因交通系统基础指标有数据缺失，因此得分较低，石家庄、抚顺、汕头、齐齐哈尔等城市水平低于综合水平。

从环境系统分布情况来看，城市间总体差距较大，其中上海、哈尔滨、大同等城市的环境系统水平远低于其综合绩效水平，处于及格线以下。

从投入比重分布情况来看，城市间总体差距很大，其中，杭州、徐州、深圳、唐山、乌鲁木齐、昆明、珠海、南宁等城市的投入比重水平与其经济发展水平不匹配，过高或过低，得分远低于其综合分值，从而影响了其最终的综合评价得分。

2. 大城市数据分析

从总体情况来看，城市能源、交通系统的发展水平基本在综合平均水平之上。水系统和环境系统在综合水平线上下浮动，投入水平略低于综合平均水平线，基本可以反映综合评价的变化趋势（图8-5）。

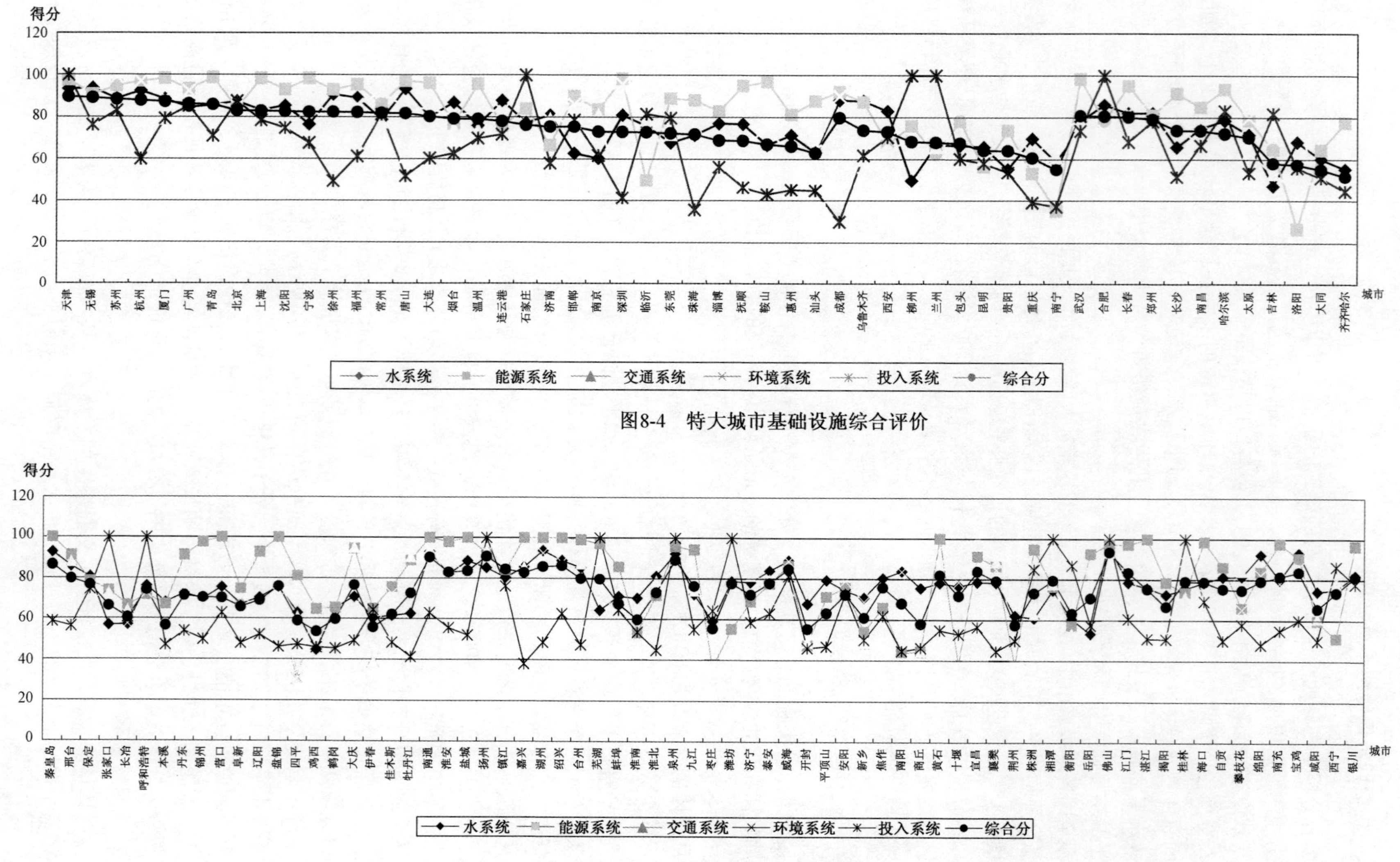


图8-4　特大城市基础设施综合评价



图8-5　大城市基础设施综合评价

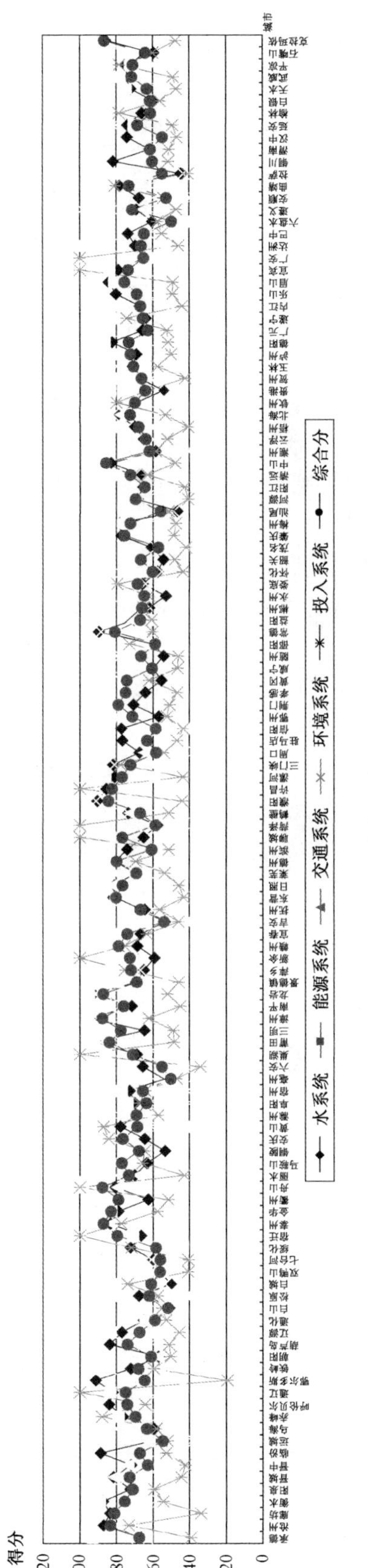


图8-6 中等城市基础设施综合评价

图8-7 小城市基础设施综合评价

从水系统分布情况来看，基本与综合水平线一致，城市间总体差距不大。个别城市如鸡西、牡丹江、芜湖、岳阳等城市水系统分值较低。

从能源系统分布情况来看，城市间总体差距很大。多数城市分值水平基本上处于60~100之间。其中枣庄、开封、新乡、南阳、商丘、十堰、荆州、西宁等城市水平远低于其综合绩效水平。

从交通系统分布情况来看，城市间总体差距较大。其中大庆、牡丹江、宜昌等城市水平远高于其综合绩效水平，本溪、宜春、平顶山、咸阳等城市水平远低于其综合绩效水平。

从环境系统分布情况来看，城市间总体差距较大。邢台、四平、淮南、枣庄、开封、揭阳等城市分值远低于其综合绩效水平；而佳木斯、焦作、湛江、桂林等城市分值则略高于其综合绩效水平。

从投入比重分布情况来看，城市间总体差距很大。其中张家口、呼和浩特、扬州、芜湖、泉州、潍坊、株洲、佛山、桂林等城市的基础设施投入水平与其经济发展速度匹配较好；而嘉兴、襄樊、自贡、绵阳等城市的基础设施投入水平则高于或低于其经济发展水平。

3. 中等城市数据分析

从总体情况来看，大部分中等城市分数处于60~80之间，城市能源系统发展水平基本在综合绩效平均水平之上。水、交通系统在综合绩效水平线上下浮动，环境系统总体略低于综合绩效平均水平（图8-6）。

从水系统分布情况来看，城市间总体差距不大。个别城市如铜陵、拉萨等水系统分值远低于其综合绩效平均水平。

从能源系统分布情况来看，城市间总体差距很大。其中承德、丽水、中山、阜阳、亳州、菏泽、安顺等城市水平远低于其综合绩效平均水平。

从交通系统分布情况来看，城市间总体差距不大。多数城市交通水平与其综合绩效平均水平基本一致。

从环境系统分布情况来看，城市间总体差距较大。大部分城市分数处于50~80的分数段，少数城市能够达到90分以上，也有极少数城市低于40分。

从投入比重分布情况来看，城市间总体差距较大。其中大约10个城市基础设施投入水平与其经济发展程度匹配，大部分中等城市得分低于其综合绩效平均水平。

4. 小城市数据分析

从总体情况来看，地级小城市水系统和环境系统的发展水平基本与综合绩效平均水平一致，能源系统略高于综合绩效平均水平，交通系统则略低于综合绩效平均水平，且变化幅度较大（图8-7）。

从水系统和环境系统的分布情况来看，城市间总体差距不大，并在综合水平线上下浮动，大部分城市水系统处于60~80这个分数段。从能源系统和交通系统分布情况来看，城市间差距较大，约60%的城市能源系统得分高于其综合平均分。从投入分布情况来看，城市间总体差距较大。个别城市的投资水平远低于城市的综合平均水平。

5. 总结

分析地级城市基础设施的综合绩效水平，可以看出能源系统在各类城市中都基本处于城市综合绩效平均水平之上，城市的能源设施建设相对其他类型基础设施比较完善，设施运行效率也高于其他系统。

在各类城市中，城市水、交通、环境系统在综合平均水平线上下浮动，城市间总体差异较大。随着城市规模由大到小，水、交通、环境系统低于城市平均综合水平的城市数量比重越来越大。

在同类城市中及各类城市间，各城市投入水平总体差异非常大，且随着城市规模由大到小，各城市投入水平处于综合平均水平之下的城市数量比重越来越大，大城市投入水平较高，小城市投入水平低。特大城市、大城市的投入水平较平衡，也较高；中小城市的投入水平较低，不平衡现象明显。

以上分析说明了在地级城市中，各类城市的交通系统发展较好，而水、能源、环境系统在地区间的发展不平衡，特别是投入水平在地区间的不平衡现象更加明显。

### 8.2.3 评价结果综合分析

影响全国各地级城市主要基础设施评价绩效的因素，归结起来主要有以下几方面：

（1）受该城市自身的综合实力和经济发展水平的影响

综合实力和经济发展水平较高的城市，在评价体系中的综合排名处于靠前的位置，同时受到城市规模的影响，城市基础设施水平与其人口规模匹配较好的城市得分会比较高。如天津、广州等大城市在排名中都名列前茅。反之，则处于靠后的位置。

（2）绩效水平受数据缺失指标的影响较大

对于没有上报相关指标值的城市，采用给予其最低分值的方法，同时在计算中采用标准分和算术平均值的计算方法，发展不均衡的城市得分会比较低，因此会影响其在该评价体系中的排名。如北京、深圳、拉萨、丽江等城市。

（3）受加权系数的影响

为与国家当前政策相对接，强化引导作用，专项综合指标采用不等值加权，通过专家多轮指标权重打分，权重值定为：水系统—— 0.3783，交通系统—— 0.2049，环境系统—— 0.1484，能源系统—— 0.1632，投资水平—— 0.1052。这样，设定的加权系数会加强其中较高的或较低的指标值，从而对城市综合绩效产生影响。

（4）地区发展差异的影响

随着中国城市化水平的不断提高，中国城市发展水平也存在着明显的差异，表现在城市基础设施的完善程度上，存在着东部水平较高，中西部水平较低的差异，如图8-8所示。

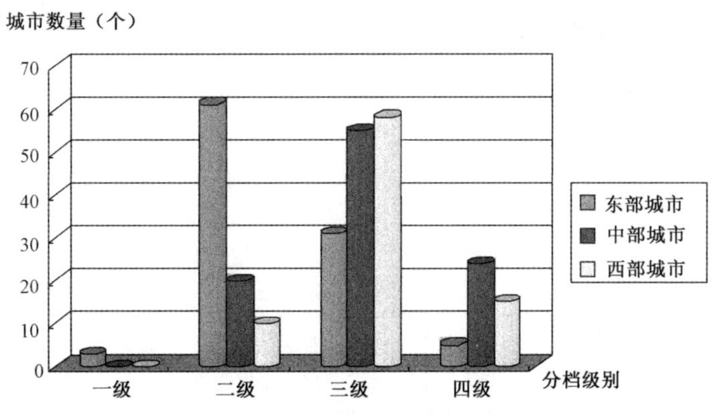


图8-8　地级城市分档结果统计

### 8.2.4　地级城市分档统计结果

按照≥90～≤100为一级，≥75～<90为二级，≥60～<75为三级，<60为四级的分档标准，根据各城市基础设施评价绩效分值分别归入一级、二级、三级、四级四档中。城市分类按照东中西分，其中东部省份包括北京、天津、河北、辽宁、上海、江苏、浙江、福建、山东、广东和海南，中部省份包括山西、吉林、黑龙江、安徽、江西、河南、湖北和湖南，西部省份包括内蒙古、广西、重庆、四川、贵州、云南、西藏、陕西、甘肃、宁夏、青海和新疆。具体地级城市分档结果见表8-3。

**地级城市分档结果**　　**表8-3**

| | 等级 | 东部城市 | 中部城市 | 西部城市 |
|---|---|---|---|---|
| 特大城市 | 一级 | | | |
| | 二级 | 广州、上海、天津、无锡、苏州、杭州、厦门、青岛、北京、沈阳、宁波、徐州、福州、常州、唐山、大连、烟台、温州、连云港、石家庄、济南、邯郸 | 武汉、合肥、长春、郑州 | 成都 |
| | 三级 | 南京、深圳、临沂、东莞、珠海、淄博、抚顺、鞍山、惠州、汕头 | 长沙、南昌、哈尔滨、太原 | 乌鲁木齐、西安、柳州、兰州、包头、昆明、贵阳、重庆 |
| | 四级 | | 吉林、洛阳、齐齐哈尔、大同 | 南宁 |
| | 等级 | 东部城市 | 中部城市 | 西部城市 |
| 大城市 | 一级 | 佛山、扬州、南通 | | |
| | 二级 | 秦皇岛、泉州、绍兴、湖州、江门、镇江、威海、盐城、淮安、嘉兴、台州、邢台、海口、泰安、潍坊、保定、盘锦、湛江 | 宜昌、黄石、芜湖、湘潭、襄樊、大庆、九江、焦作 | 宝鸡、南充、银川、绵阳、桂林、自贡 |
| | 三级 | 济宁、丹东、锦州、营口、辽阳、揭阳、张家口、阜新 | 安阳、株洲、淮北、牡丹江、十堰、岳阳、南阳、蚌埠、衡阳、平顶山、佳木斯、新乡、长治 | 攀枝花、西宁、呼和浩特、咸阳 |
| | 四级 | 枣庄、本溪 | 淮南、荆州、鸡西、商丘、开封、鹤岗、伊春、四平 | |

续表

| | 等级 | 东部城市 | 中部城市 | 西部城市 |
|---|---|---|---|---|
| 中等城市 | 一级 | | | |
| | 二级 | 中山、漳州、泰州、龙岩、莆田、沧州、金华、舟山、廊坊、东营、德州、宿迁、衢州、三明、聊城、日照、南平、肇庆、衡水 | 许昌、濮阳、常德、荆门、赣州、马鞍山、漯河、安庆 | 克拉玛依、眉山 |
| | 三级 | 葫芦岛、丽水、清远、梅州、河源、莱芜、承德、韶关、阳江、云浮、潮州、朝阳、滨州 | 孝感、黄冈、宜春、晋城、新余、三门峡、萍乡、鄂州、阳泉、巢湖、滁州、景德镇、黄山、娄底、铁岭、铜陵、辽源、临汾、鹤壁、益阳、抚州、随州、郴州、宿州、永州、阜阳、驻马店、晋中、松原、白城、咸宁、怀化 | 通辽、呼伦贝尔、宜宾、德阳、梧州、曲靖、达州、北海、泸州、武威、遵义、平凉、玉林、钦州、赤峰、乐山、延安、内江、贺州、遂宁、广安、巴中、鄂尔多斯、石嘴山、贵港、乌海、天水、广元、白银、渭南、榆林、铜川 |
| | 四级 | 茂名、菏泽、汕尾 | 通化、七台河、双鸭山、信阳、白山、运城、吉安、邵阳、绥化、亳州 | 周口、六安、六盘水、安顺、汉中、拉萨 |
| 小城市 | 等级 | 东部城市 | 中部城市 | 西部城市 |
| | 一级 | | | |
| | 二级 | 三亚、宁德 | | 嘉峪关 |
| | 三级 | | 上饶、张家界、朔州、池州、鹰潭、宣城 | 安康、酒泉、玉溪、资阳、崇左、保山、百色、防城港、吴忠、丽江、河池、庆阳、来宾、雅安 |
| | 四级 | | 忻州、黑河 | 普洱（思茅）、商洛、金昌、昭通、张掖、定西、中卫、固原 |

通过对上表城市分档的结果统计，我们得到特大城市、大城市、中等城市和小城市的分档统计图（图8-9～图8-12）。

从图8-9可以看出，在东部特大城市中，没有达到一级水平的城市，也没有四级的城市，大部分特大城市处在二级水平，表明东部特大城市总体发展水平较好；中部特大城市在二、三、四各级水平分布比较均匀；西部特大城市数量较少，主要分布在三级水平。

从大城市分档结果统计可以看出（图8-10），东部大城市发展水平良好，少数东部大城市分数优秀；中部大城市分布情况与中部特大城市分布情况类似，在二、三、四档次分布比较均匀；西部大城市发展水平主要为二级、三级，说明西部大城市总体发展水平处于合格以上，大约60%以上的西部大城市能够达到良好的水平。

从图8-11来看，东、中、西部中等城市都没有达到优秀等级，少量东部中等城市发展水平较差，大部分中、西部中等城市基本合格，但总体水平有待提高。

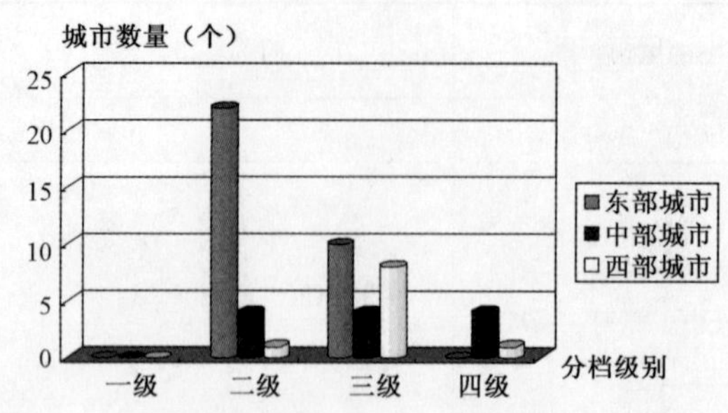


图 8-9 特大城市分档结果统计

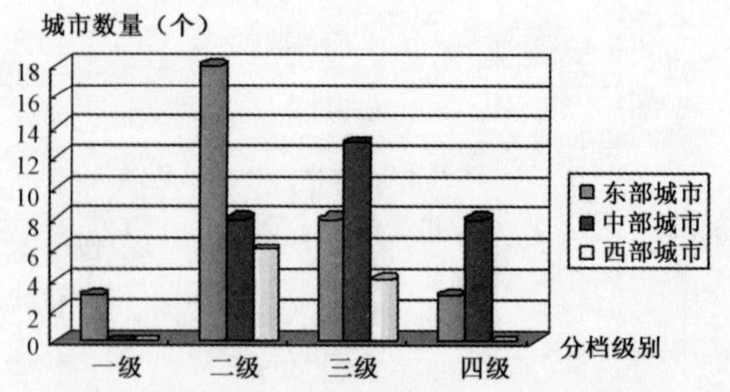


图 8-10 大城市分档结果统计图

地级小城市大多分布在中、西部，受经济水平和城市规模的限制，大部分中、西部小城市发展水平在三级、四级水平；东部小城市数量较少，因经济基础较好和发展较早，都能够达到二级的良好水平（图 8-12）。

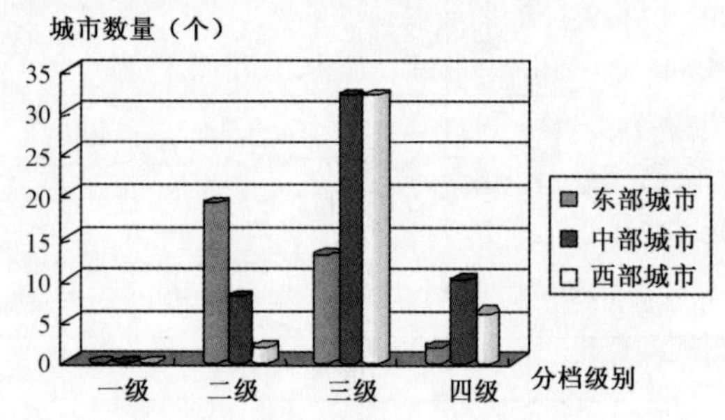


图 8-11 中等城市分档结果统计图

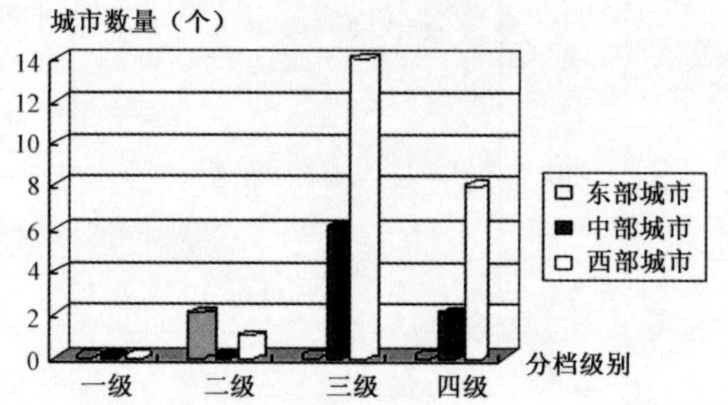


图 8-12 小城市分档结果统计图

# 附录 B　指标计算方法说明

## B1　总体思路

### B1. 1　尽量选用简单易行、便于解释和理解的计算方式

由于我们的目的是要评价各城市在基础建设方面发展水平相对意义上的描述（即了解是否 A 好于 B），而不是要寻求绝对数值的刻画（A 究竟在数量上比 B 好多少），所以在不影响被评价对象相对地位的情况下，采用计算较简单的、结果较直观的直线化计算方式。

### B1. 2　充分考虑现有原始数据的特点

一般指标可以分为正向指标、逆向指标和适度指标。正向指标是指标的数值越大，则指标越优秀；逆向指标是指标的数值越小，指标越优秀；适度指标指的是存在一个最合适的值 $K$，高于或者低于 $K$，指标都是不好的。

现有的指标中大多数是正向指标，也有一些逆向指标，还有一个适度指标（投入水平）。

指标计算的具体步骤是先采用阈值法进行无量纲化，然后把阈值法得出的绩效分值用 $Z$ 值法进行处理，等权加权得到每个子系统的分值，之后用算术加权（不等权）得到每个城市的最终得分。

## B2　具体步骤

### B2. 1　查得或者计算得到指标的原始数据

具体数值的来源及计算方法，请参见指标说明（缺少统计的按同类别指标的最低值算）。

### B2. 2　逆向指标的同向化

首先要将逆向指标正向化，这样在不同的指标之间，其相对优劣性才具有方向一致的可比性。

对于大部分逆向指标，取倒数就可以将其正向化，

$$X_i' = 1/X_i$$

其中 $X_i$ 表示该逆向指标的原始数值；$X_i'$表示正向化后的该指标的数值，这样数值越大，表示指标越优秀。

对于“城市供水管网漏损率”这个逆向指标，因为它是位于［0，100%］之间的数

值，我们采取的措施是：

$$X'_i = 1 - X_i$$

这样得到的指标，其经济含义是“城市管网有效供水率”，是一个正向指标。

将逆向指标同向化处理之后，就可以与其他正向指标按照同样的方法进一步处理。

### B2.3　指标的无量纲化

指标的无量纲化就是把不同计量单位的指标数值，改造成可以直接加总的同量纲数值，常常也称为数据的规格化（意即使之成为同一规格）。即通过数学变换，消除计量单位对原数据的影响。

指标的无量纲化是综合评价的前提，无量纲化过程实际上就是建立（单项评价指标的）评价函数的过程，即是把指标实际值转化为评价值的过程。单项评价值是个相对数，它表明：从某项评价指标来看，被评价对象（在总体中）的相对地位，即被评价对象相对于总体某一对比标准（最高、最低、平均或其他水平）的相对地位。

我们这里采用的无量纲化方法是阈值法。阈值即临界值，是衡量事物发展变化的一些特殊指标值，如极大值、极小值（此时又称极值法）、满意值、不允许值、标准值（如平均数）等。选择不同的阈值，可以得到不同的分值，但是各个地区在某一指标的相对地位是不变的。

这里选取的阈值是优秀标准和合格标准（每个指标所对应的具体标准取值及其来源请参见指标说明）。让指标的优秀标准 $X_{优秀}$ 对应的绩效分值是 100，指标的合格标准 $X_{合格}$ 对应的绩效分值是 60。

这样，用直线法 $Y_i = a + bX_i$ 拟合所有数据，推算得：

$$a = \frac{60X_{优秀} - 100X_{合格}}{X_{优秀} - X_{合格}};\quad b = \frac{40}{X_{优秀} - X_{合格}}$$

则对于任意实际值 $X_i$，它对应的绩效分值是：

$$绩效分值 = a + bX_i$$

此种方法对于正向化了的逆向指标同样适用。

### B2.4　对绩效分值采取截断处理

对于每个指标，如果其对应的一些城市的原始数据优异于该指标的优秀标准，这样就会使得这些城市按照上述阈值法计算出来的绩效分值高于 100 分。因为我们的指标评价体系的目的更侧重于考察城市在各个方面的综合发展状况，并不鼓励在某一方面过度发展，因此我们采取截断处理：对于绩效分值大于 100 的指标，将其绩效分值赋为 100，以表示该城市在该指标上已经达到了优秀；小于 100 的分值仍然按实际绩效分值赋值的办法处理。

这样做的好处还在于：

（1）避免了在加权得到综合分的过程中，城市的不均衡发展状况无法体现的情况。例如，如果城市 A 在指标 $i$ 上面的发展程度远远优于优秀标准，而指标 $j$ 则仅仅达到合格标准，而城市 B 如果在指标 $i$ 刚达到优秀标准，指标 $j$ 达到了良好的标准，如果不进行截断处理，则会在加权得到城市的综合得分时，城市 A 的得分高于城市 B 的。而从均衡发展的角度考察，城市 B 要优于城市 A，采取截断处理就可以保证城市 B 的综合分高于城市 A。

（2）使得下一步的 Z-标准化计算得出的结果更客观。如果城市 A 的某一指标远远优于其他城市，则会使得下一步计算的该指标的 $Z$ 值的离差过大，进而使得表现比城市 A 差的城市的得分远小于城市 A，即使这些城市也达到了优秀标准，也会最终得分很低，不能反映真实的情况。采用截断处理，可以有效避免这种情况。

### B2.5　将绩效分值转换成标准分

虽然通过上述步骤得到的各指标的绩效分值，已经去除了量纲的影响，并换算成了百分制分数，在同一个指标内部已经具备了可比性，但是目前的绩效分值并不能反映不同指标在实现时的难易程度，因此还不具备可加性，也就是说不能对这些绩效分值直接相加。为了更好、更科学地解释绩效分值的含义，进行分数的组合，必须按照某些原则实现分数的等值化。

这里我们参考高考标准分的计算思路，对绩效分值进行转化。标准分是一种由原始分推导出来的相对地位量数，它是用来说明原始分在所属的那批分值。其中心思想是“排序”思想，就是根据某城市在某一指标中的绩效分数排名来确定该城市在该指标的绩效得分。如果一个指标，有很多城市都得分很高，则认为该指标是一个容易实现的指标；反之则认为该指标是一个实现起来很困难的指标。对于前者，各城市的该指标的最终绩效得分要相应地降低一点，对于后者，各城市的得分要相应提高一点。这样就避免了将各指标原始分值直接相加时、忽略了各指标的实现难易程度不同的问题。

具体计算方法如下：

$$Z = (X - \overline{X})/S$$

式中，$X$ 为原始绩效分值；$\overline{X}$ 为原始绩效分值的平均值；$S$ 为原始绩效分值的标准差。$S$ 的计算公式为：

$$S = \sqrt{\frac{\sum_{i=1}^{n}(X_i - \overline{X}^2)}{n-1}}$$

$Z$ 值是以一批绩效分值的平均数作为参照点，以标准差作为单位表示距离的。它由正负号和绝对数值两部分组成，正负号说明原始绩效分值是大于还是小于平均数，绝对数值说明原始绩效分值距离平均分值的远近程度。一批绩效分值全部转换成 $Z$ 值后，它们的整个分布形态并没有发生改变，也就是说，$Z$ 值准确地刻画了一个绩效分值在一批分值中的相对位置。但是，由于 $Z$ 值有负值，常带有小数，不易被人理解和应用。因此在 $Z$ 分数的基础上进一步转换，将其转换为人们熟悉的百分制分数。转换通式为：

$$Z' = \alpha \times Z + \beta$$

式中，$Z'$ 为转换得到的标准分；$\alpha$ 是转换方程的斜率；$\beta$ 是转换方程的截距。对于不同的 $Z$ 值序列，$\alpha$ 和 $\beta$ 的选取会有所不同。通过这种方法，把原始数据转化为［20，100］之间的数据。

这样转换后得到的各指标的标准分，既具备可比性，又具备可加性。这样加权综合得到各个子系统的分值时，既反映了各个城市的实际发展水平，又反映了指标的难易程度，提高了结果的客观性和可信度。

### B2.6　对子系统中的指标进行等权算术加权，得到子系统的分值

按照这种原则，算出水系统、能源系统、交通系统、环境系统这 4 个子系统的分值；

投入水平子系统的计算见下一步。

## B2.7　投入水平子系统的计算

由于“投入水平”是适度指标，其处理方法不同于上述其他指标的处理方法。适度指标指的是存在一个最合适的值 $K$，高于或者低于 $K$，指标都是不好的。投入水平其最优取值是一个区间值：5% ~6%，取其中间值 5.5% 作为适度值。我们对这个适度指标必须进行一系列处理，将其转化为能与其他指标的最终得分具有可比性、可以相加的分值。

①首先对位于［5%，6%］区间的原始数据，赋值为 5.5%。

②将原始数据进行转化，方法的选取上，首先要综合考虑原始数据的特征和实际含义，转换出来的得分要能反映原始数据的特征；其次要考虑到得分之间的差距不能太大，也就是得分的方差不能太大。

由于合格标准是 3% 和 8%，最适值是 5.5%，区间［3%，5.5%］与区间［5.5%，8%］的长度相等，也就是两个合格标准对应于最适值是对称的。设合格标准 3% 和 8% 对应的得分是 60 分；最适值 5.5% 对应的得分是 100 分。将具体值代入运算，得到计算方法如下：

$$\text{得分} = \frac{1}{1 + \dfrac{|x - K|}{\dfrac{3}{4}|X_{hege1} - X_{hege2}|}} \times 100$$

$X_{hege1}$ 和 $X_{hege2}$ 分别代表两个合格标准。得出的结果保证了最适值是 100 分而合格标准对应的是 60 分。这个结果也是最终结果，对于投入系统不再采用 $Z$ 值法处理。

## B2.8　对 5 个子系统进行算术加权，得到每个城市的综合分

请有关专家对 5 个子系统进行两两比较，得出表示子系统相对重要性的判断矩阵表，对满足一致性要求的判断矩阵，按照一定计算原则得出 5 个系统的权重。对 5 个系统的得分按照此权重进行算术加权平均，算出各个城市的综合得分。

加权的方法有算术加权和几何加权之分，我们对两种加权方法进行了试算，发现两种方法得出的结果差异不明显，因此采用更易于理解的算术加权方法。

专家判断表的形式以及权重的计算结果，请参见附录 C。

# 附录 C　子系统权重的计算方法

在指标体系的层次分析法中，确定各个子系统的权重是非常关键的工作。目前常用的确定权重的方法主要有两两比较法、层次分析法、德尔菲法等。而其中层次分析法应用更广泛。

层次分析法是在使用德尔菲法确定了指标的隶属关系之后，按照系统的内在逻辑关系，以评价指标构成一个层次结构，专家针对同一层或者同一域的指标进行两两对比，并按照规定的标度值构造判断矩阵，求出该矩阵的特征向量，并将特征向量归一化得到各因素的权重。该方法对指标之间重要程度的分析更具逻辑性，再加上数学处理，可信度较大，有效地降低了确定权重时的主观程度。

## C1　构造判断矩阵

我们根据本评价指标体系的具体情况，将有关指标子系统或指标项在描述城市基础设施状况中所起作用程度进行两两比较，其结果用一种特殊的标度方法表示出来，即层次分析法中的 1 ~ 9 之间整数及其倒数比例标度法（简称 1 ~ 9 比例标度法），写成矩阵的形式，就构成了判断矩阵。理论和实践已经证明，采用这种标度方法，有特定的科学依据。

课题共发放问卷 8 份，回收有效问卷 7 份。

众位专家构造的判断矩阵如下：

专家一：

| $i$ \ $j$ | 水系统 | 能源系统 | 交通系统 | 环境系统 | 投资水平 |
|---|---|---|---|---|---|
| 水系统 | 1 | 3 | 3 | 1 | 1 |
| 能源系统 | 1/3 | 1 | 1/3 | 1/3 | 1 |
| 交通系统 | 1/3 | 3 | 1 | 1/3 | 1 |
| 环境系统 | 1 | 3 | 3 | 1 | 1 |
| 投资水平 | 1 | 1 | 1 | 1 | 1 |

专家二：

| $i$ \ $j$ | 水系统 | 能源系统 | 交通系统 | 环境系统 | 投资水平 |
|---|---|---|---|---|---|
| 水系统 | 1 | 1 | 5 | 7 | 5 |
| 能源系统 | 1 | 1 | 7 | 5 | 1 |
| 交通系统 | 1/5 | 1/7 | 1 | 5 | 1/9 |
| 环境系统 | 1/7 | 1/5 | 1/5 | 1 | 1/9 |
| 投资水平 | 1/5 | 1 | 9 | 9 | 1 |

专家三：

| j / i | 水系统 | 能源系统 | 交通系统 | 环境系统 | 投资水平 |
|---|---|---|---|---|---|
| 水系统 | 1 | 1 | 3 | 7 | 5 |
| 能源系统 | 1 | 1 | 9 | 5 | 1 |
| 交通系统 | 1/3 | 1/9 | 1 | 3 | 1/9 |
| 环境系统 | 1/7 | 1/5 | 1/3 | 1 | 1/9 |
| 投资水平 | 1/5 | 1 | 9 | 9 | 1 |

专家四：

| j / i | 水系统 | 能源系统 | 交通系统 | 环境系统 | 投资水平 |
|---|---|---|---|---|---|
| 水系统 | 1 | 4 | 2 | 7 | 5 |
| 能源系统 | 1/4 | 1 | 1/2 | 3 | 2 |
| 交通系统 | 1/2 | 2 | 1 | 6 | 4 |
| 环境系统 | 1/7 | 1/3 | 1/6 | 1 | 1/2 |
| 投资水平 | 1/5 | 1/2 | 1/4 | 2 | 1 |

专家五：

| j / i | 水系统 | 能源系统 | 交通系统 | 环境系统 | 投资水平 |
|---|---|---|---|---|---|
| 水系统 | 1 | 5 | 1 | 1 | 3 |
| 能源系统 | 1/5 | 1 | 1/5 | 1/5 | 1/3 |
| 交通系统 | 1 | 5 | 1 | 1 | 3 |
| 环境系统 | 1 | 5 | 1 | 1 | 3 |
| 投资水平 | 1/3 | 3 | 1/3 | 1/3 | 1 |

专家六：

| j / i | 水系统 | 能源系统 | 交通系统 | 环境系统 | 投资水平 |
|---|---|---|---|---|---|
| 水系统 | 1 | 4 | 4 | 3 | 3 |
| 能源系统 | 1/4 | 1 | 1 | 1/3 | 1 |
| 交通系统 | 1/4 | 1 | 1 | 1/3 | 1 |
| 环境系统 | 1/3 | 3 | 3 | 1 | 3 |
| 投资水平 | 1/3 | 1 | 1 | 1/3 | 1 |

专家七：

| i \ j | 水系统 | 能源系统 | 交通系统 | 环境系统 | 投资水平 |
|---|---|---|---|---|---|
| 水系统 | 1 | 5 | 1 | 5 | 7 |
| 能源系统 | 1/5 | 1 | 1/3 | 1 | 3 |
| 交通系统 | 1 | 3 | 1 | 5 | 5 |
| 环境系统 | 1/5 | 1 | 1/5 | 1 | 3 |
| 投资水平 | 1/7 | 1/3 | 1/5 | 1/3 | 1 |

## C2 各因素权重值的确定及一致性检验

依据判断矩阵求解各层次的因素的相对权重问题，在数学上就是计算判断矩阵最大特征根及其对应的特征向量问题。即：

$$AW = \lambda_{max}\boldsymbol{W}$$

式中，$\boldsymbol{A}$ 是判断矩阵；$\lambda_{max}$是矩阵 $\boldsymbol{A}$ 的最大特征根；$\boldsymbol{W}$ 是特征向量。求解得出对应的 $\boldsymbol{W}$，将其归一化，就得到了相对于 $\boldsymbol{A}$ 的相对重要性的权重值。

在层次分析法中，只有采用适当的判断矩阵才会得到符合实际情况的指标权重。判断矩阵中的数值是根据数据资料、专家意见和决策者的认识加以综合平衡后得出的。衡量判断矩阵适当与否的标准是判断矩阵是否满足一致性。

判断矩阵 $\boldsymbol{A}$（$a_{ij}$）中所有的元素满足传递性时称 $\boldsymbol{A}$ 为一致性矩阵，即 $a_{ij} = a_{ik} \times a_{kj}$。判断矩阵作为计算排序权重向量的依据理应大体是一致的，但实际中有时建立判断矩阵时，专家偶尔也会出现逻辑错误，当矩阵过多偏离一致性时，导致计算出的排序权重就不够可靠了。度量判断矩阵的一致性程度的指标，称为随机一致性指标 $CR$，其计算方法为：

$$CR = CI/RI$$

其中，$CI$ 称为一致性程度指标，其计算公式为：

$$CI = \frac{\lambda_{max} - n}{n - 1}$$

$RI$ 称为平均随机一致性指标，是用来消除由矩阵阶数影响所造成判断矩阵不一致的修正值。其取值可以查表，对于 5 阶矩阵，$RI = 1.12$。

经验上，当 $CR = CI/RI < 0.1$ 时，就可以认为矩阵符合一致性要求。否则要对原矩阵进行修正。计算结果表明，专家三和专家四的判断矩阵不符合一致性要求，我们对其进行了修正（注：上面列出的矩阵是修正后的结果）。

## C3　计算结果

| | 水系统 | 能源系统 | 交通系统 | 环境系统 | 投资水平 | *CR* 值 |
|---|---|---|---|---|---|---|
| 专家一 | 0. 2861 | 0. 0954 | 0. 1480 | 0. 2861 | 0. 1844 | 0. 077 |
| 专家二 | 0. 3908 | 0. 3529 | 0. 1008 | 0. 0298 | 0. 1256 | 0. 086 |
| 专家三 | 0. 3855 | 0. 3001 | 0. 1826 | 0. 0434 | 0. 0884 | 0. 033 |
| 专家四 | 0. 4539 | 0. 1389 | 0. 2777 | 0. 0487 | 0. 0808 | 0. 011 |
| 专家五 | 0. 2815 | 0. 0501 | 0. 2815 | 0. 2815 | 0. 1055 | 0. 009 |
| 专家六 | 0. 4419 | 0. 0995 | 0. 0995 | 0. 2538 | 0. 1054 | 0. 024 |
| 专家七 | 0. 4085 | 0. 1054 | 0. 3449 | 0. 0952 | 0. 0460 | 0. 030 |
| 综合 | 0. 3783 | 0. 1632 | 0. 2049 | 0. 1484 | 0. 1052 | |

# 9 专题报告：城市土地利用变化监测与分析研究

土地作为一种宝贵而且稀缺不可替代的自然资源，是人类生产和生活的重要空间场所。它的合理利用和有效配置直接关系到社会经济、生态环境的可持续发展。随着我国社会经济的飞速发展和工业化、城市化进程的不断加快，对土地这一稀缺资源的需求大大增加。我国人多地少，耕地后备资源不足，但长期以来，我国城市建设存在着土地利用结构和布局不合理、土地利用强度小、土地利用效率低等用地粗放经营问题。城市化水平是衡量一个国家或地区社会经济进步状况的重要标志。在新的形势下，大力推进城市化，有利于扩大内需，拉动经济增长；有利于优化资源配置，调整产业结构；有利于转移农村剩余劳动力，改善就业结构；有利于提高农村工业素质，实现可持续发展。加快城市化进程已引起我国各级政府和社会的广泛关注和重视，如何对城市化进程进行反映和综合评价，是目前经济研究的一项重要课题。

从国内外一些大城市的发展来看，城市迅速扩张后出现了诸多问题，如：城市规模扩张过快、耕地面积锐减、城市内部用地结构不合理等问题，城市土地资源利用将面临着更剧烈地冲击，因此研究城市扩张监测与评价意义重大。传统的人工调查方法存在周期长，难以准确、及时监测当前城市土地利用现状等缺陷，遥感技术具有宏观、快速、实时、周期性短等特点，能够有效对城市土地利用变化进行实时监测，为城市土地利用变化定量分析提供了实时数据，结合 GIS 技术可为城市土地利用变化定量评价提供技术手段。

在城市土地利用变化监测与评价方面，虽然国内学者已经取得了一些研究成果，但均以已有的土地利用数据为数据源，评价方法、指标体系未充分与遥感快速监测以及 GIS 空间分析等结合。为满足我国快速发展地区的城市土地利用变化监测及评价的实际需求，进一步健全我国土地利用动态遥感监测体系，报告以山东省烟台市芝罘区为研究区，针对城市土地利用变化监测与评价指标体系的构建进行了研究和实例验证，为政府及有关部门进行宏观决策服务。

开展城市土地利用变化及其驱动力的研究，探索城市建设用地变化趋势及其与社会经济驱动因子之间的关系，总结社会经济发展与土地利用变化之间的规律，可在保护耕地的同时合理引导城镇用地的规模和布局，控制城镇用地的非理性扩张，实现区域经济、社会、生态可持续发展的根本目标。这是缓解土地供需矛盾、实现土地合理利用、保障社会经济持续稳定发展的必然选择，可为促进土地的节约集约利用提供科学依据。

## 9.1 数据来源及研究区概况

### 9.1.1 数据来源

本研究试点区域设定为武汉市典型区：主城区、东西湖区、蔡甸区、江夏区；烟台市的主要代表区：福山区和芝罘区。选用的研究数据及参考数据主要包括以下几个方面，如表9-1所示：

研究数据　　表9-1

| | 武汉市 | 烟台市 |
|---|---|---|
| 原始影像 | 包括2000年SPOT2/4（10m）全色波段和TM多光谱数据、2003年SPOT5（2.5m）全色波段和（10米）多光谱数据、2007年SPOT5（2.5m）全色波段和（10m）多光谱数据，共3期，以景为单位 | 包括2000年SPOT2/4（10m）全色波段和ETM+多光谱数据、2003年SPOT5（2.5m）全色波段和（10m）多光谱数据、2007年P5（2.5m）全色波段和P6（23.5m）多光谱数据，共3期，以景为单位 |
| 数字正射影像图（DOM） | 2006年和2007年的DOM数据（以区为单位） | 2006年和2007年的DOM数据（以区为单位） |
| 城镇土地利用数据库 | 包括研究区2002年和2004年的行政界线、界址点、权属面域、权属单位等地籍信息 | 包括研究区2002年、2004年的行政界线、界址点、权属面域、权属单位等地籍信息 |
| 城镇土地利用年度变更数据 | 包括研究区从2000年到2007年每年的监测信息 | 包括研究区从2000年到2007年每年的变化信息 |
| 城镇土地利用年度变更数据库 | | |
| 新增建设用地统计数据及其他相关数据 | 包括2001、2002、2006、2007、2008年五年的新增建设用地统计数据，以及研究区2000～2007年人口、经济指标、投资额、工业化等其他相关社会经济统计数据 | 包括2001、2002、2006、2007、2008年五年的新增建设用地统计数据，以及研究区2000～2007年人口、经济指标、投资额、工业化等其他相关社会经济统计数据 |

其他的数据、文档和参考标准有：《2000～2007年武汉市统计年鉴》、《2000～2007年烟台市统计年鉴》、《2004～2007年武汉市土地利用变更情况调查》、《第二次全国土地调查底图生产技术规定》、《土地利用现状分类》、《城市用地分类与标准》、《城市用地分类与规划建设用地标准》、《2005年度土地利用动态遥感监测工作方案》和《区域规划与城市土地节约利用关键技术研究》等。

### 9.1.2　研究区概况

武汉市地处江汉平原东部，位于东经113°41′～115°05′和北纬29°58′～31°22′之间，是中国经济地理的“心脏”。地形以平原为主，中部散列东西向残丘，且市内湖泊塘堰众多，属北亚热带季风性湿润气候。共有13个区，其中城区7个，郊区6个。目前，全市常住人口达910万，户籍人口838万。总面积为8467.11km$^2$，其中外环以内城区面积1171.70km$^2$，建成区面积450.77km$^2$。2008年度国民生产总值达3960.08亿人民币，接近全省4成。

烟台市是山东省的一个下辖市，地处山东半岛中部，是我国首批沿海开放城市之一，位于东经119°34′～121°57′和北纬36°16′～38°23′之间。地形为低山丘陵区，山地占总面积的36.62%，丘陵占39.7%，平原占20.78%，洼地占2.90%，属温带季风气候。全市土地面积13745.95km$^2$，其中市区面积2643.60km$^2$。2008年末全市户籍户数为237.02万户，人口为651.69万人，其中市区人口179.39万人。2008年全年实现地区生产总值3434.19亿元，人均GDP达到49012元，城市居民人均可支配收入19350元。

## 9.2　研究区土地利用变化信息提取

### 9.2.1　变化信息及土地利用数据提取

在ENVI、ERDAS、MapGIS、ArcGIS、eCogniton等软件平台上对原始数据做以下处理，以提取变化矢量图斑：

（1）几何纠正：以2007年的DOM为基准影像对原始影像进行几何纠正，采用地理参考为1980西安坐标系，高斯-克吕格投影，以及1985国家高程基准；几何纠正所选择的控制点的精度为：平地、丘陵地控制点残差不超过1个像素，山地不超过1.5个像素。

（2）融合：将研究区的高分辨率与低分辨率，多光谱与全色波段影像进行融合，得到高分辨率的多光谱数据。本课题采用HIS融合方法，并利用信息熵的方法对融合结果做出定量评价。

（3）镶嵌：通过镶嵌得到分别覆盖武汉、烟台的整幅影像（包含3期数据共6幅），镶嵌后的影像质量要求为：同一地类地块色彩统一、无模糊现象，边界清晰、无明显错位。

（4）裁剪：用已有的武汉市各区矢量文件制作相应的感兴趣区域（AOI），然后用此AOI区域裁剪前一步得到的镶嵌后的研究区影像，即可得到以区为单位的遥感影像。

（5）分类：根据相关标准及研究区卫星数据情况，确定分类类型为：道路、绿地、水域、建设用地四类。针对两市区的地形特点，武汉市以平原为主，采用面向对象的分类方法，在德国软件eCogniton下，利用最邻近分类法对影像进行分类。烟台市地形以山丘为主，地势复杂，因此采用原始的基于像素的监督分类方法对影像进行分类。分类后的结果作为变化图斑提取的依据。

（6）变化图斑提取：在ArcGIS9.2环境下通过手工勾绘法初步提取出变化信息，并同时生成各研究区的2000、2003（2004）、2007三年的土地利用矢量图。结合分类图及其他相关资料，采用人机交互方式对变化信息进行综合分析，最终提取变化图斑，生成研究区土地利用图斑属性表。

### 9.2.2　城镇土地利用变化指标提取及分析

本研究结合研究区2000年~2003年、2003年~2007年两个时段的变化图斑信息及三期的土地利用矢量图，以区为单位生成6年间城镇土地利用变化情况信息表。最终以图表的形式直观地表达和分析土地利用演变情况。

1. 武汉市部分城区土地利用变化

武汉市主城区土地利用变化情况见表9-2。

如图9-1所示，武汉市主城区土地利用变化特点为：城乡建设用地、交通用地等公共建设持续增加，水域及其他用地明显减少，耕地则出现波动变化，最终也呈现减少趋势。2000~2007年，城镇建设用地面积由338.04km$^2$增加到412.29km$^2$，所占比例由2000年34.59%上升到了39.49%。其中，2003年相对2000年城市建设用地面积的涨幅相对较小，城市建设用地所占面积从 338.04km$^2$ 上升到 348.17km$^2$，所占比例由 34.59% 上升到 35.94%；而2007年建设用地面积则大幅增长，增长率近乎达5%。与此同时，其他用地和水域及水利设施用地则明显减少，在2000年～2007年间分别减少0.9%和0.17%，耕地面积减少1%。由此可见，主城区城市扩张较为明显。建设用地的急速增长严重影响了城镇生态景观结构。

**武汉市主城区土地利用变化**（单位：km$^2$）　　**表 9-2**

| 土地利用类型 | 2000 年 | 2003 年 | 2007 年 |
|---|---|---|---|
| 耕　地 | 214.86 | 202.58 | 212.72 |
| 园林地 | 44.84 | 44.81 | 45.02 |
| 其他用地 | 6.49 | 6.48 | 6.43 |
| 水域及水利设施用地 | 363.05 | 356.32 | 357.05 |
| 城乡建设用地 | 338.04 | 348.17 | 412.29 |
| 交通用地 | 10.062 | 10.14 | 10.52 |

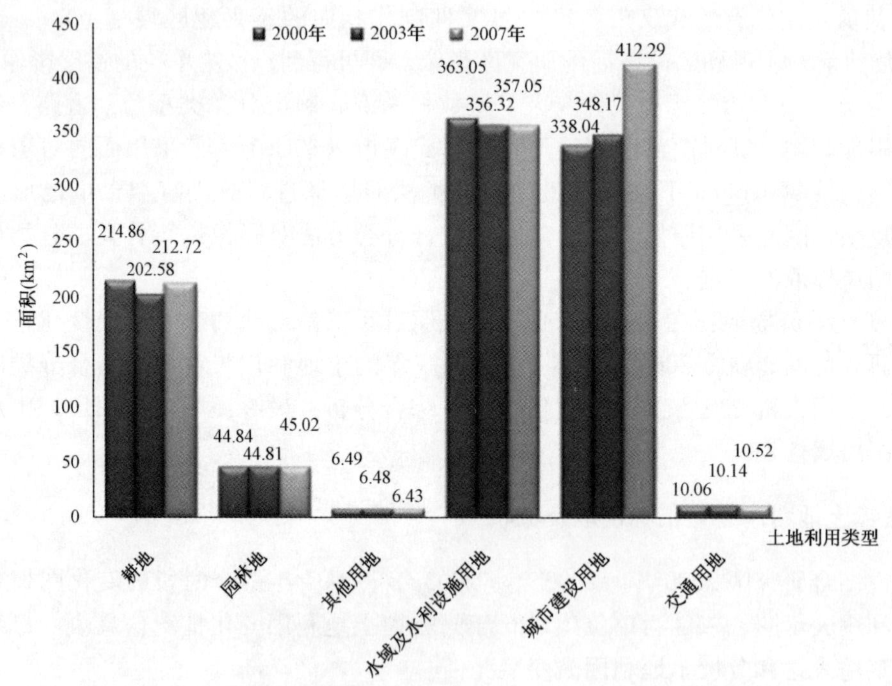


图 9-1　武汉市主城区土地利用变化分析

根据表9-3和图9-2，武汉市东西湖区土地利用变化特点为：2007年建设用地面积为110.11km$^2$，较2000年72.96km$^2$ 增长了50.92%；相比之下，建设用地占用面积增长速度及幅度远远超出其他土地利用类型。由此可见，在快速的城镇化过程中，东西湖区城市扩张急速，严重影响城镇土地利用结构的合理性。

**武汉市东西湖区土地利用变化**（单位：km²）　　**表 9-3**

| 土地利用类型 | 2000 年 | 2003 年 | 2007 年 |
|---|---|---|---|
| 耕　地 | 226.00 | 208.69 | 228.30 |
| 园林地 | 52.17 | 52.17 | 52.75 |
| 其他用地 | 5.22 | 5.22 | 5.43 |
| 水域及水利设施用地 | 157.24 | 155.95 | 166.46 |
| 城市建设用地 | 72.96 | 69.88 | 110.11 |
| 交通用地 | 6.64 | 6.64 | 17.24 |

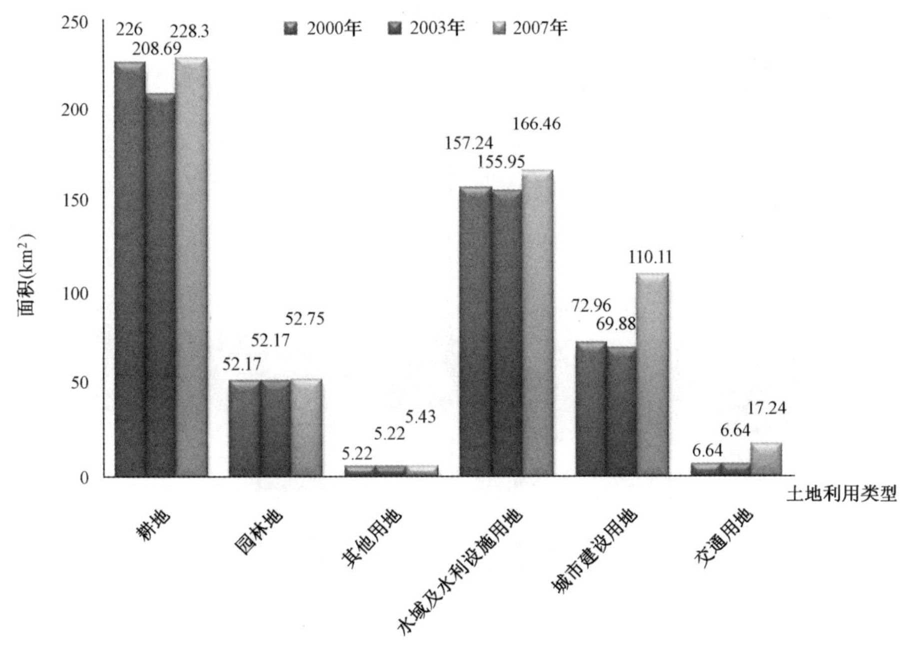


图 9-2　武汉市东西湖区土地利用变化分析

根据表 9-4 和图 9-3，武汉市江夏区土地利用变化特点为：江夏区的土地利用变化速度相对于上述两区极其慢，其土地利用结构相对保持较平衡，没有发生严重的倾斜趋势，但还是存在着城市化过程中的共性问题，即建设用地持续增加，而耕地则持续减少。建设用地面积在 2000 年～2007 年之间由 191.34km² 增加到 209.25km²，增长幅度达 9.36%；耕地在 2000 年～2007 年间，占地面积从 937.73km² 减少至 905.64km²，减少幅度达 3.42%。由以上分析，江夏区城市扩张较东西湖区及主城区相对较弱，城市土地利用结构较为平衡。

根据表 9-5 和图 9-4，武汉市蔡甸区土地利用变化特点为：蔡甸区城市扩张相对较为平缓，建设用地由 2000 年占地面积为 147.1km² 增长到 2007 年 181.29km²，增长幅度为 23.24%。而其余土地利用则变化幅度较小，几乎无明显变化，其中交通用地、其他用地、园林地均有所增长，而耕地和水域及水利设施用地则有所增加。

武汉市江夏区土地利用变化（单位：$km^2$）　　表 9-4

| 土地利用类型 | 2000 年 | 2003 年 | 2007 年 |
|---|---|---|---|
| 耕　地 | 937.73 | 919.26 | 905.64 |
| 园林地 | 202.99 | 201.25 | 202.95 |
| 其他用地 | 50.13 | 50.135 | 47.28 |
| 水域及水利设施用地 | 691.35 | 690.445 | 682.88 |
| 城市建设用地 | 191.34 | 198.815 | 209.25 |
| 交通用地 | 15.22 | 19.64 | 13.71 |

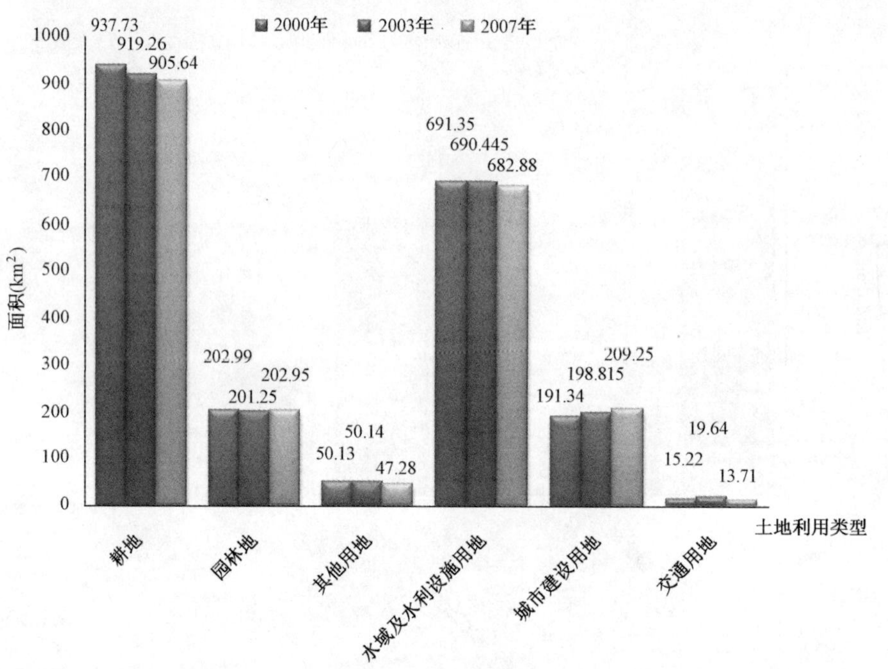


图 9-3　武汉市江夏区土地利用变化分析

武汉市蔡甸区土地利用变化（单位：$km^2$）　　表 9-5

| 土地利用类型 | 2000 年 | 2003 年 | 2007 年 |
|---|---|---|---|
| 耕　地 | 499.11 | 499.16 | 498.79 |
| 园林地 | 55.75 | 55.77 | 56.42 |
| 其他用地 | 44.34 | 44.05 | 58.90 |
| 水域及水利设施用地 | 326.21 | 326.21 | 325.33 |
| 城市建设用地 | 147.10 | 147.32 | 181.29 |
| 交通用地 | 6.01 | 6.01 | 6.69 |

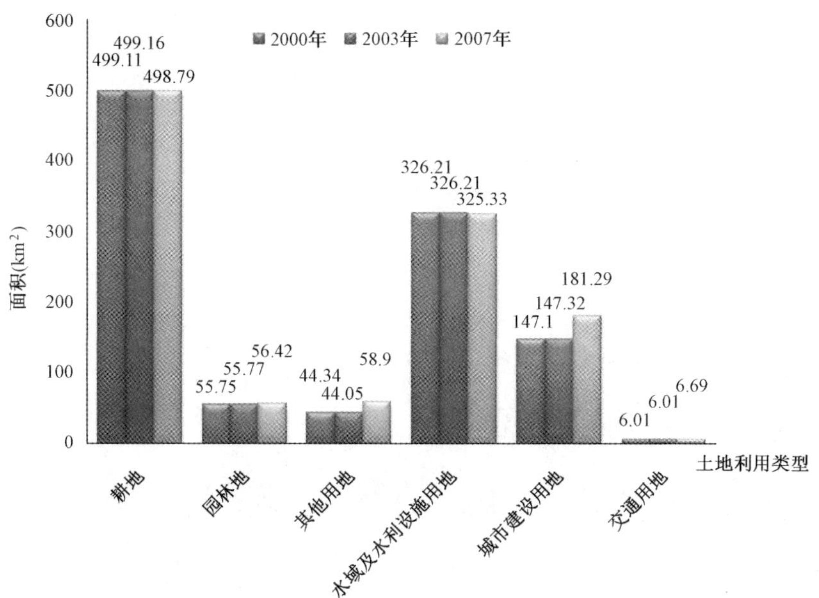


图 9-4　武汉市蔡甸区土地利用变化分析

2. 烟台市部分城区土地利用变化

根据表 9-6 和图 9-5，烟台市芝罘区土地利用变化特点为：城市建设用地、交通用地等公共建设持续且急速地在增加；水域、其他用地则明显减少；耕地则出现波动变化，最终也呈现减少趋势；园林地同样呈现波动变化，最终则有所增加。芝罘区 2000 年～2007 年间，城市建设用地面积由 77.13km$^2$ 增加到 95.64km$^2$，增长幅度达 24%。其中，2004 年相对 2000 年城市建设用地面积的涨幅相对较小，所占面积从 77.13km$^2$ 上升到 78.25km$^2$，增长幅度为 1.47%；而 2007 年建设用地面积则大幅增长，增长率达 24%。与此同时，交通用地增长幅度达 13.47 倍。其他用地、水域用地则明显减少，在 2000 年～2007 年间分别减少 23.83% 和 33.57%；耕地面积减少 8.36%。由此可见，芝罘区以建设用地及交通用地为主的城市扩张明显，严重影响了城市生态景观结构。同时园林地占地面积的大幅增长，表明园林地在城区产业结构中的影响正在逐步占据重要地位。

**烟台市芝罘区土地利用变化**（单位：km$^2$）　　**表 9-6**

| 土地利用类型 | 2000 年 | 2004 年 | 2007 年 |
|---|---|---|---|
| 耕　地 | 13.76 | 10.53 | 12.61 |
| 园林地 | 76.78 | 69.69 | 84.84 |
| 其他用地 | 9.15 | 7.71 | 6.97 |
| 水　域 | 12.48 | 8.59 | 8.53 |
| 城市建设用地 | 77.13 | 78.26 | 95.64 |
| 交通用地 | 1.29 | 1.29 | 18.66 |

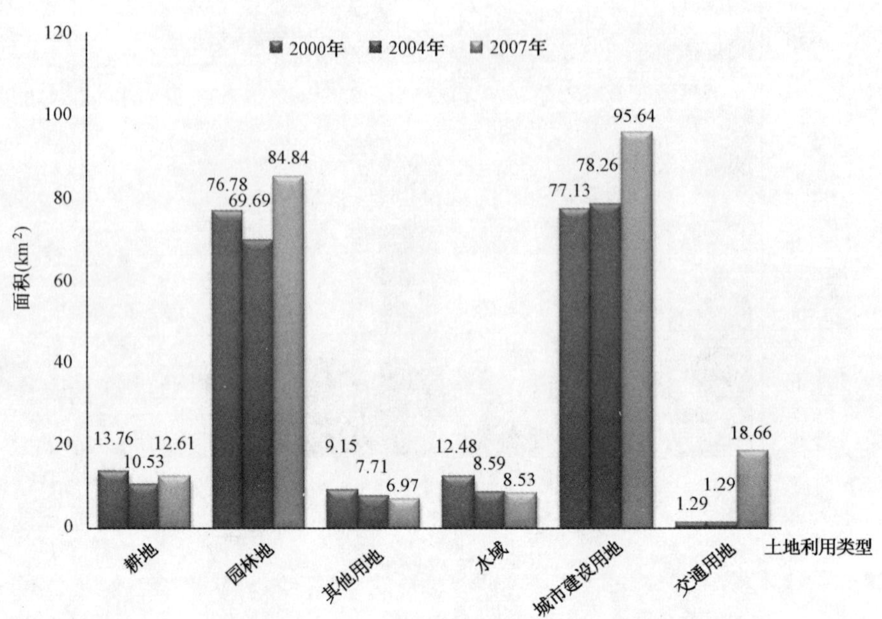


图 9-5　烟台市芝罘区土地利用变化分析

根据表 9-7 和图 9-6，烟台市福山区的土地利用变化特点为：城市建设用地、交通用地等公共建设持续增加；水域、其他用地则持续减少；耕地及园林地则出现波动变化，最终也均呈现减少趋势；园林地则最为明显。福山区 2000 年～2007 年间，城市建设用地面积由 95km$^2$ 增加到 125.23km$^2$，增长幅度达 31.82%，其中，2000 年～2004 年、2004 年～2007 年两时段均在匀速增长。与此同时，其他用地、水域、园林地以及耕地占地面积则明显减少，以园林地占地面积减少尤为明显，虽然在 2000 年～2007 年间园林地占地面积有所增加，增加幅度为 1.67%，然而从总体上而言，园林地在 2000 年～2007 年之间占地面积减少幅度达 9.4%。由此可见，福山区城市扩张明显，园林地严重受损。建设用地的增长在很大程度上影响了城市生态景观结构。

**烟台市福山区土地利用变化**（单位：km$^2$）　　**表 9-7**

| 土地利用类型 | 2000 年 | 2004 年 | 2007 年 |
|---|---|---|---|
| 耕　地 | 193.49 | 183.85 | 186.80 |
| 园林地 | 369.74 | 329.51 | 335.00 |
| 其他用地 | 33.84 | 32.49 | 32.22 |
| 水　域 | 48.86 | 48.75 | 48.63 |
| 城市建设用地 | 95.00 | 104.59 | 125.23 |
| 交通用地 | 6.68 | 9.06 | 11.07 |

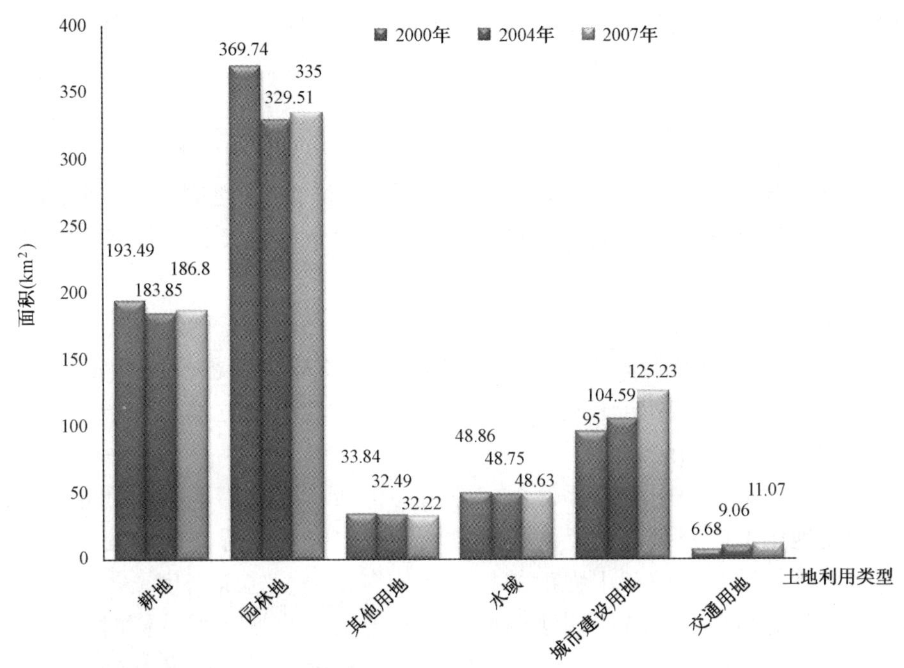


图9-6　烟台市福山区土地利用变化分析

3. 小结

根据以上分析，研究区土地利用变化总体特点表现为：城市建设用地向农村扩张过程明显，交通建设用地持续增加，而水域及其他用地则持续减少，耕地及园林地等农作物用地也明显受到影响。

## 9.3　城市扩展监测与分析

### 9.3.1　城市土地利用监测指标体系构建

1. 监测指标体系设置的原则

指标体系需要反映出被评价事物的外在及内在的属性以及在组群内部可以作为判据的特征量。城市土地利用监测指标体系除最基本的能够表征理性扩张的内涵，涵盖非农建设用地扩张的过程，具备描述、解释和评价的功能以外，在指标选择时还应遵循以下原则：

（1）目的性：指标体系的设计都是服务于某一特定目的的，本文构建的监测指标体系的目的是评价城市土地利用是否合理，评价结果要能够直接客观地反映土地利用的理性程度，能够为城市建设地理性扩张提供依据。

（2）理论性和科学性：指标体系的设计应以一定的理论为指导，指标的选择和评价标准值的确定是基于对理性城市用地理性扩张内涵的把握和有指导意义的理论基础上的；再者，要保证指标内涵明确、数据来源准确、测算方法标准，能够体现理性扩张的深刻内涵。

（3）系统性：指标体系的建立要选用的指标形成一个具有层次性和内在联系的系统，各个指标有机联系组成一个层次分明的整体。城市土地利用监测指标体系要按照系统论的观点，注重指标对评价目标的贡献度及各个指标间的相关性。

（4）指标的主导性：能够用于解释城市土地利用程度和扩张过程及评价其理性程度的指标很多，指标体系的建立除考虑全面性外，还要注意选择对评价过程有重大影响的指标，突出主导因素的作用，不能主次不分。

（5）指标的可测度性：数据是研究的基础，城市土地利用监测指标体系是为保护耕地、引导城市理性增长及政府制定相关政策服务，在保证指标科学性的同时，要重视可操作性，指标数据要容易获取且可量化性强，指标量化、指标权重确定及综合评价的过程既要科学又要可操作。

2. 监测指标的选择方法

影响城市土地集约利用的因素众多，涉及社会、经济、生态、技术等多方面，因此，选取的评价指标应反映各个决定土地集约利用潜力水平的主要方面，使指标分布不会发生某一方面的重叠和另一方面的缺失。

一般来说，土地集约利用潜力评价指标应主要包括：反映用地结构和布局合理性的指标，如各类型用地比重、分布等；反映土地投入产出水平的指标，如地均GDP、地均社会消费品零售总额等；反映土地利用强度的指标，如容积率、建筑密度、投资强度等；反映城市土地管理绩效的指标，如城市违法用地率、土地出让市场化率。同时，从土地集约利用限制条件考虑还应包括如地形地质条件、资源丰富程度等反映区域基础条件的指标以及如环境质量指数、人均绿地面积等反映区域人居环境的指标。另外，由于土地集约利用的动态性，还应选取一些可反映土地集约利用发展趋势的指标如用地增长弹性等。

3. 监测指标参照标准值的确定方法

由于每一个城市所处的自然环境、历史渊源、社会经济条件及其发展阶段等都存在这样或者那样的差异，对社会效益、经济效益和生态效益综合发展的要求程度不一，因此对于不同城市，土地集约利用潜力评价参照标准也就有相当大的差异。在进行城市土地集约利用评价时应认识到：

（1）不同城市，评价标准不同；不同的发展时段，评价标准不同。

（2）应根据城市所在的区域特点、城市基础和发展阶段目标来确定合理的评价取值标准。针对不同指标征和区域自身特征，一般采用以下的方法进行不同区域评价标准值的确定：1）采用国家或地方制定的规范标准；2）采用邻近区域内同规模等级城市土地集约利用极值或平均值；3）采用该城市的历史发展趋势确定的合理水平；4）参照发达国家相关标准；5）参照理论最优值；6）对区域内居民进行问卷调查；7）专家咨询法。

以上确定评价标准的实质是将已有的科学合理的研究标准（国家标准或地方标准中的合理规定）作为参照；或通过单项指标的域内、域外比较确定一个合理的目标值；或者是按照城市自身发展状况确定一个标准，以此判断城市土地集约利用的潜力。

### 9.3.2　评价指标设置框架

监测指标体系主要包括土地利用结构监测指标、土地利用程度（效益）监测指标、土地利用环境监测指标和其他专项监测指标。土地利用结构监测指标主要监测城镇土地利用类型与结构的变化，包括各种土地利用类型的面积和空间分布、变化状况等。土地利用程度（效益）监测指标主要包括建筑密度、容积率、单位面积产出等指标。土地利用环境监测指标包括绿地面积指标、热岛效应指标等。此外还可构建城镇绿地、水域、耕地、园地、林地等占有率及其变化等反应城镇生态环境的监测指标，构建城镇公共设施用地占有率及其变化等反映土地利用社会功能的监测指标。本书所构建的城市土地利用监测指标体系如表9-8所示。

城市土地利用监测指标体系　　表9-8

| 目标层 | 准则层 | 指标层 |
| --- | --- | --- |
| 城市土地利用监测指标体系 | 土地利用结构 | 建设用地占地比例（%） |
| | | 道路广场用地占地比例（%） |
| | | 城市绿地覆盖比例（%） |
| | | 居住用地比例（%） |
| | | 工业用地比例（%） |
| | | 商业用地比例（%） |
| | 城市用地规模合理性评价 | 人均建设用地面积（$m^2$/人） |
| | | 人均居住面积（$m^2$/人） |
| | | 人均道路广场用地（$m^2$/人） |
| | | 建筑密度（%） |
| | | 人口密度（人/$km^2$） |
| | 土地利用效益 | 人均GDP（元/人） |
| | | 地均GDP（万/$km^2$） |
| | | 地均固定资产投资（万/$km^2$） |
| | 生态环境效益 | 污水处理率（%） |
| | | 全年空气污染指数<100的天数比率（%） |
| | | 建成区绿化覆盖率（%） |
| | | 绿地人均占地标准（$m^2$/人） |

指标含义：

建设用地占地比例：城市中建设用地占地面积占城市总面积的比值。

道路广场用地占地比例：城市中道路广场用地面积占城市总用地面积的比值。

城市绿地覆盖比例：城市中绿地面积占城市总用地面积的比值。

居住用地比例：城市中居住用地面积占城市总用地面积的比值。

工业用地比例：城市中工业用地面积占城市总用地面积的比值。

商业用地比例：城市中商业用地面积占城市总用地面积的比值。

人均建设用地面积：城市总的建设用地面积与城市总人口的比值。这里的居住用地面积与城市规划中的统计类别相同，总人口不仅指户籍人口，也包括长期定居的非户籍人口。

人均居住面积：城市总的居住用地面积与城市总人口的比值。

人均道路广场用地：城市总的道路广场用地面积与城市总人口的比值。总人口包括户籍人口，也包括长期定居的非户籍人口。

建筑密度：城市中房屋建设用地面积占城市总用地面积的比值。反映城市房屋建设密集程度。

人口密度：城市人口/建成区面积。人口密度越低，说明土地未来可以承载更多的人口，土地集约利用潜力越大。

人均 GDP：GDP/市区人口。该值越小，土地集约利用潜力越大。

地均 GDP：GDP/建成区面积。该值越小，说明土地的潜能没有充分发挥，未来可以有较大的潜力可挖。

地均固定资产投资：反映城市土地利用的投入强度。

污水处理率：反映城市污水处理程度的指标。

全年空气污染指数 <100 的天数比率：反映全年空气质量和污染程度的指标。

建成区绿化覆盖率：反映城市建成区绿化覆盖面积与城市建成区面积的比率。

绿地人均占地标准：城市总的绿地面积与城市总人口的比值。总人口不仅指户籍人口，也包括长期定居的非户籍人口。

### 9.3.3　城市扩张监测案例及分析

根据示范区处理情况和所能获取的资料，对上述指标体系进行调整，以目前能获取的指标数据进行分析，主要有以下指标（表 9-9）：

调整后的城市土地利用监测指标体系　　表 9-9

| 目标层 | 准则层 | 指标层 |
|---|---|---|
| 城市土地利用监测指标体系 | 城市用地规模合理性评价 | 建设用地人均占地标准（$m^2$/人） |
| | | 道路广场用地人均占地标准（$m^2$/人） |
| | | 绿地人均占地标准（$m^2$/人） |
| | | 人口密度（人/$km^2$） |
| | 土地利用结构 | 建设用地占地比例（%） |
| | | 道路广场用地占地比例（%） |
| | | 城市绿地覆盖比例（%） |
| | 用地投入产出效益 | 人均 GDP（元/人） |
| | | 地均 GDP（万/$km^2$） |

1. 武汉市部分辖区城市扩张监测

本试验选取武汉市东西湖区作为变化监测的对象。该区地处汉口西部近郊，汉江、汉北河及府环河汇合之处，位于东经 113°53′~114°30′、北纬 30°34′~30°47′之间，属亚热带季风气候区，该区光照充足，雨量充沛，四季分明，总体气候环境良好，并且水路交通发达。东西湖区的人居环境优越，随着城市化进程的加快，人口迅速增加。农业总产值呈现不断增长的趋势，工业产业发展势头强劲，为湖北省重点产业集群。

本文采用的数据主要包括：（1）武汉市东西湖区 2000 年、2003 年和 2007 年三个时相的遥感数据，其中 2000 年为 SPOT2/4 全色波段和 TM 多光谱遥感数据、2003 年和 2007 年为 SPOT5 全色和多光谱遥感数据；（2）2007 年以 SPOT5 全色和多光谱数据为数据源制作的数字正射影像图（DOM）；（3）2002 年的土地利用数据库；（4）与遥感影像同期的武汉市统计年鉴。

通过对试验数据的影像预处理、土地利用变化信息提取，可以得到图9-7和图9-8。其中，图9-7反映了东西湖区建设用地在空间上的扩张与变化。通过对研究时期建成区内各地类用地面积变化的研究，可反映东西湖区城市扩张的基本特征。图9-8所示为三期东西湖区建成区的土地利用情况，通过分析，可以得到城区面积的扩展以及城市内部土地利用结构间的转化。建成区中的道路、绿地和建设用地面积都有一定程度的增长，在研究前期，道路和绿地的增长较为明显，研究后期各地类面积都呈现缓慢增长的趋势。

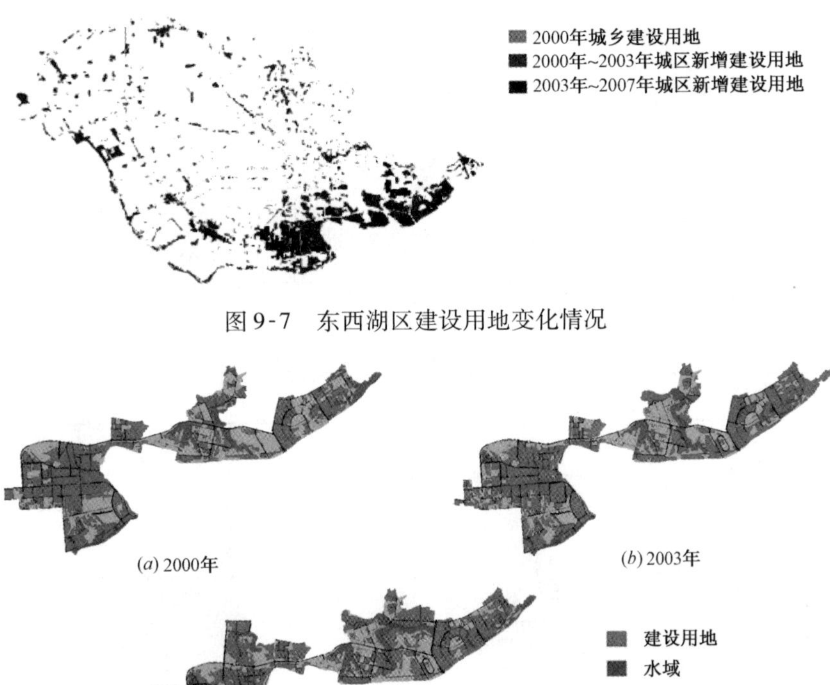


图9-7　东西湖区建设用地变化情况

图9-8　东西湖区三期城区分类

通过对图9-8所示的东西湖区各地类面积进行统计，从图9-9可以直观地看出2000年~2007年间城区各地类面积的变化趋势。

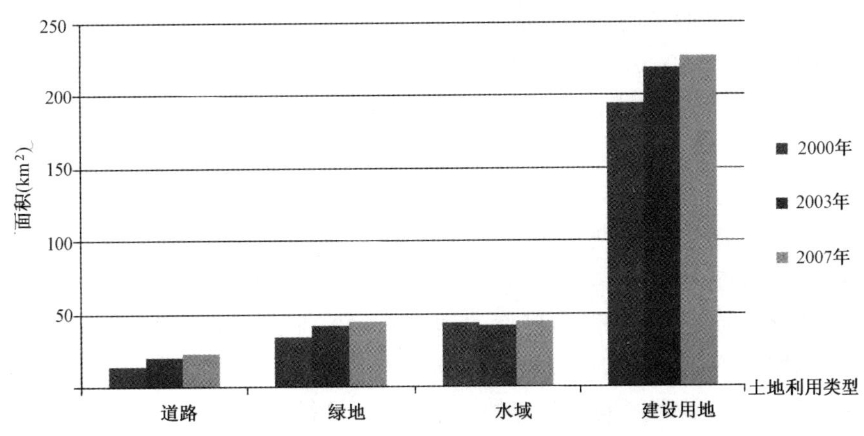


图9-9　东西湖区三期城区内部各地类面积统计

对三期的东西湖区城市部分进行分类，提取三期东西湖区的建成区面积、建成区中建设用地的面积、道路面积和绿地的面积，查阅统计年鉴，获取研究期的人口数据和国内生产总值 GDP，根据城市土地利用监测各指标的定义，计算东西湖区城市土地利用的评价指标值，如表 9-10 和表 9-11 所示。

**东西湖区土地利用变化评价指标** **表 9-10**

| 指标层 | 2000 年 | 2003 年 | 2007 年 |
|---|---|---|---|
| 人均建设用地面积（$m^2$/人） | 325.75 | 361.70 | 444.77 |
| 人均道路广场用地面积（$m^2$/人） | 50.61 | 60.76 | 68.61 |
| 人均绿地面积（$m^2$/人） | 217.44 | 197.01 | 224.95 |
| 人口密度（人/$km^2$） | 1543.26 | 1909.43 | 1958.17 |
| 建设用地比例（%） | 50.27 | 54 | 54.8 |
| 道路广场用地比例（%） | 7.81 | 9.07 | 8.45 |
| 城市绿地覆盖比例指数（%） | 33.56 | 29.41 | 27.72 |
| 人均 GDP（元/人） | 13838 | 18341 | 39574 |
| 地均 GDP（万元/$km^2$） | 9222.7 | 12530 | 24361 |

**东西湖区各地类动态度** **表 9-11**

| 时段 | 道路 | 绿地 | 水域 | 建设用地 |
|---|---|---|---|---|
| 2000 年～2003 年 | 6.68% | -3.13% | -2.35% | 4.14% |
| 2003 年～2007 年 | 3.23% | 3.55% | 11.36% | 5.74% |

对比研究区城市建设用地扩张图和三期建成区内部分类图可知，伴随着研究区建设用地的扩张，建成区内部也存在着各地类间的相互转化，其中，建设用地和道路面积增长较明显。分析表 9-10 可知，研究期研究区中的人均建设用地面积增长明显，从 2000 年的 325.75$m^2$/人增长为 2007 年的 444.77$m^2$/人，并且建设用地的面积与城区总面积同步增长。人均道路广场用地面积也有较大幅度的增长，2000 年为 50.61$m^2$/人，2003 年增长为 60.76$m^2$/人，2007 年再增长为 68.61$m^2$/人；其占地比例先增后减，但 2007 年的道路广场占地比例较 2000 年有明显的增长。人均绿地面积在研究初期呈递减趋势，在后期呈增长趋势，而绿地的覆盖比例在研究期内逐年降低。随着武汉市经济的发展，各区的国内生产总值增加幅度很大，因此伴随着人口和城市用地面积的增加，人均 GDP 和地均 GDP 增长幅度仍很明显。在 2000 年到 2003 年间东西湖区的道路和建设用地面积扩张较明显，尤其是道路面积增幅明显，其动态度达到 6.68%，而水域和绿地为较小的负增长；2003 年到 2007 年间，道路的变化缓慢，占上一期动态度的 1/2，而水域的变化速度最快，其动态度达到了 11.36%，建设用地的动态度有较小程度的增长。研究东西湖区的地理、交通、经济等因素，可以更好地把握该地区的城市发展及其驱动力。

（1）东西湖区的发展受到地理环境的影响，其地形以平原为主，且地处亚热带季风气候区，气候环境好，正因为东西湖区有利的地理环境，又鉴于东西湖区城区内部建设用地趋于饱和的现状，这使得城市的扩张只能向城区的外围扩展。

（2）城市的发展与交通状况有密切的联系。在东西湖区的城市发展过程中，占主要地位的是公路交通。不断完善的交通基础设施为城市的发展提供了支撑。随着区域公路交通体系的完善，研究区将拥有更为广阔的发展腹地，推动城市进一步的向外扩张。

（3）城市的经济发展是促进城市扩张的原动力。武汉市正处于工业化、城市化和产业结构升级的过程中，其经济的发展主要得益于工业和投资的大幅增长，因此随着武汉市东西湖区经济的快速发展，带动城市对土地资源的大量需求，城市必然迅速扩张。

（4）人口的增长与建成区面积的扩大两者间的关系也是密不可分的。由于经济的增长，东西湖区周边和大量外地流动人口的不断涌入，以及东西湖区非农人口的增长，都要求更多的居住用地，同时，随着生活质量的不断提高，又会影响经济的发展，势必造成对土地资源的大量需求。

（5）随着人口的增长和工业的大幅发展，城区范围向外部延伸，这促使城区外部的交通状态进一步改善，因此研究时期的道路占地面积也呈增长趋势。

2. 烟台市部分辖区城市扩张监测

以山东省烟台市芝罘区为研究区。芝罘区是烟台市的中心区，位于山东半岛东北部，东经 121°16′～121°25′，北纬 37°24′～37°38′。北部和东北濒临黄海，北与辽宁省大连市隔海相对，东和东南与烟台市莱山区接壤，西、西南与福山区相邻，西北与烟台经济技术开发区毗邻。内与山东腹地相连，外与韩国、朝鲜和日本隔海相望。

采用的遥感数据包括 2000 年的 ETM + 数据、2004 年的 SPOT5 数据和 2007 年的印度卫星 P5 和 P6 数据。用到的辅助数据有：（1）2007 年的 DOM 数据；（2）城镇土地利用数据库：包括研究区 2004 年的土地利用现状图和行政界线、界址点、权属面域、权属单位等地籍信息；（3）城镇土地利用年度变更数据：包括研究区从 2000 年～2007 年逐年的监测数据；（4）与遥感影像同期的烟台市统计数据。

从图 9-10 分析可知，2000 年～2007 年期间，芝罘区城市用地由于受到河流、山脉等城市外部自然因素的影响，不同方向的扩张规模有所不同。扩张原因主要有 2 个：（1）与规划部门的政策有关，2003 年芝罘区总面积由原来 168.93$km^2$ 扩到 174.43$km^2$，行政范围的扩大，为城市化发展提供了充足的土地，促进了城镇用地规模的扩张；（2）建设用地主要依托交通用地沿线发展，这也说明了交通用地的迅速发展是带动芝罘区城镇用地扩张的重要因素，交通用地变化如图 9-11 所示。

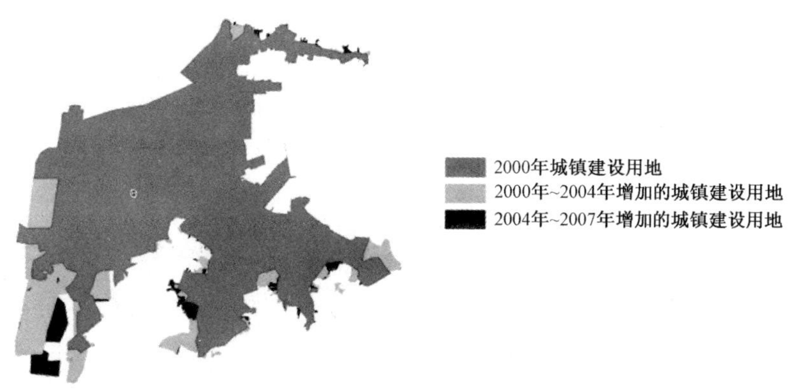


图 9-10　芝罘区三个时期城镇建设用地变化情况

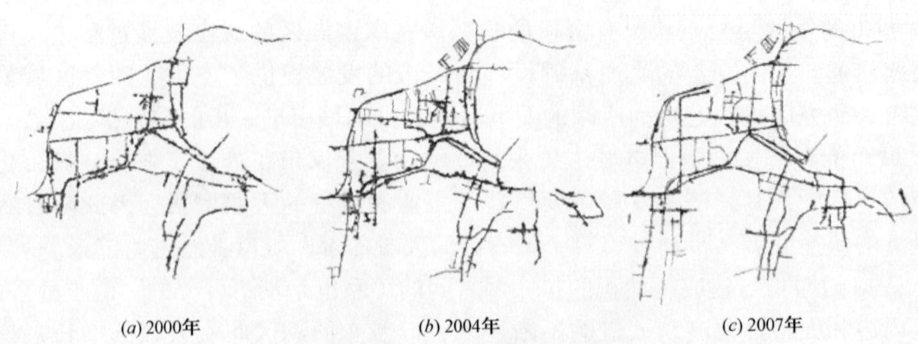


图 9-11　芝罘区 2000 年 ~2007 年交通用地变化对比

由表 9-12 可见，2000 年芝罘区城镇用地面积为 68.23km$^2$，2007 年增加到 79.98km$^2$，期间增加了 11.75km$^2$，年均增加 2.46%。2000 年到 2004 年增加 10.23km$^2$，达到 78.46km$^2$，增加了 14.99%，年均增加 3.75%；2004 年到 2007 年城镇用地面积仅增加了 1.52km$^2$，增长率为 1.93%，年均增加 0.65%，低于 2000 年 ~2004 年的年平均动态度。可以看出 2004 年 ~2007 年期间的增长速度远小于 2000 年 ~2004 年的增加速度。

**芝罘区三个时期城镇用地面积及其变化统计**　　**表 9-12**

| 时间（年） | 面积（km$^2$） | 总体动态度（%） | 年动态度（%） |
|---|---|---|---|
| 2000 | 68.23 | — | — |
| 2004 | 78.46 | — | — |
| 2007 | 79.98 | — | — |
| 2000 ~2004 年增加 | 10.23 | 14.99 | 3.75 |
| 2004 ~2007 年增加 | 1.52 | 1.93 | 0.65 |
| 2000 ~2007 年增加 | 11.75 | 17.22 | 2.46 |

注：本研究所监测到的城镇用地主要是指建设用地集中区。表中动态度是指研究区域城镇用地数量变化的强度。其表达式为：$LC=(U_b-U_a)/U_a\times1/T\times100\%$，式中 $LC$ 为研究时段内城镇用地的动态度；$U_a$，$U_b$ 分别为研究初期及研究末期城镇用地的面积；$T$ 为时间间隔。当 $T$ 设定为年时，$LC$ 就是城镇用地的年度动态度。总体动态度为 $(U_b-U_a)/U_a\times100\%$。

由图 9-12 的人口统计图表可见，2000 年芝罘区人口为 62.21 万人，2004 年增加到 68.39 万人，2007 年增加到 69.23 万人。相应的非农人口比例由 2000 年的 94.05% 变成 2004 年的 92.45%，继而增加到 2007 年的 100%。人口和非农人口的增加，推进着城市化的进程，从而导致大量耕地转变为城镇用地，城市建设用地的规模不断扩大。

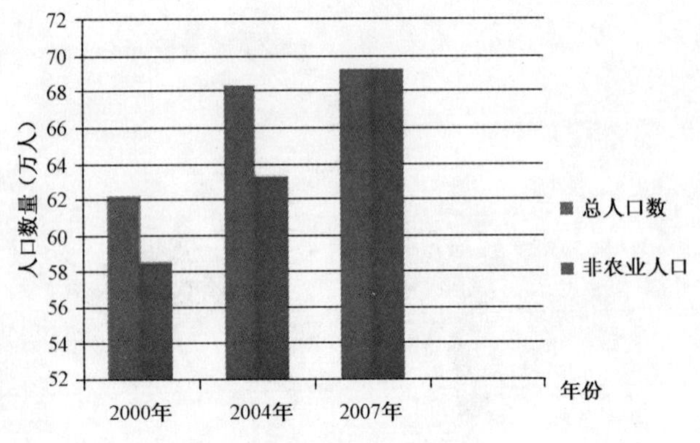


图 9-12　芝罘区人口变化情况

根据本研究建立的指标体系，采用

纵向数据比较的方式，分析城市扩张土地利用变化，利用2000年、2004年和2007年3个时期的数据对芝罘区城市扩张土地利用变化进行评价。得到芝罘区土地利用变化评价，如表9-13所示。

**芝罘区土地利用变化评价指标对比**　　**表9-13**

| 指　标　层 | 2000年 | 2004年 | 2007年 |
|---|---|---|---|
| 人均建设用地面积（$m^2$/人） | 89.33 | 90.81 | 94.80 |
| 人均道路广场用地面积（$m^2$/人） | 6.95 | 9.81 | 7.09 |
| 人均绿地面积（$m^2$/人） | 16.52 | 20.59 | 11.43 |
| 人口密度（人/ $km^2$） | 8575 | 8059 | 8655 |
| 建设用地比例（%） | 76.61 | 73.19 | 82.06 |
| 道路广场用地比例（%） | 5.96 | 7.90 | 6.14 |
| 城市绿地覆盖比例指数（%） | 14.17 | 16.60 | 9.89 |
| 人均GDP（元/人） | 6510.21 | 13126.08 | 21734.48 |
| 地均GDP（万元/ $km^2$） | 5935.81 | 10578.68 | 18813.18 |

从芝罘区城镇扩张图及评价指标对比表，可以得出芝罘区城市发展的总体概况，分析结论如下：

（1）芝罘区的发展受到地理环境的影响，同时由于芝罘区建设用地已趋于饱和，限制了城市的扩张只能向城区的东南和西南方向扩张。

（2）城市的经济发展是促进城市扩张的原动力。随着芝罘区经济的快速发展，人均GDP和地均GDP以接近逐年翻倍的速度增长，必然带动城市对土地资源的大量需求，城市必然迅速扩张。

（3）人口的增长与城市建成区的扩大两者间的关系密不可分。由于经济的增长，以及芝罘区非农人口的增长，必然要求更多的住宅用地，同时，随着生活质量的不断提高，又会推动经济的发展，势必造成对土地资源的大量需求。

（4）随着人口的增长和工业的大幅发展，城区范围向外延伸，这影响城区外部交通状态的改善，具体表现在道路广场用地的增加。

（5）绿地覆盖率和人均绿地面积是衡量城市社会发展程度、文明程度以及城市综合服务功能水平的重要标志之一，也是城市可持续发展的重要基础。社会经济发展和人民生活水平的提高对绿地面积的要求也相应提高，这也带动城市对土地资源的需求，进而推动城市的进一步扩张。

3. 试验区对比分析

通过对上述武汉东西湖区和烟台芝罘区两个示范区对比分析可知：

（1）城市扩张受地理位置影响较大。武汉东西湖区属于内陆平原地区，城市扩张朝城区外围扩展；烟台芝罘区属沿海城市，北部和东北濒临黄海，城市扩张只能向城区的东南和西南方向扩展。

（2）城市的经济发展是促进城市扩张的原动力。由人均GDP和地均GDP对比可知，2000

年~2003年芝罘区的经济发展比东西湖区速度快，城市扩张也快；2003年~2007年东西湖区经济发展速度比芝罘区快，带动城市扩张也快。

（3）从人均建设用地面积、人口密度、人均道路广场用地面积三个指标对比可以看出，人口增长与城市扩张密不可分。芝罘区人口密度大，人均建设用地和人均道路广场用地比例小，人口扩张推动城市扩张更快。

（4）东西湖区的绿地覆盖率和人均绿地面积都大于芝罘区，可以看出东西湖区的城市扩张更为合理。

综上所述，芝罘区属沿海城市，人口密度大，城市扩张向内陆发展；东西湖区属内陆平原地区，人口密度相对较小，城市向外围扩张，扩展空间大。

报告构建的城市扩张土地利用变化监测的评价指标体系，较准确评价了研究区域的城市扩张情况。另外，在报告建立的指标体系和技术方法的基础上通过指标调整也可以用于我国其他城市的城市扩张监测与评价，发现影响城市发展的积极因素和障碍因素，进一步分析这些因素的作用机制，针对不同城市实施不同的宏观调控政策，指导城市扩张的合理布局，有利于更好地进行城市规划和生态建设。

## 9.4　城市土地利用变化驱动力分析

### 9.4.1　总体技术路线

本研究结合相关统计数据，对武汉、烟台两市典型区域的土地利用变化驱动力进行研究。具体研究技术路线如图9-13所示：

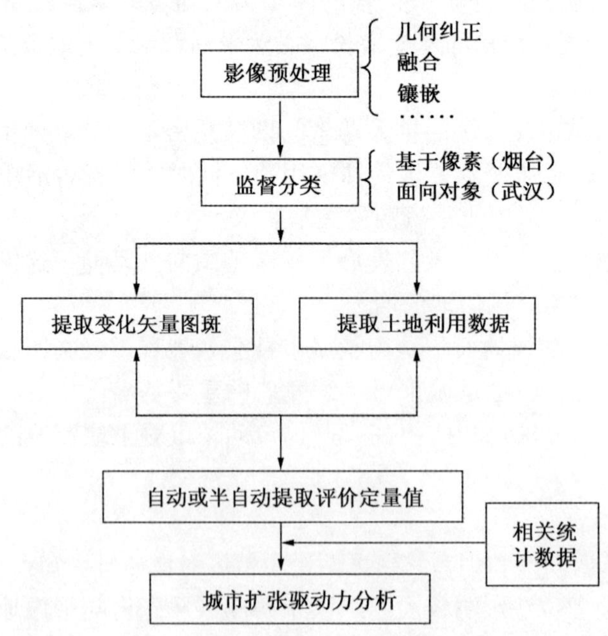


图9-13　城市扩张驱动力分析技术路线

### 9.4.2 城市土地利用变化驱动力分析实例

考察近年来武汉、烟台两市发展的综合因素，结合近 10 年的社会经济统计资料，认为城市土地利用变化的驱动力主要包括以下 3 方面：

1. 人口快速增加

2000 年～2007 年以来，武汉市、烟台市人口不断增加，特别是由于经济的快速发展导致了大量流动人口的增加，同时随着人民生活水平的不断提高对住房质量提出了更高的要求，加速了房地产开发的进程，这也使城市用地面积有了很大的扩展，由图 9-14 和图 9-15 可以看出，武汉市人口呈逐年上升趋势，烟台市人口增长趋势具有轻微的波动性，但从总体来看也是呈上升趋势。此外，武汉市城镇居民人均住房面积已由 2002 年的 22.16$m^2$ 增加到 2007 年的 28.05$m^2$，烟台市城镇居民人均住房面积已由 2000 年的 13.71$m^2$ 增加到 2007 年的 26.43$m^2$，使得城区周边原有的大片农业用地转化为城镇建设用地，从而加快了城市扩张速度。

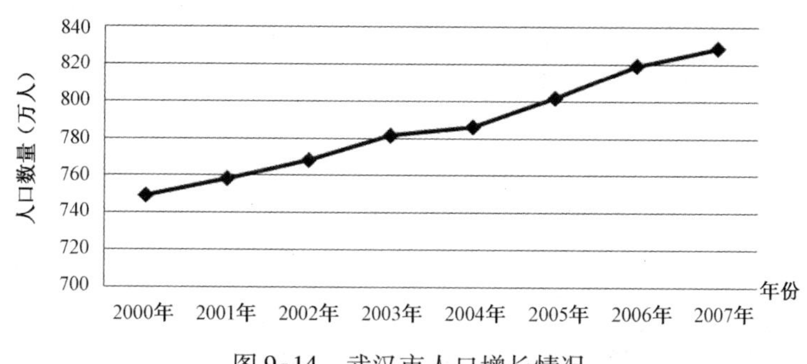


图 9-14 武汉市人口增长情况

图 9-15 烟台市人口增长情况

2. 投资额大幅提升

步入 21 世纪以来，国家的经济建设在飞速的发展，由于各种资金包括民营资本和外资的流入，武汉市的总投资额增长率十分迅猛，烟台市的总投资额在 2005 年～2007 年间逐渐趋于水平状态，然而相对于 2000 年其投资额提高达 8 倍以上。图 9-16 和图 9-17 所示的是近 7 年来武汉市和烟台市的全社会固定资产投资额情况，可以看出 2002 年～2007 年五年中，武汉市全社会固定资产投资额的平均年增长率超过 40%，烟台市 2001 年～2006 年全社会固定资产投资额的平均年增长率达 92.2%。固定资产投资额的多少直接影响城市的经济发展，快速的固定资产投资额增长率导致城市用地的大幅增加。

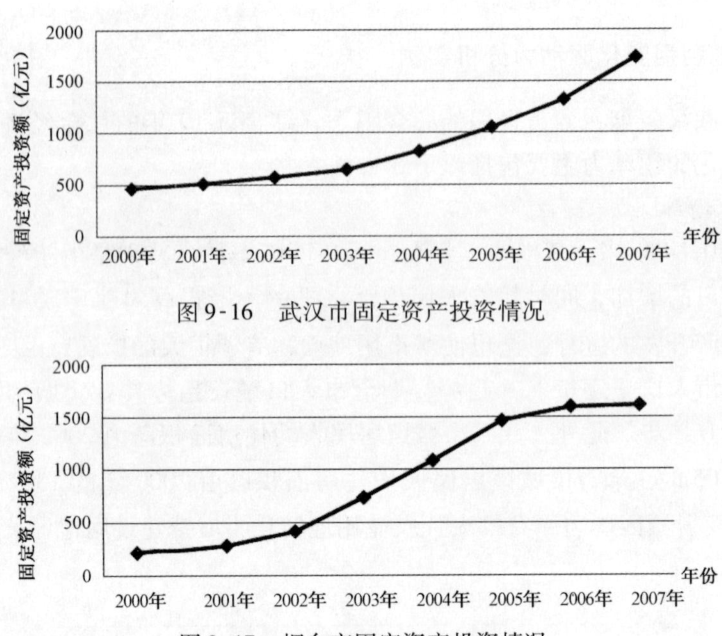


图 9-16　武汉市固定资产投资情况

图 9-17　烟台市固定资产投资情况

3. 经济快速增长

武汉市及烟台市自2000年以来国民经济得到了长足的发展，至2007年，两市国内生产总值（GDP）分别从1206.84亿元增加到3141.9亿元，从879.6亿元增加到2879.96亿元（数据来源：《武汉市/烟台市统计年鉴》），年平均增长率达26.7%和37.9%，高于本省的其他城市。经济建设的飞速发展引起了国民经济中的各种生产要素组合而成的生产函数向更高层次变革。城镇化引起的这种变革突出表现在产值结构和就业结构向第二产业和第三产业迅速发展，城市第一经济效率即城市人均国民生产总值的不断增长等方面。2000年以来研究区的第一产业在全市的GDP中的比重逐渐减小，而第二产业和第三产业的比重逐年增加（图9-18、图9-19）。

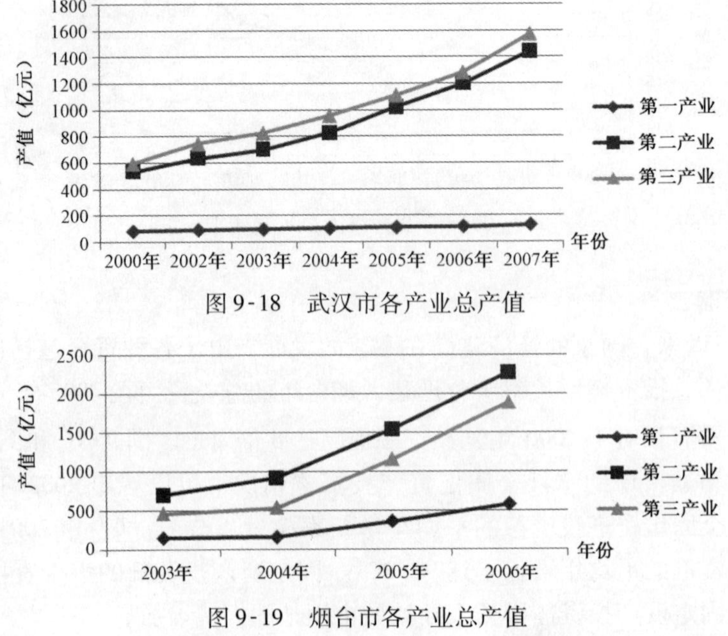


图 9-18　武汉市各产业总产值

图 9-19　烟台市各产业总产值

### 9.4.3　小结

根据上述分析，近年来，武汉、烟台地区发生了以城市化为主要特征的大规模的土地利用变化，城市用地占用耕地、园林地、水域等，导致区域景观结构严重受到损害。

综合分析影响武汉市和烟台市发展的各个因素，可以发现城市经济、人口、总投资额的快速发展和增长是城市土地利用结构变化及扩张的主导因素；人类活动从整体上改变着城镇的景观特征，经济高速增长和快速的城市化过程是城镇土地利用结构变化的根本原因。在这个过程中，城市投资和产业的转变推动着城镇建设用地需求增加，这必然导致向农村扩展。

本研究所涉及的区域仅限于武汉和烟台两市的部分行政区，在研究数据上深受城市统计数据的影响，有关研究还有待于深入。

# 附录D 城市土地利用动态监测的 RS分析标准（草稿）

## D1 范围

本规定规定了基于中高分辨率卫星数据的武汉市江夏区、主城区、东西湖区、蔡甸区，烟台市福山区、芝罘区土地利用宏观监测的工作内容、技术路线、技术方法、技术要求和成果质量控制等。

本规定适用于基于中高分辨率卫星数据，监测全国或区域尺度的土地利用现状和变化情况。

## D2 规范性引用文件

下列文件中的条款通过本规定的引用而成为本规定的条款。

《第二次全国土地调查底图生产技术规定》

《土地基本术语》GB/T 19231

《土地利用现状分类》GB/T 21010-2007

《城市用地分类与标准》

《城市用地分类与规划建设用地标准》

《建设用地节约集约利用评价规程》

## D3 术语和定义

以下术语和定义适用于本规定。

### D3.1 土地利用（land use）

人类通过一定的活动，利用土地的属性来满足自己需要的过程。

### D3.2 像素（Pixel）

数字影像的基本单元。

### D3.3 空间分辨率（spatial resolution）

对地面而言，指可以识别的最小地面距离或最小目标的大小；对传感器或图像而言，指图像上能够详细细分的最小单元的尺寸或大小。

### D3.4 数字高程模型（Digital Elevation Model；DEM）

在等间距平面格网点上以高程表达地形起伏的数据集。

### D3.5 数字正射影像图（Digital Orthophoto Map；DOM）

利用数字高程模型（DEM）对航空航天影像，经正射纠正、接边、色彩调整、镶嵌，按一定范围剪裁生成的数字正射影像数据集。

### D3.6 几何校正（geometric correction）

由于遥感成像的投影误差以及大气扰动等多种原因，遥感影像的像元位置与实际对应地面单元的相对位置产生偏移，采用计算机数字图像处理或光学仪器设备多种处理方法，校正这种几何偏移的过程。

### D3.7 动态监测（dynamic monitoring）

利用一定的技术手段监测特定时间段内的土地利用变化情况，包括变化前后地类、范围、位置及面积等。

## D4 总则

### D4.1 监测目的

快速掌握武汉市江夏区、主城区、东西湖区、蔡甸区和烟台市福山区、芝罘区的土地利用现状和变化情况，特别是新增建设用地及其占用耕地情况，为土地管理和宏观决策提供基础数据。

### D4.2 监测任务

主要包括土地利用现状信息提取、土地利用变化信息提取、统计汇总与分析及成果整理与入库等工作。

### D4.3 监测方法

采用计算机自动提取与人机交互提取、栅格数据与矢量数据相结合的方法。

### D4.4 基本监测范围

武汉市江夏区、主城区、东西湖区、蔡甸区，烟台市福山区、芝罘区。

### D4.5 数学基础

D4.5.1 平面坐标系统

1980 年西安坐标系。

D4.5.2 投影方式

高斯-克吕格投影 3°分带。

D4.5.3　高程基准

1985 年国家高程基准。

### D4.6　土地利用分类系统

参照《土地利用现状分类》执行。

## D5　准备工作

### D5.1　资料准备

包括遥感数据和基础资料两部分。

D5.1.1　遥感数据

收集或采购时相、质量满足要求的遥感数据。遥感数据的质量要求如下：

（1）信息丰富，无明显噪声、斑点和坏线。

（2）云、雪覆盖量应小于 10%，且不能覆盖城乡结合部等重点区域。

（3）侧视角一般应小于 15°，平原地区最大不超过 25°，山区最大不超过 20°。

（4）相邻景影像之间应有 4% 以上的重叠，特殊情况下不少于 2%。

D5.1.2　基础资料

收集如下基础资料：

（1）不小于基本监测比例尺的地形图或已有正射遥感影像（DOM）。

（2）最新行政区划界线。

（3）土地利用现状数据库。

（4）其他有关资料。

### D5.2　技术准备

D5.2.1　技术方案编制

技术方案主要内容包括：任务、基础资料与遥感数据源、技术路线与方法、质量控制与精度评价，以及中间成果与最终成果等。

D5.2.2　技术培训

开展工作之前，由相关的行业专家和技术负责人对参与工作的技术人员进行全面系统的技术培训和操作指导。

## D6　数据预处理工作流程

### D6.1　基础资料处理

对于数字地形图、土地利用数据库及已有数字正射影像图，检查其精度是否满足要求；对于纸制图件，需进行扫描、纠正，形成数字地形图或数字影像图。

## D6.2　遥感影像处理

### D6.2.1　几何校正

遥感图像包含着严重的几何变形，有的几何变形是由于卫星姿态、地球运动和地球形状等外部因素引起的，有的是由于遥感传感器本身的结构性能、扫描镜不规则运动、检测器采样延迟、探测器的配置和波段间的配准失调等内部因素引起的。这些误差有系统的、随机的，也有连续的、非连续的，误差来源十分复杂。在实际处理中往往依据对图像精度的不同要求进行校正。

遥感数字图像的几何校正有两种：一是根据卫星轨道公式将卫星的位置、姿态、轨道、大地曲面形状及三秒特征作为时间的函数来计算每条扫描线上像元坐标，这种校正往往因为对遥感传感器的位置及姿态测量精度不高而使得校正后的图像仍有不小的误差，所以又称其为粗几何校正；二是对粗几何校正图像再进行精几何校正，该校正需要借助地面控制点和相应校正模型。

1. 地面控制点的选取

选好控制点是保证精几何校正质量的基础，一般所选的地面控制点应具有以下特征：

（1）地面控制点在图像上有明显的识别标志，如桥梁与河岸的交点、田块边角点、大的烟囱、道路交叉点等。

（2）地面控制点的地物不随时间而变化，以保证两幅不同时相的图像或图像与地图可以识别出来。

（3）在没有进行过地形校正的图像上选取控制点时，应尽量在同一高程上进行。

要求所选择的控制点的精度为：平地、丘陵地控制点残差不超过 1 个像素，山地不超过 1.5 个像素。

2. 多项式校正模型

多项式校正模型的数学表达式为

$$\begin{cases} X = \sum_{i=0}^{N} \sum_{j=0}^{N-i} a_{ij} x^i y^j \\ Y = \sum_{i=0}^{N} \sum_{j=0}^{N-i} b_{ij} x^i y^j \end{cases}$$

式中，$X$、$Y$ 为校正后图像的参考坐标；$x$、$y$ 为与 $X$、$Y$ 相对应的校正前图像坐标；$a_{ij}$、$b_{ij}$ 为多项式待定系数；$N$ 为多项式的次数，它的选取取决于图像变形的程度、地面控制点的数量和地形位移的大小。

多项式纠正的基本思想是对影像变形进行数学模拟，认为图像的变形为平移、缩放、旋转、仿射、偏扭、弯曲及更高次的变形综合作用的结果。多项式校正模型形式简单，适用范围广，缺点是无法精确模拟地形高差引起的投影变形。

对于平坦地区或未能提供影像卫星轨道参数、传感器参数的地区，可以采用多项式变换的几何多项式模型进行校正，其控制点的个数与多项式阶项（$n$）及地形情况有关，最少控制点数计算公式为（$n+1$）（$n+2$）/2，式中 $n$ 为次方数，通常整景图像选择 3 次方。理论上则至少需要 10 个控制点，实际作业中至少应有 2 个以上多余控制点以便平差计算，并有若干检查点。

3. 重采样

（1）最邻近点法

是用校正后图像当前像元最邻近的原图像像元值赋予该像元的方法。该方法最简单，但将造成像点在一个像元范围内的位移，精度较差，一般情况下不采用。

（2）双线性内插法

是以原图像各网格在当前校正后图像网格中的面积作权重，进行属性加权平均作为当前网格的属性。该方法较简单，且具有较高的灰度内插精度，是实践中常用的方法。

（3）三次卷积内插法

它的思想是在校正时使用在原图像中与像元靠近的16个像元值，用三次卷积函数进行内插。该算法较复杂，内插精度好，当重采样前后像元地面分辨率之比达1∶2以上时，就应采用此方法才能取得较好的效果。

4. 几何纠正精度检查

以大比例尺地理图件或正射航片为基础，随机选取除纠正控制点以外的不少于15个检查点，检查遥感影像的校正精度，校正精度满足表D-1所示的精度要求。

几何纠正精度要求　　表D-1

| 地形类别 | 平　原 | 丘　陵 | 山　地 |
|---|---|---|---|
| 点位中误差（像素） | 2 | 2 | 3 |

D6.2.2　镶嵌

当研究区超出单幅遥感图像所覆盖的范围时，通常需将两幅以上的图像拼接起来，生成更大幅面的图像，这个过程就是图像镶嵌。进行图像拼接时，要确定一幅参照图像，参照图像将作为输出拼接图像的基准，决定拼接图像的对比度匹配，以及输出图像的地图投影、像元大小和数据类型。在重复覆盖区，各图像之间应有较高的配准精度，必要时在图像之间利用控制点进行配准。虽然带拼接的图像可以具有不同的投影类型、不同的像元大小，但必须具有相同的波段以及尽可能接近的时相。

为了便于图像拼接，一般均要保证相邻图幅间有一定的重复覆盖度。

镶嵌前，应检查相邻各景之间的色调偏差或彩色偏差，根据需要采取图像处理方法进行调整，使之基本趋于一致。

镶嵌后的影像质量要求为：同一地类地块色彩统一、无模糊、裂缝和重影现象，边界清晰、无明显错位。

D6.2.3　裁剪

将镶嵌后的整幅影像中与研究区不相干的部分裁剪掉，以提高数据处理的效率。

D6.2.4　影像融合

遥感图像数据融合是将多源遥感数据在同一地理坐标系中，采用一定的算法生成一组新的信息或合成新图像的过程。也就是通过高分辨率的遥感数据来增强低分辨率遥感数据，提高其空间分辨率、光谱分辨率或时间分辨率，从而获得更丰富、更精确、更可靠的有用信息。这种影像融合后得到的新数据能够优化研究对象的信息，与单一信息源相比，数据融合后可提高影像的清晰程度，降低模糊度，减少或抑制解译时存在的多义性、不完全性、不确定性和误差，从而提高解译的可靠性，增强解译能力，融合后数据还可提高平面测图精度与分类的精度，增强动态监测能力，最大限度地利用各种信息源提供的信息，并有效地提高遥感影像数据的利用率。

常用的遥感图像融合方法有 IHS 融合、Brovey 融合、主成分融合和小波融合。

1. IHS 融合

IHS 变换融合主要是色彩变换融合，是建立在 RGB 空间和 IHS 空间之间相互转化的处理过程。IHS 变换是一种影像显示增强和信息综合的方法，即将低分辨率的多光谱影像分离出代表空间信息的明度 I 和代表光谱信息的色别 H、饱和度 S 的 3 个分量，利用其高空间分辨率的全色波段代替 RGB 影像变换的 I 分量，然后进行 IHS 的逆变换，形成新的 RGB 彩色影像，完成融合过程。这样，融合后的影像具有较高的空间分辨率，同时又保持了原低分辨率多光谱影像相同的色度和饱和度。

2. Brovey 融合

Brovey 融合是将多光谱影像空间分解为色度和亮度成分并进行计算。其特点是简化了影像转换过程的系数，以最大限度地保留多光谱数据的信息。Brovey 变换能从影像直方图的两端增强视觉对比，但会失去原始影像原有的光谱信息。

3. 主成分分析融合（PC）

本质是通过去除冗余，对大量影像进行概括和消除相关性。这种方法使用相关系数阵或协方差阵来消除原始影像数据的相关性，以达到去除冗余的目的。

对遥感图像进行主成分变换后，可以分离信息，减少相关，较大限度地拉伸第一主分量的方差和均值，使其包含的信息量大，从而突出不同的地物目标，能在一定程度上提高空间分辨率，保留了原图像的高频信息，使融合图像上目标细部特征更加清晰，光谱信息更加丰富，但会部分失去原始影像原有的物理特征。

4. 小波变换融合

该融合法是在小波变换域中用全色图像的高频分量替代多光谱图像各个波段的高频分量，再进行小波反变换，得到增强的多光谱图像。

5. 融合效果评价

图像融合的一个重要步骤是对融合的效果进行评价，这种评价分为主观评价和客观评价，可从目视比较、信息熵、平均梯度和相关系数等指标进行评价。

其中影像的信息熵是衡量影像光谱信息丰富程度的一个重要指标，如果融合影像信息熵越大，说明融合影像的信息增加越多，即融合图像所包含的信息越丰富，融合质量越好。图像的平均梯度可敏感地反映图像对微小细节反差表达的能力，不仅可用来评价图像的清晰程度，还可反映出图像中微小细节反差和纹理变换特征。相关系数反映了融合前后两幅图像的相关程度，比较融合前后的图像的相关系数可以看出多光谱图像的光谱信息改变程度。

## D7　土地利用现状信息提取

### D7.1　技术指标

D7.1.1　几何精度

图斑边界与影像套合的平均偏移量以及明显地物点与影像上实际地物点的点位中误差

不超过1个像元。

D7.1.2　属性精度

建设用地、耕地图斑属性判译精度优于85%，其他类型图斑属性判译精度优于75%。

D7.1.3　面积精度

建设用地、耕地图斑面积精度优于80%，其他类型图斑面积精度优于75%。

## D7.2　技术方法

采用计算机自动分类为主，辅以人机交互修正的方法提取土地利用现状信息。

D7.2.1　计算机自动分类

依据土地利用现状图或实地勘察方式，结合地物季相特征，每一类型采集若干特征图斑，建立影像解译标志。

采用基于像元分类法和面向对象分类法提取土地利用现状信息。

D7.2.2　人机交互修正

参考土地利用现状图等资料，人机交互修正土地利用类型、范围，并按成图比例尺进行综合。

## D7.3　图斑表达

以市级行政辖区为单位，建立现状图斑矢量数据层、属性表。

## D7.4　图斑属性表

土地利用现状图斑属性见表D-2。

土地利用现状图斑属性结构　　表D-2

| 序　号 | 字段名称 | 字段类型 | 数据长度 | 备注 |
|---|---|---|---|---|
| 1 | ID | [Long] | 8 | |
| 2 | Shape | [Geometry] | | Polygon |
| 3 | 图斑号 | [String] | 10 | |
| 4 | 地类码 | [String] | 5 | 注1 |
| 5 | 图斑面积（$m^2$） | [Double] | 14 | |
| 6 | 图斑周长（m） | [Double] | 14 | |
| 7 | 备　注 | [char] | 50 | 注2 |

注：1. 地类码填写《土地利用现状分类》中的地类编码。
2. 填写其他需要说明的特殊情况。

## D7.5　分类系统

土地利用现状分类系统参照《土地利用现状分类》执行。

# D8　土地利用变化信息提取

## D8.1　技术指标

D8.1.1　几何精度

图斑边界与影像套合的平均偏移量以及明显地物点与影像上实际地物点的点位中误差不超过1个像元。

两个时相影像配准误差在1个像元以内。

D8.1.2　属性精度

建设用地、耕地图斑属性判译精度优于90%，其他类型图斑属性判译精度优于80%。

D8.1.3　面积精度

建设用地、耕地图斑面积精度优于80%，其他类型图斑面积精度优于75%。

## D8.2　技术方法

基于两个时相遥感影像或基期土地利用数据库和最新遥感影像，提取土地利用变化信息。

D8.2.1　基于两个时相遥感影像的变化信息提取

1. 自动提取法

将不同时相遥感影像严格配准，对各个图像进行像元与像元间的对比和运算，确定变化类型和范围。常用方法包括差值法、差异主成分法、多波段主成分分析法、主成分差异法、光谱特征变异法和分类后比较法。

2. 人机交互提取法

对两个时相的遥感影像直接进行目视判读和分析，提取土地利用变化信息。

3. 综合提取法

将自动提取结果与人机交互提取结果进行对比分析，提取土地利用变化信息。

D8.2.2　基于基期土地利用数据库和最新遥感影像的变化信息提取

将基期土地利用现状图与最新遥感影像配准到同一坐标系统下，对比分析遥感影像特征与土地利用类型，确定两者不一致部分，不一致部分为变化信息。

## D8.3　图斑表达

以行政辖区为单位，建立现状图斑矢量数据层、属性表。

## D8.4　图斑属性表

土地利用变化图斑属性见表D-3。

变化图斑属性表结构　　表 D-3

| 序　号 | 字段名称 | 字段类型 | 数据长度 | 备　注 |
|---|---|---|---|---|
| 1 | ID | [Long] | 8 | |
| 2 | 变化前地类码 | [String] | 5 | 注1 |
| 3 | 变化后地类码 | [String] | 5 | 注2 |
| 4 | 图斑面积（$m^2$） | [Double] | 14 | |
| 5 | 影像前时相 | [char] | 20 | |
| 6 | 影像后时相 | [char] | 20 | |
| 7 | 备　注 | [char] | 50 | 注3 |

注：1. 变化前地类编码按表 D-4 填写。
2. 变化后地类码填写《土地利用现状分类》中的地类编码。
3. 填写其他需要说明的特殊情况。

### D8.5　新增建设用地来源分类系统

新增建设用地来源分类系统见表 D-4。

新增建设用地来源分类名称及编码　　表 D-4

| 名　称 | 编　码 | 名　称 | 编　码 |
|---|---|---|---|
| 占用耕地 | 01 | 占用未利用地 | 30 |
| 占用非耕农用地 | 10B | | |

## D9　信息核实

实地确定土地利用现状和变化信息的真伪、类型、范围，保证成果的可靠性。

采用高分辨率正射影像或土地利用现状数据库进行信息核实。

### D9.1　现状图斑核实

采用随机抽样方法进行土地利用现状图斑核实。各类图斑抽样比例不少于总数的15%。

### D9.2　变化图斑核实

抽取不少于10%基本确定的变化图斑，实地核实其类型和范围。可疑图斑100%实地核实其真伪、类型和范围。

## D10　成果整理与数据汇总

### D10.1　工作内容

根据信息核实与质量检查结果，修正行政界线和图斑边界与属性，整理信息管理文件，面积量算与统计、制图。

### D10.2 工作方法

D10.2.1 修正行政界线

根据最新行政界线资料，修正各级行政界线。

D10.2.2 修正图斑边界与属性

根据信息核实与质量检查结果，修正图斑边界及相应的属性表。

D10.2.3 面积量算与统计

利用专用面积量算与统计软件，量算图斑面积，并以地市级行政辖区为单位进行各类面积统计。图斑面积和统计面积单位为平方米。

D10.2.4 制图

1. 土地利用现状遥感分类图

土地利用现状遥感分类图的内容包括图名、图廓、图例、行政界线、注记、土地利用现状图斑等。

2. 土地利用变化遥感监测图

土地利用变化遥感监测图的内容包括图名、图廓、图例、行政界线、注记、土地利用现状变化图斑等。

## D11 监测图斑精度评价

### D11.1 评价指标

评价指标包括类别精度和面积精度。

### D11.2 真值获取

类别真值可从近期土地利用调查数据库中或实地调查获取。面积真值采用 GPS 实地测量值或从近期土地利用调查数据库中获取。

### D11.3 评价方法

1. 图斑分档

将监测图斑按面积分成 50 亩以下、50～100 亩、100～500 亩、500 亩以上 4 个档次。图斑分档见表 D-5。

图斑面积分档　　表 D-5

| 档　次 | 面积（亩） | 档　次 | 面积（亩） |
|---|---|---|---|
| 1 | 0～50 | 3 | 100～500 |
| 2 | 50～100 | 4 | >500 |

2. 类别精度

以监测区为评价单元，采用随机抽样方法评价。从不同地类、不同面积分档图斑中抽取均匀分布、不少于5%的样本图斑，分别计算不同地类的图斑判对率。类别精度统计见表D-6。

类别精度统计表　　表D-6

| 地　类 | 面积档次（亩） | 错判图斑数 | 判对图斑数 | 总图斑数 | 判对率（%） |
|---|---|---|---|---|---|
| | 0～50 | | | | |
| | 50～100 | | | | |
| | 100～500 | | | | |
| | >500 | | | | |
| | 合计 | | | | |
| …… | …… | | | | |

某类判对率=该地类判对图斑数/该地类判译图斑总数×100%。

某档次图斑判对率=该档次图斑判对数/该档次图斑总数×100%。

3. 面积精度

单个图斑面积精度：在每类、每个面积分档内，分别抽取不少于该类该面积分档监测图斑总数的5%为样本图斑，计算其面积较差和相对中误差，评价监测区不同地类、不同面积分档监测图斑的面积量算精度。

单个图斑面积相对较差= ABS（监测面积－面积真值）/面积真值×100%

单个图斑相对中误差：

$$dm=\sqrt{\frac{\Sigma\ (\Delta i-\mu)^2}{n}}$$

$$\Delta i\ \frac{A_i-B_i}{B_i},\ \mu=\frac{\Sigma\Delta i}{n}$$

式中　$A_i$——单个图斑监测面积；

$B_i$——面积真值；

$n$——图斑样本数。

视各图斑相对独立，并具有相同的相对中误差，每类图斑面积和的相对中误差为：

$$\delta m=\frac{dm}{\sqrt{n}}$$

面积总和误差为：

$$dv=\frac{\Sigma\ (A_i-B_i)}{\Sigma B_i}$$

图斑面积精度统计见表D-7。

**图斑面积精度统计表**（面积：亩） **表D-7**

<table>
<tr><th colspan="2">图 斑</th><th rowspan="2">样本图斑号</th><th rowspan="2">监测面积</th><th rowspan="2">实测面积</th><th rowspan="2">相对较差（%）</th></tr>
<tr><th>地 类</th><th>面积档次</th></tr>
<tr><td rowspan="12"></td><td rowspan="3">0～50</td><td>……</td><td></td><td></td><td></td></tr>
<tr><td>……</td><td></td><td></td><td></td></tr>
<tr><td>合 计</td><td></td><td></td><td></td></tr>
<tr><td rowspan="3">50～100</td><td>……</td><td></td><td></td><td></td></tr>
<tr><td>……</td><td></td><td></td><td></td></tr>
<tr><td>合 计</td><td></td><td></td><td></td></tr>
<tr><td rowspan="3">100～500</td><td>……</td><td></td><td></td><td></td></tr>
<tr><td>……</td><td></td><td></td><td></td></tr>
<tr><td>合 计</td><td></td><td></td><td></td></tr>
<tr><td rowspan="3">>500</td><td>……</td><td></td><td></td><td></td></tr>
<tr><td>……</td><td></td><td></td><td></td></tr>
<tr><td>合 计</td><td></td><td></td><td></td></tr>
<tr><td>总 计</td><td colspan="2">单个图斑<br>相对中误差＝</td><td colspan="2">图斑面积总和<br>相对中误差＝</td><td>图斑面积总和误差＝</td></tr>
</table>

## D12 检查验收

### D12.1 基本规定

以市级行政辖区为单元，实行自检、预检和验收制度。自检由生产单位的质量管理机构负责，预检由监理单位负责，验收由组织实施单位负责。自检、预检、验收工作须独立进行，不得省略或代替。

### D12.2 检查验收内容

检查验收包括如下内容。

D12.2.1 数据处理过程成果检查

主要包括纠正、配准、镶嵌、融合等质量内容。

D12.2.2 成果统计汇总表检查

主要包括成果汇总表的齐全性和正确性等内容。

D12.2.3 图件成果检查

检查图件种类是否齐全；图件内容是否完整；图件整体色彩是否符合要求；出图范围是否完整；出图比例尺是否恰当。

D12.2.4 文字报告检查

主要包括工作报告、技术报告、分析报告、质量检查报告等内容。

### D12.3　检查

D12.3.1　自检

对全部成果资料进行100%检查，不符合质量要求的成果应返工，直至通过自检。

D12.3.2　预检

（1）全面检查成果完整性，审查文档资料及自检报告。

（2）对成果资料进行100%检查。

（3）翔实填写检查记录。

（4）作业单位应对预检中发现的问题进行处理。预检不合格的应全面返工。返工不得超过两次。

### D12.4　验收

成果通过预检后，作业单位向组织实施单位申请验收。

## D13　成果归档

归档内容主要包括中间成果和最终成果两部分。

### D13.1　中间成果

中间成果包括：

（1）几何纠正配准后原始像元大小、未拉伸的图像；

（2）纠正说明文件（包括纠正配准文件、跨带处理的说明文件以及控制点文件等）；

（3）各种收集资料以及扫描纠正后的相关栅格文件；

（4）精度评价报告；

（5）自检/预检报告；

（6）其他有关成果。

### D13.2　最终成果

主要包括监测信息成果、数据成果、图件成果、文字成果等。

D13.2.1　监测信息成果

（1）以区县为单位的土地利用现状分类矢量信息。

（2）以区县为单位的各行政区新增建设用地矢量信息。

D13.2.2　数据成果

（1）以区县为单位的区土地利用分类统计数据。

（2）以区县为单位的新增建设用地统计数据。

D13.2.3　图件成果

（1）以区县为单位的各行政区的土地利用现状遥感分类图。

（2）以区县为单位的各行政区的土地利用变化遥感监测图。

D13.2.4　文字成果

相关技术文档。

# 10　专题报告：城市空间演化分析及情景模拟研究

城市空间演化包括城市空间扩展和城市地域结构变化，其中城市空间扩展是城市化过程以及城市土地利用变化最为直接的表现形式，是城市化过程空间布局与结构变化的综合反映（匡文慧，2009）。随着全球城市化的推进，城市空间扩展作为全球性城市化和社会经济加速发展的主要特征，已经成为国内外城市发展研究的热点领域。改革开放以来，中国城市化快速发展，城镇人口由1978年的1.73亿增加到2011年的6.91亿，城市化水平由17.92%提高到51.27%，城市数量由190个增加到了656个（包括282个地级以上城市和374个县级市）。随着我国城市化进程的快速推进，城市空间扩展带来的各种问题和矛盾日益凸显，主要体现在：城市用地数量增长过快而耕地资源被严重占用；城市过度扩张而土地利用效率低下；各种开发区建设迅猛而且浪费严重；外延式增长突出而内部空间结构失衡；资源环境受到城市空间扩展的影响而不断恶化。因此，积极寻找科学的方法或管理模式来引导城市空间扩张、优化城市空间结构是当前我国迫切需要开展的研究课题。为了科学认知和把握我国城市化的发展特点和规律性，国家科技部连续多年设置了有关城市化的研究课题。科技部“十一五”科技支撑计划“区域规划与城市土地节约利用关键技术”研究项目中，专门设置了中国城市化发展速度与质量的评价和预测研究课题，由中国科学院地理科学与资源研究所、中国城市规划设计研究院、中国土地勘测设计研究院和国家建设部规划管理中心等几家单位联合承担。该课题研究的主要任务之一就是对城市空间扩展进行理论分析和情景模拟。

## 10.1　城市空间扩展模拟的基本原理

20世纪中叶以来，美国等发达国家以小汽车为导向的（Auto-Oriented Development，AOD）的土地利用模式致使人们购房置业的地域选择范围越来越大，从而加剧了城市向广大农村地区的空间无序扩展，造成耕地的锐减、城市土地的低效利用以及对资源环境的破坏等。进入20世纪80年代以后，面对中心城区的衰落和郊区的无序蔓延，基于可持续发展以及对传统的价值观的认同和回归，精明增长（Smart Growth）、增长管理（Growth Management）、新城市主义（Neo-Urbanism）等理论和思想开始出现。对于“在不断增长中的大都市地区设定增长范围”这个问题，以上思想具有共同的观点。城市增长边界是当前美国等西方国家在城市可持续发展及空间扩张管理等方面研究的热点之一。城市增长边界概念最早由美国的塞勒姆市提出，被认为是城市土地和农村土地的分界线。当时该市与Marion和Polk两县因对塞勒姆都市发展进行管理的问题发生冲突，为了解决这个冲突，他们对都市地区的发展圈定了一条界线，产生了世界上的第一个城市增长边界（Urban Growth Boundary，UGB），规定UGB以内的土地可以开发为城市用地，UGB以外的则不可以。该界线既是土地利用计划的核心及关键组成部分，也是整个规划的基础。UGB可以在制止城市无计划延伸的同时满足城市合理发展的需要。目前，我国正处于城市化进程快速发展阶段，大部分城市都处于尚未充分发展但亟待发展的状态。设立城市发展边界对于中国的城市空间扩张管理有着十分重要的指导意义。

### 10.1.1　城市空间演化的基本法则

城市空间演化实际就是城市各种功能用地的空间动态布局，城镇功能用地布局遵循以下三个法则：一是环境承载力（因地制宜）法则，即自然条件和地理区位决定合适的功能放在合适的位置，可通过地形、水文、地质、植被等自然要素判定各单元的合适功能；二是路径依赖（历史继承）法则，即历史发展的积累对未来用地的布局具有重要影响，可通过土地利用现状来判断各单元相对于各种城市功能的价值；三是相互关联法则，即各种功能用地之间存在相斥或相吸等空间关系，可借助专家经验来辨识上述法则约定下的城市功能用地布局的合理性。

按照上述三项法则，利用 GIS 的格网化分析工具，确定包括工业、商务办公、商业服务和居住等功能用地的空间演化格局。具体将区域服务中心用地、生态居住用地、服务次中心用地、一般居住用地、各行业用地的布局根据情境设定和模拟，产生城镇产业空间集聚布局图和城镇用地布局优化图。首先，在产业用地计算结果的基础上，进一步确定城镇建设用地中的其他功能用地面积，例如全局服务中心用地、生态（高尚）居住用地、局部服务中心用地和一般居住用地等。上述功能用地的布局顺序代表它们在空间布局时的优先级别。其次，以分格网的用地开发建设价值图为底图，根据空间演化概率模型计算各类功能在各个方格网上布局的概率。空间演化概率模型包括 8 个一级指标和 41 个二级指标，这些指标全部为 GIS 空间数据。最后，按照分行业的概率计算得分进行格网排序，得分靠前且相对集中连片的格网构成的地块即规划为某类产业或城镇功能用地，最终得到案例城镇的空间用地布局。

### 10.1.2　影响中国城市空间演化格局的宏观因素

影响中国城市空间演化格局的宏观因素包括：地质地貌、水文气候、资源条件等自然因素，生产技术、交通技术、通信技术等技术因素，政策制度、消费习惯、生活方式、文化观念等社会因素，产业结构、工业化、服务社会化等经济因素。在经济全球化和区域一体化的新时期，这些因素对中国城市化的影响表现出新的动力机制和作用方式。

1. 土地和水资源是影响中国城镇空间格局的基础因子

土地资源的供给、水资源的储量、矿产资源的赋存、气候地貌资源的组合、灾害性地质的存在、生态环境的优劣等，都是影响城镇化的自然因素，也是最难改变的因素。各种自然因素叠加而成的资源环境承载力是奠定中国城镇化空间格局的基础。矿产资源的赋存主要通过产业开发带动就业需求，促进人口流动和迁移，进而影响城镇人口聚集和机械增长变化。气候地貌资源的组合、灾害性地质的存在、环境污染和空气质量的优良等，主要是从居住、工作的环境心理上影响城镇人口迁移和流动趋势。土地和水资源的供给能力主要影响城镇人口的规模容量、城镇人口分布格局等。目前，各种自然因素中，矿产资源的影响力开始减小，水、土资源的影响作用日益增强，已经成为影响中国城镇化空间格局的框架性因子。

2. 现代技术的快速发展推动中国城镇空间的尺度迅速扩大

技术是影响城镇化的最根本力量，它对城镇化的影响是广泛和深远的。影响城镇化进程的主要有生产技术、交通技术和通信技术。以瓦特蒸汽机和电力为代表的生产技术革命，推动社会进入工业化时代，极大地丰富了人类的物质产品；以小汽车、火车和飞机为代表的交通技术发展，促使人们的活动范围扩大，有力地推动了城市空间的扩展；以信息技术为代表的通信技术，则把人类带入网络化甚至虚拟时代，在促使交流更加方便的同时，也极大地丰富了人们的精神世界，较大程度上改变了人们的生活方式。技术发展的根本趋势是促使人类拥有得更多、行动得更快、控制或到达得更远。具体而言，生产技术具有规模化、清洁化和专门化趋势；交通技术具有快速化、大型化和便捷化趋势；通信技术具有网络化、虚拟化和即时化趋势。全球各国城镇化的发展经验表明，技术的进步，尤其是信息技术的进步，将减轻实物型资源和距离摩擦作用对城市发展的限制，拓展城市的发展空间，使得城镇化的空间尺度从小城市到大城市，再到大都市区，乃至演化到大都市连绵带，有不断扩大的趋势。

3. 现代产业结构的演进快慢导致中国城镇化存在巨大地域差异

经济是影响城镇化的最活跃因素，它主要通过产业结构的演进改变城市的形态和规模，进而影响城镇化的发展过程。随着人类社会从农业社会向工业社会，再向后工业社会（服务型社会）的转化，工业和服务业作为城镇化的主要推动力，促使大部分国家的城镇化随人均 GDP 的提高，呈现出对数曲线的增长轨迹。城镇化发展的最基本动力来源于产业的空间集聚，而产业的空间聚集则是生产力发展到一定水平后的必然过程。工业化的根本特征是生产的集中性、连续性和产品的商品性，这就要求经济过程在空间上要有所聚集。正是这种工业化的聚集要求，才促成了资本、人力、资源和技术等生产要素在有限空间上的高度组合，从而促进了城镇的形成和发展。工业化初期，其主导产业均为劳动密集型，如冶金、煤炭、基本工业消费品生产等，产业间的联系较少，依存度低，因此城市规模一般均比较小，城镇化过程相对缓慢。到工业化中期，主导产业则转变为资本密集型，如钢铁、机械、电力、石油、化工和汽车工业等，产业间的依存度提高，导致产业在空间聚集范围上迅速扩大，引起城镇化过程加速。工业化后期，技术密集型产业迅速崛起，如电子、计算机、生物制药等，工业生产过程的管理步入到更现代化阶段，致使工业生产部门对劳动力的吸纳力大大下降。但同时又由于生产效率的提高，人们对城市生活产生了新要求以及生产现代化对城市服务设施的需求更多，因此城市的地域范围会进一步扩大，第三产业会突飞猛进地发展起来。第三产业的发展赋予城市新的活力，会使城镇化进入到更高层次。

中国地域辽阔，区域经济发展差异较大，各发展阶段的特征均有所表现。在特大城市或沿海若干发达地区的城市中，工业化后期城镇化的空间连绵特征和现代气息已相当明朗，而在广大中、西部地区的中小城市和城镇里，却还明显存在着工业化初期城镇化的缓慢推进和局部极化特征。

4. 各种社会因素中政策是推动城镇空间演化的主导性力量

社会因素涵盖面很宽，涉及心理、政治、文化等多个领域，因此是影响城镇化的最复杂因素。从人类寄予城镇化的心理需求而言，主要有经济增长的生存需求、追求方便的生活需求和追求舒适的生态需求，人类理性满足这三种需求的心理表现为不同的生活方式，从而影响城镇化进程。

国家的城镇化方针和政策是影响区域人口分布格局变动的根本因素，也是影响全国城镇化的导向性因素。就政策因素而言，在改革开放前的近 30 年时间里，我国城镇化发展几乎完全受制于政策的左右。尤其是“大跃进”时期，我国采取了一系列支持城市增长的政策。譬如，以牺牲农业为代价助长城市工业的扩张，政府主导控制金融市场，为城市工业提供廉价的资本，农产品原料以低于使用者成本的价格提供给城市工业，等等。这些政策最终导致了过快的城乡人口迁移乃至过度的城镇化进程。此后，又开始执行严格的户籍制度政策，限制城乡人口流动，大大放缓了城镇化进程。党的十六大提出了多样化的城镇化道路，这将对中国城镇化格局产生重大而深远的影响。另外，城市地方政府所制定的城镇化政策、人口发展和人才引进政策、户籍政策、社会劳动保障政策、医疗教育政策、房地产政策、社会治安环境、城市社会公共服务设施供给能力等社会因素所形成的良好的城市社会环境，是当前市场经济条件下人口聚集和迁移的重要动力因素，同时，也成为推进城镇化的重要手段和途径。

### 10.1.3　城市空间演化模拟的基本思路

在城市空间演化影响因素分析及作用机理探讨等理论指导下，城市空间扩展模拟的思路或过程如下：首先预测城市未来建设用地规模，然后基于 GIS 的二次开发系统，按栅格计算区域各地块进行城市空间开发建设的价值或概率，并据此自动选取未来进行城市空间开发建设的用地。城市空间开发建设价值或概率受区域自然条件区位和社会经济区位等多重区位因素的复合作用和影响。换句话说，区域内特定地块在规划期内是否进行城市建设，既受地形、地类、水文、地质等自然条件的制约，影响城市开发建设的可能性或适宜性；也受交通网络、城市辐射、政策导向（含政府导向的重大项目）等社会经济区位的驱动，影响城市开发建设的可行性。每一种影响因素对城市空间开发建设的作用投影到具体地块上，就是特定区位因素对具体地块未来进行城市建设的价值评分或影响概率。借助 GIS 平台，有多少个区位影响因素，就可以产生多少张城市空间扩展的价值评分图或单因素影响概率图。综合各种区位影响因素，构建城市空间开发建设的多因素价值评价模型或概率选址模型，并据此对多个单因素价值评分图或影响概率图加权叠加，就可以得到不同情景条件下各地块的城市开发建设的综合价值得分和影响概率。将所有地块按照综合得分或概率值从大到小排序，并顺次累计，直到累计结果等于城市未来新增建设用地面积，参与累计的地块即为未来城市空间扩展的用地，由此对城市开发建设进行空间安排。

### 10.1.4　城市空间演化模拟的基本概念

城市空间演化模拟的基本概念包括城市空间演化动力、产业集聚、城市空间增长边界及城市功能建设用地。

1. 城市空间演化动力

城市用地空间增长主要来自两个方面：一是产业集聚引起的用地增长，二是人口增加引起的用地增长。前者主要是由工业化导致的工业、物流等产业用地增长，由此引起的新增城镇建设用地称为产业引导用地，是引起区域非均衡发展的主要原因。后者是指由人口增长引起的除了工业和物流业之外的其他功能用地的增长，由此引起的新增城镇建设用地称为人口引导用地，宜根据社会经济发展现状均衡布局。

2. 产业集聚

产业集聚是指产业及与产业相关的各种资源、要素和经济活动等在一定地理空间上的集聚，这种集聚过程主要受区域自然条件和社会经济关系格局的影响，其集聚结果就是形成城镇地域空间的重要功能单元——产业集聚区（或称为产业集群）。产业集聚区既可以是由于产业间内在生产技术关系而产生的自发现象，也可以是政府主导规划控制的引导结果。与产业集聚比较相近的概念是产业布局。产业布局通常有三层含义：第一，产业的空间布局，即产业在区域空间范围内的分布与组合。影响因素主要有自然地理分布与组合特点、自然资源的数量质量特征、自然条件合理开发利用的可能方式与方向及其技术经济前提与预期效益、社会政治状况、运力与运费、地理位置等。布局方式既有传统型的运输指向、劳动力指向、能源矿藏指向等，又有现代式的集聚指向、比较指向等。第二，产业的结构布局，即产业在不同行业领域中的分布与组合，这种布局带有整体战略性目标含义，一般以确定主导产业为布局模式。第三，产业的政策性布局，即政策对不同产业的不同扶持与协调，是从第二层含义引申而来、突出政府经济管理与调控色彩的抽象意义上的产业引导分布与组合，一般以倾斜式扶持政策和限制性约束政策影响产业布局的方向。

在区域范围内，特定产业布局在不同空间单元的可能性或概率是不同的，根据产业发展预测和产业选址概率，测算出各种产业的用地总量，并引导不同产业各得其所（空间位置）。

3. 城市空间增长边界

本研究认为，城市空间增长边界是多种可能情景下城市空间增长范围的最大外包络边界。这种边界兼顾了包括城市发展方向在内的各种情景因素的综合增长，具有规划管理的现实意义。

4. 城市建设用地

综合考虑地形、地质、水文、植被等自然因素和交通、区位、现状等人文因素，通过区划方法确定各空间单元城镇建设开发的适宜程度和空间管制分区，指导城镇建设布局。城市建设用地从功能上具体分为产业区、区域服务中心、地方商业中心（次服务中心）、高档生态型居住区、其他普通居住区等用地。

（1）区域性服务中心

是指服务较大区域市场的高等级商务商业中心，它通常分布于发展区位最为优越的地方，是市场经济条件下需要优先布局的城市功能用地。

（2）生态型居住用地

是指对居住环境尤其是生态条件有较高要求的居住用地，生态型居住通常远离大型工业区和污染企业，分布在河流水渠沿线。在市场经济条件下，是优先被仅次于区域性服务中心用地的城市功能用地。

（3）次服务中心用地

是指以本地市场为目标，具有一定规模的地区性商业中心，通常分布于区位条件较为优越的交通枢纽附近或居民区中心地带。

（4）产业发展用地

包括工业用地和生产性服务业用地，往往布局于具有政策优惠、交通便捷、接近现有产业区的区域，它对人口集聚和城市扩张有着较强的驱动作用。

（5）其他居住用地

是指区别于生态型居住的其他一般居住用地，它往往布局于工业区或商业区附近，对解决区域职住平衡问题具有重要意义，在城市功能空间布局中优先级较靠后。

## 10.2　城市空间扩展模拟的模型开发

城市空间演化模拟分析模型主要包括以下六大类：一是数据标准化模型；二是寻找空间布局法则的模型；三是城市发展规模预测模型；四是城市空间开发价值评估模型；五是

空间定位模型；六是城市空间开发的多变量逻辑回归模型。

### 10.2.1　数据标准化模型

为了解决产业集聚竞争力评价中指标量纲不同难以汇总的问题，对各指标进行消除量纲的运算。考虑到指标体系中既有正向指标，又有逆向指标，指标间的“好”与“坏”在很大程度上具有模糊性，因此采用模糊隶属度函数法对各指标的“价值”进行量化。

对正向指标，采用半升梯形模糊隶属度函数模型，即：

$$\Phi_{(e_{ij})}=\frac{e_{ij}-m_{ij}}{M_{ij}-m_{ij}}=\begin{cases}1 & e_{ij}\geqslant M_{ij}\\ \dfrac{e_{ij}-m_{ij}}{M_{ij}-m_{ij}} & m_{ij}<e_{ij}<M_{ij}\\ 0 & e_{ij}\leqslant m_{ij}\end{cases}$$

对逆向指标，采用半降梯形模糊隶属度函数模型，即：

$$\Phi_{(e_{ij})}=\frac{M_{ij}-e_{ij}}{M_{ij}-m_{ij}}=\begin{cases}1 & e_{ij}\leqslant m_{ij}\\ \dfrac{M_{ij}-e_{ij}}{M_{ij}-m_{ij}} & m_{ij}<e_{ij}<M_{ij}\\ 0 & e_{ij}\geqslant M_{ij}\end{cases}$$

式中，$e_{ij}$为评价指标的具体值，$i$ 代表区域个数，$j$ 代表第 $i$ 区域指标个数；$M_{ij}$、$m_{ij}$分别代表第 $i$ 区域第 $j$ 个指标具体值的理论最大值与最小值；$\Phi$（$e_{ij}$）代表 $i$ 区域 $j$ 指标的隶属度，其值介于 0~1。值越大，表明该项指标的实际数值接近最大值 $M_{ij}$的程度越大，隶属度值与其相应权数的乘积越大，表示该项指标的数值对总目标的贡献就越大。隶属度值与 1 之间的差，即为该项指标与最大指标或“先进目标”水平指标之间的差距和不足。

### 10.2.2　寻找空间布局法则的模型

各种企业的空间集聚对不同指标的依赖程度不同，即表现为各行业在不同指标上的权重差异。获取权重的模型即为寻找产业集聚法则的模型，主要包括两个渠道或途径：一是源于专家的经验法则，通过 AHP 模型来实现；二是源于大量案例的样本法则，通过 DEA 模型来实现。

1. *层次分析模型*（AHP）

鉴于层次分析模型比较成熟，对模型方法的讨论在此简略，仅将采用 AHP 模型得到部分行业在各指标上的权重分配结果列表显示（表 10-1）。

**基于层次分析法确定的产业集聚权重法则**　　**表 10-1**

| 一级指标 | 二级指标 | 饲料加工业 | 酒精及饮料酒制造业 | 烟草制品业 | 汽车制造业 | 电子元器件制造业 |
|---|---|---|---|---|---|---|
| 同种行业集聚度 | 企业数量集中度 | 2 | 3 | 3 | 1 | 3 |
| | 行业人员集中度 | 2 | 3 | 3 | 1 | 4 |
| | 行业产值集中度 | 6 | 6 | 8 | 3 | 10 |

续表

| 一级指标 | 二级指标 | 饲料加工业 | 酒精及饮料酒制造业 | 烟草制品业 | 汽车制造业 | 电子元器件制造业 |
|---|---|---|---|---|---|---|
| 上游行业集聚度 | 企业数量集中度 | 10 | 2 | 1 | 3 | 2 |
| | 产业人员集中度 | 10 | 10 | 1 | 3 | 2 |
| | 产业产值集中度 | 20 | 10 | 1 | 15 | 4 |
| 下游行业集聚度 | 企业数量集中度 | 2 | 2 | 1 | 1 | 2 |
| | 产业人员集中度 | 3 | 3 | 1 | 1 | 4 |
| | 产业产值集中度 | 7 | 5 | 1 | 2 | 8 |
| 自然资源富裕度 | 水资源丰度 | 2 | 8 | 1 | 2 | 1 |
| | 土地资源丰度 | 1 | 5 | 6 | 2 | 1 |
| | 土地价格比例 | 1 | 5 | 7 | 8 | 8 |
| | 能源丰度 | 0 | 0 | 0 | 1 | 1 |
| | 矿产资源丰度 | 0 | 0 | 0 | 1 | 1 |
| | 原料丰度 | 2 | 2 | 30 | 1 | 1 |
| 人力资源丰度 | 劳动力人口比重 | 2 | 3 | 4 | 2 | 2 |
| | 专业技术人员比重 | 5 | 5 | 6 | 8 | 5 |
| 资本富裕度 | 镇居民年末存款储蓄余额占全市比重 | 2 | 2 | 3 | 3 | 2 |
| | 镇引进外资占全县引进外资比重 | 5 | 0 | 2 | 8 | 5 |
| 设施完善度 | 铁路便捷度 | 1 | 2 | 2 | 3 | 5 |
| | 公路便捷度 | 5 | 5 | 5 | 4 | 5 |
| | 水路便捷度 | 2 | 4 | 1 | 5 | 5 |
| | 空港便捷度 | 0 | 1 | 1 | 5 | 2 |
| | 供电设施完善度 | 1 | 2 | 2 | 5 | 5 |
| | 供水设施完善度 | 3 | 4 | 4 | 5 | 5 |
| | 电信设施完善度 | 2 | 5 | 5 | 5 | 5 |
| | 污水处理设施完善度 | 4 | 3 | 1 | 2 | 2 |
| 合　计 | | 100 | 100 | 100 | 100 | 100 |

2. 数据包络分析模型（DEA）

DEA 全称为数据包络分析（Data Envelopment Analysis），是由美国运筹学家查尼斯（A. Chames）和库伯（W. W. Cooper）等人于1978 年在“相对效率评价”的基础上发展起来的一种系统分析方法。DEA 方法属于运筹学研究的领域，它主要采用数学规划方法，利用观察到的样本资料数据，对决策单元（Decision Making Unit，DMU）进行生产有效性评价或处理其他多目标决策问题。DEA 方法主要是通过保持决策单元的输入输出不变，借助于数学规划将 DMU 投影到 DEA 前沿面上，并通过比较决策单元偏离 DEA 前沿面的程度来评价它们的相对有效性（图 10-1）。

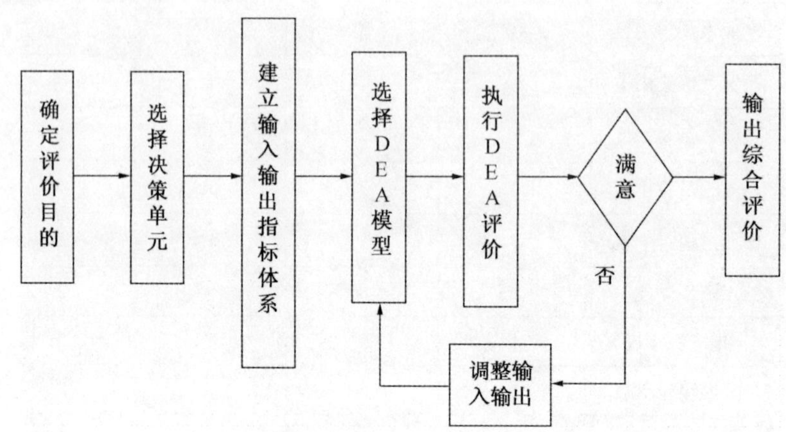


图 10-1　DEA 方法分析流程

DEA 方法的优点：模型采用最优化方法来内定决策单元的输入输出权重，从而避免了人为确定各指标权重所带来的主观性；假定每个输入都关联到一个或多个输出，而且输入输出之间确实存在着某种关系，使用 DEA 方法不必确定这种关系的显示表达式；在处理经济学生产函数与规模经济的问题上 DEA 具有独特的优势。DEA 的基本模型为 $C^2R$ 和 $C^2GS$，$C^2R$ 模型是同时针对规模有效性与技术有效性而言的“总体”有效性；而 $C^2GS$ 模型只能评价技术有效性。

在城镇产业空间布局分析中，首先选用 $C^2R$ 模型：

假设有 $n$ 个评价单元（在 DEA 法中称为决策单元），记为 $DMU_j$（$j=1, 2, 3, \cdots, n$）。每个 DMU 都有 $m$ 项投入 $X_j=(x_{j_1}, x_{j_2}, \cdots x_{j_m})$，$s$ 项产出 $Y_j=(y_{j_1}, y_{j_2}, \cdots y_{j_s})$，它们分别表示“消耗的资源”和“工作的成效”。则第 $j_0$ 个 DMU 的效率评估模型如下：

$$\max \mu^T Y_{j_0} = V_P$$
$$s.t.\ \omega^T X_j - \mu^T Y_j = 0\ (j=1, 2\cdots n)$$
$$\omega^T X_{j_0} = 1$$
$$\omega^T \geqslant \varepsilon E_1^{\mathrm{T}},\ \mu^T \geqslant \varepsilon E^T$$

式中，$(X_0, Y_0)$ 为 $DMU_{j_0}$ 的投入产出矩阵，$\varepsilon$ 为阿基米德无穷小，$\boldsymbol{E}_1$ 为元素为 1 的向量，$\mu$ 为投入指标的权重系数，$\omega$ 为产业指标的权重系数。其对偶规划为：

$$\min\left[\theta - \varepsilon\left(E_1^{\mathrm{T}} S^- + E^{\mathrm{T}} S^+\right)\right] = V_D$$
$$s.t.\ \sum_{j=1}^{n} \lambda_j X_j + S^- = \theta X_{j_0}$$
$$\sum_{j=1}^{n} \lambda_j Y_j - S^+ = Y_{j_0}$$
$$\lambda_j \geqslant 0\ (j=1, 2, \ldots n)$$
$$S^+ \geqslant 0,\ S^- \geqslant 0$$

式中，$\theta$ 为决策单元 $DMU_{j_0}$ 的有效值，即投入相对于产出的有效利用程度；非阿基米德无穷小 $\varepsilon$ 是一个小于任何正数而大于零的数，在实际应用中常取为一个足够小的正数，如 $10^{-6}$；$E_1=(1,1,\cdots 1_m)^T$，$E=(1,1,\cdots 1_s)^T$；$X_j=(x_{j_1},x_{j_2},\cdots x_{j_m})^T$ 和 $Y_j=(y_{j_1},y_{j_2},\cdots y_{j_s})^T$ 分别是第 $j$ 个决策单元 $DMU_j$ 的输入、输出向量；$S^-$，$S^+$ 为线性规划问题的松弛变量，其中 $S^-$ 为未利用资源变量，$S^+$ 为产出不足变量；$\lambda_j$ 为相对于 $DMU_{j_0}$ 重新构造一个有效 DMU 组合中 $j$ 个决策单元 $DMU_j$ 的组合比例。

设含非阿基米德无穷小 $\varepsilon$ 的 $C^2R$ 模型（$D_\varepsilon$）最优解为：$\lambda^0$，$S^{0-}$，$S^{0+}$，$\theta^0$，则：

（1）若 $\theta^0=1$ 且 $S^{0-}=S^{0+}=0$，则第 $j_0$ 个 DMU 为 DEA 有效，即在原投入 $X_0$ 的基础上获得的产出 $Y_0$ 已达到最优；

（2）若 $\theta^0=1$ 且 $S^{0-}\neq 0$，$S^{0+}\neq 0$，则第 $j_0$ 个 DMU 为弱 DEA 有效；

（3）若 $\theta^0<1$，则第 $j_0$ 个 DMU 为 DEA 无效。

在上述方法的基础上，引入一个输入最小、输出最大的理想的 $DMU_L$，以其效率指数最大为目标的 DEA 模型的最优解 $\lambda_j^*$（$j=1,2,\cdots n$）作为一组相对合理的公共权重，求出所有决策单元的相对效率指数进行排序，优选出最佳的方案。

理想决策单元由 $DMU_j$（$j=1,2,3,4$）各项输入指标的最小值 $X_{min}$ 及各项输出的最大值 $Y_{max}$ 组成。

该方案是一种理想状态，可能并不存在于生产可能集 $T_1$ 内部。但 DEA 有效是一个相对概念，引入 $DM0U_L$ 只是作为一个参照，以求出对所有决策单元 $DMU_j$（$j=1,2,3,4$）都合理的公共权重。

其次，构造评价模型。定义 $h'=\dfrac{U^TY_{max}}{V^TX_{min}}$ 为理想方案的效率评价指数，以理想方案的效率最大为目标构造模型：

$$(P)=\begin{cases}\max h'=U^TY_{max}/V^TX_{min}\\ s.t.\ \dfrac{U^TY_j}{V^TX_j}\leqslant 1(j=1,2,3,4)\\ \dfrac{U^TY_{max}}{V^TX_{min}}\leqslant 1\\ U\geqslant 0,V\geqslant 0\end{cases}$$

式中，$U=(u_1,u_2,\cdots u_s)^T$；$V=(v_1,v_2,\cdots,v_m)^T$。

设该模型的最优解为 $U^*$ 和 $V^*$，则 $U^*$ 和 $V^*$ 为所有决策单元 $DMU_j$（$j=1,2,\cdots n$）的排序公共权重。称 $h_j^*=U^{*T}Y_j/V^{*T}X_j$（$j=1,2,3,4$）为第 $j$ 个决策单元的排序效率指数。

第三，决策单元排序。运用 Matlab 软件编程（附录 E）求解模型（$P$），分别得到：$h'$、$U^*$、$V^*$，由此计算出各方案的相对效率指数 $h_j^*$，按相对效率指数的大小排序，确定最终优选方案。

3. 城市空间发展规模预测模型

城市规模通常包括人口规模、经济规模和用地规模。城市空间扩展模拟更关注城市建设用地规模，尤其是城市建设用地新增量。其预测流程为：经济规模目标制定—人口规模聚集水平预测或控制总量预定—人均城市用地调整—城市用地规模估算—城市新增建设用地量预测。

城市新增建设用地预测主要涉及城市人口规模、人均城市建设用地、城市建设用地现状面积三个重要参数，由此构造预测模型如下：

$$La = Pf \times pc - Ln$$

式中，$La$ 为未来城市建设用地新增量；$Pf$ 为未来城市人口预测值或控制总量；$pc$ 为规划人均城市建设用地面积（反映城市对建设用地的控制力度）；$Ln$ 为城市建设用地现状面积。

城市人口预测或控制总量由人口预测子系统或其他规划研究得到，并选用两个关键参数对预测结果进行校核：一是同类或目标地区的劳动生产率；二是同类或目标地区的带眷系数。人均城市建设用地通过历史序列进行趋势预测，并采用城市用地规划标准予以校核；城市建设用地现状面积则从土地利用现状图或城市建设用地现状图直接量算得到。

4. 城市空间开发价值评估模型

城市空间开发建设受多种区位因素影响，其概率选址或建设价值评估数学模型实质为加权平均的合成模型。关于加权平均的合成模型，苏为华、张彦举等学者进行了比较深入的研究（苏卫华，2005；张彦举，2000）。张彦举对线性评价和非线性评价模型的敏感性进行了总结，认为：若强调系统的整体效应，突出系统协调、均衡发展的作用，可采用非线性评价模型；若强调系统的局部效应，突出指标间的互补性，可采用线性的评价模型。苏为华在几何平均和算术平均的基础上，又加入了加权调和平均模型和加权平方平均模型，并把这些模型统一表达为幂函数的平均合成形式。对于各种模型的选取，他给出了一个形象的评语：算术平均是一种“取长补短式的平均”；几何平均是一种“惩罚落后式的平均”，体现了“鼓励均衡发展”的评价要求；平方平均是一种“抓大放小式的平均”，体现了“鼓励搞突出抓重点”的评价原则。实践中可以根据“奖罚程度”的不同要求而灵活选择一个适当的幂值。

根据城市空间开发价值或概率测算的研究特点，主要构造基于算术平均的线性加权综合模型和基于几何平均的非线性加权综合模型。线性加权模型公式为：

$$P = \sum_{i=1}^{n} P_i \times W_i$$

式中，$P$ 为某地块进行城市空间开发建设的综合概率；$P_i$ 代表第 $i$ 个区位因素影响下的城市空间开发建设的单因子概率；$W_i$ 表示第 $i$ 个区位因素的权重，反映该因素对城市空间开发建设的重要性。

该抽象模型的具体化公式为：

$$P = \alpha \times TR + \beta \times UL + \gamma \times PO + \delta \times NV$$

式中，$P$ 为某地块进行城市空间开发建设的价值评分或选址概率，取值区间为［0，1］；$TR$ 代表该地块的城市交通优势区位，取值区间为［0，1］；$UL$ 代表该地块的城市经济地理区位，取值区间为［0，1］；$PO$ 代表该地块的城市开发政策区位，取值区间为［0，1］；$NV$ 代表该地块的城市自然地理区位，取值区间为［0，1］；$\alpha$、$\beta$、$\gamma$ 和 $\delta$ 分别代表交通优势、自然地理、经济地理和开发政策的权重系数，且 $\alpha+\beta+\gamma+\delta=1$。

借鉴道格拉斯生产函数的幂函数形式和模糊度函数，构建的非线性加权模型基本公式如下：

$$P = \prod_{i=1}^{n} P_i W_i$$

式中，各字母含义同上。加权几何平均模型（非线性加权模型）由于采取“乘”的合成方法，某一指标的变动需通过与其他指标的直接合成在评价结果中体现，指标值变动对整体的影响比“加和”的方法小，这种评价模型更容易突出整体的效能。而且“乘”的性质决定了指标值小的指标对评价结果影响比较大，决定了非线性加权的模型更容易突出小指标值的指标在评价体系中的作用，评价方法有利于强调系统的整体性能和协调性。

城市空间开发建设的多因素概率模型或价值评估模型的具体公式如下：

$$P = TR^{\alpha} \times NV^{\beta} \times UL^{\gamma} \times PO^{\delta}$$

从算术平均和几何平均两个模型公式的结构不难看出，城市空间开发价值评估模型主要包括以下 4 个分模型。

（1）城市交通优势区位模型

交通道路是城市空间开发的先导，交通区位优势度主要从交通可达性、便捷性等方面来衡量城市空间开发建设的可行性与可能性。有关交通可达性（位置可达性）的模型很多，比较著名的有拓扑度量法、距离度量法、上海交通所法、等值线法、潜力模型法、平衡系数法、效用法和时空棱柱法等（张文尝等，2008）。按照简便性原则，从可获取资料的实际出发，构建如下交通优势度模型，测度高速公路、国道、省道、城市主干道等道路网络和郊区铁路、城市地铁等轻轨网络的综合优势。借助 GIS 对交通区位优势测度有两个算法：一是缓冲区赋值法，即对交通线和重要站点做缓冲区，并对各级缓冲区赋值，每一个地块由于交通区位优势导致的开发价值就是各缓冲区赋值的加和；二是最邻近距离赋值法，就是测算每个地块与最邻近交通线的距离，距离越小交通区位优势越大。

$$TR = Subw \times \alpha_1 + Expw \times \alpha_2 + Station \times \alpha_3$$

式中，*Subw* 为地铁站对地块交通区位的影响，主要通过地块中心点到最邻近地铁站的距离标准化值来测度，直接距离为 *dis_sub*，标准化公式为：$Subw = 3000/(3000 + dis\_sub)$；*Expw* 为主要道路对地块交通区位的影响，通过该地块中心点到最邻近主要道路的距离标准化值来测度，直接距离为 *dis_exp*，标准化值 $Expw = 3000/(3000 + dis\_exp)$；*Station* 为车站对地块交通区位的影响，包括火车站与客运站，通过该地块中心点到最近车站的距离标准化值来测度，直接距离为 *dis_sta*，标准化值 $Station = 3000/(3000 + dis\_sta)$。$\alpha_1 = 0.4$，$\alpha_2 = 0.4$，$\alpha_3 = 0.2$。

（2）城市经济地理区位模型

城市经济地理区位分区外和区内两个层面。区外层面而言，与区域其他城市的联系对本城市空间开发具有导向作用；区内层面而言，城市空间开发建设具有很强的路径依赖性，未来的城市空间开发用地往往与现有建成区有着千丝万缕的关系。根据地理学的距离衰减原理和城市规划的工作经验，越靠近外部城市联系的主方向或越临近现有城市建成区的地块，未来空间开发的概率越大。城市经济地理区位主要用辐射场强模型来测算。

$$F = \frac{M}{r^{\chi}}$$

式中，$F$ 为辐射强度；$M$ 为辐射主体的规模（可用建成区面积或建成区内经济总量、人口总量等来反映）；$\chi$ 为距离衰减系数；$r$ 为辐射主体中心点到基本单元中心点的距离。

区域内某个地块是否进行开发建设，既受同侧外部城市与本地城市的引力大小的影响，也受本地城市建成区辐射的影响，据此构建城市经济地理区位模型。

$$UL = UIC \times \beta_1 + UID \times \beta_2 + EFO \times \beta_3$$

式中，*UIC* 为中心城（高等级）的辐射作用对地块进行城市开发建设的影响，辐射值 $UIC = 1/(1 + \mathrm{EXP}(2 - \mathrm{Ugra\_C}/2))$（logit 变换），Ugra_ C 为每一地块受高等级城市辐射强度之和，计算公式为 $F=M/r^2$（距离衰减系数取 2）。*UID* 为周边城镇（主城外）的辐射作用对地块进行城市开发建设的影响，辐射值为 $UID=1/(1+\mathrm{EXP}(2-\mathrm{Ugra\_D}/2))$，Ugra_D 为每一地块受周边城镇辐射强度之和，计算公式为 $F=M/r^3$（距离衰减系数取 3）。*EFO*（Economic Foundation Opportunity）为经济现状优势度，主要通过就业单位普查数据来衡量。

$\beta_1$、$\beta_2$、$\beta_3$ 的值取决于情景设定中城市空间扩张模式的选择。主城极化发展模式下，$\beta_1=0.6$、$\beta_2=0.2$、$\beta_3=0.2$；均衡蔓延发展模式下，$\beta_1=0.4$、$\beta_2=0.4$、$\beta_3=0.2$；郊区疏散发展或新城集聚的发展模式下，$\beta_1=0.2$、$\beta_2=0.6$、$\beta_3=0.2$。$\beta_1+\beta_2+\beta_3=1$。

（3）城市开发政策区位模型

城市开发政策集中体现在城市总体规划及政府颁布的各项城市发展文件中，主要通过城市的性质定位、产业发展、环境保护、生态保护、耕地保护、空间发展方向、重大项目空间安排以及城市发展模式（分散还是集中等）的战略选择等来影响不同地块实施城市空间开发的可能性。城市开发政策区位模型如下：

$$PO=PSP\times\gamma_1+PNT\times\gamma_2+Dire\times\gamma_3$$

式中，*PSP* 为由于重大项目的布设及其引力，导致地块开发的可能性。该指标通过计算每一地块接受所有重大项目的辐射强度并进行 logit 变换而得，计算公式为：$PSP=1/(1+\mathrm{EXP}(2-4\times PRG))$，$PRG=\Sigma SP/\gamma_2$。*PRG* 代表所有重大项目的辐射强度（距离衰减系数为 2）总和，*SP* 为某重大项目的占地面积，*PSP* 代表重大项目的辐射带动作用。

*PNT* 为政府导向的新城发展规模对地块的影响，计算所有新城对每一地块的辐射强度（距离衰减系数为 2）总和，并进行 logit 变换，来反映地块开发的价值。计算公式为：$PLG=\Sigma \mathrm{NT}/\gamma_2$，$PNT=1/(1+\mathrm{EXP}(2-2\times PLG))$。其中 *NT* 为新城规划规模，*PLG* 为新城辐射带动力之和，*PNT* 值为新城规模对各地块的实际带动作用。

*Dire* 为城市发展方向对城市空间开发的影响，测算方法为主导方向的偏角算法，计算公式为：$Dire=3600/(3600+Au_2)$。通过 GIS 计算主城用地的重心，将每一个空间模拟单元中心点与主城重心连线（指向模拟单元的中心点），测算其相对于城市主导发展方向 A 的偏移角度 *Au*，*Au* 取值范围为 0°~180°。若存在多个发展方向，则选择最小的偏角进行计算。

根据经验，$\gamma_1$、$\gamma_2$、$\gamma_3$ 分别取值 0.3、0.4、0.3。

（4）城市自然地理区位模型

自然条件对城市空间开发建设具有约束效应。地形、地类、地质、水文等自然区位条件较好的地方易于城市空间扩展，据此构建自然区位优势度模型。该模型所需的基础数据主要包括地形、土地利用和各种限制性要素等。其中，地形数据包括地形图（建议比例尺 1:25000）、遥感影像图、数字高程模型（DEM）、水系分布图。土地利用数据包括土地利用现状图。另外该模型中还包含耕地保护和生态保护两个政策参数。

$$NV=\delta_1\times CV^c+\delta_2\times EV^e+\delta_3\times SV^e$$

式中，*EV* 为各种用地因其生态保护价值而对开发产生的影响；*CV* 为耕地保护对地块征用带来的阻力，其值受土地政策的影响；*SV* 为地形对城市开发建设的阻力，其值取决于地块坡度。*CV*、*EV*、*SV* 取值均在［0，1］之间，1 代表无生态或耕地保护影响，0 则说明生态或耕地保护价值极高，不宜进行城镇空间开发建设。$\delta$ 为各种因素的重要性系数，$\delta_1+\delta_2+\delta_3=1$；*c* 为基于耕地保护的政策参数；*e* 为基于生态保护的政策参数。

5. 城市空间选址定位模型

基于 GIS 的产业选址概率模型（Maurel－Sedillot 模型）和相对特定行业的空间竞争力判断矩阵模型是两个最重要的空间定位模型。

（1）产业选址概率模型

该模型假设企业根据区位自然条件或地理接近的企业间溢出来确定选址，模型核心部分如下：

其中 $U_{ij}$ 是一个随机变量，当 $j$ 企业选址于 $i$ 地区时 $U_{ij}=1$，否则 $U_{ij}=0$。假设一个产业中的 $j$ 企业和 $k$ 企业有相同的联合概率分布，从而有：

$$E(U_{ij})=E(U_{ik})=x_i$$

$$prob(U_{ij}=U_{ik}=1)=x_i^2+x_i(1-x_i)$$

$$prob(U_{ij}=U_{ik}=0)=(1-x_i)^2+x_i(1-x_i)$$

$$prob(U_{ij}=1,U_{ik}=0)=prob(U_{ij}=0,U_{ik}=1)=x_i(1-x_i)(1-\gamma)$$

这意味着该产业中的所有企业选址于 $i$ 地区的概率都是 $x_i$。此外，

$$\gamma=corr(U_{ij},U_{ik})j\neq k$$

也就是说，由于 $j$ 和 $k$ 两个企业在自然优势和相互溢出两方面的共同利益，二者选址相关系数是确定的 $\gamma$，且 $\gamma\in\{-1,1\}$。从上述概率方程可以得到同一产业任意两个企业选址于同一地区的概率是相同的，假设都为 $p$，则

$$p=\sum_i prob(U_{ij}=1,U_{ik}=1)=\sum_i x_i^2+\gamma(1-\sum_i x_i^2)$$

从而可以得到关于 $\gamma$ 的线性表达式。通过对 $p$ 的估计值可以得到 $\gamma$ 的估计值：

$$\gamma_{MS}=\frac{(\sum_i S_i^2-\sum_i x_i^2)/(1-\sum_i x_i^2)-H_E}{1-H_E}$$

式中，$S_i$ 代表某产业 $i$ 地区就业人数占该产业全国就业人数的比例；$x_i$ 代表 $i$ 地区全部就业人数占全国总就业人数的比例，$H_E$ 代表衡量市场集中度的赫芬达尔指数，数学表达式为：

$$H_E=\sum_j Z_j^2$$

式中，$Z_j$ 代表 $j$ 企业就业人数占该产业全部就业人数的比例，如果 $H_E=1$，则意味着该产业就业集中在一个企业，如果 $H_E=0$，则意味该产业有无数个规模相似的企业，类似于完全竞争市场的情况；则（$\sum_i s_i^2-\sum_i x_i^2$）反映某一产业的地区差异。

（2）空间竞争力判断矩阵模型

不同主导产业在城镇内部的空间布局是由于不同决策单元对该产业的竞争力所决定的。所谓空间竞争力判断矩阵模型，就是政府部门的招商引资和企业部门的项目选址过程采用判断矩阵等工具实施的空间决策模型。其主要原理是根据规划主体的综合判断或者基于规划客体空间逻辑关系，对不同决策单元相对于某种行业的竞争能力进行赋值或测算，得到空间竞争力判断矩阵（表 10-2），该矩阵可作为城镇产业空间布局优化的决策工具。

**空间决策单元的产业竞争力判断矩阵** **表 10-2**

| | 地区/产业 | 1 | 2 | 3 | … | $m$ |
|---|---|---|---|---|---|---|
| 产业关联竞争力 | 1 | $A_{11}$ | $A_{12}$ | $A_{13}$ | … | $A_{1m}$ |
| | 2 | $A_{21}$ | $A_{22}$ | $A_{23}$ | … | $A_{2m}$ |
| | … | … | … | … | … | … |
| | $n$ | $A_{n1}$ | $A_{n2}$ | $A_{n3}$ | … | $A_{nm}$ |

续表

| | 地区/产业 | 1 | 2 | 3 | … | $m$ |
|---|---|---|---|---|---|---|
| 资源支持竞争力 | 1 | $B_{11}$ | $B_{12}$ | $B_{13}$ | … | $B_{1m}$ |
| | 2 | $B_{21}$ | $B_{22}$ | $B_{23}$ | … | $B_{2m}$ |
| | … | … | … | … | … | … |
| | $n$ | $B_{n1}$ | $B_{n2}$ | $B_{n3}$ | … | $B_{nm}$ |
| 设施支撑竞争力 | 地区/产业 | 1 | 2 | 3 | … | $m$ |
| | 1 | $C_{11}$ | $C_{12}$ | $C_{13}$ | … | $C_{1m}$ |
| | 2 | $C_{21}$ | $C_{22}$ | $C_{23}$ | … | $C_{2m}$ |
| | … | … | … | … | … | … |
| | $n$ | $C_{n1}$ | $C_{n2}$ | $C_{n3}$ | … | $C_{nm}$ |
| 政策偏好竞争力 | 地区/产业 | 1 | 2 | 3 | … | $m$ |
| | 1 | $D_{11}$ | $D_{12}$ | $D_{13}$ | … | $D_{1m}$ |
| | … | … | … | … | … | … |
| | $n$ | $D_{n1}$ | $D_{n2}$ | $D_{n3}$ | … | $D_{nm}$ |
| 其他因素竞争力 | 地区/产业 | 1 | 2 | 3 | … | $m$ |
| | 1 | $E_{11}$ | $E_{12}$ | $E_{13}$ | … | $E_{1m}$ |
| | … | … | … | … | … | … |
| | $n$ | $E_{n1}$ | $E_{n2}$ | $E_{n3}$ | … | $E_{nm}$ |
| 产业综合竞争力 | 地区/产业 | 1 | 2 | 3 | … | $m$ |
| | 1 | $X_{11}$ | $X_{12}$ | $X_{13}$ | … | $X_{1m}$ |
| | 2 | $X_{21}$ | $X_{22}$ | $X_{23}$ | … | $X_{2m}$ |
| | … | … | … | … | … | … |
| | $n$ | $X_{n1}$ | $X_{n2}$ | $X_{n3}$ | … | $X_{nm}$ |

注：该竞争力矩阵可根据需要进行修改或扩展。

根据前面确定的指标体系，空间决策单元相对于某产业的竞争力由产业关联（发展基础）、资源支持、设施支撑、政策偏好（不易度量，模拟时暂不考虑）等不同的因素所影响，据此构建空间综合竞争力判断矩阵模型如下[1]：

$$X_{ij} = W_A A_{ij} + W_B B_{ij} + W_C C_{ij} + W_D D_{ij} + W_E E_{ij}$$

式中，$X_{ij}$为第$j$个空间单元对第$i$主导产业的综合竞争力指数；$A_{ij}$、$B_{ij}$、$C_{ij}$、$D_{ij}$、$E_{ij}$分别为第$j$个空间单元对第$i$产业的产业关联、资源支持、设施支撑、政策偏好和其他因素等专项竞争力指数；$W_A$、$W_B$、$W_C$、$W_D$、$W_E$分别为上述各大类因素对综合竞争力的贡献权重。

[1] 考虑到某些因素可能是十分关键乃至起着“一票否决”的重要因素，空间综合竞争力判断矩阵模型还可以生产函数形式构建：$Y = U^{\alpha} \times I^{\beta} \times R^{\gamma} \times T^{\sigma} \times L^{\varepsilon} \times P$。其中，一类指标的权重满足$\alpha+\beta+\gamma+\delta+\varepsilon=1$的约束条件。另外$P$为政策偏好指数，根据需要另外赋值。

6. 城市开发多变量逻辑回归模型

Logistic 模型是针对二分类或多分类响应变量而建立的回归模型，其自变量可为定性数据或定量数据，模型表达式为：

$$P = \frac{\exp^{\varepsilon+\alpha TV+\beta NV+\gamma UL+\delta PO}}{1 + \exp^{\varepsilon+\alpha TV+\beta NV+\gamma UL+\delta PO}}$$

式中，$P$ 为城市空间扩展概率；$TV$ 为交通区位因素；$NV$ 为自然地理区位因素；$UL$ 为经济地理区位因素；$PO$ 为政策区位因素。$\alpha$、$\beta$、$\gamma$ 和 $\delta$ 分别代表交通优势、自然地理、经济地理和开发政策的权重，且 $\alpha+\beta+\gamma+\delta=1$。

该模型既可以通过样本的统计回归分析，发现各影响因素的权重系数，也可以用来进行城市空间扩展的预测。

## 10.3　城市空间扩展模拟系统开发

城市空间增长边界模拟系统总图详见图 10-1。从运行流程来看，城市空间增长边界模拟分析系统主要按照系统准备、数据输入、模型参数求解、成果输出和比较分析五个环节顺次进行，最后将比较分析的效果反馈至数据输入环节形成反馈循环，通过不断调整初始化输入和关键参数，来优化输出结果。从内容框架来看，城市空间增长边界模拟的核心主要包括城市交通优势区位分析、城市经济地理区位分析、城市开发政策区位分析和城市自然地理区位分析四个模块。从方法技术来看，城市空间增长边界模拟主要采用情景分析、比较分析、统计分析（马尔科夫转移概率）和空间分析四大方法。

### 10.3.1　城市空间演化模拟系统设计

城市空间演化模拟分析系统（简称 UGBSS 系统）主要应用 GIS 空间技术，采用 ESRI 公司的 ArcEngine 组件，在 Microsoft Visual Studio 2005 开发平台上，运用 VB. net 开发语言进行系统设计和软件开发。目前主要包括发展情景预设、空间管制分析和增长边界预测三个模块，系统总体构成和设计详图详见图 10-2 ~ 图 10-4，系统总体结构框架详见图 10-5，数据流详见图 10-6。

城市空间增长边界模拟分析的准备环节主要包括理论准备、情景准备和工作准备三个层面。其中，理论准备主要通过文献检索和研究综述，了解目前城市空间扩展的影响因素和驱动机制，指导模型构建和关键技术参数的选取。从城市规划与管理对情景模拟的实际需要出发，情景准备是在系统中设定城市空间扩展的重要情景（包括城市发展速度情景、城市扩张模式情景、生态保护情景、重大项目情景、土地政策情景、城市发展方向情景，详细内容后文单独论述），确定系统运行的初始条件。关于工作准备，主要为系统开发和模拟分析准备工作平台、研究对象和边界数据。主要包括边界数据收集、研究区域格网的划分和生成空间模拟基本单元图等。下面重点论述工作准备的三个方面。

（1）收集边界数据

边界数据主要包括市域边界、平原区/山区边界、规划市区边界、区（县）边界、行政镇（乡、街道办事处）边界、行政村边界、水系流域划分边界、生态区划边界和各环路（城市意向边界）等。

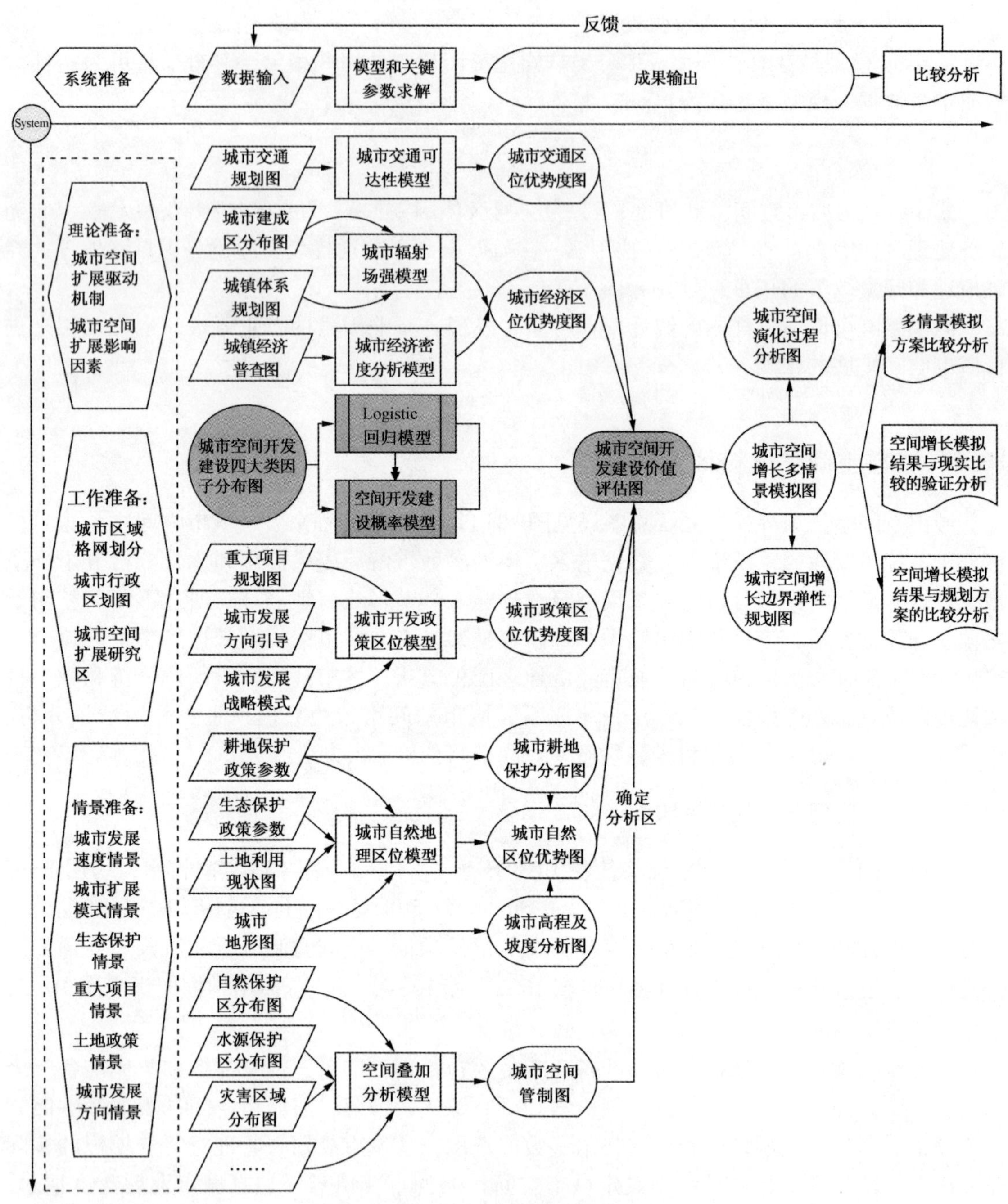


图 10-2　城市空间演化模拟分析系统总图

（2）划分空间格网单元

建立区域范围内的方格网文件，为后面的赋值计算提供基础。首先根据研究需要，设定方格网基本单元的大小，取值范围为 100 ~ 5000m。然后建立方格网文件（polygon 格式），边界格网无需为方形，但格网边界与土地利用现状图外边界要相齐，以免出现锯齿边界。

（3）生成空间模拟单元

生成空间模拟单元的具体步骤如下：一是建立用于分析的方格网体系，通过用户大小设定，生成与地域范围相合的方格网单元文件。二是生成禁止建设的区域，通过导入各类

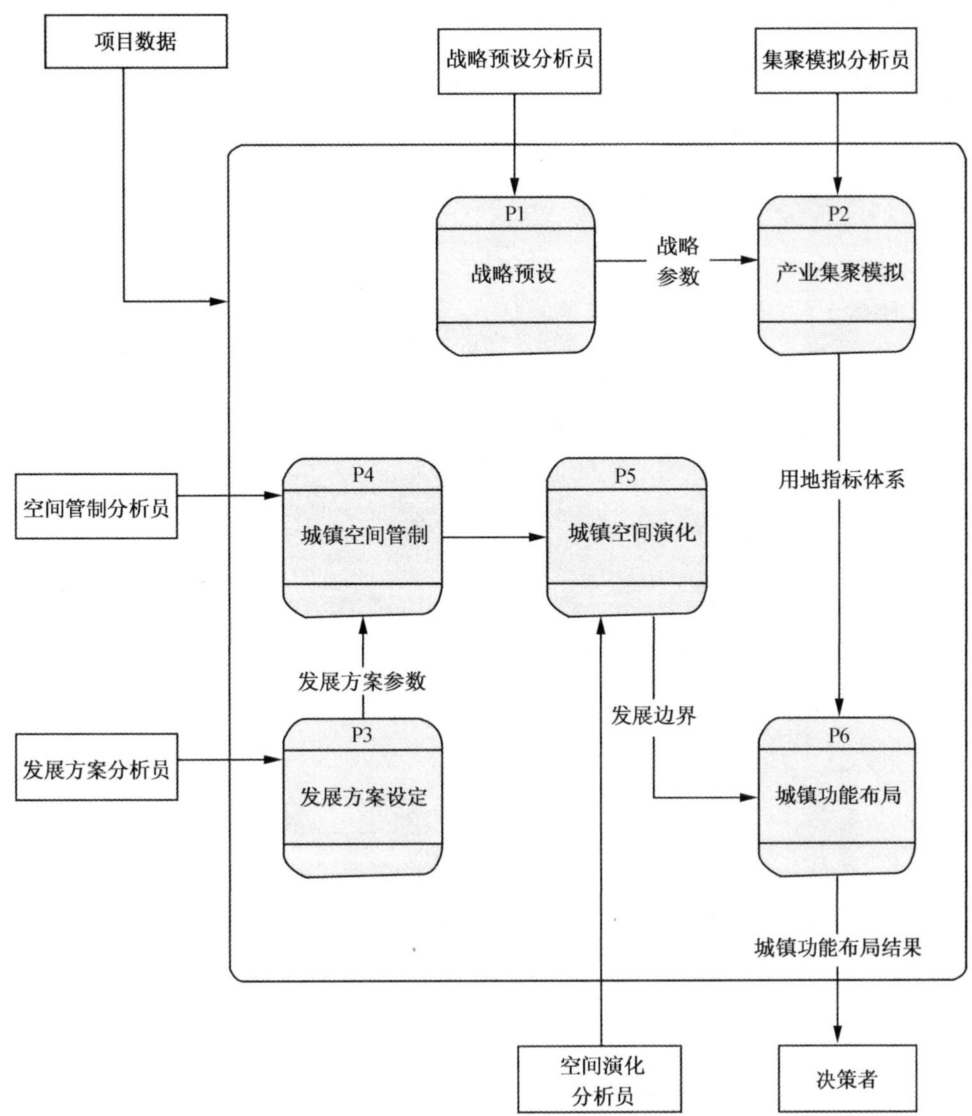


图 10-3 城市空间演化分析系统总体构成

控制性要素（区域自然保护区、区域风景名胜区、区域森林公园、城市饮用水源地等要素的分布矢量图，shpfile 格式）并设置相应控制距离，系统自动生成控制性区域的 polygon 文件。三是生成区域非分析区，包括已确定用地性质的建成地区以及禁止建设区。导入城镇建设用地图、重大建设项目分布图（包括规划建设的），与控制建设区合并后即为非分析区。四是生成空间模拟分析区，在已有方格网的基础上去掉非分析区后即为空间模拟分析区，分析区由多个格网单元所组成。

将格网单元、城镇建设用地图、重大基础设施用地图、区域增长极核用地图（由重大项目要素导入生成）等五个 polygon 文件相互叠加切割得到较方格网更加精细的 polygon 文件，即为空间模拟基本单元。每个单元包括如下属性：cg（是否主城城市建设用地）、tg（是否周边城市用地）、pr（是否控制性区域）、pg（是否区域增长极核预留地）、单元 ID。属性值为 1 表示“是”，为 0 表达“不是”。

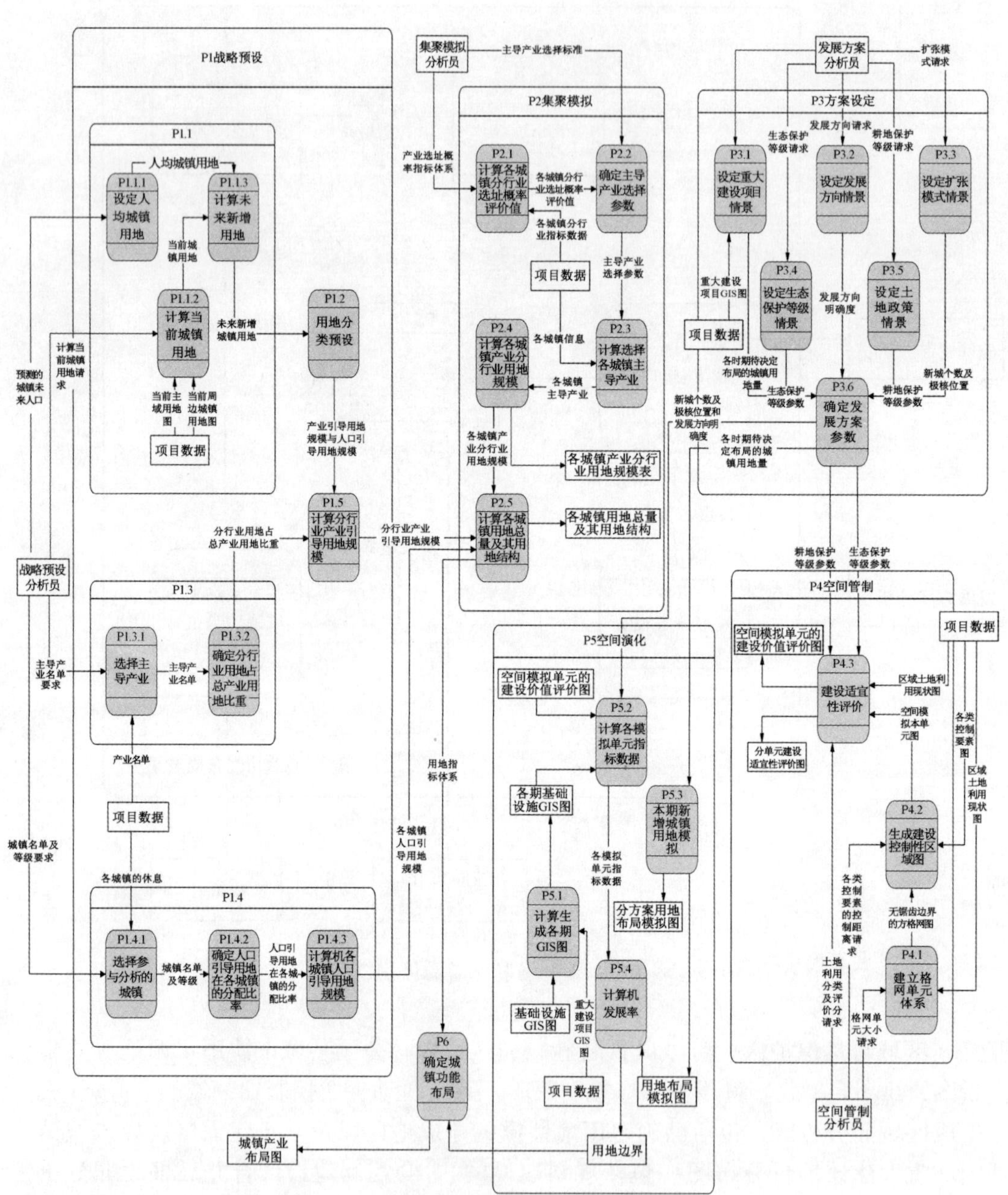

图 10-4　城市空间演化分析系统设计详图

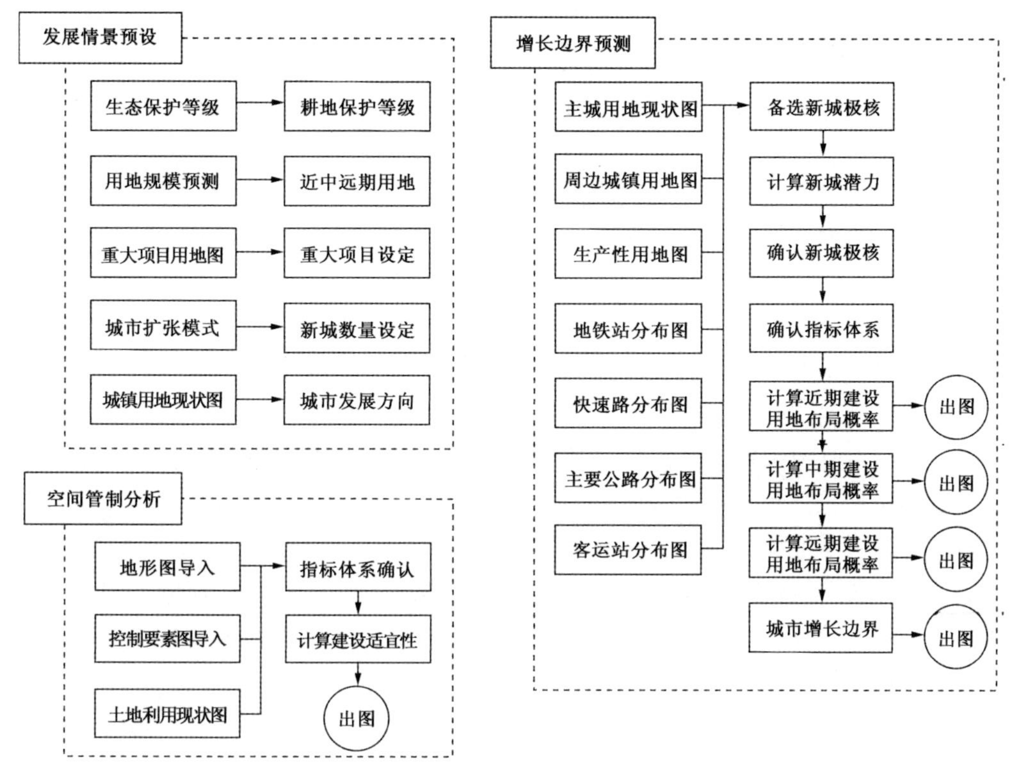


图 10-5　城市空间演化模拟分析系统开发框架

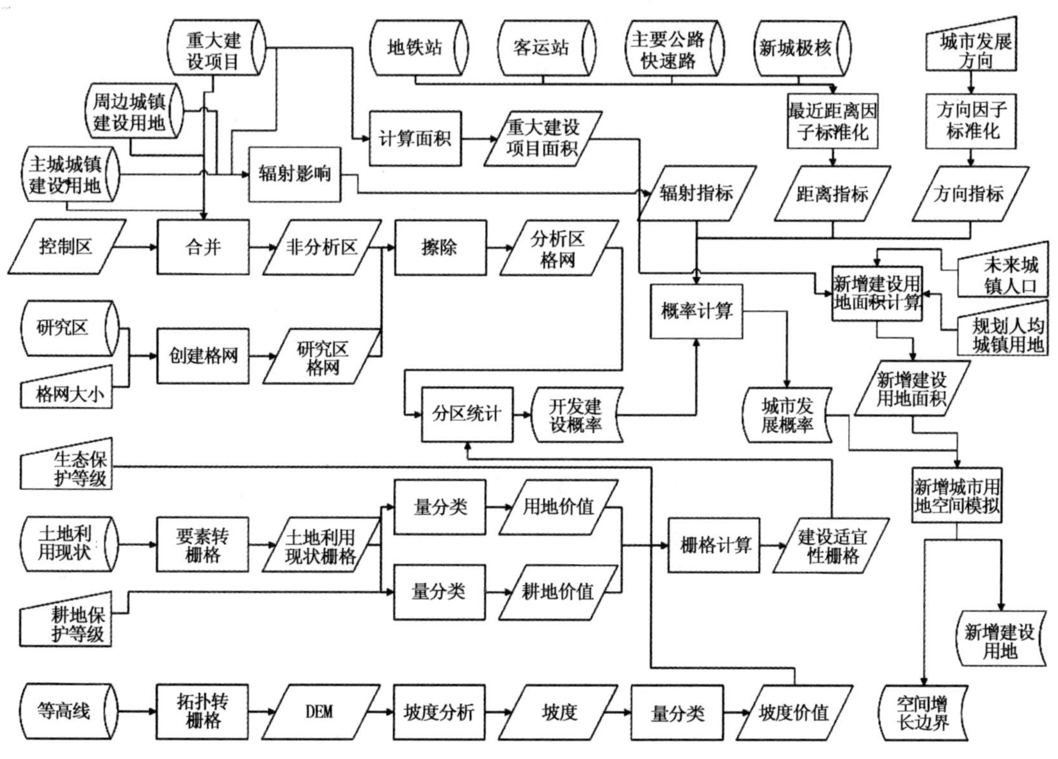


图 10-6　城市空间演化模拟分析系统数据流

### 10.3.2　城市空间演化数据输入

城市空间增长边界模拟结果的精度有赖于输入数据的精度，按照四大核心模块，本系统主要需要输入以下各种数据。

1. 城市交通优势区位数据

包括城市交通现状调查、城市交通规划（或城市总体规划中的交通专项）等资料，需要输入模拟分析系统的数据主要为交通网络规划矢量图（包括分等级的主要道路和重要交通站点）。

2. 城市经济地理区位数据

包括城市建设现状调查、区域城镇体系现状与规划、经济普查等资料，需要输入模拟分析系统的数据主要为城镇体系规划拓扑图、城市建成区分布矢量图和城市经济基础优势度图（主要为市域范围和城市建成区范围）。

3. 城市开发政策区位数据

包括城市发展政策研究、城市重大项目调研、城市发展战略模式研究、城市耕地保护政策、城市生态保护政策、城市环境保护政策等资料，需要输入模拟分析系统的数据主要为城市重大项目分布矢量图、城市发展方向概率和城市发展战略模式类型等。

4. 城市自然地理区位数据

包括城市地形、城市土地利用等资料，需要输入的数据主要为城市地形矢量图、城市土地利用现状矢量图或栅格图等。

### 10.3.3　城市空间演化模型参数设置

城市空间增长边界模拟结果的精度有赖于模型开发和关键参数的取值。根据前文阐述，城市发展规模预测和城市空间开发建设适宜性评价主要数学模型包括：建设用地新增量预测模型、交通可达性（或优势度）评价模型、城市辐射场强模型、城市经济密度分析模型、城市开发政策分析模型、城市自然地理区位模型、马尔科夫转移概率模型、Logistic 回归模型等。模型中的关键参数有三种：一是重要性参数，譬如对城市空间开发的四个区位因素的重要性判断，既可以采取层次分析法，综合专家的经验量化获得（表 10-3），也可以采用 Logistic 回归模型，根据样本数据客观计算。二是政策等级参数，譬如生态保护政策等级、耕地保护政策等级、人均城市建设用地（反映控制建设用地的等级）等（表 10-4）。三是价值衡量参数，譬如各类用地的生态保护阻力（表 10-5）和耕地保护阻力（表 10-6）、各种坡度基于技术经济阻力和生态保护阻力的建设价值（表 10-7）等，一般通过现行规划标准或由层次分析法综合专家经验获得。

**城市空间开发建设重要性系数设定**　　**表 10-3**

| 一级因素 | 符号 | 权标识 | 权值 | 二级因素 | 符号 | 权标识 | 权值 |
|---|---|---|---|---|---|---|---|
| 交通优势区位 | *TR* | $\alpha$ | 0.2 | 距离最近地铁站距离 | *Subw* | $\alpha_1$ | 0.4 |
| | | | | 与最近公路或快速路的欧式距离 | *Expw* | $\alpha_2$ | 0.4 |
| | | | | 距离最近城市车站距离 | *Station* | $\alpha_3$ | 0.2 |

续表

| 一级因素 | 符号 | 权标识 | 权值 | 二级因素 | 符号 | 权标识 | 权值 |
|---|---|---|---|---|---|---|---|
| 自然地理区位 | *LV* | $\delta$ | 0.25 | 耕地保护阻力（基于地类） | *CV* | $\beta_1$ | 0.2 |
| | | | | 生态保护阻力（基于地类） | *EV* | $\beta_2$ | 0.4 |
| | | | | 坡度建设价值 | *SV* | $\beta_3$ | 0.4 |
| 经济地理区位 | *UL* | $\beta$ | 0.25 | 高等级城市辐射强度 | *UIC* | $\gamma_1$ | 0.3（$\mu$） |
| | | | | 中等级城市辐射强度 | *UID* | $\gamma_2$ | 0.3（$1-\mu$） |
| | | | | 经济基础优势度 | *EFO* | $\gamma_3$ | 0.4 |
| 政策优势区位 | *PO* | $\gamma$ | 0.3 | 重大项目辐射强度 | *PSP* | $\delta_1$ | 0.4 |
| | | | | 城镇空间发展模式 | *PNT* | $\delta_2$ | 0.4 |
| | | | | 城市发展方向 | *Dire* | $\delta_3$ | 0.2 |

注：$\mu$ 为城市发展模式情景相应参数：主城极化式，$\mu=0.8$；均衡蔓延式，$\mu=0.5$；新城集聚/郊区疏散式，$\mu=0.2$。

**各种地类进行城市开发建设的技术经济阻力设定　表 10-4**

| 保护等级 | 耕地保护政策参数 *c* | 生态保护政策参数 *x* | 备注 |
|---|---|---|---|
| 严格 | 0.4 | 0.4 | |
| 较严格 | 0.6 | 0.3 | |
| 一般 | 0.8 | 0.2 | |
| 宽松 | 1 | 0.1 | |

**各种地类的生态保护阻力设定　表 10-5**

| 用地类别 | 生态保护阻力 | 建设价值 *EV* |
|---|---|---|
| 林地 | 0.8 | 0.2 |
| 水域 | 0.9 | 0.1 |
| 草地 | 0.6 | 0.4 |
| 园地 | 0.5 | 0.5 |
| 水田 | 0.4 | 0.6 |
| 旱地 | 0.2 | 0.8 |
| 未利用 | 0 | 1 |
| 建设用地 | 0 | 1 |

**各种地类的耕地保护阻力设定　表 10-6**

| 用地类别 | 耕地保护阻力 | 建设价值 *CV* |
|---|---|---|
| 林地 | 0 | 1 |
| 水域 | 0 | 1 |
| 草地 | 0 | 1 |
| 园地 | 0 | 1 |
| 水田 | C | 0 |
| 旱地 | C | 0 |
| 未利用 | 0 | 1 |
| 建设用地 | 0 | 1 |

各种地势的城市建设价值　　表 10-7

| 坡　度 | 等　级 | 建设价值 SV | 坡　度 | 等　级 | 建设价值 SV |
|---|---|---|---|---|---|
| 0~1 | 1 | 1 | 4~6 | 5 | 0.3 |
| 1~2 | 2 | 0.9 | 6~8 | 6 | 0.2 |
| 2~3 | 3 | 0.7 | 8~15 | 7 | 0.1 |
| 3~4 | 4 | 0.5 | 15~ | 8 | 0 |

注：格网先算栅格的坡度价值。

### 10.3.4　城市空间演化成果输出

城市空间增长边界模拟分析输出的成果主要为图和表。输出的主要图件为：城市交通区位优势度图、城市辐射场强分布图、城市外围吸引影响力图、城市开发政策区位优势分布图、城市空间管制图（水源保护地、自然保护区、风景名胜区、森林公园、绿化隔离带等）、城市高程分析图、城市坡度分析图、城市空间开发建设价值评估图（或称概率选址图）、各情景的城市空间增长边界图、城市空间增长边界弹性规划图（多情景叠加）和城市空间演化过程分析图（表达不同时间段城市空间增长的情况）。输出的主要表格为各区划单元的用地统计汇总，例如各区县城市空间扩展用地面积等。

城市空间扩展模拟预测结果产生后，采用比较分析法进行结果分析。本系统主要设定以下三种比较：一是城市空间扩展多情景模拟结果的比较，辅助城市空间发展政策的制定；二是城市空间扩展预测结果与实际扩展的比较，根据其吻合或重叠度来刻画空间扩展模拟的效果；三是城市空间扩展模拟预测结果与城市规划总图的比较，用于城市规划方案的评估。

### 10.3.5　城市空间演化情景预设

从城市规划与管理的实际需要出发，在系统中设定六大城市发展情景：城市发展速度情景、城市扩张模式情景、生态保护情景、重大项目情景、土地政策情境、城市发展方向情景（详见图 10-7）。在不同的情景条件组合下，城镇空间演化的结果就是不同的情景模拟方案，用户要在不同的方案中分别设置六类情景参数。系统初始设定默认为方案 1，后续方案设定直接在方案 1 基础上修改，以避免重复输入。通过情景设定，一方面通过对不同情景下的模拟结果对比，观察不同发展情境下城市空间扩展的差异；另一方面将不同方案的最终模拟结果叠加得到复合的城市增长边界。需要说明的是，规划和管理意义上的城市增长边界，是多种可能情景下城市空间增长边界的最大外包络边界，这种边界兼顾了各种情景因素的综合增长，具有非常重要的现实意义和规划管理的操作意义。

1. 城市发展速度情景

（1）含义说明

该情景反映城市规划期内的发展速度，通常由未来新增的城市用地总量及近期、中期、远期的城市用地增量分别占城市用地总增量的比重来表达。

（2）设定方式

用户通过手动输入设置。

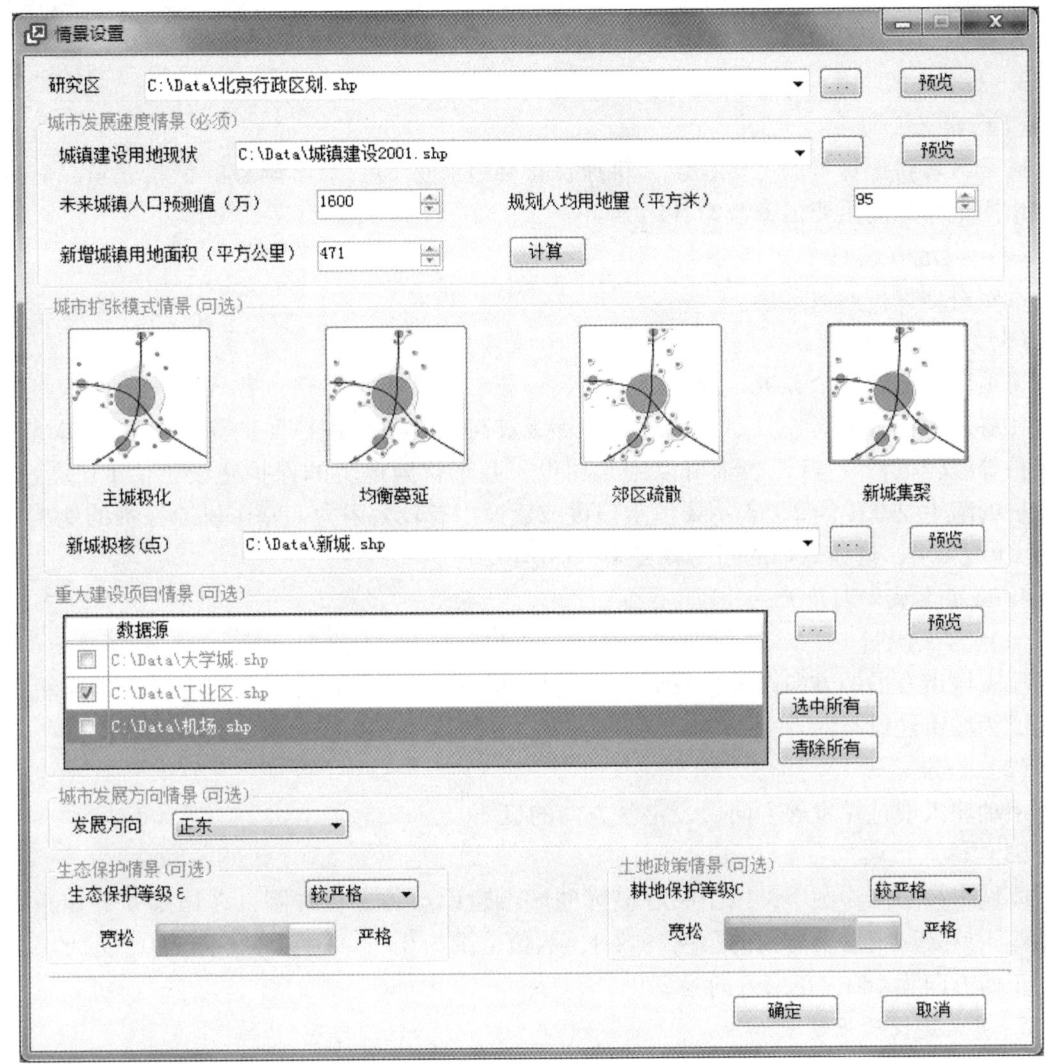


图 10-7　城市空间演化情景预设系统界面

（3）输入步骤

第一步：根据城市人口预测子系统，输入预测的未来城市人口 $Pf$ 和规划的人均城市用地量 $pc$。第二步：导入主城区的城市建设用地现状图（shapefile 格式，属于必需的底图）。第三步：导入周边的城市组团建设用地现状图（shapefile 格式，属于必需的底图）。系统自动计算当前城市建设用地总量 $Ln$ 和新增的城市用地总量 $La = Pf \times pc - Ln$。

2. 生态保护情景

（1）含义说明

该情景反映生态关注和保护的严格程度，它是影响城市用地布局的重要区域政策性因素，通常由生态保护等级参数来表达。

（2）设定方式

既定生态保护参数选择。

（3）输入选项

生态保护包括四个等级，分别为宽松、一般、较严格、严格。各等级生态保护参数值 $\beta$ = 0.4（严格生态保护）、0.3（较严格生态保护）、0.2（一般生态保护）、0.1（宽松生态保护）。

3. 土地政策情景

（1）含义说明

确定区域耕地保护的严格程度，耕地保护强度参数是一个可调控的情景变量，它是影响城市用地布局的重要国家政策性因素。

（2）设定方式

既定耕地保护参数选择。

（3）输入选项

耕地保护包括四个等级，分别为宽松、一般、较严格、严格。各等级耕地保护参数值 $c=2$（耕地保护等级高）、1.5（耕地保护等级较高）、1.0（耕地保护等级一般）、0.5（耕地保护等级较低）。$c=1$，表示可以用来建设，基于耕地地类的保护建设价值 $CV$ 是1，耕地保护的阻力是0。$c=2$，表示要慎重建设或建设中有较大阻力，基于耕地保护的地类建设价值 $CV$ 是0.4，耕地保护的阻力就是 $1-0.4=0.6$。

4. 城市发展方向情景

（1）含义说明

反映城市发展的方向以及各发展方向的概率，概率较大的发展方向上的土地有更大的可能成为城市建设空间。

（2）设定方式

手动输入或选择发展方向，设定各方向的概率。

（3）输入选项

以城市核心区为圆心，以距圆心最远的城市建设点为半径画圆，在该圆上确定角度或手动输入反映城市发展方向的角度参数 $A$，数值范围为0～360，正东方向为0，正北方向为90，正西方向为180，正南方向为270。

5. 重大建设项目情景

（1）含义说明

反映城市是否建设某些重大项目。重大项目对城市发展有较强的吸引力，是影响城市未来空间增长的重要原因。可通过选择设置各项目建设与否进行情景设定。

（2）设定方式

导入或选择GIS格式文件。

（3）输入内容或步骤

第一步：导入点、线、面等矢量文件（若无新建项目则不导入），其中面文件导入后系统会自动计算面积。需要考虑的重大项目包括：机场项目用地——shapefile格式用地图（面文件）、工业园区项目用地——shapefile格式用地图（面文件）、CBD项目用地——shapefile格式的用地图（面文件）、港口项目用地——shapefile格式的用地图（面文件）、大学城项目用地——shapefile格式的用地图（面文件）、主要道路项目——shapefile格式的专题图（线文件）、铁路站项目——shapefile格式的专题图（点文件）、地铁站项目——shapefile格式的专题图（点文件）。

第二步：设置各大项目的完工时间为近期、中期、远期和规划期外。为了避免城市大拆大建，在项目建成前所在地域应作为发展预留用地，因此，规划期外选项是指该项目用地在规划期内应予以控制保留而不被其他项目所占用。

上述项目设定后，系统会计算重大项目占用非城市建设用地的面积 $Lg$，进而计算出尚未确定功能布局的城市建设用地面积为：$Ls = La - Lg$。

6. 城市扩张模式情景

（1）含义说明

反映城市扩张采用集中发展模式还是组团分散模式。若选择组团分散模式还需确定组团的数量以及相应的位置和规模。

（2）设定方式

选择/手动输入。

（3）输入内容或选项

第一步：确定城市扩张模式。分为主城极化模式、均衡蔓延模式、近郊疏散模式、新城集聚模式（单个新城和多个新城）。各模式设定相应参数：主城极化模式，参数 $\mu = 0.8$；均衡蔓延模式，$\mu = 0.5$；郊区疏散模式或新城发展模式，$\mu = 0.2$。

第二步：确定新城组团的数量位置。若为新城发展，则需确定新城或组团数量及位置（可不设置，默认新城发展无明确的极核，完全自发形成）。手动输入新城个数为 $N$，范围 1～20。在城镇建设用地、重大项目等专题图层文件的基础上，再标出规划建设的新城极核点的位置，自动生成为点文件。

## 10.4　城市空间扩展模拟案例分析

空间增长边界分析是本系统的核心功能，它主要包括分析环境设置、发展情景预设、空间管制分析和增长边界预测三大模块，三部分相辅相成，缺一不可。首先从城市发展速度、生态保护、土地政策、发展方向、重大项目、扩张模式等角度设定城市情景，然后基于空间增长管制分析，结合区域重力辐射、最邻近距离分析等方法，对城市的空间增长边界进行全方位的分析模拟。下面以北京城市空间扩展为案例进行详细介绍。

### 10.4.1　案例分析的工作流程

首先，遥感解译得到两期以上的土地利用现状图（图 10-8），本研究从国土系统收集到 2001 年和 2007 年 arcinfo 格式的土地利用现状数据。第二，研读两期土地利用现状图，并采用地图代数运算，产生两期土地利用变化图和土地利用变化矩阵表，总结梳理北京市从 2001 年到 2007 年城市建设用地的扩张特点。第三，通过格网运算，得到两期北京市城市建设用地密度图或建设梯度趋势图，分析北京城市建设用地扩展的主要趋势。第四，以 2001 年和 2007 年北京市建设用地扩展地块为样本，采用 logistic 模型进行样本统计回归分析，产生 logistic 回归方程，得到该时期不同因素对城市空间扩展的影响程度。第五，以 2001 年北京城市土地利用数据为基准，采用空间概率选址模型，结合 logistic 回归参数，预测北京市在 2007 年、2015 年、2020 年、2030 年和 2050 年的建设用地扩展情况。第六，将北京市 2007 年的建设用地扩展预测结果和 2007 年的真实数据进行比较验证，分析预测的精度。第七，根据预先设定的不同情境条件，预测北京市各种建设用地扩张方案，并对不同情境的预测结果进行比较分析。

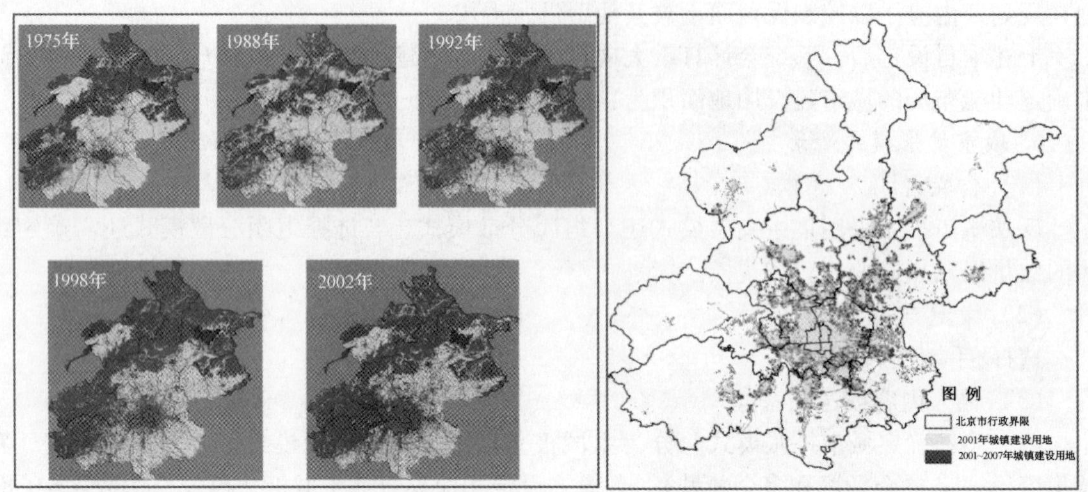


图 10-8　北京市多期土地利用遥感解译比较

### 10.4.2　系统分析环境设置

打开方式：主菜单【空间增长】→【分析环境】，显示【分析环境】对话框，如图 10-9。

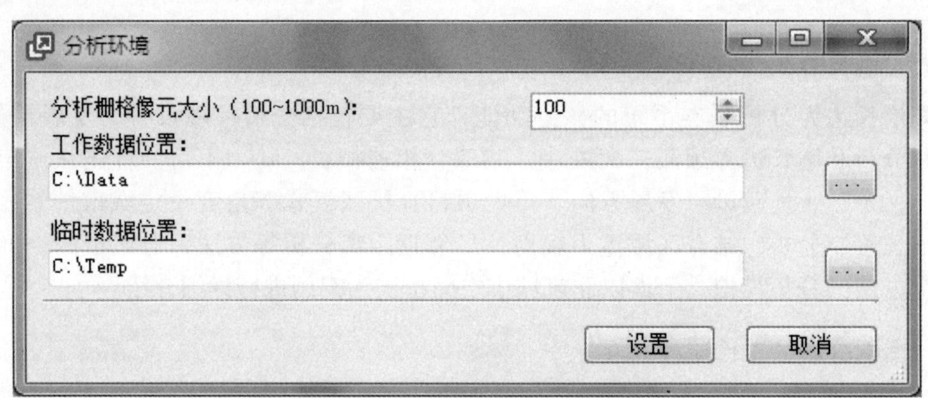


图 10-9　【分析环境】界面

此部分是整个空间增长边界分析的全局设置，包括研究区、研究网格大小、分析栅格像元大小、工作数据位置和临时数据位置等。每一项设置均有默认值，因此，该部分亦可不做设置，且在空间增长边界分析部分的其他模块中也有与研究相关的参数（研究区域、网格大小）的输入口，在相关界面显示时，其默认值来自该设置。设计该部分的目的是将基本的设置分离出来，减少用户输入的时间成本，提高工作效率。

根据北京城镇化的研究特点，研究区范围使用北京市行政区划数据，系统能够自动合并导入的分析范围数据，求算最大边界，并在临时目录中生成研究区格网。格网大小考虑北京的城区面积规模及城市规划需要，设定为 1000m。像元大小既考虑各种空间数据的精度（土地利用现状数据比例尺、等高线密度等），又考虑系统计算运行时间，保证有效的精度下最快地完成分析，设定为 100m 大小的栅格。在临时目录中生成以研究区为边界的指定像元大小的研究区栅格，作为其他栅格分析的掩模和范围。

### 10.4.3　案例发展情景预设

打开方式：主菜单【空间增长】→【发展情景预设】，显示【发展情景预设】对话框，如图10-10。用户可以通过该部分的情景设置，组合分析方案。

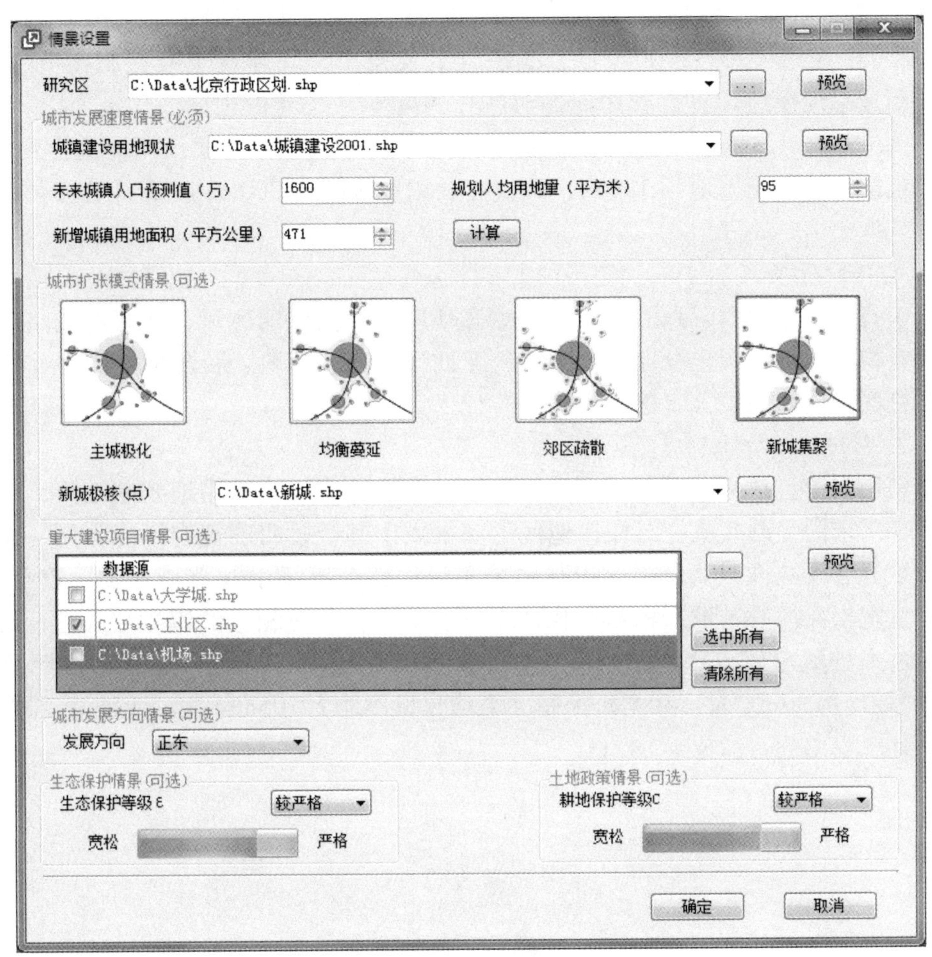


图10-10　【发展情景预设】界面

分别按照城市发展速度、城市扩张模式、生态保护、重大项目配置、土地政策、城市发展方向对北京城市空间扩展进行情景预设。在对案例地区进行分析时，选取代表性的6个情景：主城极化—东南方向—生态严格—耕地严格、主城极化—东南方向—生态宽松—耕地宽松、郊区疏散—东南方向—生态严格—耕地严格、郊区疏散—东北方向—生态严格—耕地严格、新城集聚—东南方向—生态严格—耕地严格、郊区疏散—东南方向—生态宽松—耕地宽松。

1. 城市发展速度

北京市规划期内城市的发展速度，尤其建设用地的扩张速度主要通过以下途径获得，进而导出基期年到规划期末城市建设用地的新增量。

首先，导入基期年城市建设用地现状图。其次，梳理有关研究，输入北京规划期末预测的城市人口数（预测值）。根据《北京城市总体规划（2004～2020）》，2020年，北京市总人口规模规划控制在1800万人左右，年均增长率控制在1.4%以内。其中户籍人口1350万人左右，居住半年以上外来人口450万人左右。2020年，北京市城市人口规模预计在1600万人左右，占全市人口的比例为90%左右。现实中2007年北京城镇人口为1380万人，较2001年的1049万人增长显著，故调整预测2020年城镇人口将达到2200万人。第三，结合土地政策参数（规划期末人均建设城市用地量），测算北京市建设用地新增量。根据《北京城市总体规划（2004～2020）》，2020年，北京市人均建设用地控制在105平方米，城市建设用地总规模预计达到2310$km^2$。其中，中心城人均建设用地为92$m^2$/人，城市建设用地规模约1100$km^2$；新城人均建设用地控制在112$m^2$/人，城市建设用地规模约909$km^2$；镇及城市组团人均建设用地约120$m^2$，城市建设用地规模约300$km^2$。为计算方便，本研究模拟过程均取值100$m^2$/人。

2. 生态保护政策

北京市有大面积的山区和沟壑，属于生态环境比较脆弱的区域，国家对北京市的生态保护极为重视。从系统预先设定的生态保护等级（宽松、一般、较严格和严格）中，选择严格和宽松两种生态保护等级进行比较分析。

3. 土地利用政策

土地利用政策包括两个方面，一是耕地保护政策，二是建设用地控制政策。前者是国家粮食安全需求的强制政策，对任何地区的基本农田都予以明确规定不能占用，而一般耕地保护政策具有地域性，北京市可以从系统预设的四个等级中（严格保护、较严格保护、一般保护、宽松保护）选取严格与宽松两个保护情景，并对相应的模拟结果进行比较。后者主要通过人均城市建设用地指标来反映，具有较强的地区弹性，北京市按照严格控制（人均建设用地为90$m^2$/人）和宽松控制（人均建设用地为105$m^2$/人）两种情景进行预设。北京市的基本农田分布详见图10-11。

图10-11　北京市基本农田分布

4. 城市发展方向

城市空间发展方向是城市发展战略的具体体现，它是地方政府在对区域社会经济发展和城市建设综合考量的基础上，对城市发展所做出的重大决策，对城市扩展具有重要的引导作用。从区域经济联系方向和生态保护等多角度考量，确定北京城市空间发展主导方向为沿京津塘高速公路的东南方向（北偏东 150 度），次要方向为东向和南向，控制向西发展，适度向北发展。采用建设价值的数学向量将上述发展意图表达为：*Dire* =（北向 N，东北向 NE，东向 E，东南向 ES，南向 S，西南向 SW，西向 W，西北向 WN）=（0.4，0.5，0.8，0.9，0.7，0.5，0.2，0.3）。即主城区东南侧发展价值为 0.9，南侧为 0.7，东侧为 0.8，北侧为 0.4，东北侧为 0.5，西南侧为 0.5，西侧为 0.2，西北侧为 0.3。

5. 重大建设项目

重大项目对城市发展具有较强的引导作用，在市场经济条件下，政府仍然可以通过重大项目的用地安排，来引导城市向预期的方向发展。对城市扩展具有重要价值的重大项目主要包括以下四类：一是生产类项目，以各类开发区为代表；二是交通类项目，譬如机场、火车站、物流中心等；三是房地产类项目，譬如大型居住社区；四是其他类项目，包括 CBD、大学城、旅游景区等等。北京市重点项目主要选择影响未来空间扩展的各类开发区（表 10-8 和图 10-12）、顺义首都国际机场、大兴北京新机场、新北京东站（通州）、CBD 等。北京现有各类开发区 28 个，规划用地面积约 $405km^2$，已建成面积约 $211km^2$。在情景预设系统界面中，导入反映重大项目分布的 shapefile 格式的面状数据。

**北京市各类开发区基本情况** **表 10-8**

| 序号 | 目录代码 | 开发区名称 | 级别 | 国土资源部公告 | | 规划面积 | 所在地区（市）、县（市、区） |
|---|---|---|---|---|---|---|---|
| | | | | 文　号 | 批次 | | |
| 1 | G111001 | 北京经济技术开发区 | 国家级 | 2006 年 2 号 | 3 | 3980.00 | 北京市通州区、大兴区 |
| 2 | G112001 | 中关村科技园区 | 国家级 | 2006 年 31 号 | 15 | 23252.29 | 北京市海淀区、西城区、东城区、昌平区、丰台区、朝阳区、大兴区、通州区、石景山区 |
| 3 | G114001 | 北京天竺出口加工区 | 国家级 | 2006 年 2 号 | 3 | 272.60 | 北京市顺义区 |
| 4 | S117001 | 北京石龙经济开发区 | 省级 | 2006 年 25 号 | 12 | 150.00 | 北京市门头沟区 |
| 5 | S117002 | 北京良乡经济开发区 | 省级 | 2006 年 25 号 | 12 | 240.00 | 北京市房山区 |
| 6 | S117003 | 北京房山工业园区 | 省级 | 2006 年 16 号 | 8 | 241.43 | 北京市房山区 |
| 7 | S117004 | 北京通州经济开发区 | 省级 | 2006 年 25 号 | 12 | 722.98 | 北京市通州区 |
| 8 | S117005 | 北京永乐经济开发区 | 省级 | 2006 年 25 号 | 12 | 460.00 | 北京市通州区 |
| 9 | S117006 | 北京天竺空港经济开发区 | 省级 | 2006 年 25 号 | 12 | 877.52 | 北京市顺义区 |
| 10 | S117007 | 北京林河经济开发区 | 省级 | 2006 年 25 号 | 12 | 416.00 | 北京市顺义区 |
| 11 | S117008 | 北京昌平小汤山工业园区 | 省级 | 2006 年 16 号 | 8 | 122.30 | 北京市昌平区 |

续表

| 序号 | 目录代码 | 开发区名称 | 级别 | 国土资源部公告 | | 规划面积 | 所在地区（市）、县（市、区） |
|---|---|---|---|---|---|---|---|
| | | | | 文　号 | 批次 | | |
| 12 | S117009 | 北京采育经济开发区 | 省级 | 2006 年 16 号 | 8 | 130.00 | 北京市大兴区 |
| 13 | S117010 | 北京大兴经济开发区 | 省级 | 2006 年 25 号 | 12 | 415.99 | 北京市大兴区 |
| 14 | S117011 | 北京兴谷经济开发区 | 省级 | 2006 年 27 号 | 13 | 978.79 | 北京市平谷区 |
| 15 | S117012 | 北京马坊工业园区 | 省级 | 2006 年 29 号 | 14 | 90.48 | 北京市平谷区 |
| 16 | S117013 | 北京雁栖经济开发区 | 省级 | 2006 年 27 号 | 13 | 1096.00 | 北京市怀柔区 |
| 17 | S117014 | 北京密云经济开发区 | 省级 | 2006 年 25 号 | 12 | 352.71 | 北京市密云县 |
| 18 | S117015 | 北京延庆经济开发区 | 省级 | 2006 年 25 号 | 12 | 303.53 | 北京市延庆县 |
| 19 | S117016 | 北京八达岭经济开发区 | 省级 | 2006 年 25 号 | 12 | 481.00 | 北京市延庆县 |

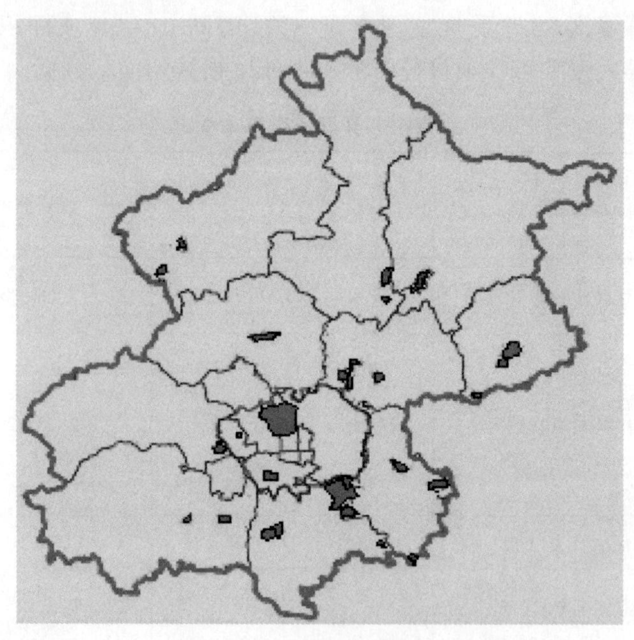

图 10-12　北京各类开发区用地分布

6. 城市发展模式

城市发展模式是城市空间发展战略的重要内容，概括来看，城市发展具有主城极化、均衡蔓延、近郊疏散、单新城疏解、多新城疏解等多个模式。根据《北京城市总体规划（2004～2020）》，北京市主要采取建设多个新城来积极疏散中心城的产业和人口，大力推进城市化进程，促进人口向新城和小城市集聚（图 10-13）。据估计，2020 年，中心城人口将达到 1195 万人，新城人口约 812 万人，小城市及城市组团人口约 250 万人。严格控制中心城人口规模，进一步疏解旧城人口，合理调整中心城的人口分布。本研究选取主城极化、郊区疏散、新城集聚三种情景模式，新城集聚模式中选取亦庄、通州、顺义三个新城，设定其人口规模均为 80 万人。

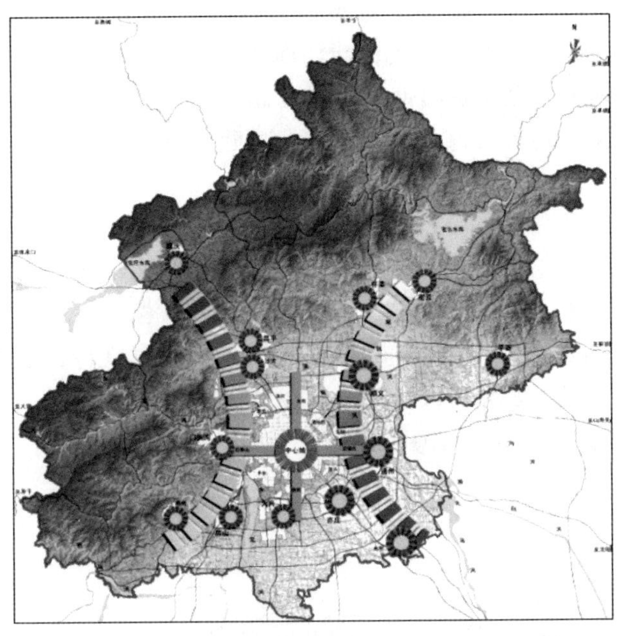

图 10-13　北京市城市空间发展模式（多个新城的分散发展）

### 10.4.4　城市空间管制分析

空间管制分析的目的是把不宜于开发或不宜于以普通强度开发的城乡空间划出，制定强制性的禁限建和保护措施，把涉及资源、环境和城乡安全的敏感区域以及历史文化遗产的保护落实到空间，保障城市空间实现可持续的发展。

打开方式：主菜单【空间增长】→【空间增长管制】，显示【空间增长管制】对话框，如图 10-14。

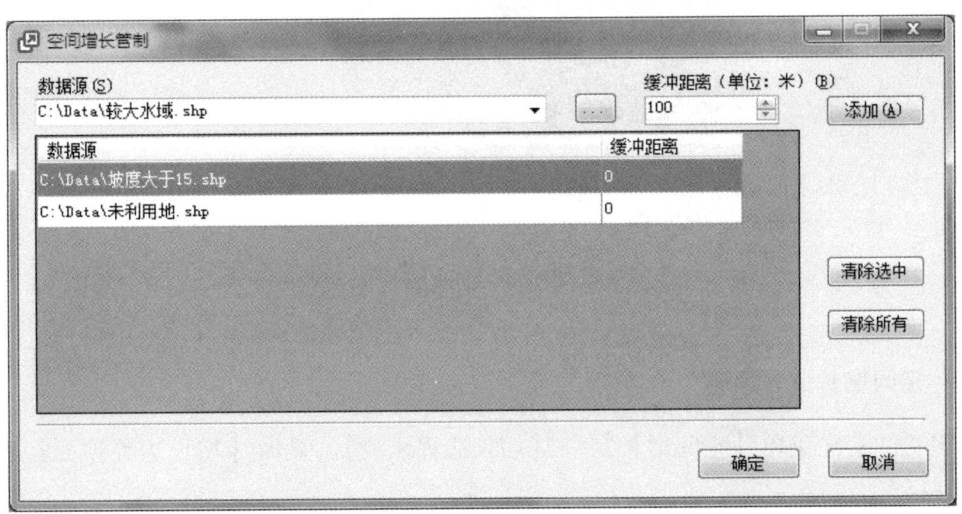


图 10-14　【空间增长管制】界面

空间增长管制模块接受 shapefile 格式的文件，能对点、线、面等各种形状的地物进行禁建区界限的划定。此外，对于非禁建区，此模块可通过格网化处理计算，得到每块格网单元的土地开发建设价值，用来评价整个研究区域用地的开发建设适宜性。

分别导入各类空间控制要素分布图，譬如地质环境分区图、水源保护区分布图、水域分布图、工程地质区划图、绿化隔离带分布图（北京有 2 个绿化带、9 个楔形绿地、4 个郊野公园需要予以控制保护）等。每类控制要素的禁建缓冲距离可由用户根据有关政策自行设定，缓冲距离默认取值范围（0 ~ 5000m）。例如，根据水源保护的有关政策，水源保护地的缓冲距离为 1000m。

用户浏览选择导出文件的输出位置，并勾选是否将输出结果按照图层文件中定义的符号化方式添加显示在地图视图中。输出的数据为 shapefile 格式。用户若希望调整符号化方式，可使用 ArcGIS Desktop 或其他软件、工具重新设置图层文件，但需要注意的是其保存位置及名称不可改变（系统安装目录 System \ 建设适宜性评价 . lyr）。

本研究生成的分析区范围如图 10-15 所示：

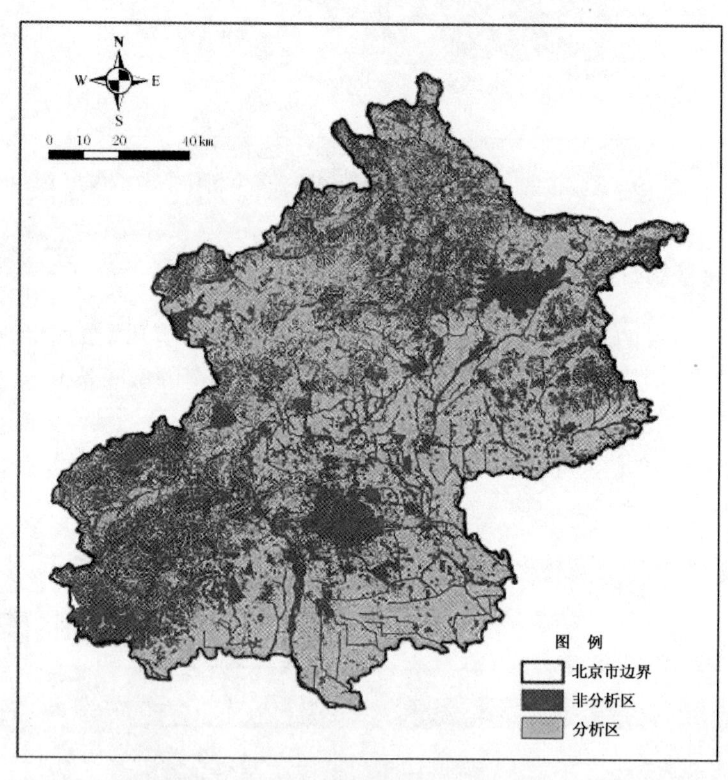


图 10-15　北京市空间扩展研究分析区

### 10.4.5　空间增长边界预测

打开方式：主菜单【空间增长】→【增长边界预测】，显示【增长边界预测】对话框，如图 10-16。

1. 导入分析数据

系统设定为可选导入，主要导入交通优势区位、城市经济地理区位、城市开发政策区

图 10-16 【增长边界预测】界面

位、城市自然地理区位等空间数据，参与基本单元的 GIS 地图代数空间分析运算。

北京市交通规划指出，北京市要突出交通先导政策，根据“两轴—两带—多中心”的城市空间布局，加大发展带的交通引导力度，积极推动东部发展带综合交通运输走廊的建设，构筑以轨道交通、高速公路以及交通枢纽为主体的交通支撑体系。

2. 计算中间数据

按照模型算法的需要，根据上述导入的空间数据，分别计算如下中间数据：一是每一单元到最近的地铁站、城市客运站和主要道路的距离；二是每一单元受到建设用地现状、重大建设项目和新城的引力辐射；三是每一单元中心点与主城发展方向偏离角度——由主城用地生成城市中心点，空间模拟单元中心点与其连线（指向模拟单元的中心点），测算其相对方向 A 的偏移角度 $Au$，$Au$ 范围为 0 ~ 180；四是计算每一网格的耕地保护、生态保护政策评价值及地形评价值。

3. 增长边界结果输出

采用手动方式选择配置输出结果。主要设定内容包括：一是确定输出位置：用户浏览选择输出文件夹，并勾选是否将输出的结果按照图层文件中定义的符号化方式添加显示在地图视图中。输出数据格式为 shapefile 格式。二是确认是否添加到地图：用户若希望调整符号化方式，可使用 ArcGIS Desktop 或其他软件、工具重新设置图层文件，但必须注意的是其保存位置及名称不可改变（系统安装目录 System \ 新增建设用地 . lyr）。输出结果主要包括北京市经济基础优势度图、北京市交通区位优势度分布图、北京市城市经济区位分布图、北京市政策区位优势度分布图、北京市城市开发建设概率分布图和北京市空间增长多情景模拟图等，详见图 10-17 ~ 图 10-22。

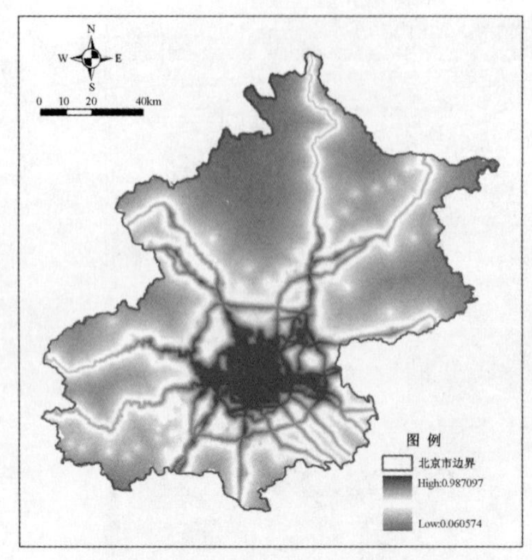


图 10-17 北京交通区位优势度分析

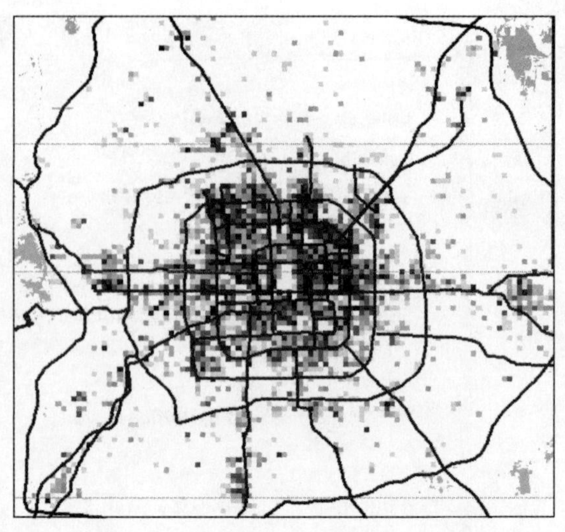

图 10-18 北京市经济基础优势度分析

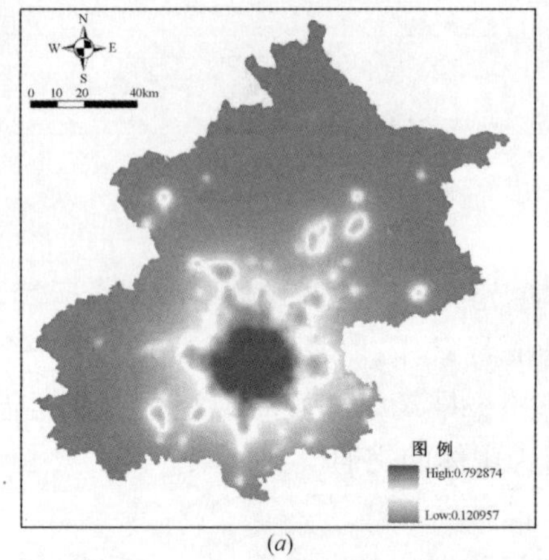


(*a*)

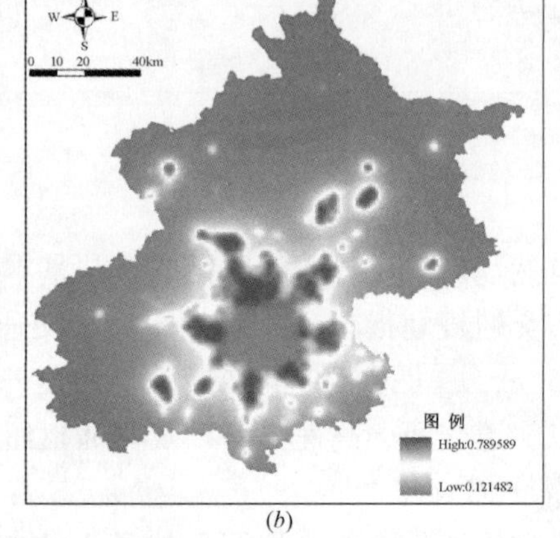


(*b*)

图 10-19 北京市发展模式分析

(*a*) 主城极化模式；(*b*) 郊区疏散/新城集聚模式

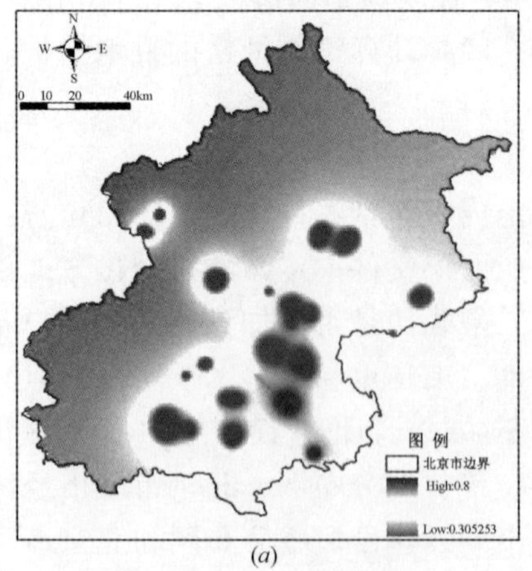


(*a*)

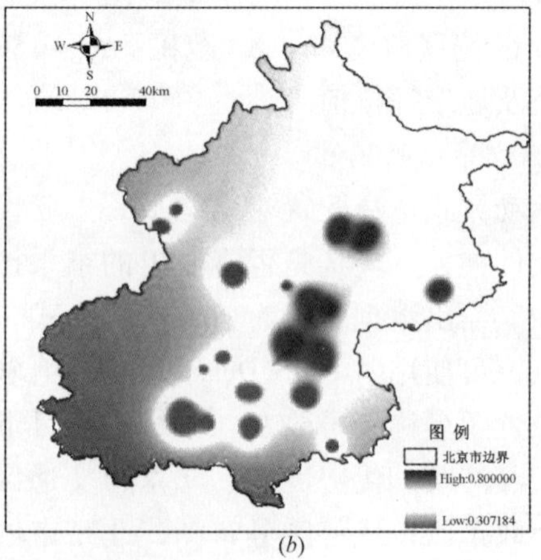


(*b*)

图 10-20 北京市政策区位优势度分布（一）

(*a*) 政策—一般—东南；(*b*) 政策—一般—东北

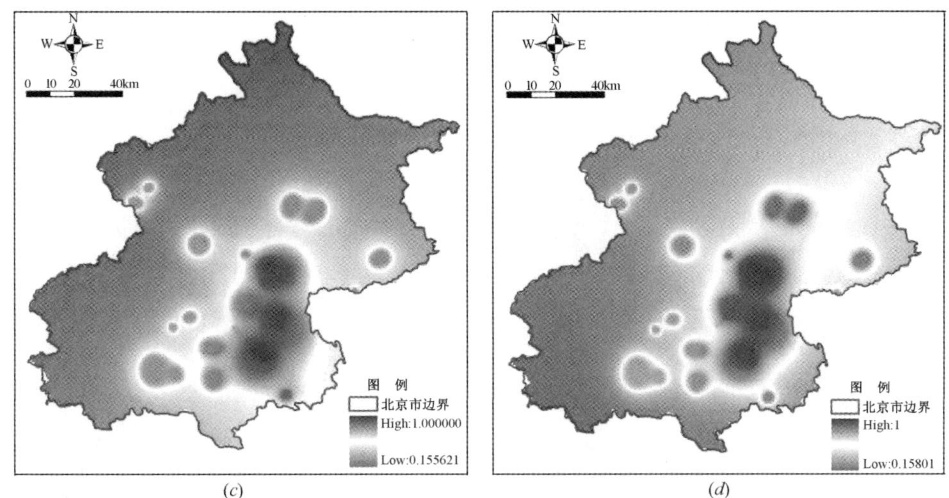


图 10-20 北京市政策区位优势度分布（二）

（c）政策—新城—东南；（d）政策—新城—东北

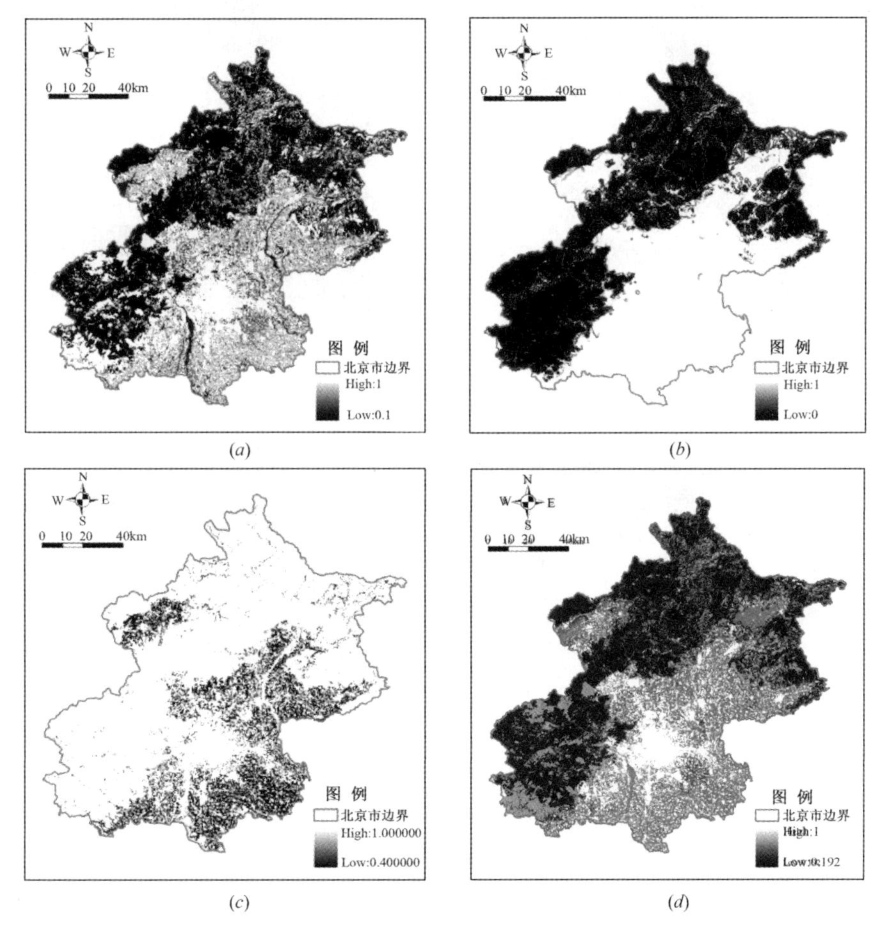


图 10-21 北京自然地理区位优势度分析

（a）用地生态价值示意；（b）坡度建设价值示意；（c）耕地保护价值示意；

（d）生态因素影响下城市选址概率示意

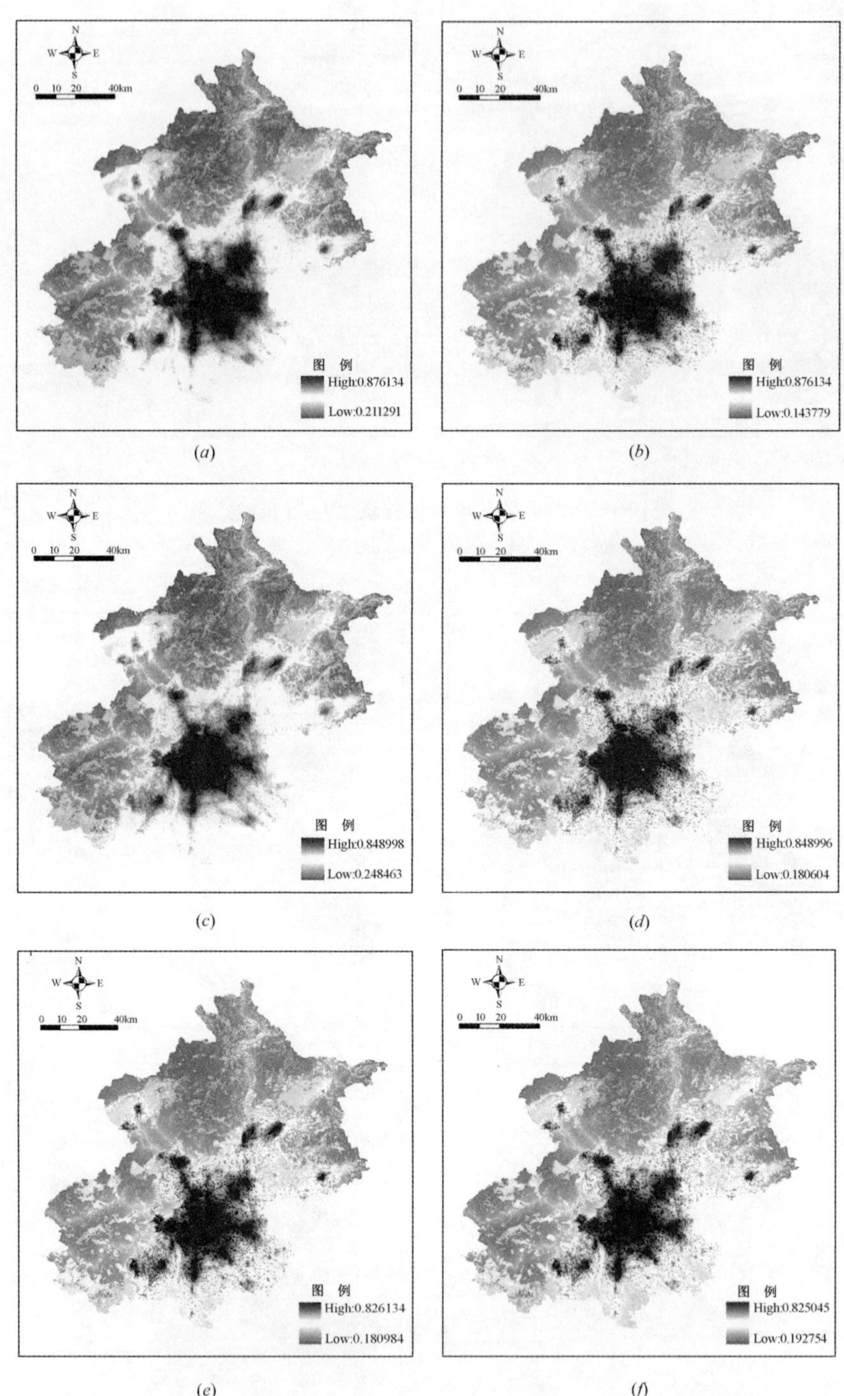


图 10-22　北京城市空间扩展情景分析

（*a*）新城集聚—东南—生态宽松—耕地宽松；（*b*）新城集聚—东南—生态严格—耕地严格；
（*c*）主城极化—东南—生态宽松—耕地宽松；（*d*）主城极化—东南—生态严格—耕地严格；
（*e*）郊区疏散—东南—生态严格—耕地严格；（*f*）郊区疏散—东北—生态严格—耕地严格

### 10.4.6　空间扩展模拟结果分析

1. 城市空间扩展特征

2001年以来北京市建设用地不断扩张。建设用地总面积由2001年的1049.17$km^2$增加到2007年的1384.63$km^2$，总扩张面积为335.46$km^2$，年均扩张速率为4.73%。人均城镇建设用地面积由2001年的97.04$m^2$增加到100.34$m^2$。

现代城市区域结构可分为城市核心区、城乡过渡带和乡村三部分。城市核心区是基本没有农业用地、空间上连续、完全城市化的地区，城乡过渡带是城市用地与农业用地交错分布的地带，乡村是以农业用地为主、基本没有城市用地的地区。城乡用地断剖面上城市用地比率由内向外不断降低，并构成显著的城市化梯度。这种城市化梯度可以综合反映后备土地资源供给能力、交通条件、城市管理水平、基础设施支持能力以及土地开发效益的差异，因而是对城市用地扩展具有重要影响的综合性因子。其中，建设用地密度能很好反映某一地区的城市化梯度差异（Cilliers，2000；Medley，1995）。本研究用一定空间范围内建设用地面积占用地总面积的百分比来构建城市建设用地密度指数。计算公式如下：

$$C_i = (C_a/T_a) \times 100\%$$

式中，$C_i$为样地的城市建设用地密度指数，$C_a$为样地中的建设用地面积，$T_a$为用地总面积。

在北京市域范围内画1km×1km的网格，计算每个网格的建设用地密度，并将其分为0～1的10个等级。北京市建设用地密度值在0.6～1.0区间的区域为城市中心区，0.2～0.6区间的区域为郊区（城乡过渡带），低于0.2的地区为农村地区（图10-23）。

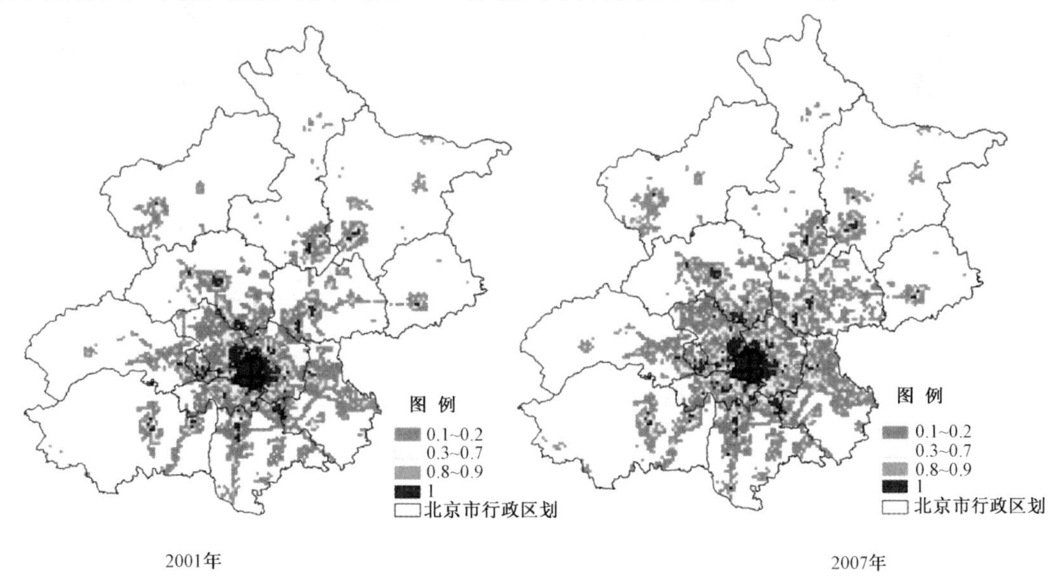


图10-23　北京市2001年与2007年建设密度对比

随着城镇化进程的推进，北京市不同时段各建设用地密度区间的土地面积发生剧烈变化（表10-9）。建设用地指数为0的区域显著减少，建设用地密度指数为0.3的区域建设用地增加最多，其次为0.4和0.6的区域。0.7、0.8的区域大面积减少，表明这些区域2001年～2007年来建设密度不断增大，逐步发展成为城市核心区。

北京市2001年和2007年不同建设用地密度区域的面积分布　　表10-9

| 年　份 | 0 | 0.1 | 0.2 | 0.3 | 0.4 | 0.5 | 0.6 | 0.7 | 0.8 | 0.9 | 1 |
|---|---|---|---|---|---|---|---|---|---|---|---|
| 2001年 | 13188.1 | 1109.4 | 504.5 | 99.0 | 277.4 | 328.7 | 142.0 | 312.0 | 212.7 | 139.0 | 142.6 |
| 2007年 | 12407.9 | 1186.3 | 644.5 | 411.5 | 354.9 | 324.7 | 225.6 | 212.0 | 150.0 | 184.0 | 354.0 |
| 2007年~2001年 | -780.20 | 76.90 | 140.00 | 312.50 | 77.49 | -3.94 | 83.63 | -100.00 | -62.75 | 45.00 | 211.37 |

新增建设用地在城市建设用地密度指数上的分布特征可以揭示出城市空间扩展速度最快的区域所在，以及不同建设用地密度指数区间内建设用地增长的差异特征。利用叠加方法确定2001年~2007年时段新增建设用地分布图，然后统计不同建设用地密度区间内2001年~2007年新增建设用地的面积，并计算建设用地扩展强度指数，公式如下：

$$N_i = N_a / M_i$$

式中，$N_i$ 为建设用地扩展指数；$N_a$ 为某一建设用地密度指数区域内新增建设用地面积；$M_i$ 为建设用地密度指数区域面积。

2001年~2007年间建设用地扩展速率最快的区域为建设用地扩展指数为0.3附近的区间，扩展强度指数高达35%。建设用地扩展速率总体较快的是0.1~0.6的区间，表明2001年~2007年北京市城市空间扩展主要发生在城乡过渡地带和乡村地区，详见图10-24。

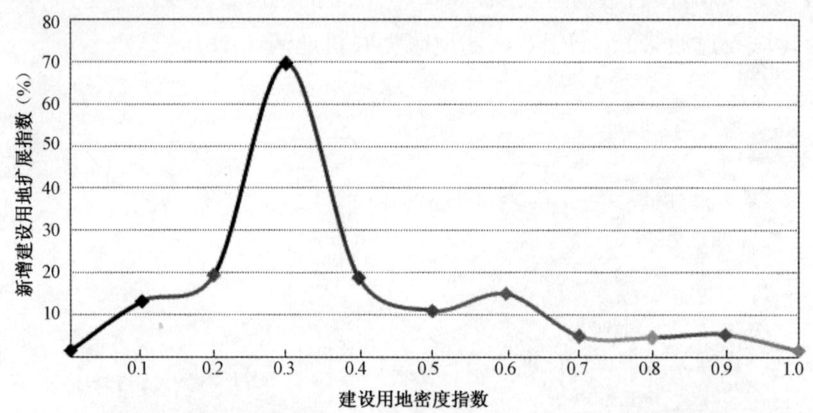


图10-24　建设用地扩展指数在建设用地密度指数上的分布

受不同区域内可利用土地资源约束的影响，北京市一些低城市化发展区域（如建设密度指数小于0.4的区域）的建设用地增长速率显著大于高度城市化区域（如建设密度指数大于0.8的区域）。

北京市各行政区建设用地扩张情况见表10-10。

2. 城市空间扩展模拟分析

6个典型城镇空间扩展模拟结果详见图10-25，其主要扩展特征如下：（1）严格的生态和耕地保护政策将使得新增城镇用地避开各类生态用地与农田，空间扩张呈现分散化特征；（2）新城集聚模式显著地将通州、顺义、亦庄三个地区作为发展重点，北京的发展重心明显向东转移，而其他方向发展较弱；（3）郊区疏散模式下，各近郊地区都有发展，这与北京2001年至2007年的实际发展结果相近；（4）主城极化模式下，北京将围绕中心城区向外扩展、蔓延，而在生态、耕地保护的压力下，在经历近期的空间蔓延后，郊区组团仍缺乏足够吸引力，使城市扩张沿着与主城相连的交通沿线与重大建设项目周边分散布局，但总体仍呈现以主城为核心圈层结构。

**北京市各行政区建设用地扩张比较** **表10-10**

| 区县名 | 2001年 | 2007年 | 新增建设用地（$km^2$） | 比率（%） |
|---|---|---|---|---|
| 怀柔区 | 32.99 | 42.57 | 9.58 | 2.87 |
| 延庆县 | 18.96 | 24.39 | 5.43 | 1.62 |
| 昌平区 | 110.41 | 150.88 | 40.47 | 12.10 |
| 平谷区 | 11.08 | 16.03 | 4.95 | 1.48 |
| 密云县 | 35.49 | 45.19 | 9.7 | 2.90 |
| 顺义区 | 64.8 | 132.02 | 67.22 | 20.10 |
| 门头沟区 | 33.66 | 37.75 | 4.09 | 1.22 |
| 海淀区 | 128.89 | 155.01 | 26.12 | 7.81 |
| 朝阳区 | 166.66 | 211.43 | 44.77 | 13.39 |
| 通州区 | 70 | 112.21 | 42.21 | 12.62 |
| 石景山区 | 35.72 | 37.85 | 2.13 | 0.64 |
| 房山区 | 50.01 | 68.69 | 18.68 | 5.59 |
| 丰台区 | 104.2 | 126.5 | 22.3 | 6.67 |
| 大兴区 | 95.33 | 132.06 | 36.73 | 10.98 |
| 东城区 | 25.01 | 25.01 | 0 | 0.00 |
| 西城区 | 31.69 | 31.69 | 0 | 0.00 |
| 崇文区 | 16.69 | 16.69 | 0 | 0.00 |
| 宣武区 | 18.66 | 18.66 | 0 | 0.00 |
| 合计 | 1050.25 | 1384.63 | 334.38 | 100.00 |

（1）主城集聚模式与郊区疏散模式比较

选取“主城极化—东南—生态严格—耕地严格”类型与“郊区疏散—东南—生态严格—耕地严格”类型进行方案比较，研究发现：1）无论是主城极化还是郊区疏散，在主城以及周边区县都有一定扩张，而在严格的生态与耕地政策情景下，两种开发模式均在郊区呈现零散空间扩展的特征；2）主城极化模式模拟出，而郊区疏散模式未模拟出的城镇扩展空间主要分布在两处：一是与旧城区相邻近的第一道绿化隔离带附近，受主城强烈的吸引而转为城镇用地，二是在外围与主城有便利联系的交通沿线；3）郊区疏散模式模拟出，而主城极化模式未模拟为城镇用地的单元，主要集聚在北京近郊的组团附近，包括顺义、昌平、亦庄、大兴、通州的城区附近，以及西北五环外部分地区。详见图10-26。

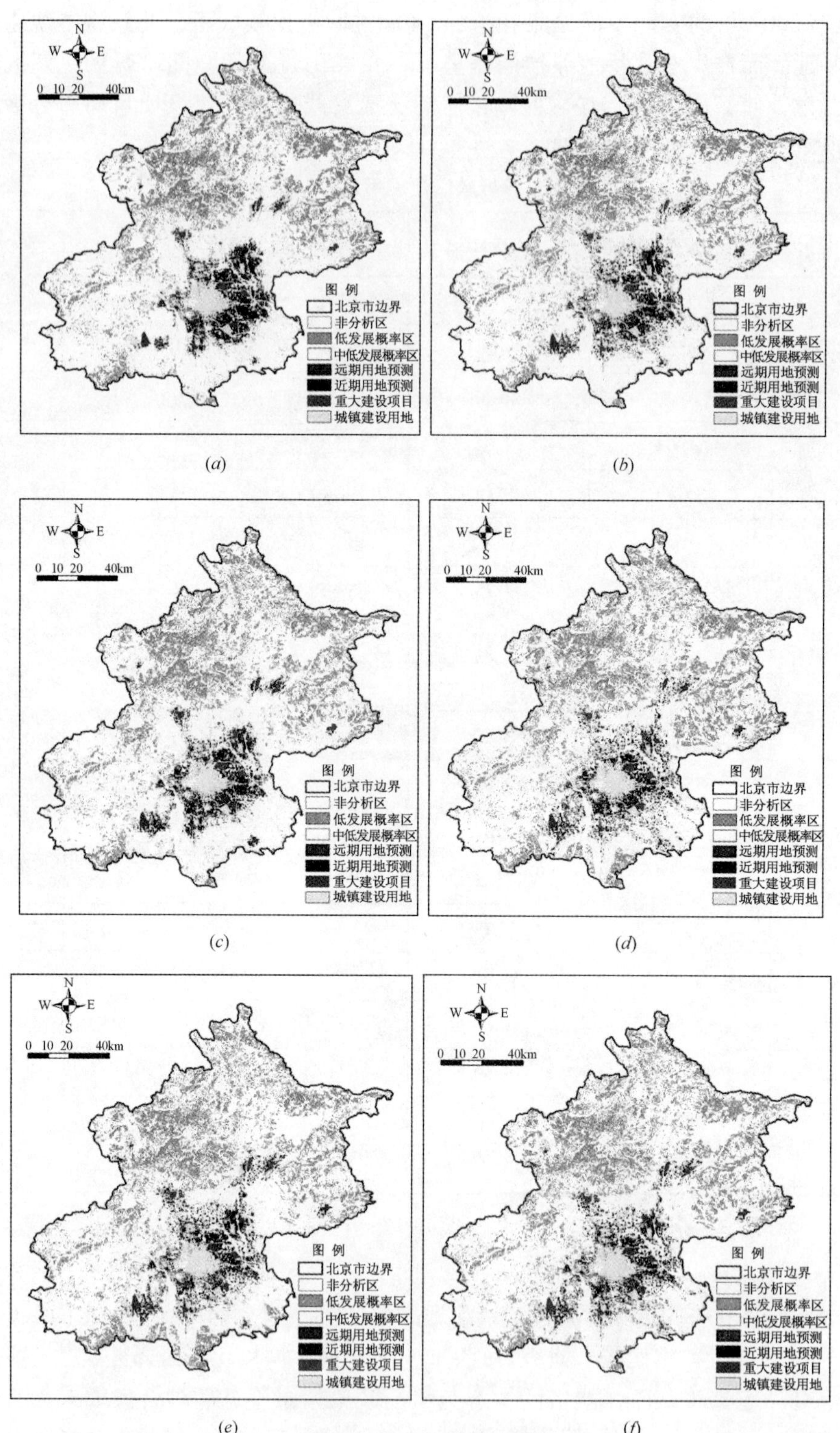


图 10-25 北京城市空间扩展六大情景模拟结果

(*a*) 新城集聚—东南—生态宽松—耕地宽松；(*b*) 新城集聚—东南—生态严格—耕地严格；
(*c*) 主城极化—东南—生态宽松—耕地宽松；(*d*) 主城极化—东南—生态严格—耕地严格；
(*e*) 郊区疏散—东南—生态严格—耕地严格；(*f*) 郊区疏散—东北—生态严格—耕地严格

（2）主城集聚模式与新城集聚模式比较

选取“主城极化—东南—生态严格—耕地严格”类型与“新城集聚—东南—生态严格—耕地严格”类型进行方案比较。两种发展模式主导下的城市空间扩张存在显著差异：1）新城集聚模式强调发展新城极核周边的地域，围绕亦庄、通州与顺义三个新城显著扩张，这在主城极化模式是未曾预测到的；2）新城集聚模式将绝大多数新增用地集中于新城空间，从而使得其他区域的发展有限，而主城极化模式下，主城周围地域有显著发展，包括城市西南、西北地区以及受重大项目与交通线吸引而布局在外围的地域。详见图 10-27。

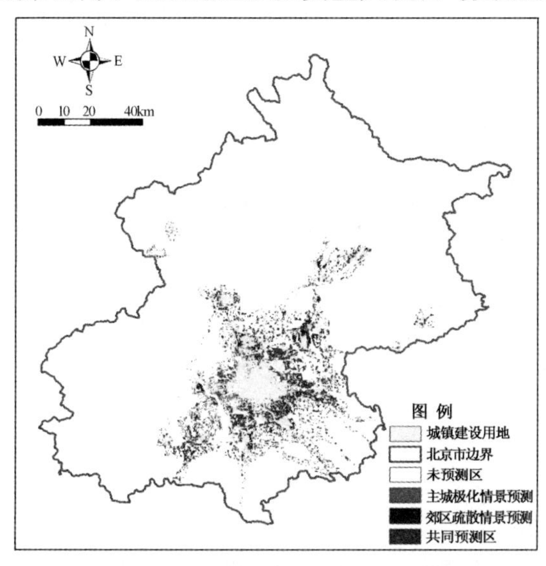


图 10-26　北京主城集聚与郊区疏散空间扩展比较

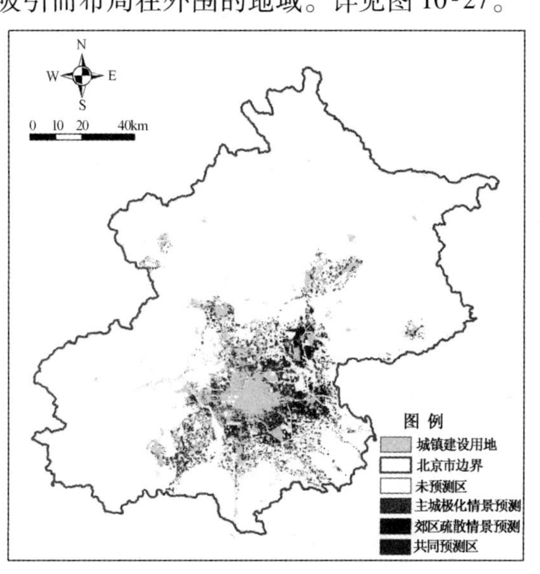


图 10-27　北京主城集聚与新城集聚空间扩展比较

（3）新城集聚模式与郊区疏散模式比较

选取“郊区疏散—东南—生态严格—耕地严格”类型与“新城集聚—东南—生态严格—耕地严格”类型进行方案比较，是否存在新城极核导致城市扩张显著的空间差异性：1）新城集聚模式下绝大多数新增城镇空间集中在三大新城周边，将整个城市的重心向东延伸；2）郊区疏散模式则围绕周边多个城镇组团与重大项目附近布局新增城镇用地，在昌平、房山、大兴及主城北部都有较多的新增城镇空间。详见图 10-28。

（4）主城极化模式下生态、耕地保护政策的影响

选取“主城极化—东南—生态严格—耕地严格”类型与“主城极化—东南—生态宽松—耕地宽松”类型进行方案比较。主要研究结论为：1）在严格的保护政策下，新增城镇建设用地为避开生态空间与耕地将呈现一定的分散化布局特征；2）在两种发展政策约束下主城附近均有显著的以主城为中心的蔓延；3）在宽松保护政策下，城镇发展将逐渐填充主城与周边城镇间的空隙地区从而形成连绵的城镇地域空间；4）在严格保护政策下，围绕中心城呈现分散布局、圈层特征的新增城镇空间，同时主城与周边城镇间的地域空间仍保留为农用地。详见图 10-29。

（5）新城集聚模式下生态、耕地保护政策的影响

选取“新城集聚—东南—生态严格—耕地严格”类型与“新城集聚—东南—生态宽松—耕地宽松”类型进行方案比较。研究结论为：1）新城集聚模式下，围绕三大新城极核新增城镇空间，且逐渐与主城相衔接；2）在严格的保护政策下，新增城镇建设用地呈现一定

的分散化布局特征，分散布局在主城—新城地域外围、交通干线附近，并在房山、大兴、昌平一带有较多布局；3）在宽松的保护政策下，新增城镇建设用地将紧密围绕原有新城空间逐渐蔓延，推动北京城镇地域的空间重心进一步东移。详见图10-30。

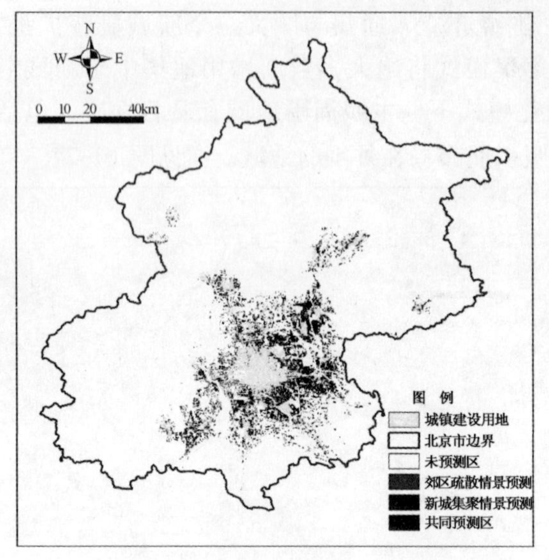


图10-28　北京新城集聚与郊区疏散空间扩展比较

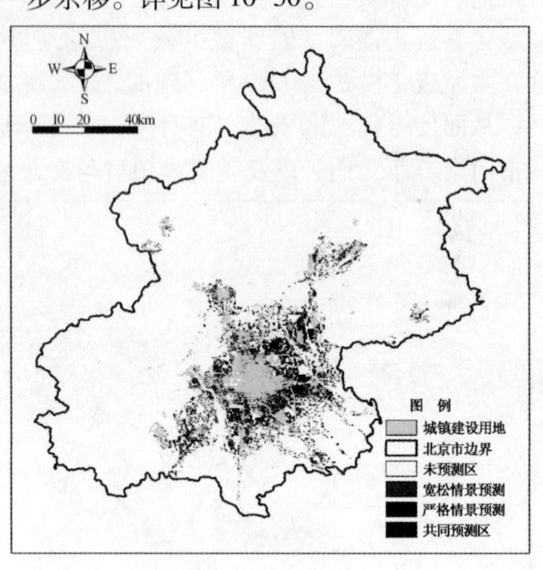


图10-29　北京主城极化模式下生态与耕地政策的比较

（6）郊区疏散模式下城市发展方向的影响

选取"郊区疏散—东北—生态严格—耕地严格"类型与"郊区疏散—东南—生态严格—耕地严格"类型进行方案比较。发展方向这一政策发挥了显著的空间引导作用：1）两种情景下，城镇扩张的态势基本一致；2）在东北方向的政策情景下，顺义及其北部的密云地区具有更多的城镇增长，且在主城北部与顺义新城的结合部有一定的连绵趋势；3）而在东南方向的政策情景下，包括亦庄、大兴及东南方向的交通干线附近均有较多的城镇新增空间。详见图10-31。

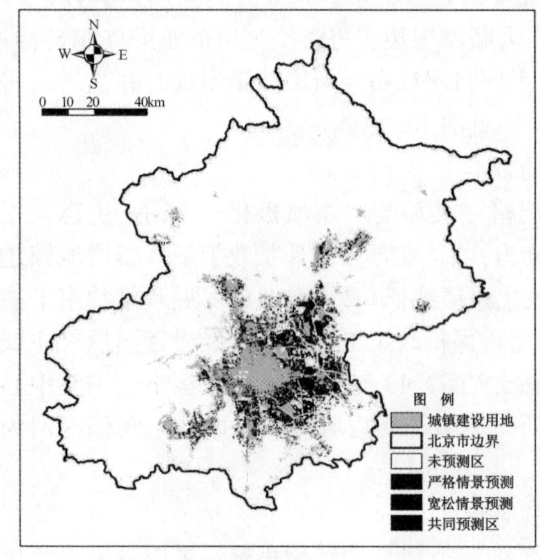


图10-30　北京新城极化模式下生态与耕地保护政策的比较

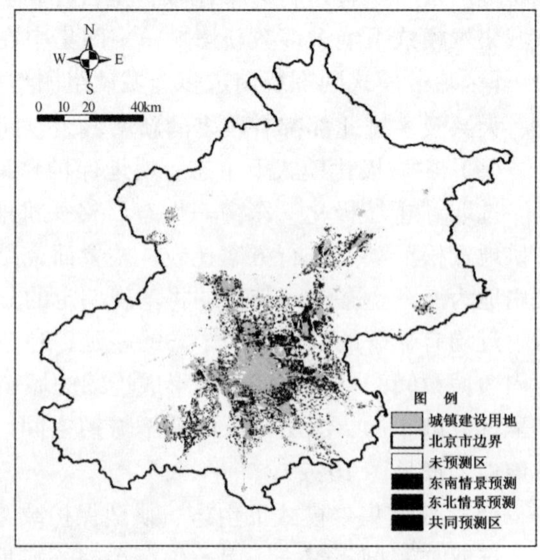


图10-31　北京郊区疏散模式下城市发展方向的比较

# 附录 E 由 Matlab 语言编制的 DEA 程序

## E1 决策单元自我评价值的程序

```
Clear [ ];% 标准化数据输入
n = size (X', 1); m = size (X, 1); s = size (Y, 1);
% 用户键入输入矩阵 X
% 用户键入输出矩阵 Y
% 以下是第一轮线性规划，进行自我评价
A = [ -X'Y']; b = zeros (n, 1);
LB = zeros (m + s, 1); UB = [ ];
for i = 1: n;
f = [zeros (1, m) -Y (:, i) '];
Aeq = [X (:, i) 'zeros (1, s)]; beq = 1;
w (:, i) = linprog (f, A, b, Aeq, beq, LB, UB);% 解线性规划，得出 DMUi 的最佳权重向量 wi*
E (i, i) = Y (:, i) '* w (m + 1: m + s, i);% 得到 DMUi 的自我评价值 Eii
end
E
dlmwrite ('c: /E. txt', E)
```

## E2 求解权重向量的程序

```
Clear [ ];% 标准化数据输入
n = size (X', 1); m = size (X, 1); s = size (Y, 1);
% 用户键入输入矩阵 X
% 用户键入输出矩阵 Y
% 以下是第一轮线性规划，进行自我评价
A = [ -X'Y']; b = zeros (n, 1);
LB = zeros (m + s, 1); UB = [ ];
for i = 1: n;
f = [zeros (1, m) -Y (:, i) '];
Aeq = [X (:, i) 'zeros (1, s)]; beq = 1;
w (:, i) = linprog (f, A, b, Aeq, beq, LB, UB);% 解线性规划，得出 DMUi 的最佳权重向量 wi*
E (i, i) = Y (:, i) '* w (m + 1: m + s, i);% 得到 DMIJI 的自我评价值 Eii
end
omega = w (1: m, :)
```

```
mu = w (m + 1: m + s, :)
```

## E3　求解权特征向量的程序

```
Clear [ ];% 标准化数据输入
n = size (X', 1); m = size (X, 1); s = size (Y, 1);
epsilon = 10^ - 10;
f = [zeros (1, n) - epsilon * ones (1, m + s) 1];
A = zeros (1, n + m + s + 1); b = 0;
LB = zeros (n + m + s + 1, 1); UB = [ ];
LB (n + m + s + 1) = - Inf;
for i = 1: n;
   Aeq = [X eye (m) zeros (m, s) - X (:, i)
          Y zeros (s, m) - eye (s) zeros (s, 1)];
   beq = [zeros (m, 1)
          Y (:, i)];
w (:, i) = linprog (f, A, b, Aeq, beq, LB, UB);
end
lambda = w (1: n, :)
dlmwrite ('c: /lambda. txt', lambda)
```

## E4　求解参考系数和松弛变量（效率系数）的程序

```
Clear [ ];% 标准化数据输入
n = size (X', 1); m = size (X, 1); s = size (Y, 1);
epsilon = 10^ - 10;
f = [zeros (1, n) - epsilon * ones (1, m + s) 1];
A = zeros (1, n + m + s + 1); b = 0;
LB = zeros (n + m + s + 1, 1) UB = [ ];
LB (n + m + s + 1) = - Inf;
for i = 1: n;
   Aeq = [X eye (m) zeros (m, s) - X (:, i)
          Y zeros (s, m) - eye (s) zeros (s, 1)];
   beq = [zeros (m, 1)
          Y (:, i)];
w (:, i) = linprog (f, A, b, Aeq, beq, LB, UB);
end
s_ minus = w (n + 1: n + m, :)
s_ plus = w (n + m + 1: n + m + s, :)
theta = w (n + m + s + 1, :)
```

# 参 考 文 献

[1] 匡文慧，邵全琴等.1932 年以来北京主城区土地利用空间扩张特征与机制分析 [J]. 地球信息科学学报，2009，11（4）：28-435.

[2] Boyce R. R，Clark WAV The concept of shape in geography [J]. The Geographical Review，1964（34）：561-572.

[3] Lee D. R，Sallee G T. A method of measuring Shape. The Geographical Review [J]. 1970（4）：55-63.

[4] Batty M.，Longley P A. Cities：a Geometry of Form and Function. London：Academic Press，1994.

[5] Cilliers SS，Bredenkamp GJ. Vegetation of road verges on an urbanization gradient in Potchefstroom，South Africa [J]. Landscape and Urban Planning. 2000，46：217-239.

[6] Medley KE，Pickett STA，McDonell MJ. Forest landscape structure along an urban to rural gradient [J]. Professional Geographer，1995，47（2）：159-168.

[7] Thomlinson JR，Rivera LY. Suburban growth in Luquillo，Puerto Rico：some consequences of development on natural and semi-natural systems [J]. Landscape and Urban Planning，2000，49（1-2）：15-23.

[8] 黎夏，叶嘉安. 利用遥感监测和分析珠江三角洲的城市扩张过程——以东莞市为例 [J]. 地理研究，1997，16（4）：56-62.

[9] 刘纪远，刘明亮等. 中国近期土地利用变化的空间格局分析 [J]. 中国科学 D 辑，2002，32（12）：1031-1041.

[10] 刘纪远，张增祥等.20 世纪 90 年代中国土地利用变化时空特征及其成因分析 [J]. 地理研究，2003，22（1）：1-12.

[11] 王新生，刘纪远等. 中国特大城市空间形态变化的时空特征 [J]. 地理学报，2005，60（03）：392-400.

[12] 谈明洪，李秀彬等.20 世纪 90 年代中国大中城市建设用地扩张及其对耕地的占用 [J]. 中国科学 D 辑：地球科学，2004，34（12）：1157-1165.

[13] 宗跃光. 大都市圈空间扩展的周期性特征——以美国华盛顿-巴尔的摩地区为例 [J]. 地理学报，2005，6（3）：418-424.

[14] 方修琦，章文波等. 近百年来北京城市空间扩展与城乡过渡带演变 [J]. 城市规划，2002，26（4）：56-60.

[15] 周锐，李月辉等. 基于 GIS 的沈阳市城镇用地空间扩展特征分析 [J]. 资源科学，2009，31（11）：1947-1956.

[16] 宗跃光，周尚意等. 北京城郊化空间特征与发展对策 [J]. 地理学报，2002，57（2）：135-142.

[17] 肖捷颖，葛京凤等. 基于 GIS 的石家庄市城市土地利用扩展分析 [J]. 地理研究，2003，22（6）：789-798.

[18] 廖和平，彭征等. 重庆市直辖以来的城市空间扩展与机制 [J]. 地理研究，2007，（6）1137-1146.

[19] 左丽君，张增祥等. 南昌市城市用地的扩展及其驱动力分析 [J]. 地球信息科学，2007，（4）：116-122.

[20] 姜广辉等. 北京山区建设用地扩展空间分异分析 [J]. 地理研究，2006，25（5）：906-912.

[21] 刘明超，杨燕丽，益建芳. 基于遥感与 GIS 的城市用地动态变化分析——以上海市南汇区为例[J]. 测绘与空间地理信息，2008，（6）126-129.

［22］陈利顶，杨爽，冯晓明．土地利用变化的地形梯度特征与空间扩展——以北京市海淀区和延庆县为例［J］．地理研究，2008，(6)：1225-1234.
［23］张宁，方琳娜等．北京城市边缘区空间扩展特征及驱动机制［J］．地理研究，2010，29 (3)：471-480.
［24］薛车前，王传胜．无锡城市用地扩展的时空特征与趋势分析［J］．资源科学，2003，25 (1)：9-14.
［25］李晓文，方精云等．上海城市用地扩展强度、模式及其空间分异特征［J］．自然资源学报，2003，18 (4)：412-422.
［26］杨山，陈升等．基于城乡能量对比的城市空间扩展规律研究——以无锡市为例［J］．人文地理，2009，(06)：44-49.
［27］王秀兰，包玉海．土地利用动态变化研究方法探讨［J］．地理科学进展，1999，18 (1)：81-87.
［28］刘盛和，何书金．土地利用动态变化的空间分析测算模型［J］．自然资源学报，2002，(5)．533-540.
［29］朱会义，李秀彬．关于区域土地利用变化指数模型方法的讨论［J］．地理学报，2003，58 (5)：643-648.
［30］LEOREY OM，NARIIDAC S. A framework for linking urban form and air quality［J］. Environmental Modelling&Software，1999，14 (6)：541-548.
［31］ROBERTO C，MARIA C G，PAOLO R. Urban mobility and urban form：the social and environmental costs of different patterns of urban expansion［J］. Ecological Economics，2002，40 (2)：199-216.
［32］刘纪远，王新生等．凸壳原理用于城市用地空间扩展类型识别［J］．地理学报，2003，58 (6)：885-892.
［33］王新生，刘纪远等．中国特大城市空间形态变化的时空特征［J］．地理学报，2005，60 (03)：392-400.
［34］杨荣南，张雪莲．城市空间扩展的动力机制与模式研究［J］．地域研究与开发，1997，16 (2)：1-4.
［35］刘盛和，吴传钧等．基于 GIS 的北京城市土地利用扩展模式［J］．地理学报，2000，55 (4)：407-416.
［36］何春阳，史培军等．北京地区城市化过程与机制研究［J］．地理学报，2002 (5)：363-371.
［37］成受明．山地城市空间扩展动力机制及扩展模式研究［D］．重庆大学硕士学位论文，2003.
［38］邓智团等．城市空间扩展战略研究——以上海市为例［J］．城市开发，2004，(05)：17-19.
［39］王诒健．城市空间扩展机制研究——以邢台市为例［D］．天津大学硕士学位论文，2004.
［40］毛蒋兴，闫小培．高密度开发城市交通系统对土地利用的影响作用研究——以广州为例［J］．经济地理，2005，25 (02)：185-188.
［41］段进．城市空间发展论［M］．南京：江苏科学技术出版社，1999.
［42］韦亚平．人口转变与健康城市化——中国城市空间发展模式的重大选择［J］．城市规划，2006，(1)：20-27.
［43］李翅，吕斌．城市土地集约利用的影响因素及用地模式探讨［J］．中国国土资源经济，2007，(08)：7-9.
［44］FORM W H. The place of social structure in the determination of landuse［J］. Social Forces，1954，32：317-323.
［45］STERN P C，YOUNG O R，DRUCK MAN D. Global environmental change：understanding the human dimensions［M］. Washington D C：National Academy Press，1992.
［46］顾朝林，甄峰等．集聚与扩散——城市空间结构新论．南京：东南大学出版社，2000.
［47］李德华．城市规划原理（第 3 版）．北京：中国建筑工业出版社，2001.
［48］何流，崔功豪．南京城市空间扩展的特征与机制［J］．城市规划汇刊，2000，(6)：56-59.

[49] 朱会义，何书金等．环渤海地区土地利用变化的驱动力分析［J］．地理研究，2001，20（6）：669-678.

[50] 肖捷颖，葛京凤等．基于GIS的石家庄市城市土地利用扩展分析［J］．地理研究，2003，22（6）：789-798.

[51] 吴宏安，蒋建军等．西安城市扩张及其驱动力分析［J］．地理学报，2005，60（1）：143-150.

[52] 何书金，王秀红等．中国西部典型地区土地利用变化对比分析［J］．地理研究，2006，25（1）：79-87.

[53] 李治，李国平．中国城市空间扩展影响因素的实证研究［J］．同济大学学报（社会科学版），2008，19（6）：30-34.

[54] 史培军等．深圳市土地利用变化机制分析［J］．地理学报，2000，55（2）：151-160.

[55] 甘红，刘彦随等．土地利用类型转换的人文驱动因子模拟分析［J］．资源科学，2004，26（2）：88-93.

[56] 摆万奇，赵士洞．土地利用变化驱动力系统分析［J］．资源科学，2001，23（3）：39-41.

[57] 王兆礼，陈晓宏等．深圳市土地利用变化驱动力系统分析［J］．中国人口·资源与环境，2006，16（6）：124-128.

[58] Muller，Peter. Transportion and Urban Form：Stages in the Spatial Evolumention of American Metropolis［J］. The Geograph of Urban Transportation. Guildford Press，2004. 59-85.

[59] Ladis，Cervero. Middle－Age Sprawl：BARA AND Urban Development［J］. Acess，1999（14）.

[60] 秦应兵，杜文．城市轨道交通对城市结构的影响因素分析［J］．西南交通大学学报，2000，（03）：284-287.

[61] 侯敏，朱荣付．北京地区交通对城市空间形态的影响研究［J］．测绘通报，2007（12）：59-61.

[62] 沈体雁，冯等田等．北京地区交通对城市空间扩展的影响研究．［J］．城市发展研究，2008，（06）：29-32.

[63] 边经卫．城市轨道交通与城市空间形态模式选择［J］．城市交通，2009，（05）：40-44.

[64] 朱才斌，陈勇．试析土地有偿使用与城市空间扩展［J］．人文地理，1997，12（3）：43-46.

[65] 杨山，周蕾等．大规模投资建设背景下城市过度扩张的约束机制——以无锡市为例［J］．地理科学进展，2010，（10）：1193-1200.

[66] 梅志雄．东莞市房地产发展与城市空间扩展研究［J］．华南师范大学学报（自然科学版），2009，（4）：111-115.

[67] 李开宇．行政区划调整对城市空间扩展的影响研究——以广州市番禺区为例［J］．经济地理，2010，（01）：22-26.

[68] 姚士谋，帅江平．城市用地与城市生长［M］．合肥：中国科学技术大学出版社，1995.

[69] Krugman P. The Self－organizing Economy［M］. New York：Blackwell Oxford，1996. 15-22.

[70] MarkesHA，Halvin S，StanleyHE. Modelingurban growth patterns［J］. Nature，1995，377：608-612.

[71] Clarke. K C，Gaydos L J. Loose－coupling a cellular automaton model and GIS：long－term urban growth prediction for SanFrancisca and Washington Baltimore［J］. International Geographical Information Systems，1998，12（7）：699-714.

[72] M Batty，Y Xie. From cells to cities［J］. Environment and Planning and Design，1994（21）：31-48.

[73] NemmourH，Chibani Y. Multiple support vector machines for land cover change detection：An application for mapping urban extensions［J］. ISPRS Journal of Photogrammetry and Remote Sensing，2006，61（2）：125-133.

[74] Samat N. Characterizing the scale sensitivity of the cellular automata simulated urban growth：A case study of

the Seberang Perai Region, Penang State, Malaysia [J]. Computers, Environment and Urban Systems, 2006, 30 (6): 905-920.

[75] K C Clarke, S Hoppen, L Gaydos. A self – modifying cellular automaton model of historical urbanization in the San Francisco Bay area [J]. Environment and Planning B: Planning and Design, 1997 (24): 247-261.

[76] Barredo J I, Kasanko M, Mccormick N. Modeling dynamic spatial processes: simulation of urban future scenarios through cellular automata [J]. Landscape and Urban Planning, 2003, 64 (3): 145-160.

[77] Straatman B, White R, Engelen G. Towards an automatic calibration procedure for constrained cellular automata. Computers, Environment and Urban Systems [J]. 2004, 28 (1-2): 149-170.

[78] Bell M, Dean C, Blake M. Forecasting the pattern of urban growth with PUP: A web – based model interfaced with GIS and 3D animation [J]. Computers, Environment and Urban Systems [J], 2000, 24 (6): 559-581.

[79] Pijanowski B C, Brown D G, Shellito B A, et al. Using neural networks and GIS to forecast land use changes: A land transformation model [J]. Computers, Environment and Urban Systems, 2002, 26 (6): 553-575.

[80] Bura S. etc. Multiagent systems and the dynamics of a settlement system [J]. Geographical Analysis. 1996, 28 (2): 77-87.

[81] Benenson I. Muti – agent aimulation of residential dynamics in the city [J]. Computer, Environment and Urban systems, 1998, 22: 25-42.

[82] 张显峰. 基于CA的城市扩展动态模拟与预测 [J]. 中国科学院研究生院学报, 2000, 17 (1): 70-79.

[83] 何春阳, 陈晋等. 基于CA的城市空间动态模型研究 [J]. 地球科学进展, 2002, 17 (2): 188-195.

[84] 欧金明, 王如松等. 基于CA的城市形态扩展多解模拟——以北京市东部平原区情景分析为例[J]. 城市环境与城市生态, 2007, 20 (1): 5-9.

[85] 龙瀛, 毛其智等. 综合约束CA城市模型: 规划控制约束及城市增长模拟 [J]. 城市规划学刊, 2008, (6): 83-91.

[86] 张岩等. 利用SLEUTH模型进行北京城市扩展模拟研究 [J]. 遥感信息, 2007, 2: 50-54.

[87] 刘勇等. 基于SLEUTH模型的杭州市城市扩展研究 [J]. 自然资源学报, 2008, 23 (5): 797-807.

[88] 米丽娜. 基于SLEUTH模型的银川市空间扩展研究 [D]. 兰州大学硕士学位论文, 2008.

[89] 郝凤明等. 营口市城市及村镇聚落增长与土地利用变化的模拟预测 [J]. 应用生态学报, 2008, 19 (7): 1529-1536.

[90] 徐昔保, 杨桂山等. 近50年兰州城市空间扩展模拟及其未来预测 [J]. 干旱区研究, 2009, (05): 763-769.

[91] 李明杰, 钱乐祥等. 广州市海珠区高密度城区扩展SLEUTH模型模拟 [J]. 地理学报, 2010, 65 (10): 1163-1172.

[92] 王健, 田光进等. 基于CLUE-S模型的广州市土地利用格局动态模拟 [J]. 生态学杂志, 2010, 29 (6): 1257-1262.

[93] 吴桂平, 曾永年等. CLUE-S模型的改进与土地利用变化动态模拟——以张家界市永定区为例 [J]. 地理研究, 2010, 29 (3): 460-470.

[94] 余婷, 柯长青. 基于CLUE-S模型的南京市土地利用变化模拟 [J]. 测绘科学, 2010, 35 (1): 186-188, 164.

[95] Klos T B, Nooteboom B. Agent – based computational transaction cost economics [J]. Journal of Economic Dynamics&Control, 2001, 25: 503-526.

［96］Fitoussi D，Tennenholtz M. Choosing social laws for multi－agent systems：minimality and simplicity［J］. Artificial Intelligence，2000，119：61-101.

［97］杨开忠，薛领．复杂区域科学：迈向 21 世纪的区域科学［J］．地球科学进展，2002，17（1）：5-11.

［98］薛领，杨开忠．复杂科学与区域空间演化模拟研究［J］．地理研究，2002，21（1）：79-88.

［99］李新延等．应用多主体系统预测和分析城市用地变化［J］．武汉大学学报（工学版），2005，38（5）：109-113.

［100］张鸿辉，曾永年等．多智能体城市土地扩张模型及其应用［J］．地理学报，2008，(08)：869-881.

［101］摆万奇．深圳市土地利用动态趋势分析［J］．自然资源学报，2000，15（2）：112-116.

［102］李正国，王仰麟等．城市扩展模型在土地供应空间决策中的应用［J］．资源科学，2005，27（2）：51-58.

［103］姜文亮，张晓通等．基于 GIS 和空间逻辑回归模型的城市空间扩展预测——以深圳市龙岗区为例［J］．测绘科学，2008，(4)：172-174.

［104］杨勇，任志远等．基于 GIS 的西安市城市扩展与模拟研究［J］．人文地理，2010，(2)．95-98.

［105］车前进，曹有挥，马晓冬．基于分形理论的徐州城市空间结构演变研究［J］．长江流域资源与环境，2010，19（8）：859-866.

［106］肖汉，李志鹏．基于分形理论的北京城市形态结构遥感分析［J］．科技导报，2010，28（16）：57-62.

［107］徐颖，吕斌．基于 GIS 与 ANN 的土地转化模型在城市空间扩展研究中的应用——以北京市为例［J］．北京大学学报（自然科学版）．2008. 44（02）：262-270.

［108］秦贤宏，段学军等．基于 SD 和 CA 的城镇土地扩展模拟模型——以江苏省南通地区为例［J］．地理科学，2009，(03)：439-444.

［109］黄焕春，李明玉．长吉图开发先导区城市空间扩展模拟预测——以延吉市为例［J］．湖南师范大学自然科学学报，2010，(02)：124-128.

［110］张豪，罗亦泳等．基于遗传支持向量机的城市扩张非线性组合模型［J］．地理学报，2010，(6)：656-664.

［111］Russwurm L. Urban Fringe and Urban Shadow. Toronto：Holt，Rinehart and Winston，1975.

［112］Friedmann J，Miller J. The urban field. Journal of the American Institute of Planners，1965：312-320.

［113］Bryant C，Russwurm L，McLellan A，et al. The City's Countryside：Land and Its Management in the Rural-urban Fringe. London：Longman，1982.

［114］Desai A，Gupta S S. Problem of Changing Land-use Pattern in the Rural-urban Fringe：Concept Publishing Company，1987.

［115］严重敏，刘君德．关于城乡结合部若干问题的初探［J］．城市经济研究，1989，(2)：12.

［116］涂人猛．城市边缘区初探——以武汉市为例［J］．地理与地理信息科学，1990，6（4）：35-39.

［117］梁运斌，张文新．北京城乡结合部空间结构及其演变分析［J］．北京规划建设，1993，(1)：32-45.

［118］陈佑启．城乡交错带名辩［J］．地理学与国土研究，1995，11（1）：47-52.

［119］吴宏安，蒋建军等．西安城市扩张及其驱动力分析［J］．地理学报，2005，60（1）：143-150.

［120］程连生，赵红英．北京城市边缘带探讨［J］．北京师范大学学报（自然科学版），1995，31（1）：127-133.

［121］章文波，方修琦等．利用遥感影像划分城乡过渡带方法的研究［J］．遥感学报，1999，3（3）：199-203.

［122］龙瀛，韩昊英等．利用约束性 CA 制定城市增长边界［J］．地理学报，2009，64（8）：1000-1008.

[123] 胡明星，权亚玲．基于GIS城镇空间扩展的评价研究——以来安汉河新区为例［J］．测绘，2009，(5)．195-199.

[124] Carlson TN，Arthur ST. The impact of landuse - land cover changes due to urbanization on surface microclimate and hydrology：a satellite perspective. Global and Planetary Change，2000，25：49-65.

[125] Sui，Daniel Z，Zeng H. Modeling the dynamics of landscape structure in Asia' s emerging desakota regions：a case study in Shenzhen［J］. Landscape and Urban Planning，2001，53（1-4）：37-52.

[126] 曾辉，江子瀛．深圳市龙华地区快速城市化过程中的景观结构研究——城市建设用地的结构及异质性分析［J］．应用生态学报，2000，10（4）：567-572.

[127] 赖淑瑾．基于GIS和RS的福州市城区空间扩展及生态环境变化的动态监测与分析［D］．中国优秀硕士学位论文全文数据库，2005.

[128] 杨冬辉．城市空间扩展对河流自然演进的影响——因循自然的城市规划方法初探［J］．城市规划，2001，(11)：39-43.

[129] 杨毅．基于RS和GIS的安顺市城市发展及环境变化分析［D］．中国优秀硕士学位论文全文数据库，2007.

[130] 孙朝阳，邵全琴等．近30年中国城市扩展对气象观测的影响及气温变化特征分析［A］．中国地理学会百年庆典学术论文摘要集［C］．中国北京，2009.

[131] 温小乐，徐涵秋．福州城市扩展对闽江下游水质影响的遥感分析［J］．地理科学，2010，30(04)：624-629.

[132] 傅伯杰，陈利顶等．黄土丘陵区小流域土地利用变化对生态环境的影响——以延安市羊圈沟流域为例［J］．地理学报，1999，54（3）：241-246.

[133] 杨山，汤君友．无锡市空间扩展的生态环境质量综合评价研究［J］．中国人口资源与环境，2003，13（1）：65-69.

[134] 马交国，杨永春等．河谷型城市空间扩展中的生态建设问题——以兰州市榆中新城区建设为例［J］．干旱区研究，2005，(3)：414-418.

[135] 韦亮英．南宁城市空间扩展及其生态环境效应研究［J］．规划师，2008，24（12）：31-34.

[136] 冉圣宏，李秀彬等．近20年渔子溪流域土地利用变化的环境影响［J］．环境科学学报，2006，26(12)：2058-2064.

[137] 岳书平，张树文等．东北样带土地利用变化对生态服务价值的影响［J］．地理学报，2007，62(8)：879-886.

[138] 卢远，韦燕飞等．城市空间扩展对生态系统服务价值的影响——以南宁市区为例［J］．城市环境与城市生态，2007，(2)：13-16.

[139] 杨建军，周文等．城市增长边界的性质及划定方法探讨——杭州市生态带保护与控制规划实践［J］．华中建筑，2010，(01)．

[140] 杨冬辉．城市空间扩展与城市环境约束机制的建立［J］．规划师，2001，(4)：82-86.

[141] 张磊，吴云波等．城市空间扩展的生态环境对策——以苏州西部地区为例［J］．城市环境与城市生态，2004，(5)：42-44.

[142] 肖亦卓．国际城市空间扩展模式——以东京和巴黎为例［J］．城市问题，2003，3：30-33.

[143] 陆伟芳．城市空间发展模式与经济发展——以近代上海与曼彻斯特为例［J］．扬州大学学报（人文社会科学版)，2005，(06)：85-89.

[144] 翟国强．欧美大城市空间扩展对我国城市扩展的启示［J］．城市，2006，(04)：26-29.

[145] 朱喜钢．城市空间有机集中规律探索［J］．城市规划汇刊，2000，(03)：47-51+60-80.

[146] 韦亚平．人口转变与健康城市化——中国城市空间发展模式的重大选择［J］．城市规划，2006，

(1)：20-27.

[147] 李文斌．城市增长控制：实证研究与理论模型［J］．城市发展研究，2007，(02)：62-65.

[148] 韩守庆．长春市区域空间结构形成机制与调控研究［D］．东北师范大学博士学位论文，2008.

[149] 张波等．新经济地理学方法在城市成长管理中的应用［J］．城市规划，2008，(10)：9-14.

[150] 陈爽等．城市生态空间演变规律及调控机制——以南京市为例［J］．生态学报，2008，(05)：2270-2278.

[151] 陈爽，姚士谋等．南京城市用地增长管理机制与效能［J］．地理学报，2009，(04)：487-497.

[152] 黄馨等．长春城市空间扩张特征、机理与调控［J］．地域研究与开发，2009，(05)：68-72.

[153] 黄晓军等．长春城市蔓延机理与调控路径研究［J］．地理科学进展，2009，(01)：76-84.

[154] 杨山，周蕾等．大规模投资建设背景下城市过度扩张的约束机制——以无锡市为例［J］．地理科学进展，2010，(10)：1193-1200.

# 11 专题报告：基于遥感技术的城乡建设用地和重大设施要素识别技术研究

## 11.1 基于遥感技术的建设用地识别

### 11.1.1 名词解释

建设用地：包括城乡居民点建设用地（除去城市道路用地）、公用设施用地、特殊用地。

水域：江、河、湖、海、水库、水渠等水域，不包括公共绿地及单位内的水域。

市政道路：包括区域交通设施用地以及城市道路用地。

低等级道路：指城乡居民点建设用地内为居住用地、工业用地等配建的道路用地。

植被：包括耕地、园地、林地、草地等地面被植被覆盖的地区。

建筑：指 10m×10m 规模以上的建筑物。

### 11.1.2 识别方法

1. 识别步骤

（1）对遥感影像图等数据来源进行自动和人工相结合的识别，判读出建筑、水域、道路和植被。

（2）通过自动判读，将道路划分为市政道路和低等级道路，将植被划分为建筑间植被和大面积植被。

（3）将建筑、低等级道路、建筑间植被合并为建设用地，其他道路判读为市政道路，其他植被判读为大面积植被。最后判读结果为建设用地、水域、市政道路和大面积植被。

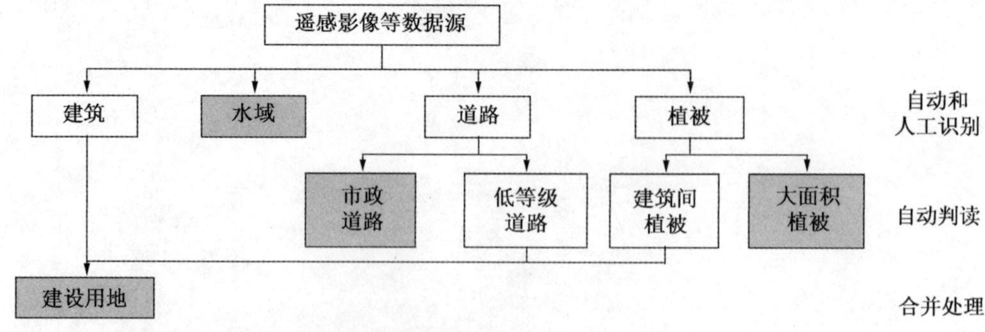


图 11-1 基于遥感技术的建设用地识别步骤

2. 不同空间尺度的划分标准

上述第（2）步骤对道路和植被的划分中，根据不同的识别空间尺度，制定不同的划分标准。从空间尺度看，分为城镇密集区版、市（县）版以及村镇版三个版本。其中，城镇密集区版针对若干市（县）组成的地域范围的识别，市（县）版针对单个市（县）或者若干乡镇组成的地域范围的识别，村镇版针对单个乡镇村或者若干村组成的地域范围的识别。

（1）城镇密集区版

1）将道路区分为市政道路与低等级道路

参照《城市道路交通规划设计规范》（GB 50220-95），城镇密集区版中只识别主干路以上级别道路，因此将35m以上的道路识别为市政道路，将35m以下的道路识别为低等级道路。

2）将建筑、低等级道路和建筑间植被合并为建设用地

在每一个由市政道路形成的闭合边界内，建筑周边50m范围内存在建筑的，建筑周边50m的范围（包括建筑，但不包括市政道路、水域）计入建设用地（不得跨越市政道路形成的闭合边界）。如果建筑周边50m范围内无任何其他建筑，建筑识别为建设用地（图11-2）。

在满足以上条件之后，当除了市政道路、建设用地之外的用地面积小于$1km^2$，同时满足以下三条件之一者，可被识别为建设用地：

条件1：周边被市政道路全包围，且围绕该用地被市政道路相隔的其他用地均为建设用地（图11-3）。

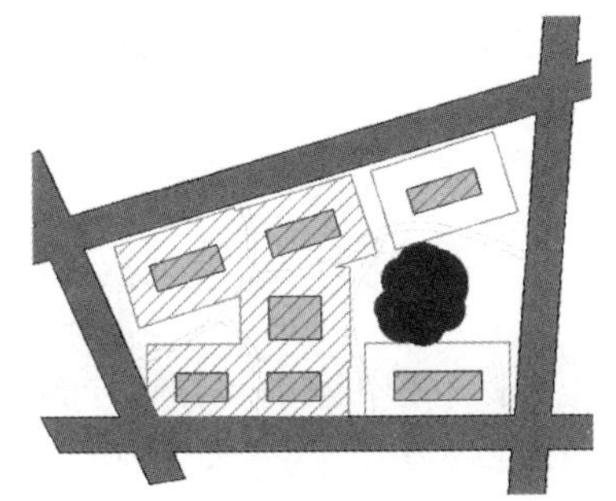

图11-2 建筑及建筑周边用地识别示意

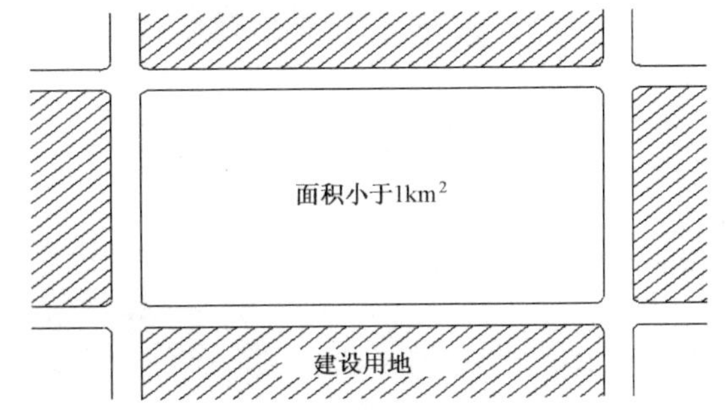


图11-3 周边被市政道路全包围示意

条件2：周边被建设用地全包围（图11-4）。

条件3：周边被建设用地以及市政道路全包围，且被市政道路相隔的其他用地均为建设用地（图11-5）。

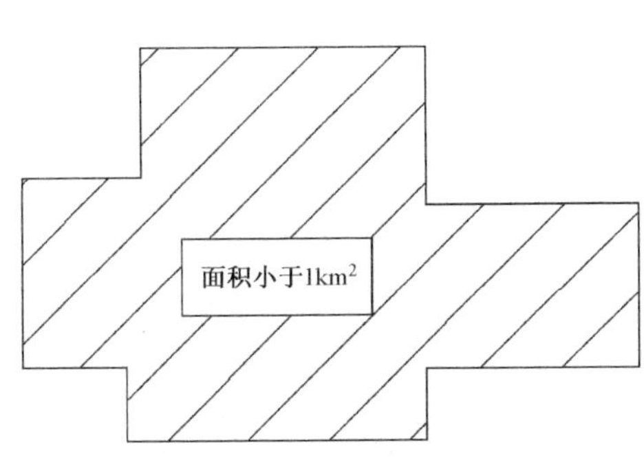


图11-4 周边被建设用地全包围示意

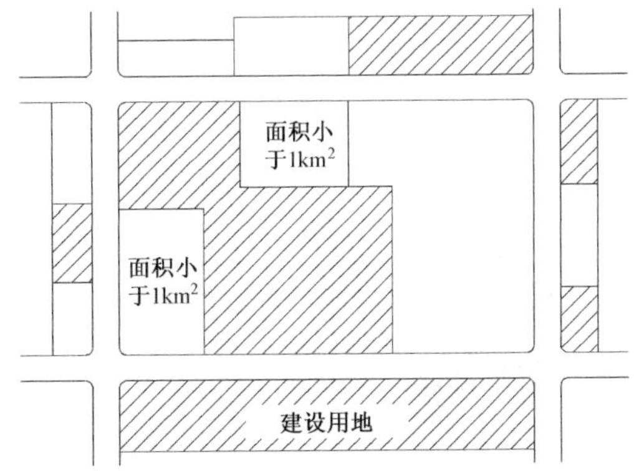


图11-5 周边被建设用地和市政道路包围示意

3）将其他植被作为大面积植被

（2）市（县）版

1）将道路区分为市政道路与低等级道路

参照《城市道路交通规划设计规范》GB 50220-95，市（县）版中只识别次干路以上级别道路，因此将25m以上的道路识别为市政道路，将25m以下的道路识别为低等级道路。

2）将建筑、低等级道路和建筑间植被并为建设用地

在每一个由市政道路形成的闭合边界内，建筑周边50m范围内存在建筑的，建筑周边50m的范围（包括建筑，但不包括市政道路、水域）计入建设用地（不得跨越市政道路形成的闭合边界）。如果建筑周边50m范围内无任何其他建筑，建筑识别为建设用地。

在满足以上条件之后，当除了市政道路、建设用地之外的用地面积小于0.5km$^2$，同时满足以下三条件之一者，可被识别为建设用地：

条件1：周边被市政道路全包围，且围绕该用地被市政道路相隔的其他用地均为建设用地。

条件2：周边被建设用地全包围。

条件3：周边被建设用地以及市政道路全包围，且被市政道路相隔的其他用地均为建设用地。

3）将其他植被作为大面积植被

（3）村镇版

1）将道路区分为市政道路与低等级道路

参照《城市道路交通规划设计规范》GB 50220-95，村镇版中识别支路以上级别道路，因此将12m以上的道路识别为市政道路，将12m以下的道路识别为低等级道路。

2）将建筑、低等级道路和建筑间植被并为建设用地

在每一个由市政道路形成的闭合边界内，建筑周边50m范围内存在建筑的，建筑周边50m的范围（包括建筑，但不包括市政道路、水域）计入建设用地（不得跨越市政道路形成的闭合边界）。如果建筑周边50m范围内无任何其他建筑，建筑识别为建设用地。

在满足以上条件之后，当除了市政道路、建设用地之外的用地面积小于0.2km$^2$，同时满足以下三条件之一者，可被识别为建设用地：

条件1：周边被市政道路全包围，且围绕该用地被市政道路相隔的其他用地均为建设用地。

条件2：周边被建设用地全包围。

条件3：周边被建设用地以及市政道路全包围，且被市政道路相隔的其他用地均为建设用地。

3）将其他植被作为大面积植被

### 11.1.3　识别结果

四川省南充市、浙江省义乌市2003年与2007年建设用地识别结果参见图11-6～图11-9。

图 11-6 四川省南充市 2003 年建设用地识别结果

图 11-7 四川省南充市 2007 年建设用地识别结果

图 11-8 浙江省义乌市 2003 年建设用地识别结果

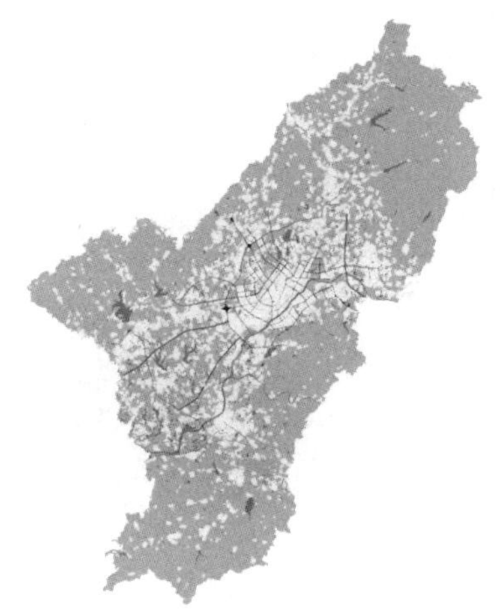

图 11-9 浙江省义乌市 2007 年建设用地识别结果

## 11.2 重大设施要素、水域和道路识别及其监测

### 11.2.1 城乡重大设施要素识别及其监测

1. 城乡重大设施要素识别方法

在建设用地的识别基础上，城乡重大设施要素的识别主要通过人机结合方式。在遥感影像图上反映出来的重大设施，在空间尺度、形状、光谱上都呈现出不同的特征。因此，重大设施的识别以人工判断为主，在建设用地识别软件中具备了人机交互识别重大设施要素的功能。

根据相关规范对重大设施的定义，结合遥感影像图对设施的可识别性，确定通过遥感影像图进行识别的重大设施主要包括：铁路站、公路客运站、机场、港口、火电站、污水处理厂、储气站、体育场馆、高尔夫球场等（表 11-1）。根据地方实际情况的不同和可获取的遥感影像图的质量、精度的不同，可适当增减重大设施要素识别的种类。

通过遥感影像识别重大设施示意　　表 11-1

| 设施类别 | 设施名称 | 标示图例 | 影像特征 | 影像实例 |
|---|---|---|---|---|
| 重大交通设施 | 铁路站 |  | 有铁路线；占地面积大；有集散广场；候车大厅建筑体量大；货运站有较大货场；编组站有多条铁路编组铁轨 |  |
| | 公路客运站 |  | 占地面积大；大量汽车停靠；场地开阔；候车大厅建筑体量大 |  |
| | 机场 |  | 通常远离市中心；通常周边地带建设用地较少；有长条形跑道；占地面积大；候机楼建筑体量大 |  |
| | 港口 |  | 位于海洋、大江边缘；有码头、塔吊等设施；货场占地面积大 |  |

续表

| 设施类别 | 设施名称 | 标示图例 | 影像特征 | 影像实例 |
|---|---|---|---|---|
| 重大市政设施 | 火电站 |  | 通常位于城市外围；占地面积大；冷却塔上方产生大量水蒸气 |  |
| | 污水处理厂 |  | 占地面积大，通常有圆形或矩形的露天污水净化池 |  |
| | 储气站 | 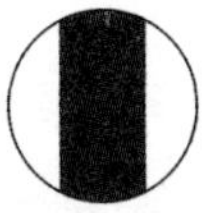 | 通常有大型圆形储气罐 |  |
| 重大体育设施 | 体育场馆 |  | 建筑体量大，通常呈椭圆形或圆形；场地内有足球场；周边通常有集散广场 | 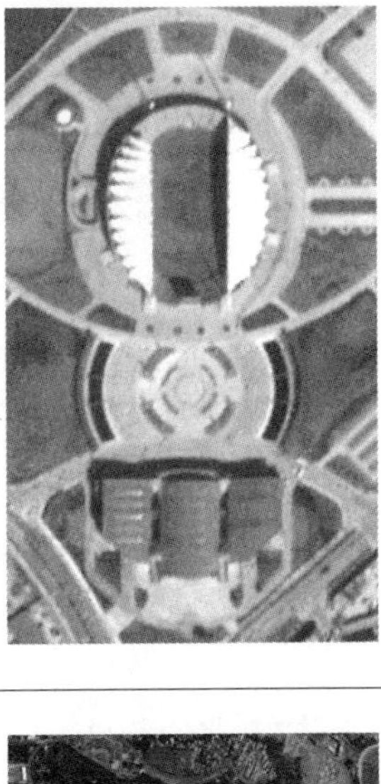 |
| | 高尔夫球场 |  G | 占地面积较大，以林地、草地为主，有斑点状的沙地 | 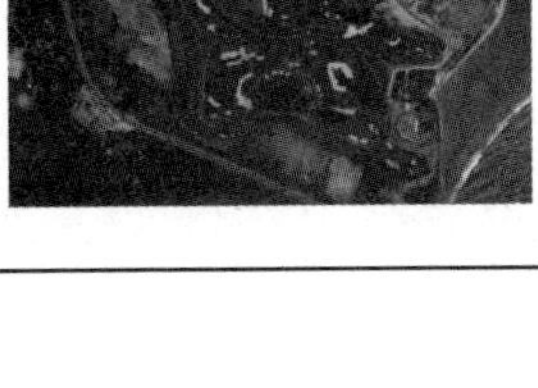 |

2. 经济欠发达地区城乡重大设施要素识别结果

本节以南充为例，分析经济欠发达地区的城乡重大设施要素识别结果，内容主要包括不同阶段城乡重大设施要素的识别结果、重大设施要素的演变及动力机制分析。南充地区获得的遥感映像资料主要是中心城区范围，因此南充地区的城乡重大设施要素识别研究范围主要集中在中心城区。

（1）南充2003年城乡重大设施要素识别结果

根据南充中心城区2003年的遥感影像图进行判读，识别出的重大设施包括铁路站和大学（图11-10）。其中，铁路站位于城区西北部，城市建成区边缘，有铁路线穿越，有多股线路汇集，有站前广场，铁路站遥感影像特征较为明显。大学位于城区西北部外围，与城市建成区有一定距离，面积不大，属于建设初期。

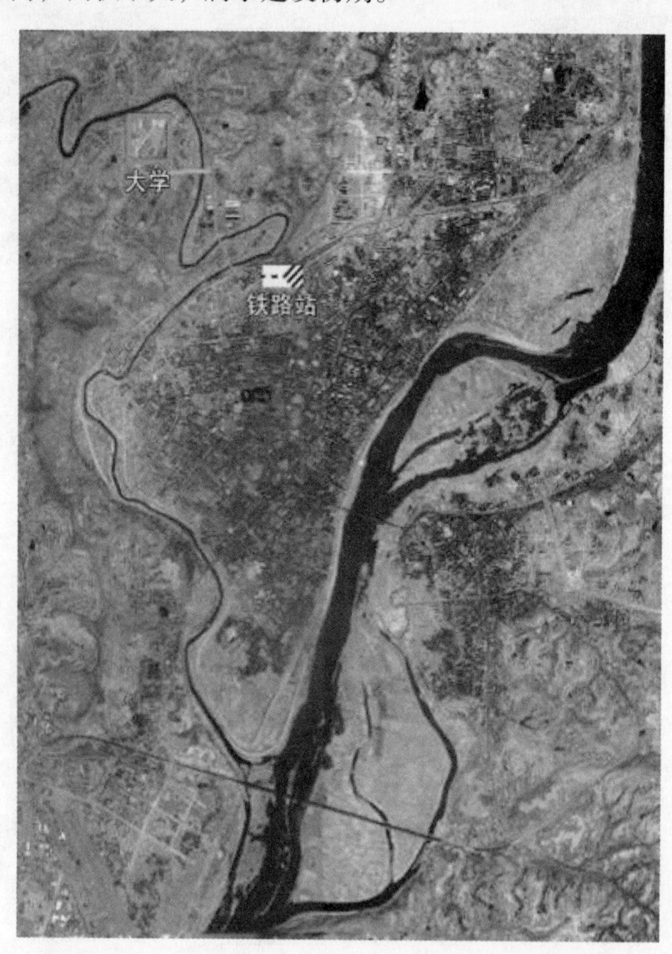


图11-10　南充中心城区2003年重大设施识别结果

（2）南充2007年城乡重大设施要素识别结果

根据南充中心城区2007年的遥感影像图进行判断，识别出的重大设施包括铁路站、大学、体育馆、市政府和污水处理厂（图11-11）。其中，铁路站的位置和建设情况与2003年基本一致。大学的面积明显扩大，已形成一定量的建设规模。体育馆、市政府和污水处理厂都位于2003年遥感影像图涉及的范围之外，结合2003年的建设边界判断，应属于新建的设施。

图 11-11　南充中心城区 2007 年重大设施识别结果

3. 经济发达地区城乡重大设施要素识别结果

本节以义乌为例，分析经济发达地区的城乡重大设施要素识别结果，内容主要包括不同阶段城乡重大设施要素的识别结果、重大设施要素的演变及动力机制分析。

（1）义乌 2003 年城乡重大设施要素识别结果

通过对义乌 2003 年图纸的判读，识别出的重大设施包括铁路站、机场、体育场馆和污水处理厂（图 11-12）。其中，铁路站位于城市中心，铁路从城市中心穿过。机场位于中心城区西北部边缘。体育场馆位于主要河流东侧。污水处理厂位于城区东部。

（2）义乌 2007 年城乡重大设施要素识别结果

通过对义乌 2007 年遥感影像图进行判读，识别出的重大设施包括铁路站、机场、体育场馆和污水处理厂（图 11-13）。其中，铁路站位于自北向南的铁路沿线，铁路线从中心城区边缘穿过。机场位于中心城区西北部边缘，与主要的铁路站场靠近。体育场馆位于主要河流东侧。污水处理厂识别出 3 个，其中 1 个位于义乌市区，2 个位于东部。

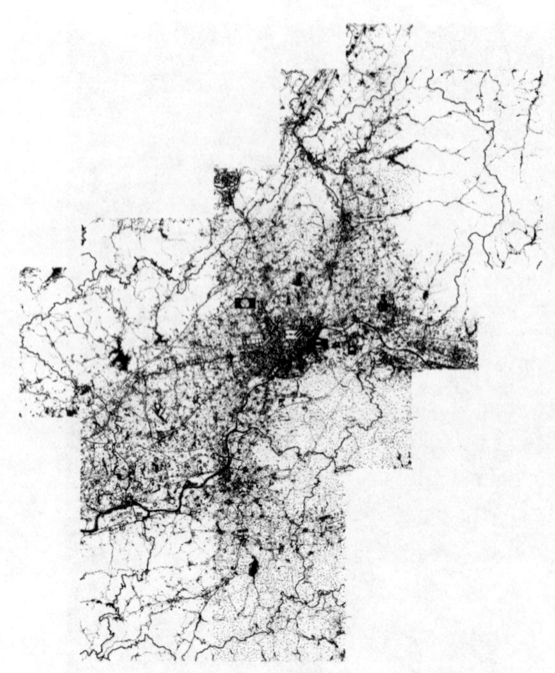

图 11-12　义乌市区 2003 年重大设施识别

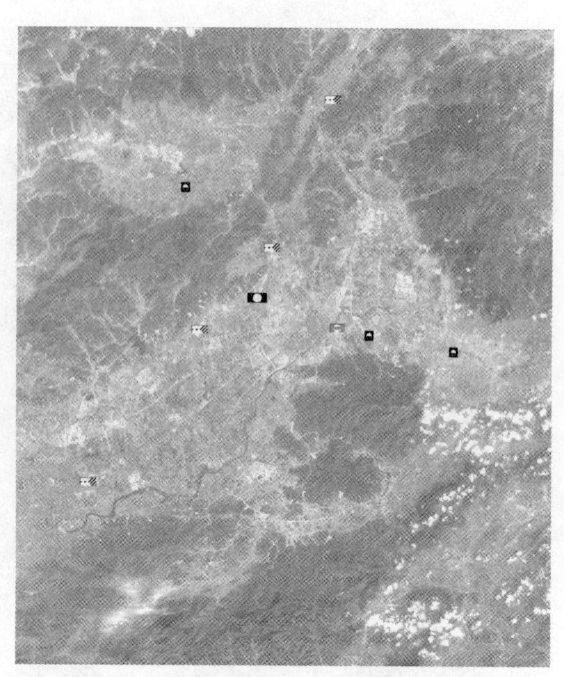

图 11-13　义乌市区 2007 年重大设施识别

4. 城乡重大设施要素监测

(1) 城乡重大设施要素监测的意义

城乡重大设施要素监测的主要目的包括几个方面：一是对重大设施周边的土地利用和开发建设情况进行监测，避免周边开发建设对重大设施的正常利用产生影响和干扰；二是对重大设施的建设和维护情况进行监测，从遥感影像的角度掌握重大设施的建设和运营动态，利于对重大设施的管理；三是通过逐年的监测，掌握重大设施的演变情况，为城市布局、设施调整的重大空间决策提供支撑。

(2) 城乡重大设施要素监测的方法建议

因为城乡重大设施要素监测主要是通过人机交互的方式，且重大设施的变动在时间上具有非连续性。因此，建议以遥感影像数据为基础，结合地方规划、交通、市政等相关部门的数据资料，建立城乡重大设施基础数据库，根据逐年重大设施的改建、新建、废弃等情况，逐年更新数据库，并通过遥感影像监测进行校核，以提高重大设施要素监测的精确性。

5. 案例城市重大设施演变分析

(1) 南充城乡重大设施演变分析

比较分析南充中心城区 2003 年和 2007 年的重大设施识别结果，可以看出期间重大设施建设进展较快，涉及城市服务能力的市政、道路和服务设施都建设迅速，城市服务能力和集聚能力显著提升。具体变动情况如下：

1) 西北部大学建设趋于完善，建设面积扩大，道路设施基本完善；2) 北部新建综合体育场馆；3) 北部新建以市政府为核心的公共设施群；4) 道路、桥梁等设施建设迅速，跨河桥梁数量增加，沿河两侧的主要干道基本贯通；5) 东部新增了一条高速公路，并与现有高速公路形成互通立交；6) 南部新建了污水处理厂。

(a)

(b)

图 11-14　南充中心城区 2003 年～2007 年重大设施变动情况
（a）南充中心城区 2003 年重大设施情况；（b）南充中心城区 2007 年重大设施情况

（2）南充城乡重大设施演变的动力机制和影响因素

南充重大设施的演变情况，总的来说可以归结为两个方面：一是设施总量的增加，导致城市服务能力的提升；二是通过重大设施布局的优化，拉开城市框架，对城市布局的优化起到引导作用。从影响重大设施演变的动力机制和影响因素来看，包括宏观区域环境、社会经济推动、自然资源环境条件等方面。

1）宏观区域环境改变，城市社会经济发展

近年来，随着西部大开发战略的深入实施，国家加大对西部地区的支持力度，为南昌市的发展提供了更多的政策、资金支持。随着成渝经济圈的建设，依托成南、南广高速和遂渝、南渝高速公路，形成了成都—遂宁—南充—广安—重庆经济走廊。因此，南充更深入地参与到区域分工中，在西部大开发的进程中将扮演更为重要的角色。

从这个意义上来说，需要南充继续加强服务职能，特别是中心城区的集聚和服务职能。中心城区需要承载更多的功能和人口，城市重大设施的需求量相应提高，设施的布局也需要在更大的空间范围进行统筹考虑。

区域性交通基础设施的布局在中心城区也有所体现，如南渔（兰海）高速公路的建设。

2）通过重大设施建设引导城市发展方向和结构调整

由于宏观区位条件的改善和城市社会经济的发展，南充城市建设用地的需求日益增加，为了引导建设用地的有序扩张，重大设施的建设发挥了关键作用。

大学、体育场馆、市政府公共建筑群集中建设在城市北部地区，是政府引导新区向北部发展的重要举措。跨河桥梁的建设和沿河主干道的建设，是引导城市跨河发展的重要举措。城市污水处理厂在南部地区的布局也为南部工业区的建设和完善创造了有利条件。

3）自然资源环境条件是影响重大设施布局的重要因素

从遥感影像图可以看出，南充中心城区属于典型的河谷地区，两山夹一河的地形特征较为明显，城市主导风向为北风和偏北风，与河流走向基本一致。这样的地理特征决定了城市用地的布局和发展方向，也决定了重大设施的布局。

大学、市政府、体育场馆等能够引导居住区建设的设施布局在上风上水地区，利于大型居住区的建设。大学作为占地面积较大、区位要求不敏感、地价承受力有限的大型设施，布局在城市较外围的山前地区，能够取得较大的占地面积，环境相对较好，受外界干扰也相对较小。污水处理厂具有一定的环境污染，按照通常的布局原则布局在城市下风下水的地区，避免对其他城市地区造成干扰。

(3) 义乌城乡重大设施演变分析

比较分析义乌市区 2007 年的重大设施识别结果，可以看出重大设施建设进展较快，涉及城市服务能力的市政、道路和服务设施都建设迅速，城市服务能力和集聚能力显著提升。具体变动情况如下：1) 义乌机场经过扩建，航站楼面积扩大；2) 铁路客运站由市区中心搬迁到外围，减少了城市内部活动的干扰；3) 体育场馆基本建成；4) 新建了污水处理厂。

(4) 义乌城乡重大设施演变的动力机制分析

义乌重大设施的演变情况，总的来说是提高了城市的服务水平和环境质量，推动了城市由粗放型发展向可持续发展的转变。从影响重大设施演变的动力机制和影响因素来看，主要是因为城市社会经济发展阶段转变。按户籍人口算，2007 年义乌人均 GDP 为 59144 元人民币，合 8400 美元左右，已接近发达国家水平。城市发展已经进入新的阶段，对服务水平和环境品质的要求进一步提高，城市由外延式扩张进入到内涵式发展的阶段。

1) 城市环境改善

对城市环境的改善动力日益增强，推动了铁路线路和客运站的外迁，以减少对城市活动的干扰和影响；推动了污水处理厂的建设，加强了环境保护的力度。

2) 城市服务能力提升

随着城市人口的增多和对文体设施需求的增强，对大型文体设施的需求增加，建设大型体育场馆，能够满足人民群众日益增长的需求。

3) 城市集聚能力增强

作为我国深入参与全球分工的代表城市，义乌在我国参与全球化的进程中发挥了重要的作用。随着信息、技术、资本、人员等各种要素的集聚能力增强，义乌对铁路、航空等交通设施的需求不断增强。火车站的外迁既减少了对城市的影响，也提高了车站的容量和效率。机场航站楼的扩建也提高了航空运营的容量和效率。

### 11.2.2　水域识别及其监测

因为水域在遥感影像图上体现的光谱和形状特征较为明确，所以水域的识别以自动判读为主。实际操作中，主要通过利用识别软件进行自动识别，辅以少量的人工识别。

1. 经济发达地区水域识别结果

如图 11-15 和图 11-16 所示，绿色部分为增加的水域，红色部分为减少的水域。通过对比，水域变化并无明显特征和规律，出现增减的原因多是因为航片拍摄季节的差异，导致大江大河或水库地区水位的差异，反映在识别结果上呈现水域面积的差异。

2. 经济欠发达地区水域识别结果

如图 11-17 所示，红色部分为增加的水域，绿色部分为减少的水域。通过对比，基本没有水域面积增加的情况，水域减少的地区主要集中在中心城区和其他乡镇的建设用地周边，大量的水域减少是由于被建设用地侵占，其他的水域减少位于建设用地周边。

图 11-15 义乌 2003 年～2007 年水域变动情况

图 11-16 义乌 2003 年～2007 年水域减少与 2007 年建设用地比较

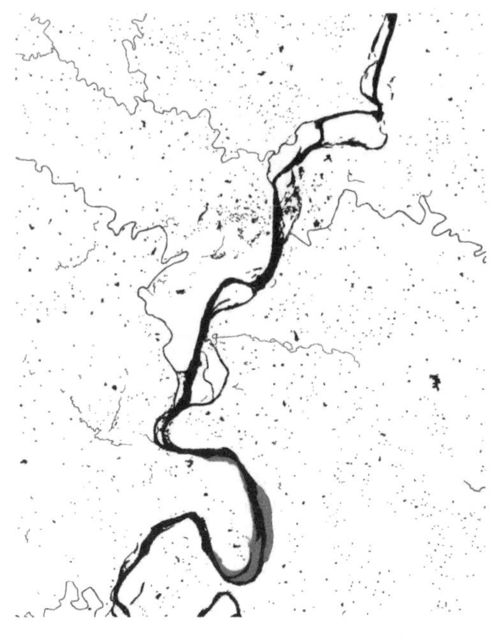

图 11-17 南充 2003 年～2007 年水域变动情况

### 11.2.3 道路识别及其监测

道路的识别包括两个步骤，一是根据遥感影像图的光谱特征识别出所有道路，二是从所有道路中区别出市政道路和低等级道路，并将低等级道路并入建设用地。第一步骤中，由于道路在遥感影像图上体现的光谱特征和形状特征较为复杂，因此采取自动识别与人工识别相结合的方法，在识别软件自动识别之后，结合地形图、现状图等资料，再进行人工调整和校核。在第二步骤中，以道路的宽度为标准区分市政道路和低等级道路，区分过程以软件自动区分为主，宽度标准根据不同的识别空间尺度有所不同。

1. 经济发达地区道路识别结果

如图 11-18 所示，红色部分为 2003 年～2007 年道路增加部分，绿色为减少部分。减少部分很少。增加部分位于城市外围的城乡结合部地区，反映出义乌的城市基础设施建设已经达到相应的水平，道路基础设施建设的重点已经放到乡村地区，通过乡村地区基础设施的建设提高服务水平，促进城乡统筹协调发展。

2. 经济欠发达地区道路识别结果

如图 11-19 所示，红色部分为 2003 年～2007 年道路增加部分，绿色为减少部分。减少部分很少，位于中心城区北部，实为道路线形进行了调整，由于城市建成区外拓，城乡联系道路被规整的城市道路所替代。

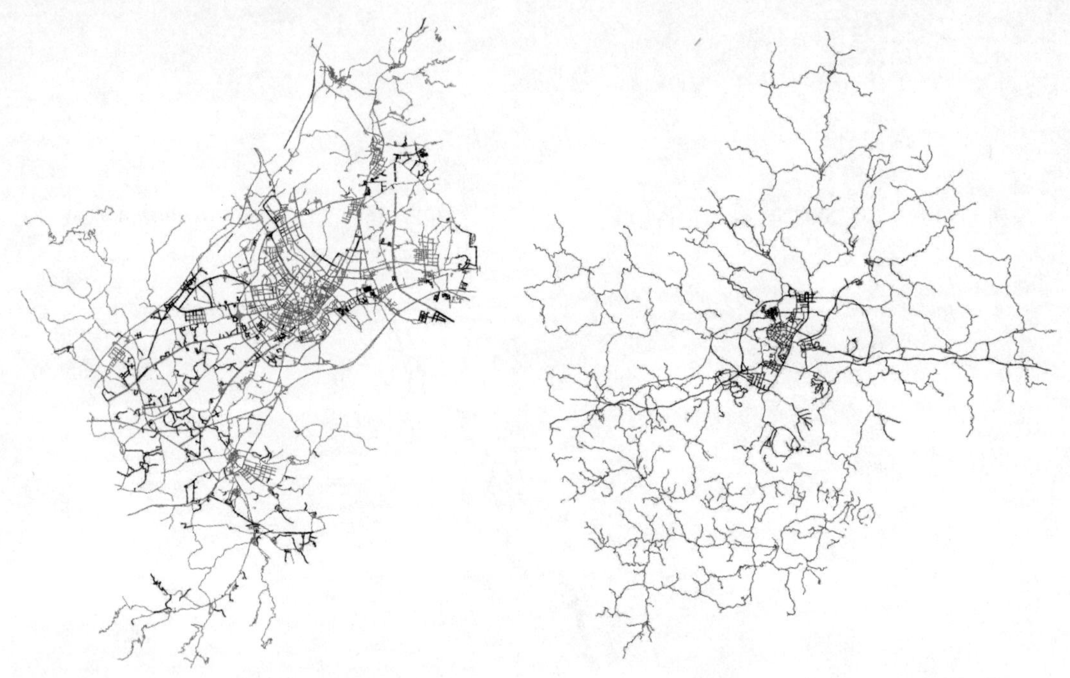

图 11-18　义乌 2003 年～2007 年道路变动情况　　图 11-19　南充 2003 年～2007 年道路变动情况

道路增长部分包括两类，一是随着城市重点建设地区的开发而建设的道路，主要位于城市中心区外围，相对集中；二是城乡联系通道的增加，这主要位于中心城区外围的乡镇，分布较为均匀，呈现典型的由外围向中心城区的向心性。

# 12　专题报告：中国城镇化研究数据库系统开发研究

为了科学认知和把握我国城镇化的发展特点和规律性，科技部连续多年设置了有关城镇化研究的课题，其中科技部在“十一五”科技支撑计划“区域规划与城市土地节约利用关键技术研究”项目中，专门设置了中国城镇化发展速度与质量评价和预测研究的课题，该课题由中国城市规划设计研究院、中国科学院地理科学与资源研究所、中国土地勘测设计研究院和建设部规划管理中心等几家单位联合承担。在国家信息化战略和城镇化战略的指导下，在空间信息技术不断发展与广泛应用的背景下，为了更好地支持中国城镇化的相关研究，专门针对城镇化研究涉及的数据，尤其是多源异构空间数据比较复杂的特点，开发中国城镇化研究的数据库系统。中国城镇化研究数据库系统建设的目标：一是根据用户需求和城镇化研究的模型需要，确定相关的数据指标，采集和整理相关的城镇化研究数据。二是根据城镇化研究的需要，设计基于 ArcSDE Geodatabase 的 C/S 模式的城镇化研究数据库系统，实现高效的数据管理。三是设计和实现相应的城镇化研究数据库管理系统，使之能够提供局域网内的数据访问和数据共享服务。四是面向城镇化研究的主要模块，开发可嵌入的应用子系统。

## 12.1　城镇化研究数据模型设计

### 12.1.1　数据模型的概念和演进

数据模型是数据库系统的核心和基础，任何 DBMS 软件都是基于某种数据模型的。数据模型是对客观事物及其联系的描述，这种描述包括数据内容的描述和各类实体数据之间联系的描述。数据模型由概念数据模型、逻辑数据模型和物理数据模型三个有机联系的层次组成（图 12-1）。

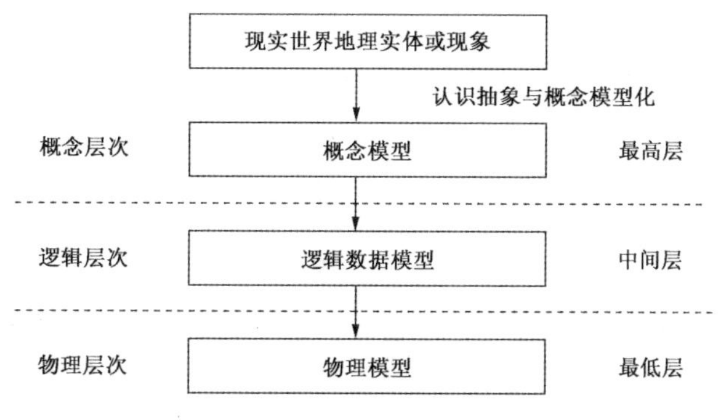


图 12-1　数据模型的三个层次

概念数据模型是关于实体及实体间联系的抽象概念集，主要描述数据库中数据的概念结构，是现实世界到信息世界的第一层抽象，独立于具体的 DBMS，语义表达能力强，能够较方便地表达应用中各种语义知识，主要应用于具体的数据库设计，常用的E-R模型就是最具代表性的概念模型。目前空间数据模型中广泛采用的是基于几何表示的矢量数据模型、栅格数据模型和数字高程模型。逻辑数据模型是表示概念数据模型中数据实体（或记录）及其间关系，主要描述数据库中数据的结构、对数据的操作以及操作后数据完整性问题。空间数据管理系统的设计就是依据逻辑数据模型，如全关系数据模型、混合数据模型、网络数据模型、层次数据模型、拓扑数据模型和面向对象的数据模型等。物理数据模型是数据抽象的最底层，主要包括空间数据的物理组织、空间存取方法和数据库总体存储结构等。

20世纪60年代以来，围绕各种数据尤其是空间数据的存储与管理，研究先后提出了三种数据结构模型。一是20世纪60年代到80年代中后期的文件系统数据模型，即空间数据和属性数据都是用文件系统存储和管理，空间数据和属性数据间通过标识码建立联系，也就是常说的空间数据和属性数据的“二元存储”结构。这种文件系统的存储方式，一般系统结构简单，便于操作，但是功能也非常有限，适合小型GIS应用系统。

二是80年代中到90年代初的文件与数据库系统混合模型。几何图形数据采用文件系统管理，属性数据采用关系数据库管理系统管理，二者之间的联系通过空间实体标识或内部链接码进行匹配，目前桌面GIS大多采用这种方式，使用简单方便的Microsoft Office Access数据库或者大型的Oracle、Microsoft SQL Server数据库来存储和管理属性数据，而空间数据仍采用特定的文件格式存储，如以Shp、Coverage格式为代表的矢量数据和以img、tif格式为代表的栅格影像数据。该模型对于特定格式GIS数据的处理方便快捷，效率较高，但是不能实现海量空间数据的存储与管理，虽然GIS对属性数据的操纵能力增强，但是“二元存储”的模式仍然没有变化，无法实现数据的一致性维护、并发性控制等功能。

三是20世纪90年代以后的空间数据库模型。随着空间数据的管理与存储技术的研究进一步深入，形成了关系型数据库管理系统（RDBMS）和面向对象的数据库管理系统（OODBMS）两个方向。纯关系型数据库管理方式下，空间数据和属性数据都采用关系数据库来存储，使用关系数据库的标准连接机制来进行空间数据与属性数据的连接。一般采取两种方式处理空间数据的存储：对变长的空间数据进行关系范式分解，将其变为定长记录的数据表进行存储；将图形数据的变长部分处理成二进制（Binary）块（Block）字段，如Oracle公司引进的Long Raw数据类型、SQL Server中的IMAGE数据类型等。这种把图形数据作为二进制块来存储和管理的方式，很好地继承了关系数据库系统管理信息的优势，如完整性、一致性，以及实现多用户并发访问控制和十五级制等。但在处理空间数据生成空间拓扑关系、空间分析方面存在缺陷，而且数据的读写效率要比定长的属性字段慢得多。为了更好地操纵和模拟现实世界中的复杂实体和现象，克服传统数据模型的局限，人们提出了以面向对象概念和面向对象程序设计为基础的面向对象数据模型。其基本思想是：对问题领域进行自然分割，以更接近人类通常思维的方式建立问题领域的模型，以便对客观的信息实体进行结构模拟和行为模拟，从而使设计出的系统尽可能直接地表现出问题求解的过程。面向对象的数据库管理系统直接支持空间对象的存储和管理，为空间数据提供高效的查询和检索机制，将对象的空间数据和非空间数据以及操作封装在一起，由对象数据库统一管理，并支持对象的嵌套、信息的继承和聚集，具有高效的空间索引和空间联合等，这是一种非常适合空间数据管理的方式。但是，目前OODBMS技术尚未成熟，缺乏有效的查询语言支持，查询优化较为困难，管理与维护的复杂度较高。

就在纯关系数据库管理系统不能有效地直接管理非结构化的空间数据，而面向对象的数据库管理系统技术尚不成熟的情况下，各大数据库厂商和GIS软件商对关系数据模型进行了有效的扩展和商业化实现，使得将两者结合起来的对象关系型数据模型及其对象关系型数据库管理系统（ORDBMS）发展迅速，并成为当前空间数据管理的有效载体。将空间数据存储于关系数据库的技术（对象关系型数据库）目前主要有两种模式，一是在传统关系数据库管理系统上外加一个空间数据引擎（关系型数据库+空间数据引擎），二是在关系数据管理库中进行扩展，使之能够直接存储和管理矢量空间数据（扩展对象关系型数据库）。前者是经典GIS研究领域所采取的技术体系，核心思想是利用高效的空间数据库引擎（SDE）来组织空间数据在关系数据库中的存储和调用。SDE是GIS中介于应用程序和空间数据库之间的中间件技术，它为用户提供了访问空间数据库的统一接口，是GIS中的关键性技术。通过SDE，改变了原有的使用文件管理空间数据的方式，在共享、安全、维护和数据处理能力方面都有了很大的改善，使得GIS应用可以建立起海量、多用户的空间数据库系统，接受并发访问。代表性的SDE有ESRI公司的ArcSDE、北京超图公司的SDX+等。

扩展对象关系型数据库（ORDBMS）是IT数据库厂商采用的技术体系，其核心思想是不借助任何中间件，把关系型数据库管理系统变成空间数据库管理系统，通过支持抽象数据类型（ADT）及其相关操作的定义，在数据库中增加空间数据类型及相关函数，将空间数据引擎对空间数据的组织和调用功能转移到数据库管理系统中，从而使用扩展型空间SQL语言来操作任何空间数据。主流商业空间数据库产品包括Oracle Spatial、MsSQL Spatial、DB2 Spatial Extender等。两种技术体系相比较而言，目前的空间数据引擎具有访问速度快、与GIS联系紧密的优点，在应用中占有一定优势，但其弱点是独立于数据库内核，难以充分利用关系数据库中各种成熟的数据管理、访问技术，难以支持扩展SQL等。扩展对象关系型数据库的优点在于空间数据的管理与通用数据库系统融合，空间数据按对象存取，扩展SQL方便，较易实现数据共享和互操作。

### 12.1.2 空间数据特征及空间数据模型

空间数据是指与空间位置和空间关系相联系，用来描述来自现实世界的空间位置、形状、大小及其分布特征等诸多方面信息的数据。空间数据结构设计主要基于其五大特征和细分的数据类型。

1. 空间数据特征

它具有五大典型特征：

一是空间特征。每一个空间对象都具有空间坐标，即控件对象隐含了空间分布特征，因此在空间数据组织方面，必须考虑它的空间分布特征，除了通用的关系型数据库管理系统或文件系统关键字的索引和辅助的关键字索引以外，还需要建立空间索引。

二是非结构化特征。空间数据不满足关系数据模型第一范式（记录定长）的结构化要求，若将一个记录表达一个控件对象，它的数据项可能是变长的。例如1条弧段的坐标，其长度是不可限定的，它可能是2对坐标，也可能是10万对坐标。1个对象可能包括其他1个或多个对象，如1个多边形，它可能含有多条弧段。如果1条记录表示1个弧段，1个多边形的记录就可能嵌套多条弧段的记录。这也是空间图形数据难以直接采用通用的关系数据管理系统存储的原因。

三是空间关系特征。空间数据除了前面所述的空间坐标中隐含了空间分布关系外，空间数据中记录的拓扑信息也表达了多种空间关系。这种拓扑数据结构虽然方便了空间数据的查询和分析，但是给空间数据的一致性和完整性维护增加了难度和复杂性。

四是分类编码特征。一般而言，每个空间对象都有一个分类编码，而这种分类编码往往属于国家标准、行业标准或地区标准，每一种地物的类型在某个 GIS 中的属性项个数是相同的，因而在许多情况下，一种地物类型对应于一个属性表文件。

五是海量数据特征。空间数据量比一般的通用数据库要大得多，通常称为海量数据。一个城市地理信息系统的数据量可能达几十 GB，如果考虑影像数据的存储，可能达到几百个 GB，甚至 TB 级。

2. 空间数据模型

空间数据模型是在关系数据模型基础上发展而来的,它是数据库技术在空间信息领域的延伸,它主要致力于解决如何科学、统一地组织和存储以空间数据为主的多源数据,以及高效地获取和维护多源数据的问题。与关系数据模型结构化关系不同,空间数据模型主要适用于非结构化的空间数据,同时,空间数据还具有空间特征、空间关系特征、分类编码特征和海量数据特征,具有高度的复杂性和特殊性。目前,比较常用的空间数据模型主要有以下四种。

（1）CAD 数据模型

19 世纪 60 ~ 70 年代，地图主要用一般的 CAD 软件来制作。CAD 数据模型以表示点、线、面的二进制文件格式存储地理数据，这些文件只能存储少量的属性信息，地图图层和标记标注是基本的属性描述。

（2）Coverage 数据模型

Coverage 数据模型是伴随 ESRI 公司的 Arcinfo 商用软件实现的第二代地理数据模型，其最大的特点是存储了矢量要素之间的拓扑关系。它将空间数据存储在二进制索引文件中，使得显示和访问最优化，属性数据存储在表格中，行数与二进制文件中要素数目相同。并且属性和几何要素使用同一 ID，从而将二进制文件中的空间数据与表格中的属性数据连接起来。尽管没有实现空间数据与属性数据的一体化存储，但是因为 Coverage 数据模型存储了拓扑关系，改进了地理分析和更加精确的数据录入，大大提高了 GIS 的性能，已经成为 GIS 的主流数据模型。尽管如此，Coverage 数据模型依然有其局限性，最大的缺陷在于，要素是以统一的行为聚集的点、线、面的集合，也即表示道路的线的行为与表示溪流的线的行为一样。虽然加强了数据集的拓扑整合，但对拓扑的支持，也在一定程度上造成了数据表达的障碍。例如在 Coverage 中穿过多边形添加一条新的弧线，这个多边形就会自动分为两个多边形。AML 语言编写宏代码的方式，在 Coverage 的基础上编写代码的难度太高，很难将数据模型与最新的应用代码保持一致。

（3）Geodatabase 数据模型

从 ESRI 公司的 Arcinfo8 开始产生了第三代地理数据模型——Geodatabase 数据模型，该模型使用更先进的几何特征、复杂网络、特征类关系、平面几何拓扑和其他对象组织模式，扩展了 Coverage 和 Shape 的文件模型，使得空间数据对象及其相互间的联系、连接规则等均可以方便地表示、存储、管理和扩展。Geodatabase 使用了面向对象的方法，使得要素可以具有自己的行为和属性，并且要素类具有继承性、多态性和封装性。这样可以用更自然的行为和人的思维方式去组织数据，更精确地模拟真实世界。Geodatabase 数据模型已经成为 Arcgis 软件平台的一种通用数据形式，也已经成为不同行业数据库广泛采用的数据形式。Geodatabase 数据模型可以通过域、验证规则等“自定义”给要素添加更加贴切的“自然”行为，使 GIS 数据库中的要素更加智能化，譬如允许要素之间定义几种类型的关联，而且数据的物理模型和逻辑模型的概念联系更加紧密。

（4）基于对象的数据模型

GIS 的数据对象具有多维性和复杂性，包含了多种数据模型，如 GIS 中既含有关系模型，又含有拓扑模型等。但是，这些模型都侧重于从层次上描述数据的组织结构和约束，对数据对象的层次关系和丰富的内涵很少涉及或表现不足，面向对象数据模型克服了这一缺陷成为从高层次上进行数据库设计的一种有效工具。面向对象数据模型是面向对象程序设计语言与语义数据模型相结合的产物。

### 12.1.3 数据模型概念设计

由于 Geodatabase 数据模型让用户更容易、更自然地标识空间数据和非空间数据，更容易建立空间要素之间的各种空间依赖关系，以及空间与非空间数据之间的空间所属关系，因而在城镇化数据模型设计中采用 Geodatabase 数据模型作为基础模型，在其上根据中国城镇化研究对数据的需要来设计各种实体及他们之间的空间及非空间的关系。

1. 数据类型

中国城镇化研究涉及的数据具有多源、异构、海量等特点。从空间尺度上划分为全球、国家、省域、地市、县级、乡镇等多个尺度。理论上大尺度数据应由小尺度数据汇总而来，但在实际工作中，由于各种原因，不同尺度上的数据不能精确汇总和分解。所以，在数据库设计上，如果没有特别声明，都认为不同尺度上的数据不存在直接汇总关系。从数据来源看，分为原生数据和衍生数据。为避免数据冗余和保证数据库内数据的一致性，数据库中存放的表格仅保存最原始的数据（原生数据），不包含任何衍生数据（或称派生数据）。例如，地区生产总值表中的“工业”和“建筑业”为原生数据，“第二产业”就是衍生数据，它是“工业”和“建筑业”两个原生数据的合计。衍生数据均以视图形式在数据库中存放和输出。需要注意的是，原生数据和衍生数据之间不能仅根据数学关系来区分，还应该结合统计口径等角度来识别。例如城区人均公共绿地面积、城区公共绿地面积、城区人口三个指标在《中国城市统计年鉴》中均有统计，按照数学关系，城区人均公共绿地面积＝城区公共绿地面积/城区人口，但是由于各自口径不一样，城市统计年鉴中的城区人均公共绿地面积的数据并不等于城区公共绿地面积与城区人口的比值，在这种情况下，三个数据应该都是原生数据，要在元数据中做出说明。

从类型上看，城镇化研究主要需要地理信息数据（或称空间数据）和社会经济数据（或称非空间数据）两大类。其中，地理信息数据包括行政区划图、全要素地形图、遥感影像图、地质图、水文图、植被图、气候图、交通图等数据，社会经济数据包括经济社会、资源环境、基础设施、城镇建设等统计和调查数据。从数据格式上看，主要有空间栅格数据、空间矢量数据、统计表格数据等正规数据和图件、文档等非正规数据。

2. 空间数据

空间数据指具备空间坐标信息的实体，包括空间栅格数据和空间矢量数据。其中空间栅格数据主要包括数字高程模型（DEM）、航空遥感数据和空间化社会经济统计数据，存储形式为 Geodatabase 数据模型中的栅格数据集（Raster Dataset）。

空间数据要素类包含的字段为“区域代码”和其他要素类必备字段。其中，“区域代码”作为主键与社会经济数据关联。区域代码严格遵循国家相关标准。另外，为了数据表达的需要，系统中应另设“标准区划代码”表，包含“代码”和“名称”两个字段，并通

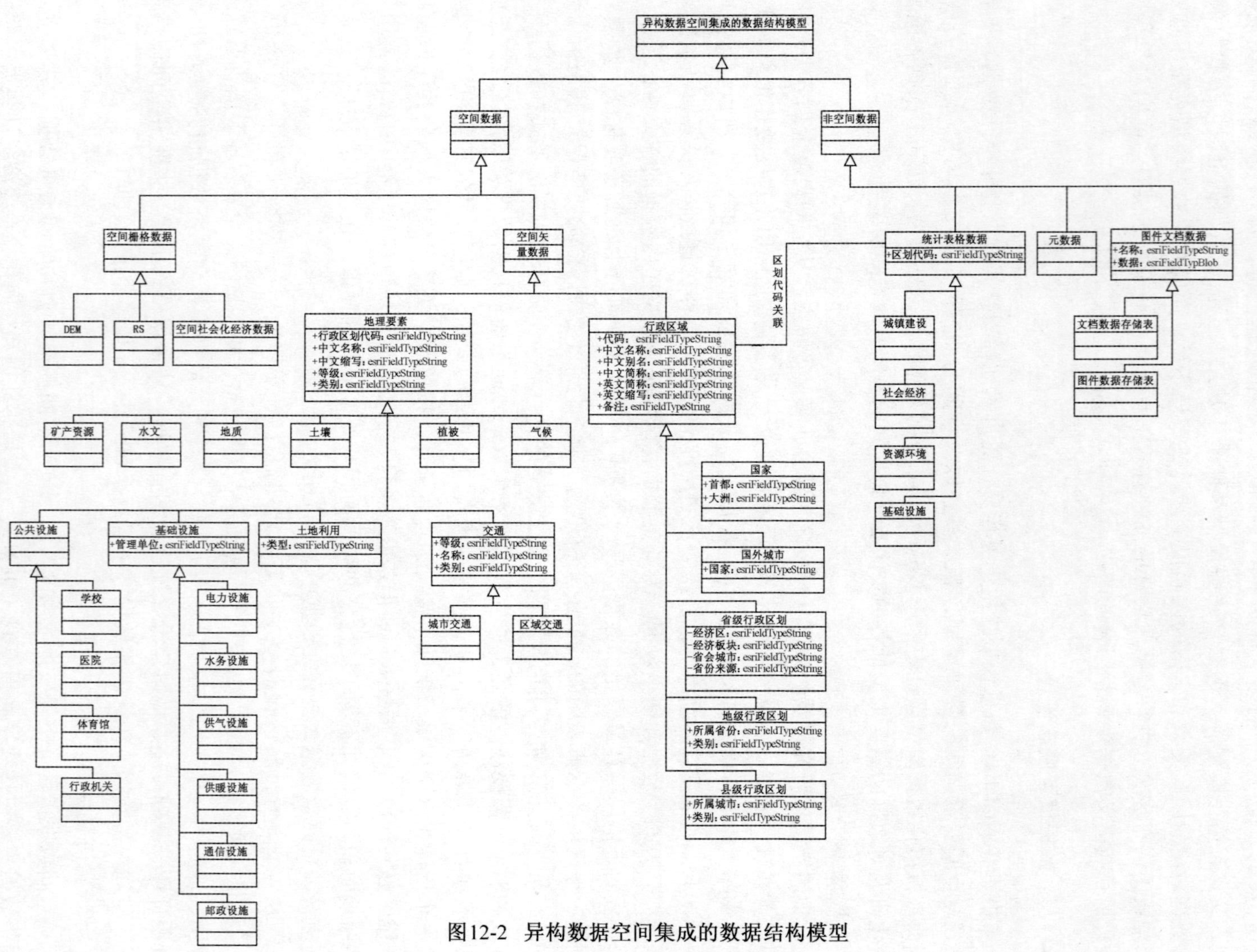


图12-2　异构数据空间集成的数据结构模型

过“代码”字段与空间数据关联。创建的空间视图为既包含名称又包含代码的要素类。例如，“SV_ 省市自治区”和“SV_ 市县”，其中的“SV”为“Spatial View”的缩写。空间数据视图选用通用的 WGS_ 1984_ Web_ Mercator 投影，单位为米，这样既能满足当前研究的需要，又能满足下一步 WebGIS 展示数据的需要。

异构数据空间集成的数据结构模型见图12-2。

(1) 空间栅格数据

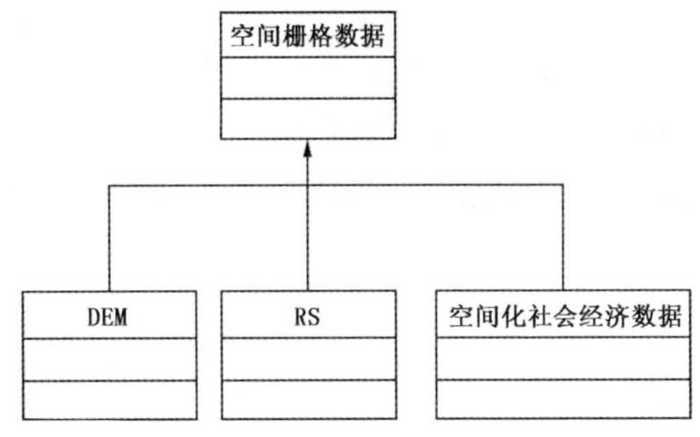


图 12-3　空间栅格数据结构

空间栅格数据主要包括数字高程、遥感影像和其他类型数据。数字高程数据主要是描述区域地貌形态的空间分布，是通过等高线或相似立体模型进行数据采集，然后进行数据内插而形成的。DEM 是对地貌形态的虚拟表示，可派生出等高线、坡度图等信息，也可与 DOM 或其他专题数据叠加，用于与地形相关的分析应用。遥感数据包括航片、卫星遥感影像以及微波、激光雷达获取到的影像。除此之外，还包括配准后的地图、规划图件、空间化的社会经济数据以及分析模型生成的栅格数据（如坡度、交通距离栅格图），详见图 12-3。

(2) 空间矢量数据

空间矢量数据包括行政区划和地理要素数据，其数据结构详见图 12-4。行政区划在我国按级别可分为省级、地级和县级。考虑到城镇化研究常扩展到世界范围内的城市，本研究增添了国家和国外两个行政区划级别。数据结构详见图 12-5。

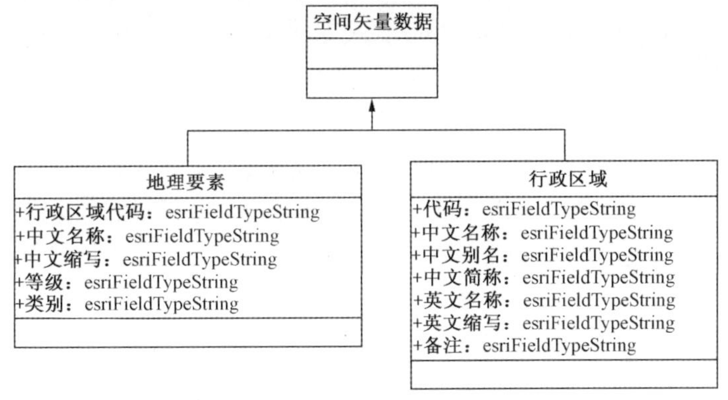


图 12-4　空间矢量数据结构

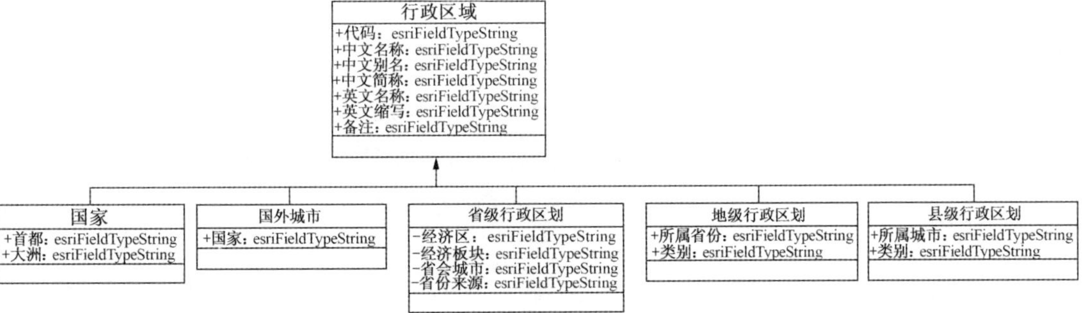


图 12-5　行政区划数据结构

地理要素抽象实体的实现类有：矿产资源、水文、地质、土壤、植被、气候、公共设施、基础设施、土地利用、交通等。需要说明的是，地理要素中的实体从名称上来看可能会有部分与非空间数据中的统计表格数据重复，这是因为这些实体的空间和属性信息分离存储，地理要素实体存储的是空间位置信息及与空间位置紧密相关的地物信息，而统计表格数据实体保存的是社会经济相关的属性。地理要素实体数据结构见图 12-6。

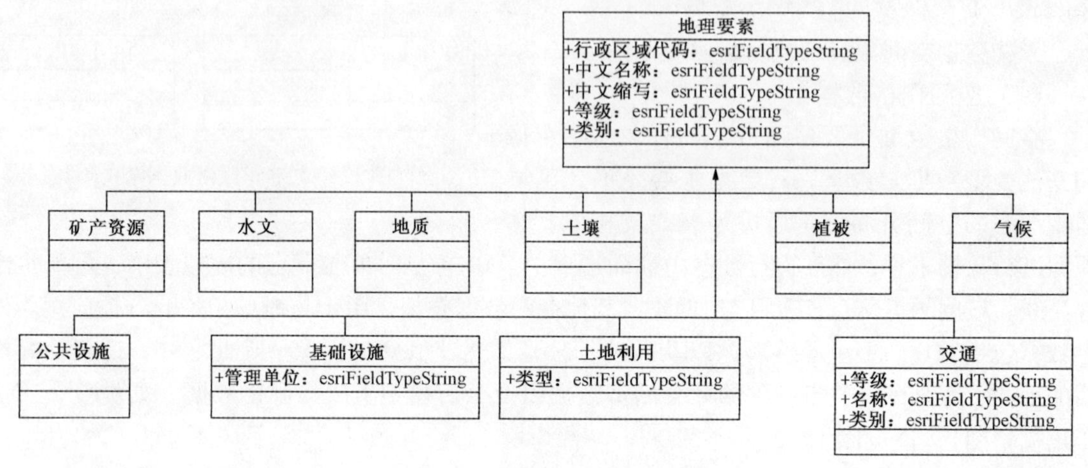


图 12-6　地理要素实体数据结构

3. 非空间数据

非空间数据指不具备空间坐标信息的实体，主要包括统计表格数据、图件文档数据和元数据，其结构见图 12-7。统计数据中的每一张表对应一个分地区的年度指标。表的命名规则为：<指标名称><统计时间>。例如表名为“工业 2010”的表格数据对应 2010 年各统计级别的年度工业指标。表中仅包含两个字段：“区域代码”和“指标值”。其中，“区域代码”为主外键，通过它可以与空间数据形成关联。其他常用数据，如“第一产业”、“第二产业”、“人均地区生产总值”等均由原生数据通过各种数学运算衍生而来，在数据库中不直接保存为数据表，而是以数据视图的形式出现。数据库中视图命名规则是加“tv_”前缀。“tv”为“Table View”的缩写。

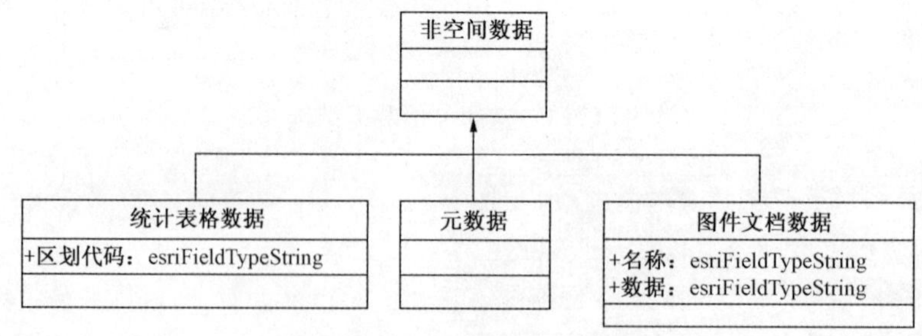


图 12-7　非空间数据结构

（1）统计表格数据

统计表格数据指由政府职能部门和社会经济研究机构发布的权威社会经济统计数据，包括城镇建设、社会经济、资源环境和基础设施 4 个实体，其结构见图 12-8。

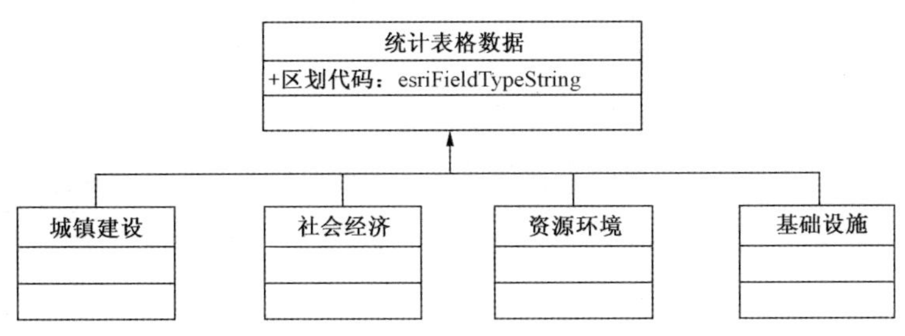


图 12-8　统计表格数据结构

统计表格数据基本形式是表格，在模型外部可能以多种存储形式存在，如 Excel、Dbase 等，进入模型内部全部统一为 Geodatabase 数据模型中的对象类（Object Class），并且原模型结构可能需要按照城镇化数据模型的结构要求重新组织，但不会丢失研究所需的模型信息，仅仅是存储结构上发生变化。

非空间数据可以包含具备空间标识（地理名称、地址编码、邮政编码等）的信息，如具备行政区划名称的统计年鉴数据，此类数据虽然不具备空间坐标，但可以通过空间标识进行空间化，使之转换为空间栅格数据。具体转换方法在本书不做论述，可参考社会经济数据空间离散化相关文献。

（2）元数据

元数据是关于数据的数据，用于描述数据及其环境。在本模型中主要用于描述数据集的内容、覆盖范围、质量、标识等。按照概念设计的体系，应该是与其他数据同级别的位置，此处在描述时放在非空间数据分类下，仅仅是从存储的角度进行的分类，逻辑上应处于更高的级别。

针对 ArcSDE for SQL Server 和 Geodatabase 的特性，城镇化研究的数据库系统的元数据设计有以下几点需要注意：一是所有的代码表，如“职责代码”表，不再使用独立的表存储，而使用 Geodatabase 数据模型中的代码域这一表达方式。二是数据库设计使用 ESRI 定义的类型，这样既保证了类型定义与数据库其他部分的兼容，方便数据库的实现及系统的开发，又在底层 DBMS 层面保留了与原有设计的一致性，即一套标准的两种表达和两种实现方式，或者说，在概念设计上是一致的。三是考虑到城镇化研究的数据库系统在现阶段所使用的空间数据尚比较为简单，本系统在 Geodatabase 空间数据模型的基础上，采用了国际通用的空间数据元数据标准（如 ISO 19139）。

（3）图件文档数据

图件文档数据抽象对象包括两个实体：文档数据实体和图件数据实体。其结构见图 12-9。

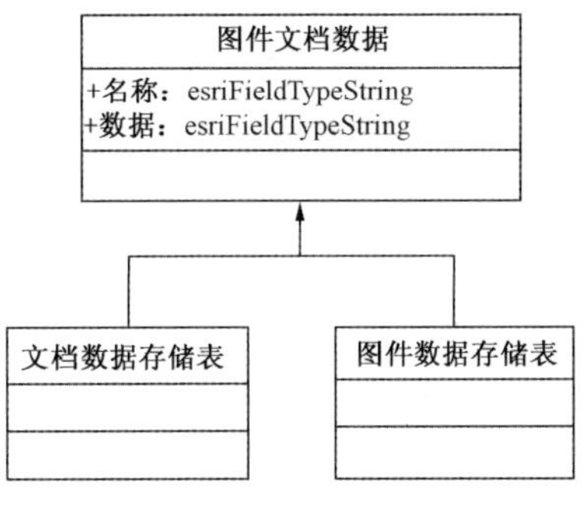


图 12-9　图件文档数据结构

4. *数据关联*

社会经济等非空间数据（原生数据或衍生数据中的某一指标）与各种地理信息的空间数据关联的关键字段是“地域代码”。通过数据关联能够形成各种空间视图，而空间视图既可以用矢量格式表达，也可以用栅格形式反映，详见图12-10。

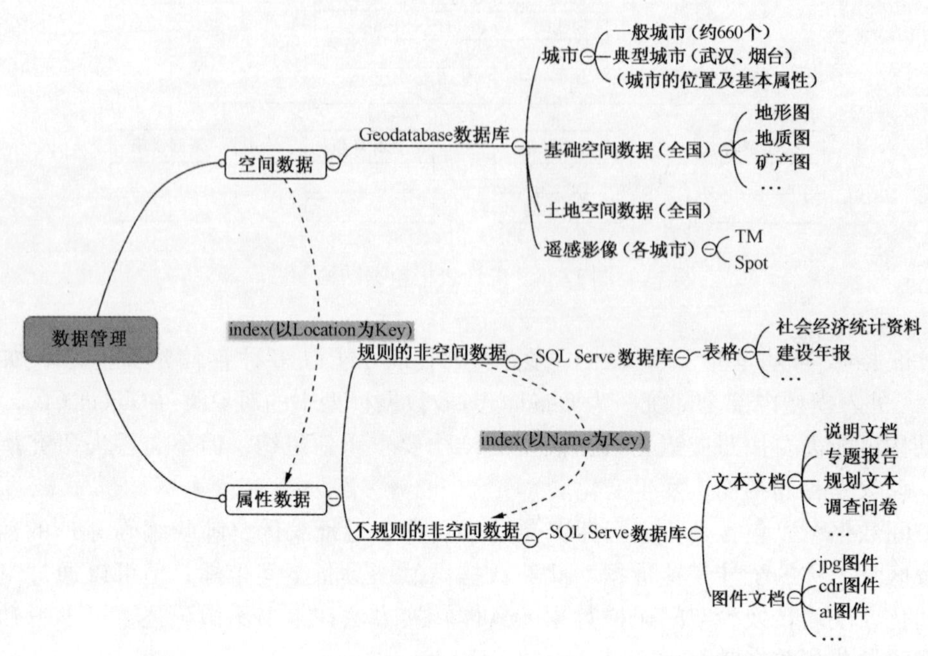


图 12-10　数据关联示意

### 12.1.4　数据模型物理设计

本节给出主要空间矢量实体和社会经济实体的物理设计，包括数据集名称、字段名称、字段数据类型、长度、是否允许为空、主键或索引以及约束条件。对于空间栅格实体，面向应用的结构较为简单，直接参考 Geodatabase 对于栅格实体对象的要求即可，不再详述。对于文档、图件数据，对于不同的底层存储技术，具有不同的结构，一般建议作为一个数据对象存储为大二进制对象或根据需要以文件方式直接存储亦可。

1. 行政区划

所有行政区划共有的属性包括代码、中文名称、中文别名、中文缩写、英文名称、英文缩写，不同级别根据需要添加了部分属性，见表 12-1。

2. 地理要素

地理要素类包括交通类、水文类、地质类、土壤类、植被类、气候类、土地利用类（包含在用地类）、矿产资源类、旅游景点、基础设施类（电、水、气、暖、通信、邮政）、公共设施类（学校、医院、体育馆、行政机关）。所有细类共有的属性包括编码、中文名称、中文缩写、等级、类别等。

以交通和基础设施类为例，城镇化研究一般在城市和区域两个尺度展开。表 12-2 和表 12-3 分别是两个要素类数据表的物理设计。交通和基础设施细类包括：城市道路、机场、公交线路、停车场、轨道交通、港口、公交站、过街天桥、客运站场、火车站、加油站、地下通道、货运站场、轨道交通站、快速路出入口、立交桥、铁路、公路、港口、管道（石油、天然气）、航道、加油站、收费站、高速出入口、火车站、管道接驳点、水电站、火电厂、水库等。

行政区划相关实体物理设计 表 12-1

| 数据集名称 | 字段名称 | 数据类型 | 长度 | 允许空 | 主键或索引 | 约束条件 |
|---|---|---|---|---|---|---|
| 国家 | 国家代码 | Char | 6 | No | 主码 | |
| | 中文名称 | VarChar | 10 | No | | |
| | 中文别名 | VarChar | 10 | | | |
| | 中文缩写 | VarChar | 10 | | | |
| | 英文名称 | VarChar | 10 | | | |
| | 英文缩写 | VarChar | 10 | | | |
| | 首都 | Char | 6 | No | 外键 | 国外城市代码 |
| | 大洲 | VarChar | 20 | | | 亚洲、欧洲、非洲、美洲、大洋洲 |
| | 备注 | Text | | | | |
| 国外城市 | 城市代码 | Char | 6 | No | 主码 | |
| | 中文名称 | VarChar | 10 | No | | |
| | 中文别名 | VarChar | 10 | | | |
| | 中文缩写 | VarChar | 10 | | | |
| | 英文名称 | VarChar | 10 | | | |
| | 英文缩写 | VarChar | 10 | | | |
| | 所属国家 | Char | 20 | No | 外键 | 国家代码 |
| | 备注 | Text | | | | |
| 省级行政区划 | 行政代码 | Char | 6 | No | 主码 | |
| | 中文名称 | VarChar | 10 | No | | |
| | 中文别名 | VarChar | 10 | | | |
| | 中文缩写 | VarChar | 10 | | | |
| | 英文名称 | VarChar | 10 | | | |
| | 英文缩写 | VarChar | 10 | | | |
| | 经济区 | VarChar | 10 | | | 东、西、南、北、中、东北等 |
| | 经济板块 | VarChar | 10 | | | 东、中、西、东北 |
| | 省会城市 | Char | 6 | No | 外键 | 城市行政代码 |
| | 省份来源 | Text | | | | |
| | 备注 | Text | | | | |

续表

| 数据集名称 | 字段名称 | 数据类型 | 长度 | 允许空 | 主键或索引 | 约束条件 |
|---|---|---|---|---|---|---|
| 地级行政区划 | 行政代码 | Char | 6 | No | 主码 | |
| | 中文名称 | VarChar | 10 | No | | |
| | 中文别名 | VarChar | 10 | | | |
| | 中文缩写 | VarChar | 10 | | | |
| | 英文名称 | VarChar | 10 | | | |
| | 英文缩写 | VarChar | 10 | | | |
| | 所属省份 | Char | 6 | | 外键 | 省份行政代码 |
| | 类型 | VarChar | 15 | | | 地区、自治州、盟 |
| | 备注 | Text | | | | |
| 县级行政区划 | 行政代码 | Char | 6 | No | 主码 | |
| | 中文名称 | VarChar | 10 | No | | |
| | 中文别名 | VarChar | 10 | | | |
| | 中文缩写 | VarChar | 10 | | | |
| | 英文名称 | VarChar | 10 | | | |
| | 所属城市 | Char | 6 | | 外键 | 城市行政代码 |
| | 类型 | VarChar | 15 | | | 镇、乡/民族乡、区 |
| | 备注 | Text | | | | |

**交通实体物理设计表**　　**表 12-2**

| 数据集名称 | 字段名称 | 数据类型 | 长度 | 允许空 | 主键或索引 | 约束条件 |
|---|---|---|---|---|---|---|
| 城市交通<细类> | 国家编码 | Char | 6 | No | 主码 | |
| | 中文名称 | VarChar | 10 | No | | |
| | 中文缩写 | VarChar | 10 | | | |
| | 等级 | VarChar | 10 | | | |
| | 类别 | VarChar | 10 | | | |
| | 所属城市 | Char | 6 | | 外键 | 城市行政代码 |
| | 备注 | Text | | | | |

基础设施实体物理设计表　　表 12-3

| 数据集名称 | 字段名称 | 数据类型 | 长度 | 允许空 | 主码或索引 | 约束条件 |
|---|---|---|---|---|---|---|
| 基础设施 | 国家编码 | Char | 6 | No | 主码 | |
| | 中文名称 | VarChar | 10 | No | | |
| | 中文缩写 | VarChar | 10 | | | |
| | 等级 | VarChar | 10 | | | |
| | 类别 | VarChar | 10 | | | |
| | 所属城市 | Char | 6 | | 外键 | 城市行政代码 |
| | 管理单位 | VarChar | 50 | | 外键 | 行政单位代码 |
| | 备注 | Text | | | | |

## 12.2　城镇化研究数据库系统设计

### 12.2.1　数据库系统结构设计

1. 总体框架

根据 Shashi Shekhar 与 Sanjay Chawla 在《Spatial Database A Tour》中关于空间数据库管理系统（SDBMS）的定义，一个 SDBMS 就是基于底层数据库管理系统（ORDBMS 或者 OODBMS）的一个软件模块，它支持多种空间数据模型、相应的抽象数据类型（ADT）以及能够调用这种 ADT 的查询语言，支持空间索引、高效的空间操作算法以及用于查询优化的特定领域规则。面向城镇化研究的数据库系统拟采用 ArcGIS GeoDataBase 建库模式，利用大型关系型数据库 Microsoft SQL Server 2005 存储和管理空间以及专题属性数据，ArcSDE 作为空间数据引擎，构建成对象关系型数据库管理系统（图 12-11）。

2. 网络结构

综合应用 GIS 空间分析、RS 影像处理等技术，采用 ESRI 公司的 ArcEngine 组件，在 Microsoft Visual Studio 2005 开发平台上，运用 VB. net 开发语言进行软件开发。中国城镇化研究数据库系统采用局域网 C/S 架构，通过局域网进行数据库的管理、数据查询分析、数据分发等功能。所有数据库操作基本在客户端实现，客户端系统通过权限控制，实现对数据库服务器上所有数据的处理功能。整个系统结构如下图 12-12 所示。

系统通过用户权限设置来分配使用者所具有的系统操作功能。按照使用的权限可将用户分为两类：普通用户、授权用户、系统管理员。

普通用户权限较低，仅能够进入系统并进行数据浏览。

授权用户除具有数据浏览的权限以外，还可以进行数据查询、数据下载、数据空间分析、专题制图、三维显示、密码修改等。

系统管理员具有系统使用的所有权限，除拥有授权用户的所有权限外，还可以进行数据的上传更新，数据记录的增加、修改、删除等操作及用户信息管理等。

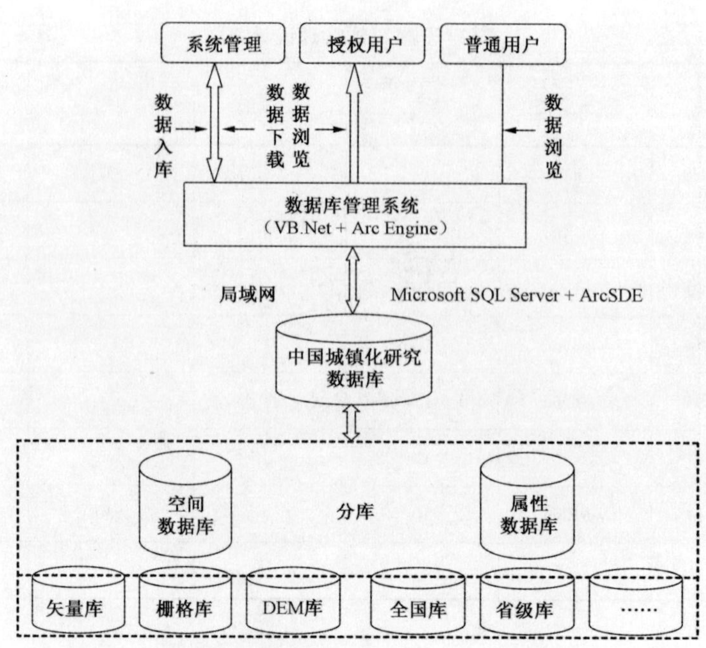


图 12-11　中国城镇化研究数据库系统建设总图

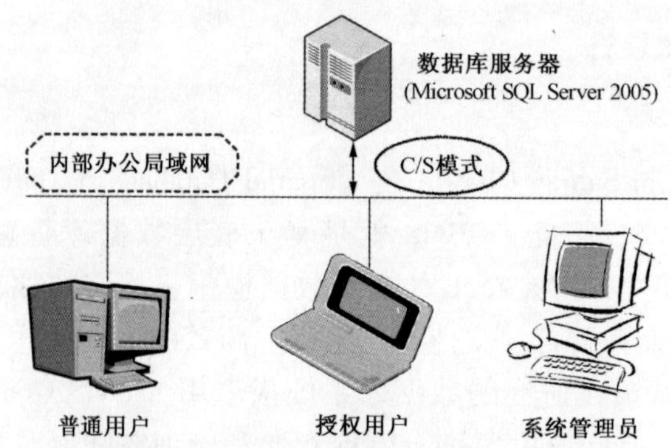


图 12-12　中国城镇化研究数据库系统结构

3. 功能结构

中国城镇化研究的数据库管理系统主要包括 4 个功能模块：系统管理、数据管理、数据查询分析、图形图表。系统功能结构如图 12-13 所示。

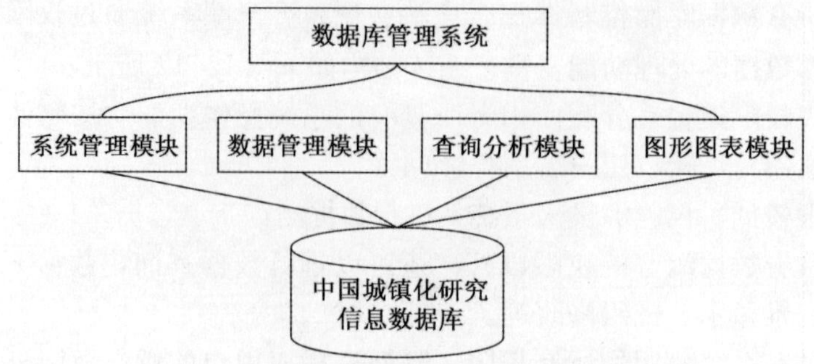


图 12-13　中国城镇化研究数据库系统功能结构

4. *层次结构*

中国城镇化研究数据库系统由数据层、软件开发层、应用层三个部分组成，详见图 12-14。

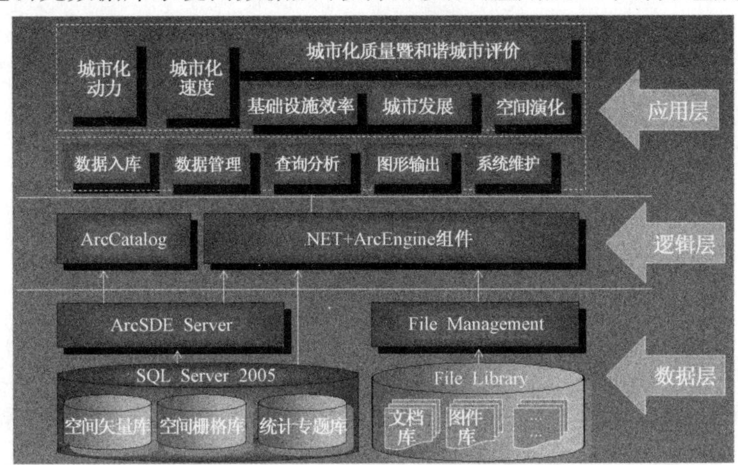


图 12-14　中国城镇化研究数据库系统框架

①数据层：采用美国 ESRI 公司的 ArcGIS GeoDatabase 模式建库，利用大型关系型数据库 Microsoft SQL Server 2005 存储空间矢量数据、空间栅格数据、统计专题数据等正规数据和文档、图件等非正规数据。

②软件层：采用 ArcSDE 作为空间数据引擎，为前端的 GIS 解译空间数据库（GeoDatabase）中的空间数据，客户端通过 ArcSDE 加载和读取空间数据；ArcCatalog 作为数据加载工具，ArcEngine 作为开发组件。

③应用层：根据系统的应用需要，开发相应的功能模块。

5. *逻辑结构*

中国城镇化研究数据库系统的逻辑结构如图 12-15 所示。

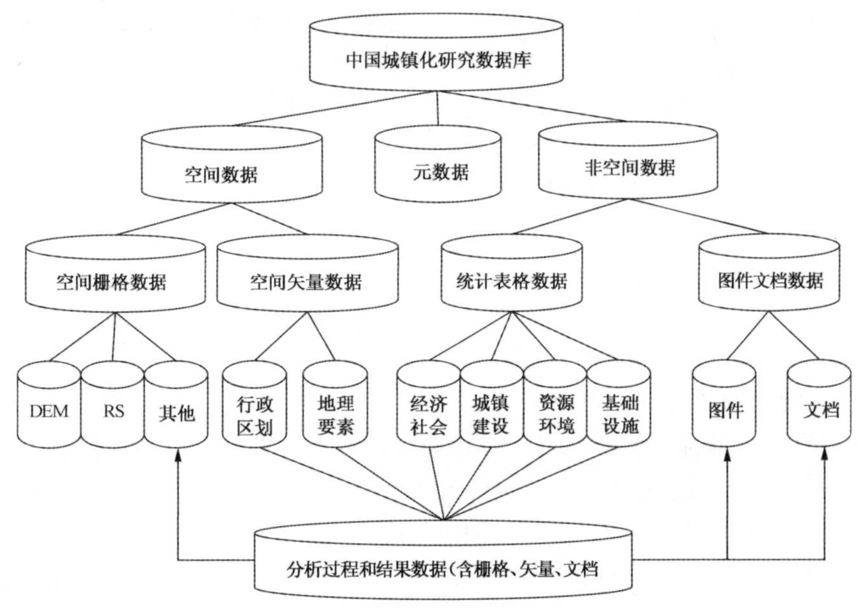


图 12-15　中国城镇化研究数据库的逻辑结构

根据上述数据库逻辑结构，本数据库的建库内容包括图 12-16 所示部分。

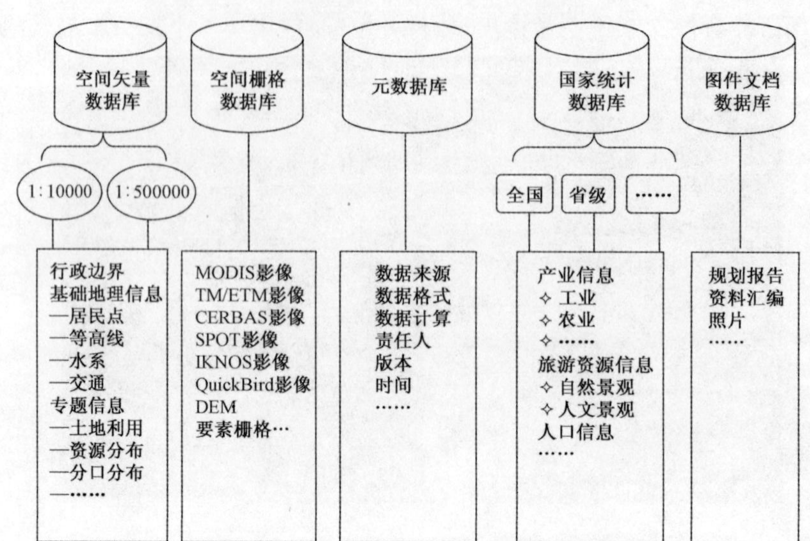


图 12-16 中国城镇化研究数据库内容模块

根据上述建库内容，进行数据库结构设计，如图 12-17 所示。

### 12.2.2 数据库系统内容设计

数据库设计应遵循“数据和应用分离”的基本原则，对所有数据资源集中管理、集中维护，分布使用。空间数据、非空间数据要分开存储，空间数据和非空间数据之间通过相关特征进行关联，并实现数据间的动态互访。综合考虑数据尺度、数据来源、数据类型等因素，构建开放、灵活的数据库系统。

1. 空间数据库

空间数据库采用 GeoDatabase 建库模式，所有的空间数据按类型分为三大类：基础地理信息数据、遥感影像数据与 PRED 专题数据（包括人口资源环境和发展等专题）。系统通过 ArcGIS SDE 与 Microsoft SQL Server 2005 进行数据连接，采用矢量栅格一体化的存储模式进行空间数据的存储与管理。空间数据库主要包括基础地理信息数据库（SDBaseGIS）、遥感影像数据库（SDImage）和 PRED 专题信息数据库（SDEcoTheme）。

（1）基础地理信息数据库（SDBaseGIS）

基于不同的比例尺来进行分类，再依据地理数据类型来划分。主要的建库内容包括：

1）1:10000 基础地理信息数据库（SDBaseGIS1）。1:10000 基础地理信息包括水系、等高线、高程点、土质、地表覆盖物、滩涂、境界线、居民点、铁路、公路、独立地物等要素类以及 1:10000DEM 和 1:10000 行政区划图。

2）1:50000 基础地理信息数据库（SDBaseGIS5）。1:50000 基础地理信息包括水系、等高线、高程点、土质、地表覆盖物、滩涂、境界线、居民点、铁路、公路、独立地物等要素类以及 1:50000DEM 和 1:50000 行政区划图。

3）1:1000000 基础地理信息数据库（SDBaseGIS100）。1:1000000 基础地理信息包括水系、等高线、高程点、土质、地表覆盖物、滩涂、境界线、居民点、铁路、公路、独立地物等要素类。

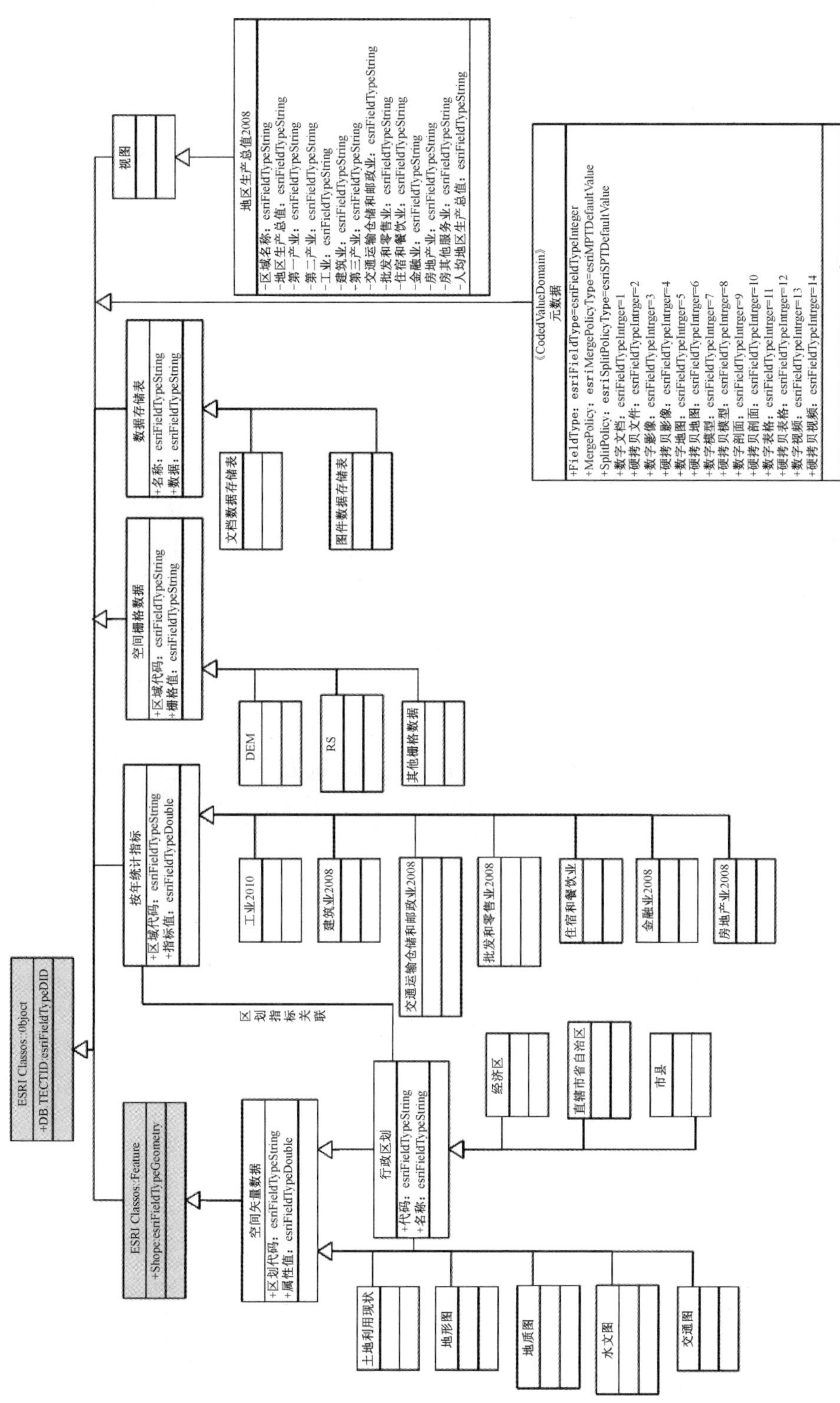


图12-17 中国城镇化研究数据库结构设计

4）1∶4000000 基础地理信息数据库（SDBaseGIS400）。1∶4000000 基础地理信息包括水系、等高线、高程点、土质、地表覆盖物、滩涂、境界线、居民点、铁路、公路、独立地物等要素类。

（2）遥感影像数据库（SDImage）

按照传感器类型来建立不同的影像库。主要包括：MODIS 卫星影像数据库（SDImage-MODIS）、Landsat ETM + 卫星影像数据库（SDImageTM）、SPOT 卫星影像数据库（SDImageSPOT）、IKNOS 卫星影像数据库（SDImageIKNOS）和 QuickBird 卫星影像数据库（SDImageQuickBird）。

（3）PRED 专题信息数据库（SDEcoTheme）

主要包括 1∶100000、1∶50000 和 1∶10000PRED 专题数据库（SDEcoTheme10），以及土地利用专题图数据库、生态系统类型专题图数据库和城镇分布专题图数据库。其中，1∶100000以下的专题数据为通过遥感影像解译的结果。

2. *属性数据库*

属性数据主要包括国家统计数据和从地面调查或从遥感影像解译获取的专题数据等。其中统计数据是目前城镇管理与研究中使用的主要数据类型，主要分为人口信息数据库、经济信息数据库和专题信息数据库等三大类。属性数据直接按照 DBMS 的建库方式建立各种分类属性数据表的结构，主要分类依据为行政区级别，次一级分类依据为属性数据类型。属性数据库的概念模型如图 12-18 所示。

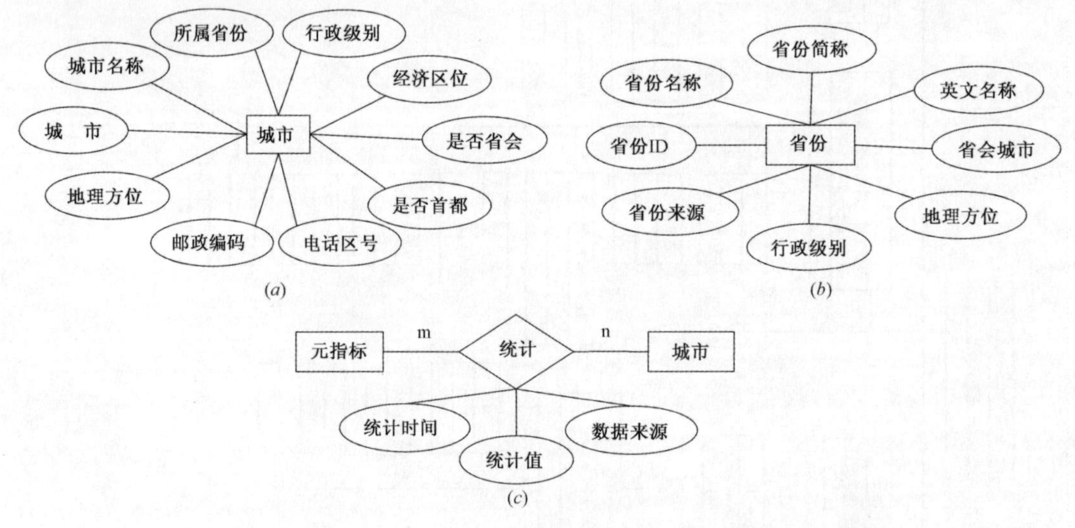


图 12-18　中国城镇化研究属性数据库 E-R 图

（*a*）城市实体图；（*b*）省份实体图；（*c*）城市实体与指标实体的联系图

将属性数据的 E-R 图库转换为关系数据库的数据模型，其关系模式（逻辑模型）如下：

（1）城市。包括城市 ID、城市名称、所属省份、行政级别、经济区位、是否省会、是否首都、电话区号、邮政编码、地理位置，其中城市 ID 为主码。

（2）元指标。包括指标 ID、指标名称、指标类型、英文名称、英文简称、指标单位、指标来源，来源分支、指标释义、备注，其中指标 ID 为主码。

（3）省份。包括省份 ID、省份名称、省份简称、英文名称、省会城市、地理方位、行政级别、省份来源，其中省份城市为主码。

（4）统计。包括城市 ID、指标 ID、统计值、统计排名、统计时间，其中城市 ID 和指标 ID 为主码。

属性数据库结构的详细设计见表 12-4。

**属性数据库结构的详细设计**　　　　**表 12-4**

| 表名 | 属性名 | 数据类型 | 长度 | 允许空 | 主码或索引 | 约束条件 |
|---|---|---|---|---|---|---|
| 城市 | 城市 ID | Char | 6 | No | 主码 | |
| | 城市名称 | VarChar | 10 | No | | |
| | 所属省份 | VarChar | 6 | No | | 值为省份 ID |
| | 行政级别 | Char | 6 | No | | “直辖市”、“副省级”、“地级市”和“县级市” |
| | 经济区位 | Char | 4 | No | | 1～5 |
| | 是否省会 | bit | | No | | 1 是，0 否 |
| | 是否首都 | bit | | No | | 1 是，0 否 |
| | 电话区号 | Char | 4 | No | | |
| | 邮政编码 | Char | 6 | No | | |
| | 地理方位 | Char | 4 | No | | 东、西、南、北、中、东北等 |
| 元指标 | 指标 ID | Char | 待定 | No | 主码 | |
| | 指标名称 | VarChar | 待定 | No | | |
| | 指标类型 | Char | 8 | | | （明确类型标准） |
| | 英文名称 | Text | | No | | |
| | 英文简称 | VarChar | 待定 | | | |
| | 指标单位 | Text | | No | | |
| | 指标来源 | Char | 12 | No | | |
| | 来源分支 | Text | | No | | |
| | 指标释义 | Text | | Yes | | |
| | 备注 | Text | | Yes | | |
| 省份 | 省份 ID | Char | 6 | No | 主码 | |
| | 省份名称 | VarChar | 16 | No | | |
| | 省份简称 | Char | 6 | No | | |
| | 英文名称 | Varchar | 待定 | No | | |
| | 省会城市 | Char | 6 | No | | 值为城市 ID |
| | 地理方位 | Char | 6 | No | | 华东、华南、华中、华北、西北、西南、东北、台港澳 |
| | 行政级别 | VarChar | 10 | | | 直辖市、普通行政省、民族自治区、特别行政区 |
| | 省份来源 | Text | | | | |

续表

| 表名 | 属性名 | 数据类型 | 长度 | 允许空 | 主码或索引 | 约束条件 |
|---|---|---|---|---|---|---|
| 统计 | 城市 ID | Char | 6 | No | | 值为城市 ID |
| | 指标 ID | Char | 待定 | No | | 值为指标 ID |
| | 统计值 | Float | | | | |
| | 统计排名 | Int | 4 | | | |
| | 统计时间 | datetime | | | | |

（1）人口信息数据库（DBPeople）

人口信息数据库包括国家层面的统计数据库（DBChinaPeople）、省级统计数据库（DBProvPeople）、市级统计数据库（DBCityPeople）、县级统计数据库（DBCountyPeople）和小城镇统计数据库（DBTownPeople）。

（2）经济信息数据库（DBEconomic）

经济信息数据库包括国家层面的统计数据库（DBChinaEconomic）、省级统计数据库（DBProvIndustry）、市级统计数据库（DBCityIndustry）、县级统计数据库（DBCountyIndustry）和小城镇统计数据库（DBTownIndustry）。

（3）专题信息数据库（DBThemProp）

专题信息数据库包括国家层面的统计数据库（DBChinaThemProp）、省级统计数据库（DBProvThemProp）、市级统计数据库（DBCityThemProp）和县级统计数据库（DBCountyThemProp），数据字段设计与上述内容类似。

3. 元数据库（DBMetaData）

元数据信息包括指标 ID、指标名称、指标类型、英文名称、英文简称、指标单位、数据来源、来源分支、指标释义、备注等，其中指标 ID 为主码。

（1）元数据信息实体图

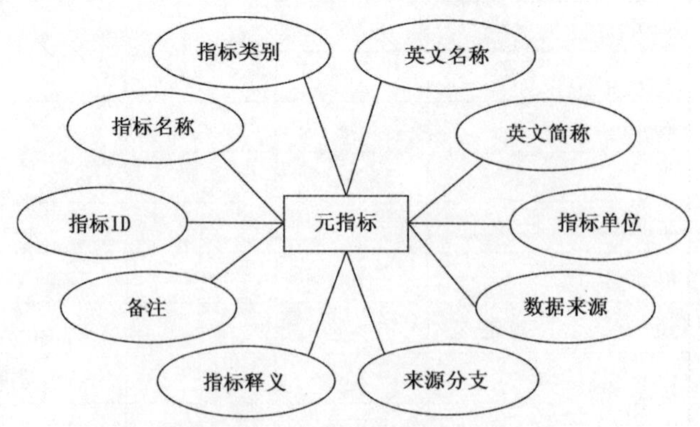


图 12-19　中国城镇化研究元数据信息实体

（2）元数据库详细设计

数据库系统中的元数据表主要存储与城镇数据库相关的元数据信息（表12-5）。

**数据库系统元数据表（DataBaseInfo）** **表12-5**

| 字　段　名 | 字段类型 | 说　　明 |
| --- | --- | --- |
| DataBaseID（数据库代码） | 字符型 | 数据库的唯一标识字符串（如DBChinaIndustry）<br>主键（唯一性标识） |
| DataBaseName（数据库名） | 字符型 | 数据库中文名称 |
| OwnerName（所属库名称） | 字符型 | 该数据集所属的数据库名称（如基础地理数据库） |
| OwnerID（所属库代码） | 整型 | 所属的数据库的唯一标识码 |
| Category（所属库类型） | 字符型 | 该数据集所属的数据库类型（空间、属性） |
| CategoryID（类型代码） | 整型 | 对应数据库类型的唯一标识码 |
| DataBaseLevel（数据库级别） | 字符型 | 分为国家级、省级、市级、县级、乡镇级 |
| LevelID（级别代码） | 整型 | 对应级别的唯一标识码 |

元数据库详细设计详见表12-6。

**中国城镇化研究元数据库详细设计** **表12-6**

| 表名 | 属性名 | 数据类型 | 长度 | 允许空 | 主码或索引 | 约束条件 |
| --- | --- | --- | --- | --- | --- | --- |
| 元指标 | 指标ID | Char | 待定 | No | 主码 | |
| | 指标名称 | VarChar | 待定 | No | | |
| | 指标类型 | Char | 8 | | | （明确类型标准） |
| | 英文名称 | Text | | No | | |
| | 英文简称 | VarChar | 待定 | No | | |
| | 指标单位 | Text | | No | | |
| | 数据来源 | Char | 12 | No | | |
| | 来源分支 | Text | | No | | |
| | 指标释义 | Text | | Yes | | |
| | 备注 | Text | | Yes | | |

4. 数据交换标准

（1）空间数据坐标参考基准

大地基准：1980西安坐标系（或者1954年北京坐标系）。

高程基准：1985国家高程基准。

（2）数据共享格式

属性数据：CSV格式（可转化为Excel和GDB格式）。

矢量数据：Shape。

DEM 数据：GeoTIFF。

遥感影像数据：GeoTIFF（带有空间信息的 tif 格式）。

其他图片：tif 格式。

### 12.2.3　数据库指标体系设计

获取大量、准确、可靠的数据是进行中国城镇化研究的基本前提，而城镇化作为一个较为综合的研究领域，既需要社会、经济、环境、土地等统计资料，也需要地形、地质、水文、行政区划、地理坐标等基础地理信息，要对这些海量、异构数据进行科学系统的有效管理，必须建设一个集成化的数据库平台。根据中国城镇化发展速度与发展质量研究的需要，按照现有统计实际，将中国城镇化研究的数据库指标划分为 5 个层次，包括 4 个一级指标（即经济发展、社会发展、自然资源和生态环境）、30 个二级指标、78 个三级指标、58 个四级指标、11 个五级指标。末级指标数目视城镇化研究的具体专题而定。

中国城镇化发展的研究既要有全球和全国层面的面上分析，还要有区域和城市等典型案例地区的点解剖，因此，有关数据库的建设就需要从世界、中国、省域、市域（包括地级市和县级市）和县域五个尺度开展工作，即将中国城镇化研究的数据库分四个不同的空间单元来建设：全球城市化数据库、中国城镇化数据库、省级城镇化数据库、市级城镇化数据库和县级城镇化数据库。

根据数据获取成本和难度的一般规律：涉及的样本越多，完备获取数据的难度越大，指标设计个数相应也应该越少，反之，指标设计个数应该越多，不同空间单元的数据库选取的指标可以不同。全球尺度的城镇化数据主要来自联合国及其他组织公开发布的数据（例如，http：//esa. un. org/unup/网站发布的数据），指标设计瞄准可获取的 3 ~5 个核心指标，主要为中国城镇化研究提供一个可比较的国际发展背景和参考标准。全国尺度的城镇化数据主要来自中国建设部和统计局以及相关文献中涉及的公开发行数据，指标可根据数据完备获取的可能，从省级城市（12 个指标）、地级城市（10 个指标）、县级城市（6 个指标）和建制镇（3 个指标）分别设计；区域尺度（城市群或者省级单元）的城镇化资料除了公开发行的统计数据外，还可以通过典型案例地区的实地调查获取，设计的指标个数可适当增加到 15 ~22 个；城市尺度的城镇化资料由于调研相对集中，可获取的弹性较大，可根据实际情况将指标个数适当增加到 25 ~30 个。

指标设计除了要从尺度角度考虑外，还要根据专题研究的需要进行类型设计，本课题拟定以下几个专题：一是城市化质量评价类指标（6 类 23 个指标）；二是和谐城市评价类指标（2 类 10 个指标）；三是基础设施运行效率类指标（2 类 6 个指标）；四是城镇土地监测类指标（9 ~12 个指标）；五是城镇化发展速度预测类指标（5 ~6 个指标）；六是非正规类指标（根据调研实际，无法归入上述指标类的指标，指标个数根据研究需要弹性确定）。

以下为刻画城镇化的部分指标体系举例。

1. 经济发展指标

（1）GDP

1）GDP 总量

①GDP 总量（当年价，亿元）　　　　（全部空间尺度，历年）

②GDP 总量（1990 年价格，亿元）　　　　（全部空间尺度，历年）

2）人均 GDP（元/人）　　（全部空间尺度，历年）

（2）产业结构

1）第一产业增加值（亿元）　　（全部空间尺度，历年）

2）第二产业增加值（亿元）　　（全部空间尺度，历年）

3）第三产业增加值（亿元）　　（全部空间尺度，历年）

（3）经济发展活力

1）GDP 增长速度（%）　　（全部空间尺度，历年）

2）固定资产投资总额（亿元）　　（全部空间尺度，历年）

（4）农村发展

1）农林牧渔业从业人员（万人）　　（全部空间尺度，历年）

2）其他非农行业从业人员（万人）　　（全部空间尺度，历年）

（5）工业发展

1）工业总产值（亿元）　　（全部空间尺度，历年）

2）基础原材料工业规模

①石油加工、炼焦及核燃料加工业总产值　　（省，1990 年以来）

②化学原料及化学制品制造业总产值　　（省，1990 年以来）

③化学纤维制造业总产值　　（省，1990 年以来）

④黑色金属冶炼及压延加工业总产值　　（省，1990 年以来）

⑤有色金属冶炼及压延加工业总产值　　（省，1990 年以来）

3）主要工业产品产量

①化学纤维　　（省，1990 年以来）

②生铁　　（省，1990 年以来）

③钢　　（省，1990 年以来）

④成品钢材　　（省，1990 年以来）

⑤水泥　　（省，1990 年以来）

⑥玻璃　　（省，1990 年以来）

⑦电子元器件　　（省，1990 年以来）

（6）基础设施

1）基础设施投资总额（亿元）　　（省，历年）

①交通运输、邮电通信投资额（亿元）　　（省，历年）

②水利基础设施投资额（亿元）　　（省，历年）

2）基础设施建设

①公路里程（km）　　（省，历年）

②铁路里程（km）　　（省，历年）

3）交通运输业

①货运量（万 t）　　（省，历年）

a. 铁路货运量（万 t）　　（省，历年）

b. 公路货运量（万 t）　　（省，历年）

c. 水路货运量（万 t）　　（省，历年）

②客运量（万人）　　（省，历年）

a. 铁路客运量（万人） （省，历年）
b. 公路客运量（万人） （省，历年）
c. 水路客运量（万人） （省，历年）
d. 航空客运量（万人） （省，历年）
③周转量
a. 客运周转量（亿人·km） （省，历年）
b. 铁路货运周转量（亿t·km） （省，历年）
c. 公路货运周转量（亿t·km） （省，历年）
4）邮电通信业
①邮电业务总量（亿元） （省，历年）
②本地电话年末用户（万户） （省，历年）
③移动电话用户数（万户） （省，历年）
④国际互联网人数（万人） （省，历年）
5）城市基础设施
①城市人均居宅建筑面积（$m^2$） （省，历年）
②城市用水普及率（%） （省，历年）
③城市用气普及率（%） （省，历年）
④万人拥有公交车辆（标台） （省，历年）
⑤城市人均道路面积（$m^2$） （省，历年）
（7）经济外向度（国际化程度）
1）进出口总额（万美元） （省、地市，历年）
2）外贸出口额（万美元） （省、地市，历年）
3）利用外资总额（实际外商直接投资额） （省、地市，历年）
4）外资企业数量 （省、地市，历年）
（8）经济运行质量
1）全员劳动生产率（GDP/全部从业人员） （省、地市，历年）
2）农业劳动生产率（农牧渔业增产值/
农牧渔业从业人员） （省、地市，历年）
3）工业综合效率
①工业增加值率（%） （省、地市，历年）
②工业资金利税率（%） （省、地市，历年）
③总资产贡献率（%） （省、地市，历年）
④工业成本费用利税率（%） （省、地市，历年）
⑤工业全员劳动生产率（%） （省、地市，历年）
4）资源消耗
①能源消耗
a. 能源综合消耗（万吨标准煤） （省，1990年以来）
b. 水电消耗比重（%） （省，1990年以来）
c. 原煤消耗比重（%） （省，1990年以来）
d. 天然气消耗比重（%） （省，1990年以来）

e. 原油消耗比重（%）　（省，1990 年以来）
②土地资源消耗
a. 各类建设用地总面积　（省，1987 年以来）
b. 建设用地占用耕地面积　（省，1987 年以来）
③水资源消耗总量　（省，1990 年以来）
（9）经济密度（GDP/ 土地总面积）　（全部空间尺度，历年）
（10）财政状况
1）财政收入　（全部空间尺度，历年）
2）财政支出　（全部空间尺度，历年）
2. 社会发展指标
（1）人类发展指数　（省，1995 年以来）
（2）人口
1）人口数量
①年底总人口　（县、地市、省，历年）
②城镇人口　（县、地市、省，历年）
③乡村人口　（县、地市、省，历年）
④人口自然增长率（%）　（县、地市、省，历年）
2）人口素质
①文盲、半文盲率（15 岁以上）　（县、地市、省，历年）
②受教育程度大专以上人口　（县、地市、省，历年）
3）人口年龄结构
① 0 ~5 岁人口数量　（县、地市、省，历年）
② 5 ~ 14 岁人口数量　（县、地市、省，历年）
③ 15 ~64 岁人口数量　（县、地市、省，历年）
④ >64 岁人口数量　（县、地市、省，历年）
（3）教育
1）教育经费　（省，历年）
2）在校大学生数
3）万人拥有普通高等学校数　（省，历年）
4）万人拥有高校教师数　（省，历年）
（4）科技
1）万人科技人员数　（省，历年）
2）科技三项费用　（省，历年）
（5）医疗卫生
1）人口预期寿命　（省，历年）
2）万人病床数　（县、地市、省，历年）
3）万人卫生人员数　（县、地市、省，历年）
（6）城镇化水平
1）市镇人口比重　（县、地市、省，历年）
2）非农业人口比重　（县、地市、省，历年）

3）城市数量与规模
①直辖市数量 （省，历年）
②副省级市数量（省，历年）
③地级市数量 （省，历年）
④县级市数量 （省，历年）
⑤城市人口大于200万人的城市数量 （省，历年）
⑥城市人口150~200万人的城市数量 （省，历年）
⑦城市人口100~200万人的城市数量 （省，历年）
⑧城市人口50~100万人的城市数量 （省，历年）
⑨城市人口20~50万人的城市数量 （省，历年）
⑩城市人口小于20万人的城市数量 （省，历年）
（7）生活质量
1）恩格尔系数
①城市恩格尔系数 （省，历年）
②农村恩格尔系数 （省，历年）
2）居民收入水平
①城镇人均可支配收入 （县、地市、省，历年）
②农村人均纯收入 （县、地市、省，历年）
3）居民消费水平
①城镇居民人均消费 （县、地市、省，历年）
②农村居民人均消费 （县、地市、省，历年）
3. 自然资源指标
（1）水资源：水资源总量 （省，历年）
（2）土地资源
1）土地总面积 （全部空间尺度，历年）
2）耕地面积 （全部空间尺度，历年）
（3）森林资源
1）林地面积 （全部空间尺度，历年）
2）森林覆盖率 （全部空间尺度，历年）
（4）草地资源
1）天然草地面积 （全部空间尺度，历年）
2）人工草场面积 （全部空间尺度，历年）
（5）矿产资源
1）原煤产量（亿吨） （省，历年）
2）原油产量（$\times 10^4$t） （省，历年）
3）天然气（亿立方米） （省，历年）
4）发电总量（亿千瓦小时） （省，历年）
5）水电发电量 （省，历年）
4. 生态环境指标
（1）大气环境质量

1）工业废气排放总量（亿标立方米） （省、地市，历年）
2）生活 $SO_2$、烟尘排放量（t） （省，地市，历年）
（2）水环境质量
1）工业废水排放量（$\times10^4$t） （省，地市，历年）
2）工业废水排放达标量（$\times10^4$t） （省，地市，历年）
3）生活污水排放量（$\times10^4$t） （省，地市，历年）
（3）固体废物污染度
1）工业固体废物排放量（$\times10^4$t） （省，地市，历年）
2）城市生活垃圾总量（$\times10^4$t） （省，地市，历年）
（4）土地退化
1）沙漠化面积 （省，地市，历年）
2）盐碱地面积 （省，地市，历年）
3）水土流失面积 （省，地市，历年）
（5）自然灾害
1）水灾受灾面积（$\times10^3$ 公顷） （省，地市，历年）
2）旱灾受灾面积（$\times10^3$ 公顷） （省，地市，历年）
（6）环境污染与破坏事故
1）环境污染事故次数 （省，地市，历年）
2）环境污染事故直接经济损失（$\times10^4$ 元） （省，地市，历年）
（7）环保投入：治理“三废”投资（$\times10^4$ 元）（省，地市，历年）
（8）自然保护区
1）自然保护区个数 （省，地市，历年）
2）自然保护区面积（公顷） （省，地市，历年）

## 12.3 城镇化研究数据库系统建设

### 12.3.1 数据库系统运行流程

数据库系统运行流程如下图 12-20 所示。

### 12.3.2 数据库系统功能模块

根据上述的系统功能结构划分，本系统功能包括系统管理模块、数据管理模块、查询分析模块和图形图标模块。

1. 系统管理模块（System）

城镇化研究的数据库系统应该具有权限管理功能，即用户必须通过用户名和密码才能登录本系统，并判断该用户的权限，对不同权限的用户展示不同的功能。系统根据用户登录的权限确定对数据的使用权限。普通用户可以浏览数据库中的所有数据（空间、属性数据）；授权用户除具有普通用户的权限外，还可根据自己的需要对数据集进行查询，并将感兴趣的数据导出到本地计算机中；系统管理员除具备授权用户的数据操作权限外，还可对数据库中的数据进行添加、删除、修改，数据备份与恢复，日志管理和用户管理等。其中，

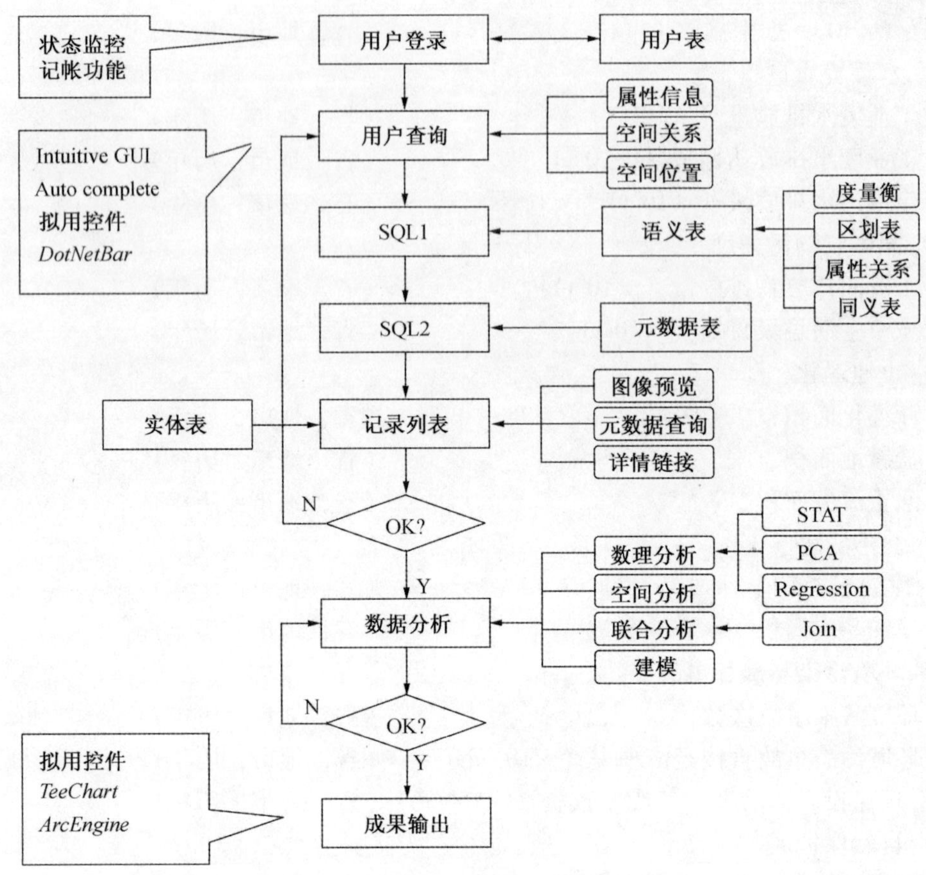


图 12-20　中国城镇化研究数据库系统运行流程

用户管理实现增加、删除用户，赋予用户权限或修改用户信息等功能；日志管理则实现系统日志显示、统计、查询和打印等功能；数据备份提供数据库的备份功能，以防止突发事故对数据库造成的破坏；数据恢复实现根据数据库的备份信息自动对数据库进行恢复的功能。

（1）连接数据库（Connect Database）

——操作步骤

用户单击工具条的【连接数据库】按钮或单击菜单【文件】→【连接数据库】。

系统自动检查安装目录下 System 文件夹是否有 connection. pss 连接文件，若存在，说明数据库位置之前已经做过配置，则使用先前的数据库配置连接数据库，并更新专题列表。

初始化系统所需相关参数：当前工作空间、临时工作空间、Geoprocessor。

——替代步骤

上面第二步若不存在，则弹出【数据库连接配置】对话框，由用户配置数据库连接相关信息，结束无后置操作。

——后置操作

【刷新专题列表】。

启用【断开数据库】。

显示并启用【专题分析】菜单组。

(2) 断开数据库 (Disconnect Database)

——前置操作

【连接数据库】。

——操作步骤

用户单击工具条的【连接数据库】按钮或单击菜单【文件】→【连接数据库】。

置空与当前数据库有关的所有系统参数：当前工作空间、Geoprocessor。

——后置操作

【刷新专题列表】。

隐藏并禁用【专题分析】菜单组。

(3) 刷新专题列表

——前置操作

【连接数据库】。

——操作步骤

用户右键单击专题列表中某一专题节点，在弹出的右键菜单中选择【刷新】，系统自动去数据库相应专题索引表中读出数据项更新相应专题节点。

2. 数据管理模块 (Data)

数据管理模块包括入库数据检查、空间数据入库、属性数据入库、数据更新（空间、属性）、数据下载（空间、属性）等功能。入库检查根据数据库标准对数据的完整性、拓扑关系的正确性、属性字段的完整性、属性数据的合理性进行检查监理，保证最终输入到数据库中的数据的准确性；空间数据入库实现各种空间数据的批量入库；属性数据入库实现相关属性信息的批量入库功能。数据更新提供属性数据的修改功能，提供矢量空间数据的在线编辑功能等；数据提取提供从数据库中下载空间数据和属性数据的功能。按专题分类管理数据，包括如下内容：

(1) 导入基础空间数据（矢量数据）(Import Vector)

——前置操作

【连接数据库】。

——操作步骤

右键单击专题节点【基础空间数据】。

在右键菜单中选择【导入】。

在弹出的【导入基础空间数据】对话框中选择要导入的矢量数据，支持 shp、cad 格式；并单击【打开】按钮。

数据转为 feature class 入库。

更新矢量索引表。

——后置操作

【刷新专题列表】。

(2) 导入影像专题数据（栅格数据）(Import Raster )

——前置操作

【连接数据库】。

——操作步骤

右键单击专题节点【影像专题数据】。

在右键菜单中选择【导入】。

在弹出的【导入影像专题数据】对话框中选择要导入的栅格数据，支持 img、tif 格式；并单击【打开】按钮。

数据转为 raster dataset 入库。

——后置操作

【刷新专题列表】。

（3）导入统计专题数据（表格数据）（Import Tabular）

——前置操作

【连接数据库】。

——操作步骤

右键单击专题节点【统计专题数据】。

在右键菜单中选择【导入】。

在弹出的【导入统计专题数据】对话框中选择要导入的栅格数据，支持 xls、xlsx、csv 格式；并单击【打开】按钮。

数据入库。

——后置操作

【刷新专题列表】。

（4）导入文档专题数据（Import Document）

——前置操作

【连接数据库】。

——操作步骤

右键单击专题节点【文档专题数据】。

在右键菜单中选择【导入】。

在弹出的【导入文档专题数据】对话框中选择要导入的文档数据，支持 txt、doc、docx、pdf、ppt 格式；并单击【打开】按钮。

数据以 Blob 格式作为一条记录写入文档数据表。

——后置操作

【刷新专题列表】。

（5）导入单一图件专题数据（Import Picture）

——前置操作

【连接数据库】。

——操作步骤

右键单击专题节点【图件专题数据】。

在右键菜单中选择【导入】。

在弹出的【导入图件专题数据】对话框中选择要导入的文档数据，支持 jpg、bmp、png、tif 格式；并单击【打开】按钮。

数据以 Blob 格式作为一条记录写入图件数据表。

——后置操作

【刷新专题列表】。

以下为按格式分类导入数据：

（6）导入批量 shapefile（Import Shapefile）

——前置条件

【连接数据库】。

——操作步骤

单击菜单【数据】→【导入】→【shapefile】。

在弹出的【导入 shapefile】对话框中，设置要导入的 shapefile 路径、入库名称、目标数据库位置（支持文件 geodatabase 和个人 geodatabase）。

单击【导入】按钮。

shapefile 转为要素类入库。若正在导入，状态栏为“正在导入”；若导入成功，状态栏为绿色“成功”；若出现错误，状态栏为红色“失败”，并可单击【日志】按钮查看详细错误原因。

（7）导入批量 Excel 数据（Import Excel）

——前置条件

【连接数据库】。

——操作步骤

单击菜单【数据】→【导入】→【Excel】。

在弹出的【导入 Excel】对话框中，设置要导入的 Excel 数据（支持 xls、xlsx 格式）路径、入库名称、目标数据库位置。

单击【导入】按钮。数据列表中的 Excel 数据转为要素类入库。若正在导入，状态栏为“正在导入”；若导入成功，状态栏为绿色“成功”；若出现错误，状态栏为红色“失败”，并可单击【日志】按钮查看详细错误原因。

（8）导入 CAD 数据（Import CAD）

——前置条件

【连接数据库】。

——操作步骤

单击菜单【数据】→【导入】→【CAD】。

在弹出的【导入 CAD】对话框中，设置要导入的 CAD 数据（支持 dwg 格式）路径、入库名称、目标数据库位置。

单击【导入】按钮。

数据列表中的 CAD 数据转为要素类入库。若正在导入，状态栏为“正在导入”；若导入成功，状态栏为绿色“成功”；若出现错误，状态栏为红色“失败”，并可单击【日志】按钮查看详细错误原因。

（9）导入 CSV 数据（Import CSV）

——前置条件

【连接数据库】。

——操作步骤

单击菜单【数据】→【导入】→【CSV】。

在弹出的【导入 CSV】对话框中，设置要导入的 CSV 数据路径、入库名称、目标数据库位置。

单击【导入】按钮。

数据列表中的CSV数据转为要素类入库。若正在导入，状态栏为“正在导入”；若导入成功，状态栏为绿色“成功”；若出现错误，状态栏为红色“失败”，并可单击【日志】按钮查看详细错误原因。

（10）导出矢量数据为shapefile（Export to Shapefile）

——前置条件

【添加地图数据】。

——操作步骤

在【图层列表】中右键单击要导出的图层数据（必需为矢量图层）。

在右键菜单中选择【导出】→【Shapefile】。

在弹出的【导出数据】对话框中选择导出的shapefile保存的位置并输入其名称。

单击【保存】按钮。

（11）导出矢量数据为CAD（Export to CAD）

——前置条件

【添加地图数据】。

——操作步骤

在【图层列表】中右键单击要导出的图层数据（必需为矢量图层）。

在右键菜单中选择【导出】→【CAD】。

在弹出的【导出为CAD】对话框中设置CAD文件格式及保存的位置。

单击【导出】按钮。

（12）删除数据（Delete Data）

——前置条件

【连接数据库】。

——操作步骤

【专题列表】中选中某一专题节点下的数据子节点。

右键单击选中的数据子节点，在弹出的右键菜单中选择【删除】；或单击菜单

【编辑】→【删除】。

——后置操作

【刷新专题列表】。

——添加XY

（13）重命名数据（Rename Data）

——前置条件

【连接数据库】。

——操作步骤

【专题列表】中选中某一专题节点下的数据子节点。

右键单击选中的数据子节点，在弹出的右键菜单中选择【删除】；或单击菜单

【编辑】→【删除】；或左键单击已选中的节点。使之处于编辑状态并修改数据名称。

（14）打开属性表（Open Property Table）

——前置条件

【加载地图数据】。

——操作步骤

在【图层列表】中右键单击某个矢量要素层。

在右键菜单中选择【打开属性表】。

在弹出的【＊＊＊属性表】对话框中显示出选中图层对应的属性表。

或

——前置条件

【连接数据库】。

切换至【属性表】视图。

——操作步骤

将视图切换到【数据表】视图。

在【专题列表】中的【基础空间数据】或【统计专题数据】节点下的某个子节点。

在【数据表】视图中显示出数据的属性表。

（15）导出属性表（Export Data）

——前置条件

【加载地图数据】。

——操作步骤

在【属性表】视图或对话框中单击下方工具条中的【导出】按钮。

在弹出的【输出数据】对话框中设置输出位置，勾选要输出的格式（支持 CSV、Excel、Word、PDF、HTML、XML 等），并输入名称。

单击【输出】按钮。

3. 查询分析模块（Spatial Analysis）

查询分析模块包括空间、属性数据查询以及空间分析功能。用户可以通过属性查询地物要素的空间位置，也可以通过点击空间要素查询要素的属性信息。空间、属性查询提供由空间数据到属性数据和由属性数据到空间数据的相互查询定位以及数据输出。该模块具有以下空间分析功能：格网、区域中心、距离矩阵、路网密度、图形擦除、图形求交、识别叠加、修正更新和图形差分。下面仅举格网生成、区域中心计算、距离矩阵测算和路网密度测算四个功能进行说明。

（1）属性查询选择（Select By Attributes）

——前置条件

【添加地图数据】。

——操作步骤

单击【选择】→【属性选择】。

在弹出的【属性查询选择】对话框中设置要查询的【图层】，选择【方法】及查询 SQL 语句。

可在选中某个字段后，单击【获取唯一值】按钮获取到该字段的唯一值。

可单击【验证】按钮验证输入的 SQL 语句是否合法。

可单击【清空】按钮清除输入的 SQL 语句。

可单击【保存】按钮保存输入的 SQL 语句文本。

可单击【加载】按钮加载之前保存的 SQL 语句文本。

单击【应用】或【确定】按钮查询。

——后置操作

【缩放至选中要素】。

(2) 位置查询选择 (Select By Locations)

——前置条件

【添加地图数据】。

——操作步骤

单击【选择】→【位置选择】。

在弹出的【位置查询选择】对话框中设置选择方式、被选择层、空间分析层、空间关系、缓冲半径及是否使用分析层中已选中的要素。

单击【应用】或【确定】按钮查询。

【缩放至选中要素】。

(3) 格网生成

根据选择的范围和格网大小生成格网。用户可以自由设置格网密度和经纬度(方格网范围),并可以根据需要选择是否按行政区划切割格网。其操作界面如图 12-21 所示。

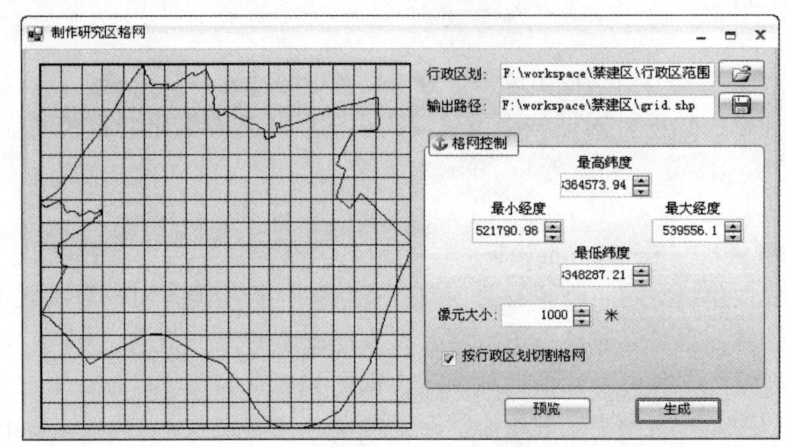


图 12-21 格网生成操作界面

(4) 区域中心计算

计算图层要素的区域中心。用户在“选择要素”中选择参与计算的图层要素,在“保存结果”中设置计算结果的存储路径,点击“计算”即可计算区域中心位置并将计算结果保存。其操作界面如图 12-22 所示。

(5) 距离矩阵测算

计算 Country - City 距离。用户在“乡镇(面)”中选择参与计算的乡镇要素,在“城市(点)”中选择参与计算的城市要素,在“保存结果”中设置计算结果的存储路径,点击“计算”即可计算 Country - City 距离并将计算结果保存。其操作界面如图 12-23 所示。

(6) 计算路网密度

用户在“行政边界”中选择参与计算的行政边界,在“路网图层”中选择参与计算的路网图层,在“过滤条件”中的单引号内填写过滤条件,在“保存结果”中设置计算结果的存储路径,点击“计算”即可计算路网密度并将计算结果保存。其操作界面如图 12-24

所示。

图 12-22　区域中心计算操作界面

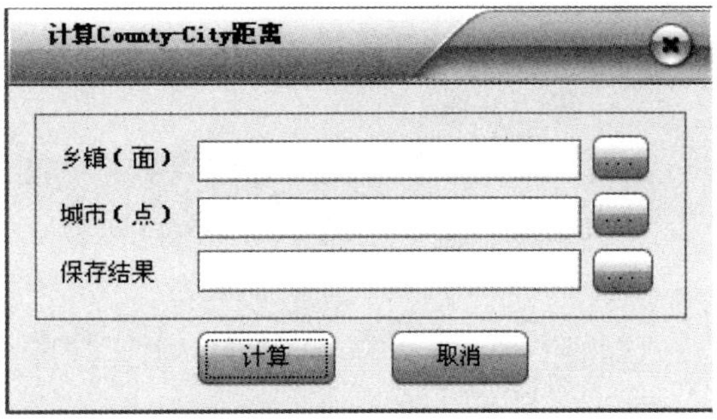

图 12-23　距离矩阵操作界面

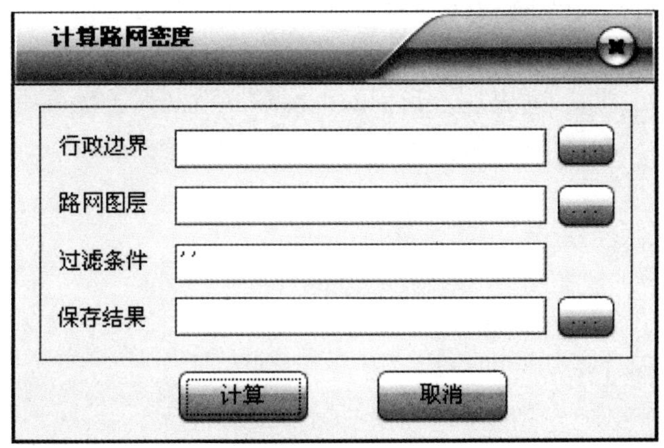


图 12-24　路网密度操作界面

4. 图形图表模块（Map Module）

系统可通过电子地图的方式展示空间数据。电子地图可以无级放大、缩小、平移，量算距离和面积，也可以进行框选要素等操作。图形图表模块包括专题制图、统计图表、三维显示等功能。专题制图主要实现根据不同的制图模板，将不同数据（如基础地理信息与专题图、遥感影像等）等进行叠加显示，生成专题图，并提供打印输出功能。统计图表则是根据数据库中的属性数据，按照一定的统计方式进行字段值的统计，并可采用图表的形式输出。三维显示提供空间数据的三维叠加显示。

（1）加载地图数据（Add Data）

操作步骤如下：

单击工具条上的【添加数据】按钮。

在弹出的【添加数据】对话框中选择要添加到地图中的数据（支持栅格、矢量数据）。

单击【打开】按钮。

数据随即显示在【地图】和【图层列表】中。

或在【专题列表】中双击【基础空间数据】或【影像专题数据】专题下的数据子节点。

（2）修改图层名称（Rename Layer）
——前置条件
【加载地图数据】。
——操作步骤
在【图层列表】中选中要修改名称的图层。
单击选中的图层，使之处于编辑状态。
输入新的名称。
（3）改变图层顺序（Change Layer Order）
——前置条件
【加载地图数据】。
——操作步骤
在【图层列表】中选中并拖拽任意图层。
调整其顺序。
【地图】中随即按照图层列表从上到下的图层顺序重新调整图层叠加顺序。
（4）缩放至图层（Zoom To Layer）
——前置条件
【加载地图数据】。
——操作步骤
在【图层列表】中右键单击某个图层。
在右键菜单中选择【缩放至图层】。
【地图】中随即缩放到当前图层的数据范围。
（5）移除图层（Remove Layer）
——前置条件
【加载地图数据】。
——操作步骤
在【图层列表】中右键单击某个图层。
在右键菜单中选择【移除】。
【地图】和【图层列表】中随即不再显示移除的数据。
（6）保存为图层文件（Save To Layer File）
——前置条件
【加载地图数据】。
——操作步骤
在【图层列表】右键单击某个图层。
在右键菜单中选择【保存为图层文件】。
在弹出的【保存图层】对话框中选择图层文件的保存位置，并输入文件名称。
（7）标注要素（Label Features）
——前置条件
【加载地图数据】。
——操作步骤
在【图层列表】右键单击某个矢量要素图层。

在右键菜单中选择【标注要素】，该选项处于勾选状态。

在【地图】中随即使用选中的图层中的主显示字段对该图层中的所有要素进行标注。

取消勾选该选项，【地图】中则不显示该图层的标注信息。

### 12.3.3 城镇化研究数据库系统功能说明

中国城镇化研究的数据库系统对空间数据与属性数据统一存储与管理。系统采用ArcGIS SDE进行空间数据与数据库间的通信操作，实现空间数据的查询、修改及分析功能。系统采用C/S模式建设，可为局域网内用户提供数据共享服务。这些服务包括：空间与属性数据的浏览与选择性下载。系统的针对性较强，主要提供与城镇发展、社会经济相关的数据信息。在系统建库过程中，有效整合了目前国家、省市级统计年鉴中的相关数据，并按照统一的数据格式进行整理加工，可为用户提供标准化的信息服务。系统预留接口，可满足后续开发的需要。

1. 系统运行环境

（1）服务器端运行环境

硬件：根据实际的数据大小选择硬盘容量。

软件最低配置要求：Windows 2000 Server 或 Windows 2003 Server；Microsoft .NET Framework 2.0；Microsoft SQL Server 2005；ArcGIS Engine Runtime 9.2（SP4）；ArcGIS SDE 9.2（SP6）；Microsoft Office 2003。

（2）客户端运行环境

软件最低配置要求：Windows 2000 或 Windows XP；Microsoft .NET Framework 2.0；ArcGIS Engine Runtime 9.2（SP4）；Microsoft Office 2003。

2. 系统界面

（1）系统登录界面（图12-25）

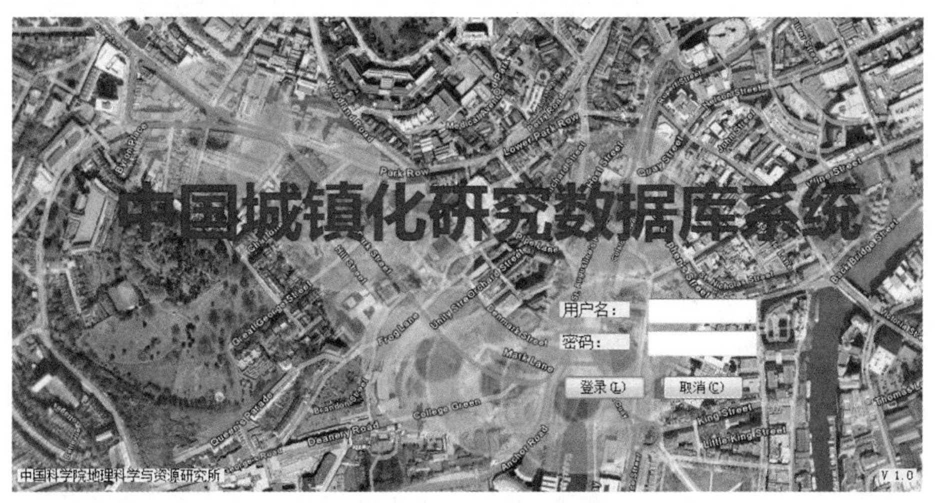


图12-25 系统登录界面

（2）系统主界面（图12-26）

（3）属性数据预览（图12-27）

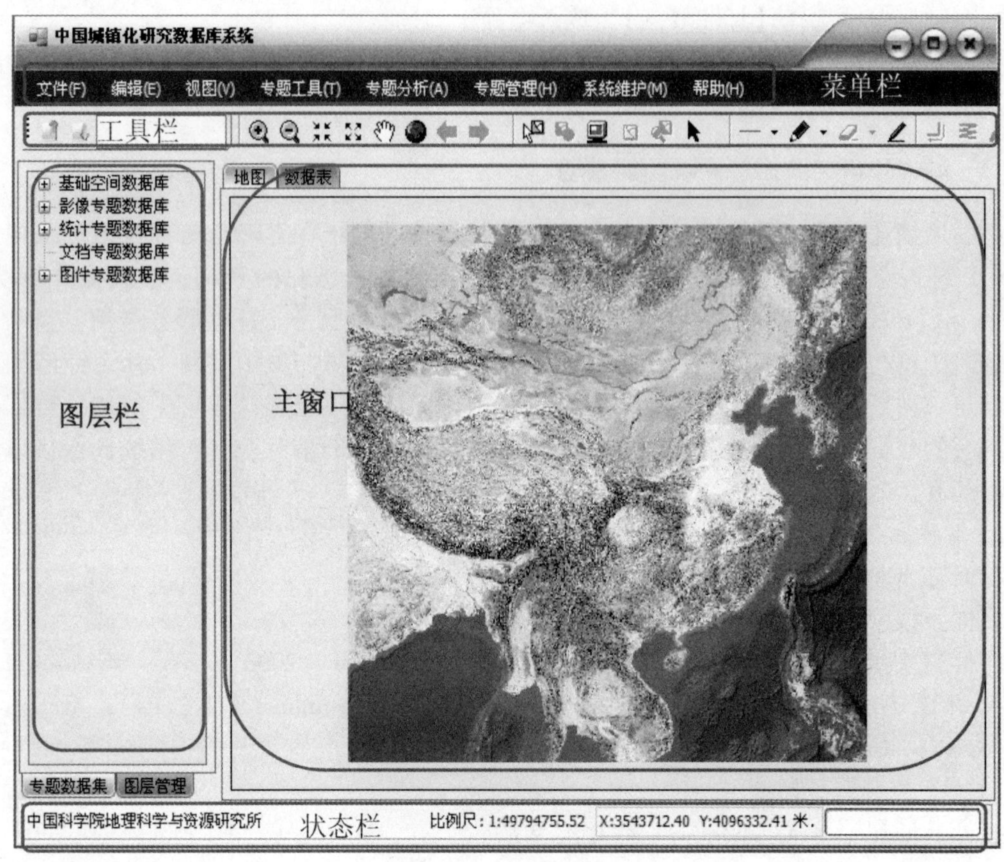


图 12-26　系统主界面

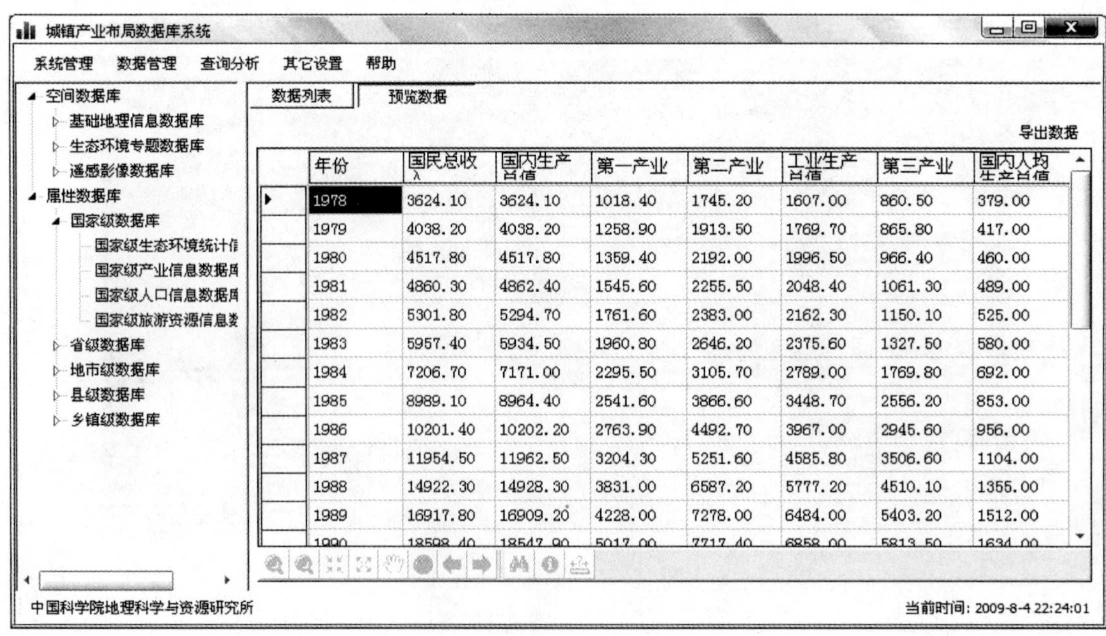


| 年份 | 国民总收入 | 国内生产总值 | 第一产业 | 第二产业 | 工业生产总值 | 第三产业 | 国内人均生产总值 |
|---|---|---|---|---|---|---|---|
| 1978 | 3624.10 | 3624.10 | 1018.40 | 1745.20 | 1607.00 | 860.50 | 379.00 |
| 1979 | 4038.20 | 4038.20 | 1258.90 | 1913.50 | 1769.70 | 865.80 | 417.00 |
| 1980 | 4517.80 | 4517.80 | 1359.40 | 2192.00 | 1996.50 | 966.40 | 460.00 |
| 1981 | 4860.30 | 4862.40 | 1545.60 | 2255.50 | 2048.40 | 1061.30 | 489.00 |
| 1982 | 5301.80 | 5294.70 | 1761.60 | 2383.00 | 2162.30 | 1150.10 | 525.00 |
| 1983 | 5957.40 | 5934.50 | 1960.80 | 2646.20 | 2375.60 | 1327.50 | 580.00 |
| 1984 | 7206.70 | 7171.00 | 2295.50 | 3105.70 | 2789.00 | 1769.80 | 692.00 |
| 1985 | 8989.10 | 8964.40 | 2541.60 | 3866.60 | 3448.70 | 2556.20 | 853.00 |
| 1986 | 10201.40 | 10202.20 | 2763.90 | 4492.70 | 3967.00 | 2945.60 | 956.00 |
| 1987 | 11954.50 | 11962.50 | 3204.30 | 5251.60 | 4585.80 | 3506.60 | 1104.00 |
| 1988 | 14922.30 | 14928.30 | 3831.00 | 6587.20 | 5777.20 | 4510.10 | 1355.00 |
| 1989 | 16917.80 | 16909.20 | 4228.00 | 7278.00 | 6484.00 | 5403.20 | 1512.00 |

图 12-27　属性数据预览

（4）空间数据预览（图 12-28）

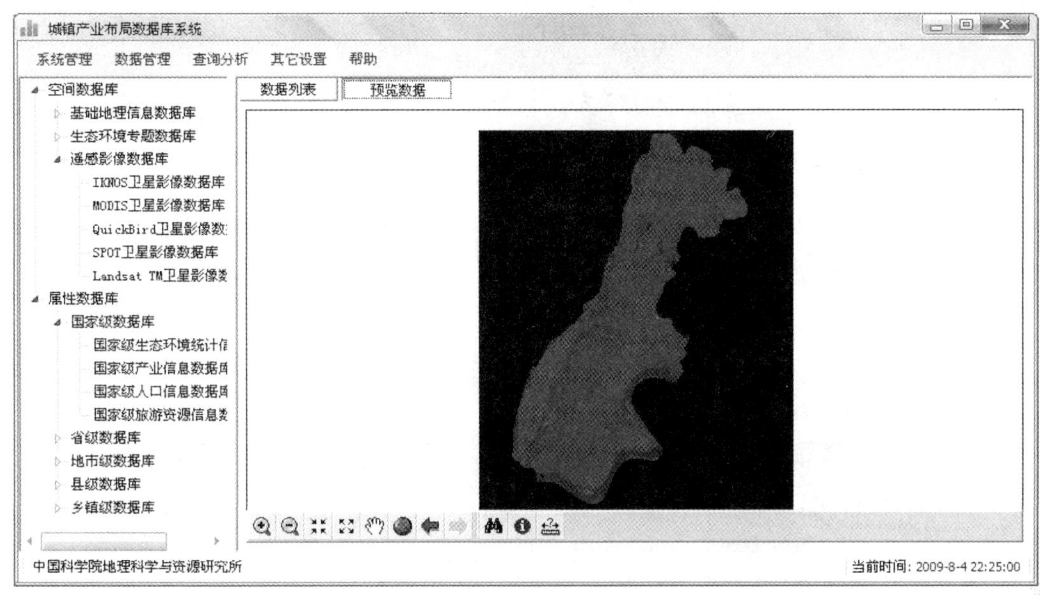


图 12-28　空间数据预览

（5）系统菜单

——系统管理

系统管理菜单包括以下内容，如图 12-29 所示：

①数据库管理：对数据库中已有的子库和数据表单进行管理，并可以根据需要新建数据库或数据表。

②用户信息管理：预览需要打印的地图文档。

③日志文件管理：将当前页面内容传送至打印设备进行打印输出。

④数据备份。

⑤数据恢复。

⑥退出系统。

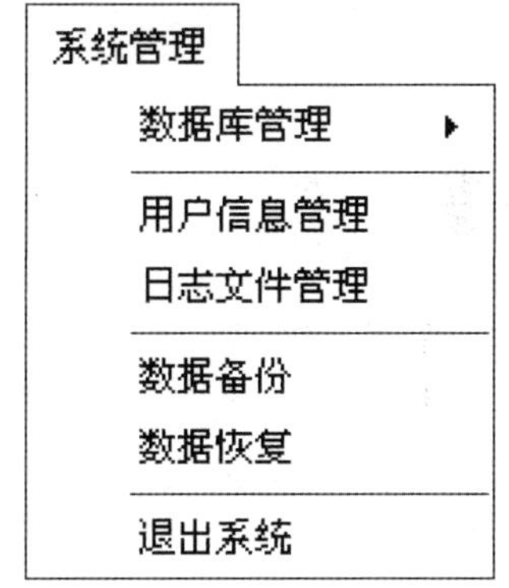


图 12-29　系统管理菜单

——数据管理

数据管理菜单包括以下内容：

①数据更新：对数据库中存储的数据进行修改，包括空间数据和属性数据更新。

空间数据：支持对矢量格式数据的在线编辑功能，可修改矢量数据的字段值。

属性数据：可对数据库中的属性数据进行修改更新，支持查询更新。

②数据下载：可实现将数据库中的数据下载到本地计算机。

空间数据：将数据库中的矢量或栅格数据保存到本地计算机，支持重命名和格式转换。

属性数据：将数据库中的属性数据以 Excel 表格的形式保存到本地计算机。

③数据批量入库：将本地计算机中的数据批量导入数据库（图 12-30）。

空间数据：通过 ArcGIS SDE 将空间数据批量导入数据库。

图 12-30 属性数据入库界面

属性数据：将 Excel 格式文件数据批量导入数据库对应的表。

——查询分析

查询分析菜单包括的内容如图 12-31 所示：

①数据查询：执行相关查询操作。

②空间查询：空间查询分两种情况执行，通过查询设置来确定查询数据类型。当查询空间数据时（如栅格、矢量数据），通过鼠标选取的范围在空间数据库中执行空间查询操作，获得位于选取范围内的满足条件的空间数据；当查询属性数据时，根据不同的级别（省级、市县级），显示不同的矢量图形，利用矢量图中的行政代码字段与属性数据表中的行政代码进行匹配，获取满足条件的记录。

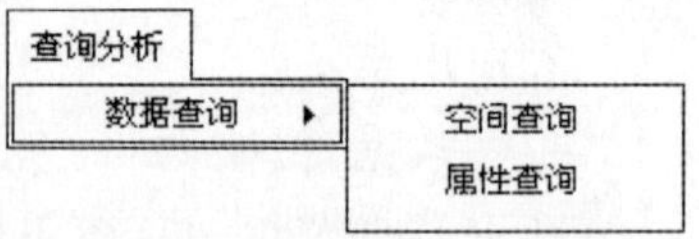


图 12-31 查询分析菜单界面

③属性查询：通过属性字段进行条件查询。属性查询界面如图 12-32 所示。

④查询结果导出：界面如图 12-33 所示。

——其他设置

包括密码修改等功能。

——帮助

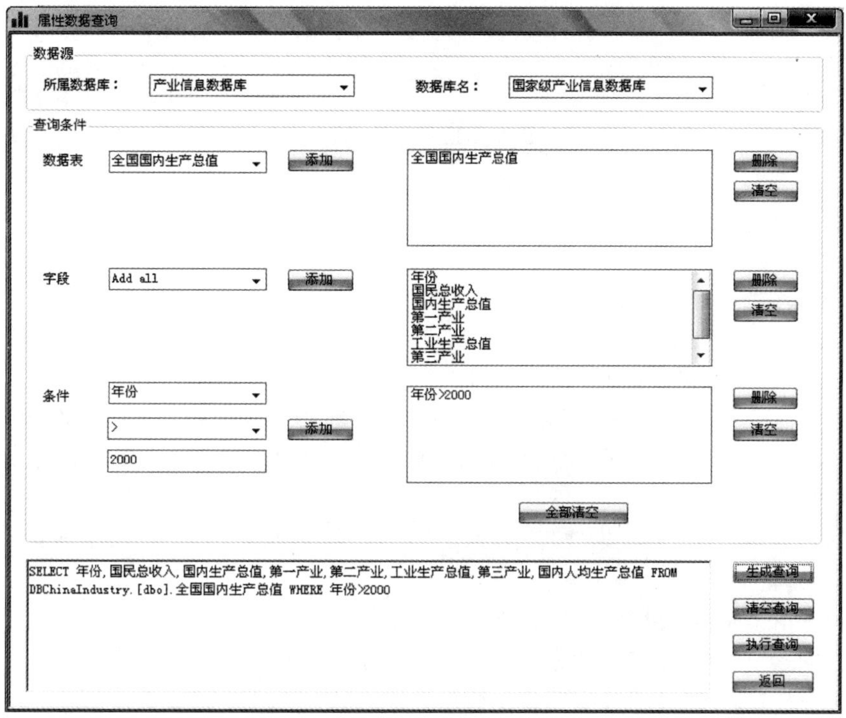


图 12-32　属性数据查询界面

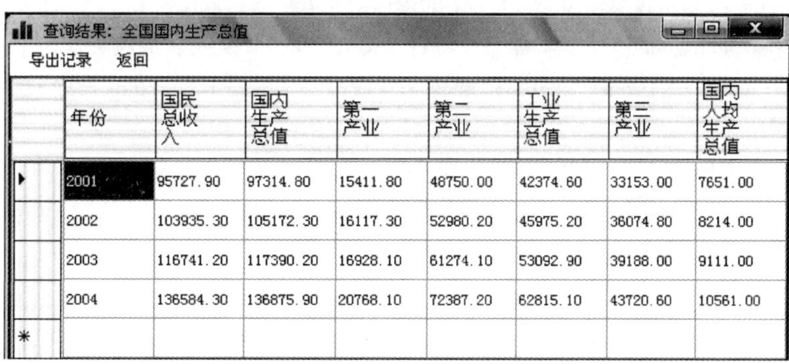
查询结果：全国国内生产总值

导出记录　返回

| | 年份 | 国民总收入 | 国内生产总值 | 第一产业 | 第二产业 | 工业生产总值 | 第三产业 | 国内人均生产总值 |
|---|---|---|---|---|---|---|---|---|
| ▶ | 2001 | 95727.90 | 97314.80 | 15411.80 | 48750.00 | 42374.60 | 33153.00 | 7651.00 |
| | 2002 | 103935.30 | 105172.30 | 16117.30 | 52980.20 | 45975.20 | 36074.80 | 8214.00 |
| | 2003 | 116741.20 | 117390.20 | 16928.10 | 61274.10 | 53092.90 | 39188.00 | 9111.00 |
| | 2004 | 136584.30 | 136875.90 | 20768.10 | 72387.20 | 62815.10 | 43720.60 | 10561.00 |
| * | | | | | | | | |

图 12-33　查询结果导出界面

# 参考文献


[1] Goodchild, Michael. F. "Spatial information science". Proceedings, Fourth International Symposium on Spatial Data Handling [C]. Zurich, Switzerland, 1990: 3-12.

[2] 龚建华. 地理信息科学研究进展与发展思考 [R]. 中国地理学会百年庆典会议报告, 2009.

[3] 徐冠华, 童庆喜, 国家遥感中心. 地球空间信息科学技术进展 [M]. 北京: 电子工业出版社, 2009.

[4] 萨师煊, 王珊. 数据库系统概念 [M]. 北京: 高等教育出版社, 2000.

[5] 龚健雅. 空间数据库管理系统的概念和发展趋势 [J]. 测绘科学, 2001, 26 (3): 4-9.

[6] 程昌秀, 周成虎, 陆锋. 对象关系型 GIS 中改进基态修正时空数据模型的实现 [J]. 中国图像图形学报, 2003, 8 (6): 697-702.

[7] 单宝艳. 基于空间数据库的山东城镇发展水平的空间统计分析 [J]. 系统工程理论与实践, 1997, (11): 36-40.

[8] 严蔚敏, 吴伟民. 数据结构 [M]. 北京: 清华大学出版社, 1995.

[9] 王青山, 王家耀. GIS 数据模型研究与实践 [J]. 解放军测绘学院学报, 1998, 15 (4): 296-299.

[10] 肖乐斌, 钟耳顺, 刘纪远等. GIS 概念数据模型的研究 [J]. 武汉大学学报, 2001, 26 (5): 387-392.

[11] ESRI. Geodatabase Object Model [M]. ESRI Press, 2000.

[12] 东凯, 方裕. 空间数据库模型概念与结构研究 [J]. 地理信息世界, 2004, (8): 18-21.

[13] ESRI. ArcGIS9.5 产品白皮书 [M]. 北京: ESRI 中国 (北京) 有限公司.

[14] 肖鸣. 基于 Geodatabase 的空间数据库系统设计与实现 [D]. 武汉: 武汉大学硕士学位论文, 2005.

[15] 丁晶晶. 基于 ArcSDE 的城镇产业布局数据库系统设计与实现 [D]. 北京: 中科院地理资源所硕士学位论文, 2010.

[16] GB/T 2260 中华人民共和国行政区划代码, 2010.

[17] GB/T 17694-2009 地理信息 术语, 2009.

[18] ISO 19109: 2005 Geographic information - Rules for application schema, 2005.

[19] CJJ/T 144-2010 城市地理空间信息共享与服务元数据标准, 2010.

[20] 崔铁军. 地理空间数据库原理 [M]. 北京: 科学出版社, 2007.

[21] 潘宝玉, 范存国, 吴士耀. 多维时态 GIS 在城镇地籍管理中的应用探讨 [J]. 地矿测绘, 2005, 21 (1): 1-3.